utb 6181

utb.

Eine Arbeitsgemeinschaft der Verlage

Brill | Schöningh – Fink · Paderborn
Brill | Vandenhoeck & Ruprecht · Göttingen – Böhlau · Wien · Köln
Verlag Barbara Budrich · Opladen · Toronto
facultas · Wien
Haupt Verlag · Bern
Verlag Julius Klinkhardt · Bad Heilbrunn
Mohr Siebeck · Tübingen
Narr Francke Attempto Verlag – expert verlag · Tübingen
Psychiatrie Verlag · Köln
Ernst Reinhardt Verlag · München
transcript Verlag · Bielefeld
Verlag Eugen Ulmer · Stuttgart
UVK Verlag · München
Waxmann · Münster · New York
wbv Publikation · Bielefeld
Wochenschau Verlag · Frankfurt am Main

Die einzige Autorität ist die intellektuelle und moralische Bildung aller ...

Hegel-Brief an Niethammer vom 10. Oktober 1816

Reiner Ruffing

Hegel lesen und verstehen

Eine Einführung

BRILL | FINK

Der Autor:
Dr. Reiner Ruffing, geb. 1955, ist promovierter Philosoph und Autor zahlreicher Lehr- und Sachbücher zur Philosophie. Bereits bei utb erschienen sind u.a. folgende seiner Titel: Einführung in die Geschichte der Philosophie (utb 2622), Einführung in die Philosophie der Gegenwart (utb 2675), Philosophie (utb 2824), Michel Foucault (utb 3000), Bruno Latour (utb 3044), Deutsche Literaturgeschichte (utb 3981).

Umschlagabbildung: Personenmedaille (Georg Wilhelm Friedrich Hegel), hergestellt von August Ludwig Held im Jahr 1830; Landesmuseum Württemberg, Münzkabinett.

Bücher, Online-Angebote oder elektronische Ausgaben sind erhältlich unter **www.utb.de**

Bibliografische Information der Deutschen Nationalbibliothek

Die Deutsche Nationalbibliothek verzeichnet diese Publikation in der Deutschen Nationalbibliografie; detaillierte bibliografische Daten sind im Internet über http://dnb.de abrufbar.

www.brill.com

Printed in Germany.
Herstellung: Brill Deutschland GmbH, Paderborn
Einbandgestaltung: siegel konzeption | gestaltung

UTB-Band-Nr: 6181
ISBN 978-3-8252-6181-8
eISBN 978-3-8385-6181-3

Inhalt

1. Vorbemerkung ... 7

2. Überblick ... 10
2.1 Hegel in seiner Zeit ... 10
2.2 Hegels System in Kurzform ... 18

3. Biographie ... 21

4. Grundbegriffe Hegels ... 48
4.1 Dialektik ... 48
4.2 Begriff ... 51
4.3 Freiheit ... 54
4.4 Wahrheit ... 59
4.5 Vernunft ... 62
4.6 Geist ... 64

5. Phänomenologie des Geistes ... 68
5.1 Die Vorrede ... 68
5.2 Bewusstsein ... 73
5.2.1 Die sinnliche Gewissheit ... 73
5.2.2 Die Wahrnehmung ... 74
5.2.3 Kraft und Verstand, übersinnliche Welt ... 75
5.2.4 Verkehrte Welt ... 76
5.3 Selbstbewusstsein ... 79
5.3.1 Anerkennung – Herrschaft, Knechtschaft ... 80
5.3.2 Stoizismus ... 83
5.3.3 Skeptizismus ... 84
5.3.4 Das unglückliche Bewusstsein ... 84
5.4 Vernunft ... 87
5.4.1 Beobachtende Vernunft ... 87
5.4.2 Praktisch-politische Vernunft ... 92
5.5 Der Geist ... 96
5.5.1 Der wahre Geist und die Sittlichkeit ... 97
5.5.2 Der sich entfremdete Geist. Die Bildung ... 100
5.5.3 Der seiner selbst gewisse Geist. Die Moralität ... 104
5.6 Religion ... 107
5.7 Das absolute Wissen ... 108

6. Das System ... 112
6.1 Logik ... 113

6.2 Naturphilosophie 130
6.3 Philosophie des Geistes 136
6.3.1 Subjektiver Geist 137
6.3.2 Objektiver Geist 147
6.3.3 Absoluter Geist 151

7. Politische Philosophie 157
7.1 Französische Revolution/Napoleon 158
7.2 Verfassung Deutschlands 165
7.3 Schrift über die Württemberger Ständeversammlung 170
7.4 Über die englische Reformbill 173
7.5 Rechtsphilosophie 174
7.5.1 Das abstrakte Recht 178
7.5.2 Die Moralität 183
7.5.3 Die Sittlichkeit 187

8. Die Vorlesungen 213
8.1 Geschichtsphilosophie 213
8.2 Ästhetik 224
8.3 Religionsphilosophie 236
8.4 Philosophiegeschichte 242

Literatur 255

1. Vorbemerkung

„Hegel lesen und verstehen" bemüht sich möglichst verständlich Hegels Lehre zu vermitteln. Davon unberührt bleibt das grundsätzliche Problem einer Hegel-Lektüre, das Adorno in seinem Aufsatz „Skoteinos oder Wie zu lesen sei"[1] angesprochen hat. Adorno zufolge hat Hegels bekannte „Unverständlichkeit" wesentlich mit seiner Philosophie wie der Philosophie überhaupt zu tun, die zur Wahrheit vorzudringen strebt. Da aber das Wesen der Welt – wie schon Heraklit wusste – fließend ist, vermögen Definitionen, photographische Beobachtungssätze (Positivismus) der Wahrheit nicht auf die Spur zu kommen. Hegels (wie Heraklits) dunkle Sprache (Skoteinos heißt dunkel) ist also wesentlich ihrem Gegenstand – der Wahrheit – selbst geschuldet.

Hegel schrieb ohne Rücksicht auf Allgemeinverständlichkeit für ein damals hoch geschultes Publikum. Er war der Meinung, dass seine Philosophie als begriffliche Klärung des Weltlaufes eine *Änderung der Form der Schreibart* erfordere, die – wie bei Platon und Aristoteles – ein *peinliche Anstrengung erforderndes Aussehen* (2.558)[2] haben werde. Dies führte dazu, dass Hegel – obgleich mit wenig Fremdwörtern auskommend[3] – in großen Teilen nur sehr schwer verständlich ist. Selbst ein so scharfsinniger Interpret wie Gotthard Günther gesteht: *Man versteht ... oft auf lange Strecken hinaus einfach so gut wie nichts.*[4]

Auf der anderen Seite hebt Hegel den prinzipiell diskursiven Charakter der Philosophie hervor. *Die Philosophie ist nicht so etwas Einzelnes als ein Kunstwerk ...* (19.23). Die Philosophie ist nicht nur etwas für Auserwählte, *als ob nur Sonntagskinder*[5] *sie hätten* (20.428), deren visionäres Genie so weit reicht, das Innerste der Natur zu erschauen, zu erahnen, zu empfinden. Sie ist keine Mystik und wenn sie auch schwer zu verstehen ist, so muss es grundsätzlich möglich sein, sie rati-

---

1 In: Adorno, Theodor W., Drei Studien zu Hegel, Frankfurt a. Main 1970, 4. Auflage, S. 117ff.

2 Quellenangaben ohne weitere Namensnennung beziehen sich auf die Theorie-Werkausgabe. Hegel, Georg Wilhelm Friedrich, Werke in zwanzig Bänden. Auf der Grundlage der Werke 1831–45 neu editierte Ausgabe. Redaktion Eva Moldenbauer und Karl Markus Michel, Frankfurt/Main 1969ff. zit. MM Band/Seite, „Z" steht für Zusatz (von Hegel-Schülern aus Hegels Unterlagen hinzugefügt), „A" für Anmerkung, Rph. steht für „Grundlinien der Philosophie des Rechts, „Enz." Steht für „Enzyklopädie der philosophischen Wissenschaften".

3 *Hegel und Hölderlin laborieren an einer philosophisch-poetischen Sprache, die von der Alltagssprache abweicht, ohne sich in eine Fachsprache zurückzuziehen.* Eiden-Offe, Patrick, Hegels Logik lesen. Ein Selbstversuch, Berlin 2021, S. 111.

4 Günther, Gotthard, Grundzüge einer neuen Theorie des Denkens in Hegels Logik, Hamburg 1933, S. 1.

5 Die Kritik richtet sich gegen Schelling, für den die Philosophie *esoterisch* ist und nur für die *Würdigen* und den *Bund freier Geister* und anderen ein *ewiges Rätsel bleibe.* Schelling, Friedrich Wilhelm Joseph, Philosophische Briefe über Dogmatismus und Kritizismus, (Brief 10) in: Schellings Werke, nach der Originalausgabe in neuer Anordnung hg. v. Manfred Schröter, Erster Hauptband Jugendschriften 1793 bis 1798, München 1958, S. 263.

Abbildung 1. DDR-Briefmarke von 1970

onal zu vermitteln. *Das Vernünftige ist die Landstraße, wo jeder geht, wo niemand sich auszeichnet* (Rph. 7.67, §15 Z). An anderer Stelle heißt es gegen den Geniekult: ... *dass die Philosophie als Wissenschaft der Vernunft durch die allgemeine Weise ihres Seins eben ihrer Natur nach für Alle ist,* obschon *nicht Alle zu ihr (gelangen).*[6]

Hegel zu vermitteln, heißt Hegel erst einmal stark zu machen und mögliche Einwände, Widersprüche weitgehend außen vor zu lassen. Was Hegel im Hinblick auf eine Kritik des Staates sagt, ließe sich cum grano salis in unserem Zusammenhang auf das Verständnis seiner Philosophie anwenden: *Weil es aber leichter ist, Mängel aufzufinden, als das Affirmative zu begreifen, verfällt man leicht in den Fehler, über einzelne Seiten den inwendigen Organismus ... zu vergessen* (7.404 § 258 A). Deswegen wollen wir uns hier im Wesentlichen an Iring Fetschers Maxime halten: *Aber unsere Aufgabe ist nicht zu kritisieren, sondern zu verstehen ...*[7]

Hierzu noch eine Vorbemerkung: Hegel wurde und wird aus heutiger Perspektive mitunter dahingehend kritisiert, sich in vielen Fällen geirrt zu haben. Dem hat Adorno entgegnet: *Nicht wird die umgekehrte Frage auch nur aufgeworfen, was die Gegenwart vor Hegel bedeutet; ob nicht etwa die Vernunft, zu der man seit seiner absoluten gekommen zu sein sich einbildet, in Wahrheit längst hinter jene zurückfiel und dem bloß Seienden sich anbequemte, dessen Last die Hegelsche Vernunft vermöge der im Seienden selbst waltenden in Bewegung setzten wollte.*[8] Es besteht immerhin die Möglichkeit, dass nicht Hegel irrte, sondern wir.

Zum Aufbau: „Hegel lesen und verstehen“ erläutert nach einem allgemeinen Überblick und biographischen Abriss die philosophische Grundlegung Hegels anhand der Bestimmungen „Dialektik“, „Begriff“, „Freiheit“, „Wahrheit“, „Ver-

---

6 Rosenkranz, Karl, Georg Wilhelm Friedrich Hegels Leben, Berlin 1844, Nachdr. Darmstadt 1977, S. 186; vgl. Biedermann, Georg, Georg, Wilhelm Friedrich Hegel, Köln 1981, S. 94.

7 Fetscher, Iring, Hegels Lehre vom Menschen, Stuttgart, Bad Cannstatt 1970, S. 31.

8 Adorno, Drei Studien ... a.a.O., S. 13; vgl. auch Gehring, Petra, Hegel Denken, https://www.openlearnware.de/resource/veranstaltung-1-hegel-denken-702 Min: 18.30, Diese Vorlesung eignet sich sehr gut für einen ersten Einstieg: https://www.openlearnware.de/resource/veranstaltung-1-hegel-denken-702

nunft" und „Geist". Es folgt eine Darstellung der „Phänomenologie des Geistes"; Hegels *vielleicht lebendigstes Werk.*[9] Danach steht Hegels System (Enzyklopädie) im Fokus. Der letzte Teil behandelt Hegels politische Philosophie, denn im Unterschied etwa zu Schopenhauer, Nietzsche und Heidegger – *schon der erste Blick auf Heideggers Werk zeigt, dass Heidegger keine Politische Philosophie ausgearbeitet hat …*[10] – kann Hegel als genuin politischer Denker gelten, der eine eigenständige politische Philosophie vorlegte. Eine Darstellung der von Hegels Schülern bearbeiteten und publizierten Vorlesungen zur Ästhetik, Religionsphilosophie, Geschichte der Philosophie und Philosophie der Geschichte beschließt diese Einführung.

[9] Haering, Theodor L., Hegel. Sein Wollen und sein Werk, Bd. 2, Leipzig und Berlin 1938, S. 518.

[10] Pöggeler, Otto, Philosophie und Politik bei Heidegger, Freiburg/München 1972, S. 15f.

2. Überblick

2.1 Hegel in seiner Zeit

Es ist übrigens nicht schwer zu sehen, dass unsere Zeit eine Zeit der Geburt und des Übergangs zu einer neuen Periode ist.
Hegel (3.18)

Hegel lebte von 1770 bis 1831 – ein Zeitraum, über den der Historiker Karl Otmar Freiherr von Aretin schreibt: *In wenigen Jahrzehnten zwischen 1763 und 1820 hat sich das Bild Deutschlands wesentlich verändert. Das Ende des Alten Reiches, der Zusammenbruch Österreichs und Preußens in den napoleonischen Kriegen, die Reformen zuerst in den süddeutschen Staaten, dann besonders in Preußen, schließlich die Neuordnung Deutschlands als föderativer Bund gleichberechtigter Staaten waren ähnlich umfassende politische Veränderungen wie die Revolution von 1789 sie in Frankreich herbeigeführt hat.*[1]

Abbildung 2. Georg Wilhelm Friedrich Hegel (1770–1831), Holzschnitt von Hugo Bürkner

Von England wirkte sich die industrielle Revolution – *Unser heutiges Maschinen- und Fabrikenwesen ...* (15.341) – nach Europa aus. Epochales Ereignis war die

---

1 Aretin, Karl Otmar Freiherr von, Vom Deutschen Reich zum Deutschen Bund, Göttingen 1980, Umschlagtext.

Französische Revolution (1789). Unter dem Banner von Freiheit, Gleichheit und Brüderlichkeit wurden die Privilegien des Adels und des Klerus abgeschafft. Der Dritte Stand erklärte sich zur Nation; es wurden ... *ganze Bereiche aus einer überlieferten Abhängigkeit befreit,* was auch bedeutet, dass die *Individuen aus uralter Gebundenheit heraus(ge)löst* ... wurden.[2] Die Menschenrechtserklärung (26. August 1789) und die Verfassung von 1791 entsprachen den Emanzipationsbestrebungen des Bürgertums. Neue Bildungsziele lösten die alten ab: *An der Stelle der adeligen Dressurprogramme: Tanzen, Fechten, Reiten, Konversation, Etikette tritt seit dem 18. Jahrhundert das Programm der Menschenbildung. Der Mensch, der Einzelne in seiner Freiheit und Selbstbestimmung, wird als Selbstzweck gesetzt.*[3]

In Deutschland hatten sich im ausgehenden 18. Jahrhunderts zwei ... *auf höchste Effektivität gebrachte(n) Staaten in Preußen und Österreich ...*[4] herausgebildet, was Hegels Interesse am Staat miterklären dürfte. Zum ersten von insgesamt vier Koalitionskriegen kam es 1792. In der Schlacht von Valmy (1792) – *Von hier und heute geht eine neue Epoche der Weltgeschichte aus, und ihr könnt sagen, ihr seid dabei gewesen* (Goethe) – schlugen die Franzosen die verbündete Armee der Österreicher und Preußen zurück. Es erfolgte eine lange Phase von Kriegen bis 1815, die im Vergleich zu den Kabinettkriegen früherer Zeiten einen anderen Charakter hatten, insofern sie zum Ziel hatten, *anderen Völkern die Segnungen der französischen Revolution zu bringen.*[5] In Deutschland lag keine revolutionäre Situation vor.[6] Zwar sympathisierten zahlreiche Intellektuelle mit den freiheitlichen Parolen, doch von den blutigen Exzessen der Jakobinerherrschaft waren sie bis auf eine kleine Minderheit bald ernüchtert. *So wenig man die Verhältnisse in Deutschland idealisieren darf, so wenig darf man von einer revolutionären Situation im Reich sprechen.*[7] Eine Ursache mag die von Hegel konstatierte Mentalität der Deutschen gewesen sein: *Wir Deutschen sind passiv erstens gegen das Bestehende, haben es ertragen; zweitens, ist es umgeworfen worden, so sind wir ebenso passiv: durch andere ist es umgeworfen worden, wir haben es uns nehmen lassen, haben es geschehen lassen (20.297). Wir haben allerhand Rumor im Kopfe und auf dem Kopfe; dabei läßt der deutsche Kopf eher seine Schlafmütze ganz ruhig sitzen und operiert innerhalb seiner* (20.332).

---

2 Nolte, Ernst, Der Faschismus in seiner Epoche, München 2008, 6. Auflage, S. 64.

3 Pott, Hans-Georg, Kurze Geschichte der europäischen Kultur, Paderborn 2005, S. 61.

4 Aretin, S. 27.

5 Epkenhans, Michael, Geschichte Deutschlands. Von 1648 bis heute Paderborn 2011, S. 26, Vgl. auch Ernst Noltes Bemerkung, dass der *jakobinische Nationalismus ... nicht narzißtisch, sondern missionarisch* sei. Der Faschismus in seiner Epoche, München 2008, 6. Auflage, S. 146.

6 Johann Wolfgang von Goethe schreibt in „Dichtung und Wahrheit" (Vierter Teil, 17. Buch) gleichsam aus erster Hand über die politische Gesinnung gegenüber dem Adel in den 70er Jahren des 18. Jahrhunderts: *In Deutschland war es noch kaum jemand eingefallen, jene ungeheure privilegierte Masse zu beneiden, oder ihr die glücklichen Weltvorzüge zu mißgönnen.*

7 Epkenhans, Michael, Geschichte Deutschlands. Von 1648 bis heute, a.a.O., S. 26.

Abbildung 3. Hegel (6. v. links) umgeben u.a. von Fichte, Goethe und den Brüdern Humboldt

Hegel erlebte Deutschland noch als Heiliges Römisches Reich Deutscher Nation kurz vor dem durch Napoleon bewirkten Zusammenbruch 1806. Die Stationen für das Ende des Reiches waren der Basler Frieden 1795, in welchem Preußen der französischen Republik das linke Rheinufer preisgab, der Rastatter Reichsfriedenskongress von 1797–99 (Napoleon nannte ihn ein verächtliches Bild deutscher Schwäche[8]), der Frieden von Lunéville 1801 (Österreich bestätigt den Rhein als Grenze) und der Reichsdeputationshauptschluss von 1803, durch den die von der Abtretung der linksrheinischen Gebiete betroffenen Fürsten als Entschädigung die geistlichen Territorien (Säkularisierung) und viele Reichsstädte in ihren Gebieten zugesprochen bekamen. Gleichwohl erwartete Hegels Freund Hölderlin[9] in seinem Gedicht „Friedensfeier" vom genannten Friedenschluss *allerneuernde Klarheit.* In einem Brief an seinen Bruder verknüpft Hölderlin mit dem Frieden die Hoffnung, ... *dass das deutsche Herz in solchem Klima, unter dem Segen dieses neuen Friedens erst recht aufgehn, und geräuschlos, wie die wachsende Natur, seine geheimen weitreichenden Kräfte entfalten wird.*[10]

Als Napoleon sich selbst zum Kaiser krönte (1804) und in der Schlacht von Austerlitz (1805) Russland und Österreich schlug, war spätestens im Jahre 1806 die Existenz des alten deutschen Reiches obsolet geworden. Zurück blieb der von Napoleon dirigierte Rheinbund (ihm schlossen sich nach und nach 16 deutsche Mittel- und Kleinstaaten an) und ein unabhängiges Preußen. *Die 16 Fürsten erklärten nach der Ratifizierung der Rheinbundakte am 25. Juli 1806 ihren Austritt aus dem Reich ... Am 22. Juli verlangte Napoleon ultimativ den Rücktritt des Kaisers. Dieser erfolgte schließlich am 6. August 1806. Kaiser Franz ging aber noch einen Schritt weiter und erklärte das Reich für beendet.*[11] Kaiser Franz II. dankte ab und beschränk-

---

8 Vgl. Steinbüchel, Theodor, Das Grundproblem der Hegelschen Philosophie, Darstellung und Würdigung, Bonn 1933, S. 337.

9 Zur Freundschaft Hegels mit Hölderlin: Bertaux, Pierre, Friedrich Hölderlin, Frankfurt/Main 1981, 1. Auflage, S. 475ff.

10 Zit. n. Bröcker, Walter, Hölderlins Friedensfeier entstehungsgeschichtlich erklärt, Frankfurt/Main 1960, S. 8.

11 Aretin, Karl Otmar Freiherr von, Vom Deutschen Reich zum Deutschen Bund, a.a.O., S. 102.

te als Kaiser Franz I. seine Herrschaft auf Österreich. Die Reichskleinodien wurden aus Nürnberg nach Wien überführt.

Nach der Niederlage Preußens (1806) gegen Napoleon, die Hegel hautnah in Jena erlebte, war das territorial dezimierte und besetzte Preußen zunächst gezwungenermaßen Bündnispartner Napoleons. Um das Land zu erneuern, wurden die Preußischen oder Stein-Hardenbergschen Reformen eingeleitet. *Die Neubesinnung ... hatte unter den Bedingungen einer französischen Quasi-Okkupation zu erfolgen.*[12] Der preußische Staat müsse *durch geistige Kräfte ersetzten, was er an physischen verloren habe,* so schrieb der preußische König 1807 an den Kabinettsrat von Beyme.[13] Es galt, die Bürger durch die Gewährung von Freiheitsrechten zu motivieren, Preußen zu stärken, ohne Gefahr zu laufen, dass es zu revolutionären Ereignissen wie in Frankreich käme, wie aus einem Zitat des späteren preußischen Staatskanzler Karl August von Hardenberg aus dem Jahr 1808 hervorgeht. Es sei ... *höchst wichtig ... alles, was die Teilnahme der Nation in den Angelegenheiten des Staates, an der Verteidigung desselben betrifft, mit größter Vorsicht zu leiten, damit diese an sich vortreffliche und bei der Lage der Dinge nötige Sache so sei und bleibe, als es mit einer monarchischen Verfassung zu vereinbaren ist, und nicht in etwas Revolutionäres ausarte.*[14] Auch Hegel setzte auf Reformen; Veränderungen einer bestehenden Verfassung könne *nur auf verfassungsmäßigem Wege geschehen* (7.439, § 273).

Nach Napoleons Niederlage in Russland 1812 erhoben sich die patriotischen Kräfte des Volkes (Arndt, Des Deutschen Vaterland; Kleist, Katechismus der Deutschen; Fichte, Reden an die deutsche Nation) gegen Napoleon. König Friedrich Wilhelm III. gab das Versprechen einer Verfassung, das er später brach. In der Vielvölkerschlacht bei Leipzig (16.-19. Oktober 1813) wurde Napoleon von Russland, Preußen, Österreich und Schweden geschlagen. Nach dem Wiener Kongress 1815 *lebt Deutschland in 39 Einzelstaaten (darunter 4 freie Städte), die ... im ‚Deutschen Bund' zusammengeschlossen sind; es existiert nur als ‚Kulturnation'.*[15] Im Deutschen Bund (Sitz Frankfurt) dominierten Preußen und Österreich. Sie betrieben mit Russland zusammen (Heilige Allianz) eine Restaurationspolitik. *Die Bundesakte war ... für alle, die mit nationalen Hoffnungen in die Befreiungskriege gegangen waren, eine herbe Enttäuschung.*[16] Preußen, von dessen Berliner Friedrich-Wilhelms-Universität Hegel ab 1818 wirkte, kam aus dem Wiener Kongress gestärkt hervor und konnte sein Staatsgebiet im Vergleich vor seiner Niederlage gegen Napoleon noch beträchtlich erweitern (Rheinlande).

---

12 Koschorke, Albrecht, Hegel und Wir, Frankfurt/Main 2015, S. 40.

13 Pöggeler, Otto in: Hegel in Berlin, Katalog zur Ausstellung zum 150. Todestag d. Philosophen, hg. v. Otto Pöggeler, Berlin 1981, S. 52.

14 Merker, Nicolao, Hegel – Ideologe welcher Bourgeoisie? In: Buhr, Manfred, Oiserman, Todor Iljitsch (Hg.), Vom Mute des Erkennens, Beiträge zur Philosophie Hegel, Berlin 1981, S. 14, Merker zitiert aus: E. Klein, Von der Reform zur Restauration. Finanzpolitik und Reformgesetzgebung des preußischen Staatskanzlers Karl August von Hardenberg, Berlin 1965, S. 171.

15 Schnädelbach, Herbert, Philosophie in Deutschland 1831–1933, Frankfurt/Main 1983, S. 25.

16 Aretin, S. 164.

Zwar war Deutschland gesellschaftspolitisch und *Sozialgeschichtlich ... zu Hegels Zeit noch wesentlich geprägt durch eine Agrargesellschaft; es existiert nur ein zahlenmäßig schwaches Bürgertum, das seine Identität in der Kultur sucht und primär individualistischen und apolitischen Bildungsidealen anhängt*[17], doch kulturell musste die Aufsplitterung Deutschlands nicht von Nachteil sein. *In Weimar war eine Dichterkolonie am Werk ... In Wien erreichte in derselben Zeit die Musik der Wiener Klassik nach Haydn und Mozart in Beethoven ihren Höhepunkt.*[18] Es gab mehrere kulturelle Zentren, wie u. a. Hegels Lebensweg von Stuttgart über Tübingen, Jena, Bamberg, Nürnberg, Heidelberg bis nach Berlin belegt. München war unter König Ludwig I. – er verehrte Goethe und schrieb selbst Gedichte – ein Kulturzentrum. Hier wirkte Schelling. In Dresden lebte der Dichter Ludwig Tieck, in Berlin schuf Karl Friedrich Schinkel Werke des Klassizismus, um nur einige Beispiele zu nennen.[19] Schon unter Friedrich II. hatte die deutsche Literatur einen Aufschwung erfahren, den der französisch sprechende König allerdings nicht oder kaum wahrnahm. In fast allen Wissenschaften kam es zu einer Blüte, nicht zuletzt, weil man die geistigen Impulse aus dem Ausland rezipierte, was Goethe von der Heraufkunft einer „Weltliteratur" sprechen ließ. Man muss nur die Namen Goethe, Schiller, Fichte, Schelling, Herder, Jean Paul, Gebrüder Schlegel, Novalis, E.T.A. Hoffmann, Brentano, Arnim, Gebrüder Humboldt, Rachel Varnhagen, Kleist, Tieck ... nennen, um mit Manfred Buhr feststellen zu können: *Hegel lebte und wirkte ... in einer Zeit größter geistiger und gesellschaftlicher Dynamik.*[20]

Mit dem Ergebnis des Wiener Kongresses (1814/15) waren die nationalliberalen Kräfte Deutschlands nicht zufrieden. 1817 trafen sich auf der Wartburg (Wartburgfest) etwa 500 liberale Burschenschaftler (Parole: „Freiheit, Ehre, Vaterland", gegründet 1815 in Jena), um mit den Farben Schwarz, Rot und Gold der Lützower Uniform[21] die nationale Einheit zu fordern. Die Studenten übergaben außer einigen politischen Schriften (nicht Bücher, sondern Zettel mit Namen der Bücher[22]) einen hessischen Soldatenzopf, einen preußischen Uniformschnürleib und einen

---

17 Schnädelbach, Herbert, Philosophie in Deutschland 1831–1933, a.a.O., S. 27.

18 Aretin, S. 11.

19 Goethe beklagt zwar im Gespräch mit Eckermann vom 3. Mai 1827, dass Deutschland im Vergleich zu Frankreich (Paris) kein kulturelles Zentrum besaß, räumt aber in einem weiteren Gespräch (23. Okt. 1828) ein, dass Kulturzentren wie Braunschweig, Hannover, Kassel, Stuttgart gerade wegen der politischen Zersplitterung entstanden sind. *Deutschland hat über zwanzig im ganzen Reich verteilte Universitäten und über hundert ebenso verbreitete öffentliche Bibliotheken, an Kunstsammlungen und Sammlungen von Gegenständen aller Naturreiche gleichfalls eine große Zahl; denn jeder Fürst hat dafür gesorgt, dergleichen Schönes und Gutes in seine Nähe heranzuziehen. Gymnasien und Schulen für Technik und Industrie sind im Überfluß da, ja es ist kaum ein deutsches Dorf, das nicht seine Schule hätte. Wie steht es aber um diesen letzten Punkt in Frankreich!*

20 Buhr, Manfred, Der Mut der Wahrheit, in: Buhr, Manfred, D'Hondt, Jacques, Klenner, Hermann, Aktuelle Vernunft, Drei Studien zur Philosophie Hegels, Berlin 1985, S. 18.

21 Das Lützowsche Freikorps war ein preußischer Freiwilligenverband der napoleonischen Befreiungskriege

22 U. a. Werke Kotzebues, der Code Napoleon, Schriften gegen die Burschenschaften sowie das Werk „Germanomanie" des jüdischen Publizisten Saul Ascher.

österreichischen Korporalstock als reaktionäre Symbole den Flammen.[23] Mit dabei waren der Historiker Heinrich Luden und der Philosoph Jakob Friedrich Fries sowie der Naturphilosoph Lorenz Oken. Als in Mannheim im Jahr 1819 der russische Staatsrat und Dichter August von Kotzebue von dem Jenaer Theologiestudenten Karl Ludwig Sand ermordet wurde, reagierte der österreichische Kanzler Metternich mit Repressalien. Die Karlsbader Beschlüsse (1819) beinhalteten *ein Verbot der Burschenschaften, eine strenge Zensur von Zeitungen und Zeitschriften sowie die Überwachung der Universitäten.*[24] Bücher wurden einer Vorzensur unterzogen und in Mainz wurde eine *Zentralkommission zur Untersuchung hochverräterischer Umtriebe* (Zentraluntersuchungskommission) errichtet. Selbst das Turnen unter dem „Turnvater" Friedrich Ludwig Jahn wurde verboten und letzterer inhaftiert. Doch der Widerstand hielt an. 1832 versammelten sich im pfälzischen Hambach um die 30.000 Menschen, um für Freiheit, Bürgerrechte und die nationale Einheit zu demonstrieren.

Wenige Monate nach der Ermordung Kotzebues kam es in Spanien zu einer Revolution. Es folgten Aufstände in Italien und Griechenland. Man sah das Gespenst der Revolution in Europa aufkommen. Der spanische König Ferdinand VII. wurde gezwungen, die von ihm verweigerte Konstitution anzunehmen. Hegel kritisierte Versuche der Heiligen Allianz, in Spanien zu intervenieren, *indem er auf dem Begriff des Staates als exklusives Individuum, das keinem internationalen Tribunal unterstellt ist, besteht.*[25] In den Sommerwochen des Jahres 1830 kam es in Belgien zu einem Aufstand gegen die Niederlande, zu denen Belgien seit dem Wiener Kongress gehörte. Belgien erklärte seine Unabhängigkeit. Hegel war gegen diese Entwicklung, da es sich seiner Meinung nach um eine konfessionelle Revolte des Katholizismus der belgischen Provinzen gegen die fortschrittlicheren protestantischen Niederlande handelte.

Auch gegenüber der französischen Julirevolution 1830 war Hegel zunächst skeptisch eingestellt, weil er ein Ausufern befürchtete und dass *die gewalttätigen Auseinandersetzungen mit der Thronbesteigung Louis Philippes keineswegs zu Ende seien.*[26] Man kann aber auch nicht sagen, dass Hegel die Ergebnisse der Julirevolution ablehnte, schließlich hatte er die Herrschaft der Bourbonen nach Napoleon als *eine fünfzehnjährige Farce* (12.534) bezeichnet. Die liberalen Resultate der Revolution – Pressefreiheit und veränderte Institutionen – wurden von Hegel im Gegensatz zu Schelling positiv bewertet.

In Berlin sah Hegel die Stein-Hardenberg-Reformen als wegweisend für die Zukunft an. Sie beinhalteten im Wesentlichen eine Verwaltungsreform (Ressortprinzip der Ministerien, Verwaltungsaufbau mit klarer Verantwortlichkeit), die

---

23 Vgl. Gropp, Rugard Otto (Hg.), Georg Wilhelm Friedrich Hegel, Ausgewählte Texte zusammengestellt und eingeleitet von R.O. Gropp, Berlin 1964, S. 13.

24 Epkenhans, S. 41.

25 Losurdo, Domenico, Hegel und das deutsche Erbe. Philosophie und nationale Frage zwischen Revolution und Reaktion, Köln 1989, S. 76.

26 Ebenda, S. 356.

Abschaffung der Leibeigenschaft (Martinitag 1810), Freizügigkeit, freie Heirat und Berufswahl, Gewerbefreiheit, Aufhebung der Binnenzölle, Heeresreform (Gneisenau, Scharnhorst), allgemeine Wehrpflicht (wurde allerdings erst 1813 und nur für die Dauer des Krieges gegen Napoleon umgesetzt[27]), Abschaffung des Spießrutenlaufens, *Die Armee sollte zur Schule der Nation werden*[28], Einführung einer kommunalen Selbstverwaltung, Bildungsreform (Humboldt), einheitliches staatliches Bildungssystem, Volksschule, Gymnasium, Universität, Emanzipation der Juden[29], Ressortprinzip der Ministerien.[30] Repräsentativverfassungen sahen die preußischen Reformen im Unterschied zu dem einst von Napoleon geschaffenen Königreich Westfalen allerdings nicht vor.[31]

Jacques D'Hondt zu Hegels Preußen: *Es ist ... leicht zu begreifen, was für Hoffnungen beim Verfolgen der Reformtätigkeit in Preußen in Hegels Geist entstehen konnten: schrittweise Beseitigung des Feudalsystems, feste Begründung eines nationalen Anziehungspols, Verbreitung von Bildung ...*[32]

Kulturpolitisch befand sich Hegel *In der Auseinandersetzung mit der Positivität*[33] *des Kirchenglaubens, dem Dogmatismus des Verstandesdenkens und überhaupt allen die lebendige Entwicklung der menschlichen Natur niederhaltenden Mächten...*[34] Auch die Aufklärung – deren Grundproblem Hans-Georg Gadamer so formuliert: *Das grundlegende Vorurteil der Aufklärung ist das Vorurteil gegen die Vorurteile überhaupt und damit die Entmachtung der Überlieferung*[35] – ist für Hegel zwar eine notwendige, aber doch auch nur eine Stufe in der Entwicklung (Vervollkommnung) des menschlichen Geistes.

In der Vorrede zur *Phänomenologie* stellt Hegel die alte und die neue Zeit in einer grandiosen Sprache gegenüber: *Sonst hatten sie einen Himmel mit weitläufigem Reichtume von Gedanken und Bildern ausgestattet. Von allem, was ist, lag die Bedeutung in dem Lichtfaden, durch den es an den Himmel geknüpft war; an ihm, statt in dieser Gegenwart zu verweilen, glitt der Blick über sie hinaus, zum göttlichen Wesen, zu einer, wenn man so sagen kann, jenseitigen Gegenwart hinauf. Das Auge des Geistes mußte mit Zwang auf das Irdische gerichtet und bei ihm festgehalten werden; und es*

27 Vgl. Aretin, S. 152 und S. 144.

28 Ebenda, S. 144.

29 Das *erhobene Geschrei übersehe(n), dass sie zuallererst Menschen sind und dass dies nicht nur eine flache, abstrakte Qualität ist.* (7.421, § 270, A.)

30 Vgl. Epkenhans, S. 30f.

31 Vgl. Aretin, S. 123.

32 D'Hondt, Jacques, Hegel in seiner Zeit, (Berlin, 1818–1831), Berlin 1973, S. 20.

33 Im Sinn von real vorhanden, gesetzt. *Ein positiver Glaube ist ein solches System von religiösen Sätzen, das für uns deswegen Wahrheit haben soll, weil es uns geboten ist von einer Autorität, der unseren Glauben zu unterwerfen wir uns nicht weigern können* (1.190).

34 Schwarz, Julius, Hegels philosophische Entwicklung, Frankfurt/Main 1938, S. 60.

35 Gadamer, Hans-Georg, Wahrheit und Methode, Grundzüge einer philosophischen Hermeneutik, Tübingen 1960/1990, 6. Auflage, S. 275.

hat einer langen Zeit bedurft, jene Klarheit, die nur das Überirdische hatte, in die Dumpfheit und Verworrenheit, worin der Sinn des Diesseitigen lag, hineinzuarbeiten und die Aufmerksamkeit auf das Gegenwärtige als solches, welche Erfahrung genannt wurde, interessant und geltend zu machen. – Jetzt scheint die Not des Gegenteils vorhanden, der Sinn so sehr in dem Irdischen festgewurzelt, daß es gleicher Gewalt bedarf, ihn darüber zu erheben. Der Geist zeigt sich so arm, daß er sich, wie in der Sandwüste der Wanderer nach einem einfachen Trunk Wassers, nur nach dem dürftigen Gefühle des Göttlichen überhaupt für seine Erquickung zu sehnen scheint. An diesem, woran dem Geiste genügt, ist die Größe seines Verlustes zu ermessen (3.16f). Mit anderen Worten: Die Aufklärung oder – wie Hegel auch sagt – die *Aufklärerei* (u.a. 2.276) hat eine Geistesarmut hinterlassen – vgl. Nietzsches „Die Wüste wächst, weh dem der Wüsten birgt". Romantik, Esoterik, Schellings intellektuelle Anschauung, inbrünstige religiöse Gefühle usw. sind für Hegel allesamt schlechte Kompensationen dieser Leere. Nicht ein Zurück hinter die Aufklärung, sondern deren Aufhebung ist Hegels Intention.

Aufhebung

„Aufhebung" (oder „aufheben") ist einer der wichtigsten Begriffe Hegels. *Es ist hierbei an die gedoppelte Bedeutung unseres deutschen Ausdrucks aufheben zu erinnern. Unter aufheben verstehen wir einmal soviel als hinwegräumen, negieren, und sagen demgemäß z. B., ein Gesetz, eine Einrichtung usw. seien aufgehoben. Weiter heißt dann aber auch aufheben soviel als aufbewahren, und wir sprechen in diesem Sinn davon, daß etwas wohl aufgehoben sei* (8.204, § 96 Z). In der „Logik" lesen wir: *Aufheben und das Aufgehobene* (das *Ideelle*) ist *einer der wichtigsten Begriffe der Philosophie ... Was sich aufhebt, wird dadurch nicht zu Nichts. Nichts ist* das *Unmittelbare; ein Aufgehobenes dagegen ist ein Vermitteltes, es ist das Nichtseiende, aber als Resultat, das von einem Sein ausgegangen ist; es hat daher die Bestimmtheit, aus der es herkommt, noch an sich. Aufheben hat in der Sprache den gedoppelten Sinn, daß es soviel als aufbewahren, erhalten bedeutet und zugleich soviel als aufhören lassen, ein Ende machen. Das Aufbewahren selbst schließt schon das Negative in sich, daß etwas seiner Unmittelbarkeit und damit einem den äußerlichen Einwirkungen offenen Dasein entnommen wird, um es zu erhalten. – So ist das Aufgehobene ein zugleich Aufbewahrtes, das nur seine Unmittelbarkeit verloren hat, aber darum nicht vernichtet ist* (5.113f).

2.2 Hegels System in Kurzform

Das Reine kann sich nur darstellen im Unreinen ...[36]
Hölderlin

Ausgangs- und Endpunkt ist bei Hegel das Denken: ... *das Denken einmal können wir nirgend unterlassen. Denn der Mensch ist denkend* ... (12.557), ja, ... *der Mensch selbst ist Denken, er ist da als denkend, es ist seine Existenz und Wirklichkeit* (5.132). Hegels absoluter Idealismus geht über das Bewusstsein des Einzelnen hinaus, da die Wirklichkeit geistig-gedanklich sei. *Das Geistige allein ist das Wirkliche* ... (3.28). *Das Absolute ist der Geist* (Enz. 10.29, §384 A). Die Grundlage der Wirklichkeit selbst *liegt in den geistigen Formen, mit denen wir sie erkennen.*[37] Der Geist formt die Wirklichkeit ... *und der Geist ist es, der nicht nur über der Geschichte wie über den Wassern schwebt, sondern in ihr webt und allein das Bewegende ist* ... (Enz. 10.352, §549 A). Gott ist ... *nicht ein Geist jenseits der Sterne, jenseits der Welt, sondern Gott ist gegenwärtig, allgegenwärtig und als Geist in allen Geistern. Gott ist ein lebendiger Gott, der wirksam ist und tätig* (16.40). Die Figur der Trinität (Vater, Sohn, Heiliger Geist), wie sie Jesus lehrt – *Ich und der Vater sind eins* (Joh. 10/30) –, bildet den Hintergrund von Hegels Philosophie.

Das Absolute (Wahrheit, Gott, Sinn) enthält nach Hegel in sich schon den Widerspruch – ist die Einheit der Einheit und des Unterschiedes oder – wie Hegel sagt: *Das Absolute selbst ... ist ... die Identität der Identität und der Nichtidentität; Entgegensetzen und Einssein ist zugleich in ihm* (2.96). Mit dieser Definition ist zum Ausdruck gebracht, dass Gott (das Absolute, die Wahrheit, die Vernunft) nicht gleichbleibt, sondern von Anfang an Bewegung, Veränderung und Prozess ist und auch nur im Nachvollzug dieses Prozesshaften, also im geschichtlichen Werden zu begreifen ist.[38] *Gott ist der Geist ... ist ... Prozess, ist Bewegung, Leben...* (17.221).[39] *Das Absolute,* so bringt Karl Paul Hasse Hegels Philosophie auf den Punkt, ... *ist der in dialektischer Entwicklung befindliche Geist.*[40] Deswegen beginnt Hegel auch seine Logik (Metaphysik) mit dem Begriff des Seins als einem Begriff, der aus sich heraus gar keinen Bestand hat, sondern nur über seinen Gegenbegriff des Nichts an Kontur gewinnt, was ebenso umgekehrt gilt. Die Wahrheit der beiden Begriffe ist dann das Werden. Das „Werden" und der Widerspruch bilden den Focus der Hegelschen Philosophie. *Das Absolute ist die Einheit des Seins und Nichtseins* (18.324).

---

36 Brief an Neuffer vom 12. Nov. 1798, in Hölderlin, Friedrich, Werke und Briefe, Bd. 2, herausgegeben von Michael Knaupp, München Wien 1992, S. 712.

37 Prechtl, Peter, Sprachphilosophie, Stuttgart 1999, S. 60.

38 Vgl. Marsch, Wolf-Dieter, Gegenwart Christi in der Gesellschaft. Eine Studie zu Hegels Dialektik, München 1965, S. 177.

39 Küng spricht von der *innere(n) Dialektik Gottes selbst.* Küng, S. 278.

40 Hasse, Karl Paul, Hegels Philosophie, Berlin 1917, S. 13.

In der Natur herrschen Überfluss, Akzidentielles und Zufälle, die nicht auf den Begriff zu bringen sind. *Das Zufällige steht nicht auf sich selbst ... (ist) als zufällig bestimmt, zu fallen* (17.448). Letztlich herrsche in der Natur eine Traurigkeit wie sie Schelling in seiner Freiheitsschrift – durchaus im Sinne Hegels – formuliert: *Daher der Schleier der Schwermut, der über der ganzen Natur ausgebreitet ist, die tiefe unzerstörliche Melancholie alles Lebens.*[41] Bei Hegel finden wir die Wendung: ... *die Steine schreien und heben sich zum Geiste auf* (9.25, § 247). Die Natur gehört für Hegel zum vernünftigen Ganzen, ist jedoch nur das Andere des Geistes, sozusagen sein Unbewusstes.[42] Sie ist als Idee in ihrem Anderssein nicht vollständig zu begreifen, aber – im Gegensatz zu Fichte – dem Begriff auch nichts Gegnerisches oder Fremdes. *Ein durchaus Anderes ist für den Geist gar nicht vorhanden* (10.10). Aber erst mit dem über die Natur hinausgehenden Geist komme wahre Ordnung in die Welt: ... *die Welt (ist) ein in sich Zerfallendes ..., das erst durch die Wohltat des Selbstbewußtseins der verständigen Menschen einen objektiven Zusammenhang und Halt, Substantialität, Vielheit und sogar Wirklichkeit und Möglichkeit erhält ...* (2.309). Erst mit der Vernunft werden wir heimisch in der Welt, wobei dieses Heimischwerden Ergebnis von Arbeit der vielen Generationen (Geschichte!) ist: Man muss seinen Garten bestellen! ... *in den Taten und im Leben der Geschichte, wie auch der Kunst, bringt er* [der Geist] *sich auf bewusste Weise hervor ...*[43] So interpretiert Karl Paul Hasse Hegels Philosophie.

1816 bekam Hegel Besuch von dem Historiker Friedrich von Raumer[44], der ihm anbot, für die Nachfolge des vakanten Fichte-Lehrstuhls in Berlin in Frage zu kommen. Er bat Hegel, ein Schreiben zu verfassen, in dem er seine *Gedanken über den Vortrag der Philosophie auf Universitäten* darlegen sollte. Hegel machte sich an die Arbeit. Abzulehnen seien der Kritizismus und der Skeptizismus, wonach es keine absolute Wahrheit in der Philosophie gebe. Abzulehnen sei auch die Philosophie als eine Art Lebensberatung zu verstehen. Nein, die Philosophie habe es mit der absoluten Wahrheit zu tun, allerdings sei diese nicht in der Art der Mystiker oder Romantiker als Schau oder Intuition zu erfassen, sondern in einem philosophischen System *(‚System' heißt wörtlich so etwas wie ‚Zusammenstand'*[45]*)* in Begriffen auszuarbeiten. In kurzen Sätzen stellt Hegel dieses bzw. sein System vor: ... *das ganz abstrakte Allgemeine gehört in die Logik, mit allem, was davon ehemals auch die Metaphysik in sich begriff; das Konkrete teilt sich in die Naturphilosophie, die nur einen Teil des Ganzen abgibt, und in die Philosophie des Geistes, wohin außer Psychologie mit Anthropologie, Rechts- und Pflichtenlehre, dann Ästhetik und Religionsphilosophie gehört; die Geschichte der Philosophie kommt noch hinzu* (4.424f). Mit anderen Worten: Logik, Naturphilosophie und Philosophie des Geistes bilden die

41 Schelling, F.W.J., Über das Wesen der menschlichen Freiheit, Stuttgart 1991, S. 119.
42 Vgl. Hasse, Karl Paul, a.a.O., S. 15.
43 Ebenda, S. 15.
44 Seine Werke lieferten dem Dichter Christian Dietrich Grabbe das historische Wissen für seine Staufer-Dramen.
45 Guzzoni, Ute, Hegels Denken als Vollendung der Metaphysik, Freiburg/München 2005, S. 69.

Eckpfeiler von Hegels System, wie er es in seiner *Enzyklopädie der philosophischen Wissenschaften* ausgearbeitet hat. Dieses System wird von einem roten – göttlichen – Faden zusammengehalten. Gott habe sich die Mühe gegeben, ... *den geballten Kern der Wahrheit, der er ist, ... in der Wirklichkeit zu einem Systeme der Natur, zu einem Systeme des Staats, der Rechtlichkeit und Sittlichkeit, zum Systeme der Weltgeschichte zu entfalten, zu einer offenen Hand, deren Finger ausgetreckt sind, um des Menschen Geist damit zu erfassen und zu sich zu ziehen ...* (11.330).[46]

Jürgen Habermas hat Hegels System in die folgenden Worte zusammengefasst: *Das weltliche Dasein des Geistes wird mit der physikalischen und organischen, also einer buchstäblichen ‚Verkörperung' des absoluten Geistes eröffnet; mit dem Ende der höchsten Stufe des tierischen Bewusstseins geht dieser in der Natur verkörperte Geist in die Phase der Reflexion über und gelangt zunächst in Gestalt des erkennenden subjektiven Geistes zur Gewissheit seiner selbst; dieser objektiviert sich sodann als der freie Wille in Geschichte und Gesellschaft, um sich schließlich in den Gestalten des absoluten Geistes selbst als die alles bewegende absolute Idee zu begreifen, die im Für-sich-Sein zum Ziel des sich konsumierenden Weltprozesses gelangt.*[47] Die kürzeste Zusammenfassung seines Systems stammt aber von Hegel selbst.

Merksatz

Das Logische wird zur Natur und die Natur zum Geiste (10.393, § 575).

[46] Das Bild erinnert an Michelangelos Decken-Fresko in der Sixtinischen Kapelle.

[47] Habermas, Jürgen, Auch eine Geschichte der Philosophie, Bd. 2, Berlin 2020, 4. Auflage, S. 469.

3. Biographie

Hinter ihm im wesenlosen Scheine sank, was uns Alle bändigt, das Gemeine …[1]
Goethe über Hegel

Georg Wilhelm Friedrich Hegel wurde am 27. August 1770 (auch Geburtsjahr von Hölderlin und Beethoven) als ältester Sohn des höheren Finanzbeamten (Rentkammersekretär und Expeditionsrat) Georg Ludwig Hegel und seiner Frau Maria Magdalena Louisa, geb. Fromm, in einer lutherischen Familie in Stuttgart geboren. Die Vorfahren waren seit Generationen Pfarrer und Beamte im Staatsdienst gewesen.[2] Hegels Vater hatte Jura studiert, seine gebildete Mutter kümmerte sich intensiv um die Erziehung Hegels. Mit seiner drei Jahre jüngeren Schwester Christiane Luise – sie nahm sich nur wenige Wochen nach Hegels Tod das Leben – pflegte er zeitlebens Kontakt. Sein sechs Jahre jüngerer Bruder Georg Ludwig starb 36-jährig als württembergischer Offizier im russischen Feldzug Napoleons.

Abbildung 4. Hegel – Skizze von Wilhelm Hensel mit einer persönlichen Widmung: „Unsere Kenntnis soll Erkenntnis werden. Wer mich kennt, wird mich hier erkennen."

---

1 Roessler, Constantin, System der Staatslehre, A. Allgemeine Staatslehre, Leipzig 1857, S. XVI.

2 Pöggeler, Otto in: Hegel in Berlin, Katalog zur Ausstellung zum 150. Todestag des Philosophen, hg. v. Otto Pöggeler, Berlin 1981, S. 14.

Schon mit drei Jahren schickten die Eltern ihren Wilhelm in die deutsche Schule und zwei Jahr später in die Lateinschule in Stuttgart. Im Herbst 1777 kommt der begabte Schüler auf das Gymnasium seiner Heimatstadt...[3] Hegel war ein fleißiger und wissbegieriger Schüler, der sein Taschengeld für den Ankauf von Büchern ausgab und die der Allgemeinheit eingeräumte Möglichkeit ergriff, zu bestimmten Zeiten die herzogliche Bibliothek zu benutzen. Seinen Lehrer Löffler lobte der Schüler, weil er nicht wie andere Lehrer nach seiner Verbeamtung glaubte, mit seinen wissenschaftlichen Studien aufhören zu können, sondern weiterforschte: *Er kannte den Wert der Wissenschaften und den Trost, den sie einem bei verschiedenen Zufällen gereichen.*[4] An diesem frühen Tagebucheintrag vom 7. Juli 1785 ist erkennbar, wie schon der jugendliche Hegel ganz auf die Bildung setzte. Früh hat sich auch sein Arbeitsstil, längere Exzerpte aus Büchern anzufertigen und nach den Rubriken Philologie, Ästhetik, Physiognomik, Arithmetik, Geometrie, Psychologie, Geschichte, Theologie und Philosophie in Schreibmappen anzulegen, entwickelt.

Nach seiner Gymnasialausbildung trat Hegel 1788 als Achtzehnjähriger ins protestantische Tübinger Stift ein, wo er Philosophie und Theologie studierte. In Tübingen galt er als angenehmer Gesellschafter. *Er nahm gern an Gelagen teil, ‚wo dem Bacchus geopfert wurde', und spielte gern Tarock.*[5] Von den Kommilitonen wurde Hegel wegen seiner bedächtigen Art „alter Mann" genannt. *Gott stehe dem alten Mann bei,* trug ihm sein aus dem elsässischen Mömpelgard[6] stammender Kommilitone Fallot am 12. Februar 1791 ins Stammbuch ein. Daneben findet sich die Karikatur eines buckligen Alten mit Gehstöcken und Mönchskutte. Außerdem fügte Fallot noch ein „Vive A !!!" hinzu. Das A steht vermutlich für Auguste, der Tochter eines Tübinger Theologieprofessors, deren Verehrer Hegel damals war.[7]

Exkurs: Über Hegels Charakter

Ernst, ‚Gediegenheit', ... (aktive) ‚Anstrengung', Tiefe ist für Hegel in der Tat und wird für ihn immer mehr das eigentliche Charakteristikum alles wirklich Lebendigen, insbesondere auch der lebendigen Wahrheit, alles lebendigen Wahrheitsstrebens und – seiner selbst ...[8] Wilhelm Dilthey schreibt: *Langsam, in ruhiger Arbeit entwickelt er sich.*[9] Bei Theodor Haering heißt es zum Entstehen des Hegel-

---

3 Biedermann, Georg, Georg, Wilhelm Friedrich Hegel, Köln 1981, S. 10.

4 Hegel zit. Rosenkranz, Hegels Leben, S. 434.

5 Betzendörfer, Walter, Hölderlins Studienjahre im Tübinger Stift, Heilbronn 1922, S. 101.

6 Die Studenten aus der auf französischem Gebiet (Elsass) liegenden württembergischen Exklave Mömpelgard (Montbéliard) waren ... *so etwas wie eine Avantgarde revolutionären Bewusstseins im Stift.* Dietzsch, Steffen, Friedrich Wilhelm Joseph Schelling, Leipzig/Jena/Berlin 1978, 1. Auflage, S. 21.

7 Biedermann, Georg, Georg, Wilhelm Friedrich Hegel, Köln 1981, S. 18.

8 Haering, Bd. 1, S. 185.

9 Wilhelm Dilthey, Die Jugendgeschichte Hegels, in: Gesammelte Schriften, Bd. 4, Leipzig und Berlin 1921, S. 5.

schen Werkes lapidar: *Hegel ließ sich Zeit.*[10] Eine Zeichnung von Wilhelm Hensel zeigt Hegel mit *feste(m) Blick, zusammengepressten Lippen, beginnende(m) spöttischen Lächeln.*[11]

Mit Hölderlin und Schelling – sie wohnten mit anderen Stiftlern in der Augustinerstube – galt Hegel als ein Anhänger der Französischen Revolution. *Er sieht in der Französischen Revolution den Ausbruch und den Gipfelpunkt einer Krise, auf die ein neues Weltalter des Geistes zu folgen hat.*[12] Die drei Freunde teilen Hölderlins bzw. Heraklits pantheistische Losung *hen kai pan* (eins und alles) und schwören sich gegenseitig, die Welt neu gestalten zu wollen: *Das Reich Gottes komme, und unsere Hände seien nicht müßig im Schoße* schreibt Hegel an Schelling. *Vernunft und Freiheit bleiben unsere Losung, und unser Vereinigungspunkt die unsichtbare Kirche.*[13] Dieses Reich – so Paul Tillich – ist für Hegel *aber ... real im Volk*[14]*;* genauer versteht Hegel dieses Reich als Sittlichkeit: *Die Institutionen der Sittlichkeit sind göttliche, heilige, ... aber das Sittliche ist Gehorsam in der Freiheit, freier vernünftiger Wille ...* (17.332f). Man darf sich die Parole vom Reich Gottes auf Erden nicht unmittelbar politisch vorstellen – dazu waren die politischen Verhältnisse in Deutschlands kleinen Fürstenstaaten zu unreif[15] –, sondern als Losungswort für einen zunächst kleineren Kreis von Gleichgesinnten (unsichtbare Kirche) mit der Hoffnung, dass dieser Freundschaftsbund nach und nach mehr Einfluss auf größere Gesellschaftskreise gewinnt. Mit Manfred Frank lässt sich das Zusammenwohnen von Hegel, Hölderlin und Schelling als *eine einzigartige Fügung der Geistesgeschichte*[16] festhalten.

Eine Anekdote erzählt, dass Hegel, der offenkundig häufiger zu später Stunde angetrunken ins Stift zurückkam, vom Torhüter angeraunzt wurde: *Hegel, Du säufst di no zum Tod,* worauf Hegel antwortete, er habe sich nur *ein wenig erfrischt.*[17] Philosophisch beschäftigte sich Hegel in den fünf Tübinger Jahren vorwiegend mit Rousseau, Aristoteles und Kant. Dass er als Zeichen seiner Sympathie mit der Französischen Revolution zusammen mit Schelling und Hölderlin einen Freiheitsbaum (Stamm mit Jakobinermütze, Kokarde und blau-weiß-roten Bändern) am Neckar errichtet hätte, gehört wohl zur Legende.[18]

---

10 Haering, Bd. 1, S. X.

11 D'Hondt, Jacques, Hegel in seiner Zeit, (Berlin, 1818–1831), Berlin 1973, S. 167.

12 Lukács, Georg, Der junge Hegel, a.a.O., S. 314.

13 Brief von Hegel an Schelling (Jan.1795) in: Hoffmeister, Johannes, Briefe von und an Hegel, Hamburg 1969, Dritte durchgesehene Auflage, Bd. 1, S. 18.

14 Tillich, Paul, Der junge Hegel und das Schicksal Deutschlands (1932) in: Tillich, Paul Begegnungen, Gesammelte Werke, Bd. 12, Stuttgart, 1. Auflage 1971, S. 132.

15 Vgl. Küng, S. 62.

16 Frank, Manfred, Eine Einführung in Schellings Philosophie, Frankfurt/Main 1985, 5. Auflage 2016, S. 11

17 Nicolin, Günther (Hg.), Hegel in Berichten seiner Zeitgenossen, Hamburg 1970, Nr. 19, S. 19.

18 Rosenkranz, Hegels Leben, S. 29.

Nach seinem Studium wurde Hegel nicht wie geplant Pfarrer, sondern Hauslehrer (Hofmeister) in Bern bei der Patrizierfamilie Karl Friedrich von Steiger. Er unterrichtete dort die achtjährige Tochter und den sechsjährigen Sohn in Religion, französischer Literatur, Geschichte, Geographie, Arithmetik und Musik. In Bern (1793–96) stand ihm die gut bestückte Bibliothek des Hausherrn zur Verfügung. Er arbeitete sich in die englische Nationalökonomie ein, studierte *Untersuchungen der Grundsätze von Staatswirtschaft* des späten Merkantilisten James Steuart. Leider gingen Hegels diesbezügliche Aufzeichnungen verloren.

Im Tagebuch hielt Hegel seine Eindrücke eines größeren Ausflugs im Juli 1895 ins Berner Hochland (Grindelwald, Scheidegg, Meiringen, Andermatt, Flüen, Vierwaldstättersee, Luzern) fest. Dabei fällt auf, dass sich Hegel von der Gebirgslandschaft nicht bezaubern ließ, sondern im Gegenteil ins Grübeln geriet, ob der teleologische (physikotheologische) Gottesbeweis, wonach die zweckmäßig eingerichtete Natur auf einen Schöpfer verweist, seine Berechtigung habe. Einzig der Reichenbachwasserfall belohnte ihn für seine Wandermühen. Man sehe beim herabstürzenden Wasser ... *ewig das gleiche Bild und sieht zugleich, dass es nie dasselbe ist* (1.615). Kaum ein Bild könnte besser für Hegels dialektische Philosophie des Werdens stehen als gerade dieses. *Die rauschende Bewegung des Wassers ... ist ein Sinnbild der spekulativen Vernunft und die dynamische Vereinigung von Einheit und Differenz, Identität und Unterschied.*[19] Hegel wendet sich in seiner Philosophie gegen alles Fixierte im Denken und fordert eine Verflüssigung der Begriffe.

Verstandesdenken versus spekulatives Denken

Als Verstandesdenken oder Reflexion bezeichnet Hegel ein Denken, das in der Feststellung von Entgegensetzungen und ihrer Unüberwindbarkeit befangen bleibt. Das philosophische spekulative Denken – es ist das dialektische Denken – überwindet das festgefahrene Denken in Gegensätzen und legt dar, wie aus Widersprüchen sich Neues entwickelt (Dialektik). *Das Denken als Verstand bleibt bei der festen Bestimmtheit und der Unterschiedenheit derselben gegen andere stehen; ein solches beschränktes Abstraktes gilt ihm als für sich bestehend und seiend* (8.168 § 80). *Das dialektische Moment ist das eigene Sichaufheben solcher endlichen Bestimmungen und ihr Übergehen in ihre entgegengesetzten* (8.171, § 81). Über Hegels spekulatives Denken schreibt Heidegger: *Dergestalt ist die Dialektik spekulativ. Denn speculari heißt erspähen, zu Gesicht bekommen, fassen, begreifen. Hegel sagt in der Einleitung zur ‚Wissenschaft der Logik' (ed. Lasson, Bd. 1, S. 38): Die Spekulation besteht, in dem Fassen des Entgegengesetzten in seiner Einheit'.*[20] Die spekulative Vernunft enthüllt das Verbindende hinter den ge-

19 Ostritsch, Sebastian, Hegel Der Weltphilosoph, a.a.O., S. 71f.

20 Heidegger, Martin, Hegel und die Griechen, in: Wegmarken, Frankfurt/Main, 3. Durchgesehene Auflage 1996, S. 431.

trennten Erscheinungen,[21] was Hegel in das schöne Bild fasst: *Für die Spekulation sind die Endlichkeiten Radien des unendlichen Fokus, der sie ausstrahlt und zugleich von ihnen gebildet ist; in ihnen ist der Fokus und im Fokus sie gesetzt ... Das Produzieren des Bewusstseins dieser Identität ist die Spekulation ...* (2.43).

Hegels Nonchalance gegenüber der Herrlichkeit der Bergwelt hinterlässt ihre Spuren bis in seine Ästhetik, wo es in einer berühmten Bemerkung heißt, dass das Kunstschöne höher zu stellen sei als das Naturschöne: *Ja formell betrachtet, ist selbst ein schlechter Einfall, wie er dem Menschen wohl durch den Kopf geht, höher als irgendein Naturprodukt, denn in solchem Einfalle ist immer die Geistigkeit und Freiheit präsent* (13.14).

Nach den drei Berner Jahren trat Hegel auf Vermittlung von Hölderlin[22] in Frankfurt am Main bei dem Bankier und Weinhändler Johann Noe Gogel im Jahr 1797 seine zweite Hauslehrerstelle an, wo er bis ins Jahr 1800 dessen neun und elf Jahre alte Neffen unterrichtete. Noch in Bern verfasste Hegel im Jahr 1796 ein längeres Gedicht mit dem Titel Eleusis, welches er Hölderlin widmete. Es ruft den einst geschlossenen Freundschaftsbund in Erinnerung mit dem Versprechen: *Der freien Wahrheit nur zu leben, Frieden mit der Satzung, / Die Meinung und Empfindung regelt, nie, nie einzugehn* (1.233).

In Tübingen, Bern und Frankfurt beschäftigt sich Hegel in zu seinen Lebzeiten unveröffentlicht gebliebenen „Jugendschriften" mit Fragen der Moral und Religion. *Sein Problem (ist) die Frage, wie man die politisch-gesellschaftliche und orthodox-kirchliche Verfestigung, die wahres Leben verunmögliche, aufbrechen oder auflösen könne.*[23] Hegel gelangt zu einer Kritik am Christentum bzw. fragt, was dazu geführt habe, dass das Christentum von einer einst lebendigen Religion zu einer zur Dogmatik erstarrten *positiven* Religion[24] wurde, in der *Wortparaden* die *Herzlichkeit des Glaubens* (1.19) ersetzten. Eine Antwort sei, dass das Christentum seit seinen Anfängen eine private Religion war, die ins Gehege mit dem Staat kam. *Die christliche Religion ist ursprünglich eine Privatreligion ...* (1.71). Das Problem war, *was nur eine kleine Familie* [oder Gemeinde] *angeht, auf die bürgerliche Gesellschaft ausgedehnt wurde* (1.62f). Jesus habe seine Jünger aus der Gesellschaft herausgerissen – sie sollten Beruf, Haus und Familie verlassen, um ihm zu folgen. Die kleine Ge-

---

21 Vgl. Schweppenhäuser, Hermann, Spekulative und negative Dialektik, in: Negt, Oskar (Hg.), Aktualität und Folgen der Philosophie Hegels, Frankfurt/Main 1970, S. 81f.

22 Hegel war für Hölderlin ein Mensch, der ihm Halt gab. In einem Brief an Ch. L. Neuffer vom 16.2.1797 heißt es: *Hegels Umgang ist sehr wohltätig für mich. Ich liebe die ruhigen Verstandesmenschen, weil man sich so gut an ihnen orientieren kann, wenn man nicht recht weiß, in welchem Falle man mit sich und der Welt begriffen ist.* Zit. Nicolin, Günther (Hg.), Hegel in Berichten seiner Zeitgenossen, Hamburg 1970, Nr. 33, S. 33.

23 Splett, Jörg, Die Trinitätslehre G W. F. Hegels, Freiburg/München 1965, S. 14.

24 Eine positive (lat. festgelegt, gesetzt, tatsächlich) Religion gründet auf Autorität, nicht auf Vernunft. In den *Vorlesungen über die Geschichte der Philosophie* spricht Hegel von dem *Positive(n) der verhölzerten Religion* (20.295).

meinde mochte nach Jesus' Lehre leben, etwas anderes ist es, ein Staatsgebilde danach auszurichten. *Ein Staat, der heutzutage die Gebote Christi unter sich einführen würde ... würde sich bald selbst auflösen. Man hat noch nie gehört, daß ein Mann, dem sein Rock gestohlen worden ist und der noch seine Weste und Hosen retten konnte, von einem christlichen Lehrer sei geschmäht worden, daß er diese nicht auch selbst noch preisgab ...* (1.61). Sokrates hingegen habe mit Bürgern der Polis argumentiert und sie nicht aus ihren Berufen herausgerissen. *Am Modell der antiken Polisreligion gewinnt Hegel die Einsicht in die Defizienz des Christentums in der modernen Welt, eine Religion für Privatpersonen zu sein.*[25]

In den Manuskripten „Volksreligion und Christentum", das „Leben Jesu", die „Positivität der christlichen Religion" und „Geist des Christentums und sein Schicksal" kritisierte Hegel – auch wenn es gelte, ... *die Schätze, die an den Himmel verschleudert worden sind, als Eigentum der Menschen, wenigstens in der Theorie, zu vindizieren ...* (1.209) – nicht die Religion oder das Christentum an sich, sondern deren „schlechte" Positivität[26], d. h. Erstarrung zum Dogma, dem Satzungen wichtiger sind als Vernunft und Moralität. *Nicht Religion schlechthin bekämpft er, sondern tote Religion.*[27] Eine wahre Volksreligion beruhe auf den Einsichten der Vernunft, berücksichtige aber auch – gegen Kant – das Herz, die Phantasie und die Sinnlichkeit. Das Christentum sei im Laufe der Zeit – wie einst das Judentum – zum kleinlichen Gesetzesdenken geworden. Das Judentum fasst Hegel hier vor allem als Gesetzesreligion im Gegensatz zum ursprünglichen Christentum als der Religion des Herzens und der Liebe. *Der Idee der Juden von Gott als ihrem Herrn und Gebieter über sie setzt Jesus das Verhältnis Gottes zu den Menschen als eines Vaters gegen seine Kinder entgegen* (1.370). In seinen späteren Vorlesungen zur Religionsphilosophie stellt Hegel jedoch die große Leitung des Judentums heraus, als erste Religion Gott monotheistisch und als Geist aufgefasst zu haben.

In Frankfurt gewinnt Hegel aus den Gesprächen mit Hölderlin und der Lektüre der Mystiker Meister Eckhart und Johannes Tauler einen über die kantische Moralphilosophie hinausgehenden ganzheitlichen Standpunkt (Vereinigungsphilosophie[28]) mit der Perspektive des Du, der Liebe, der Schönheit in ihrem Aufscheinen im Endlichen (Riten, Mythen, Institutionen).[29] *Der ‚Himmel' aber, das sind alle himmlischen Herzen ...*[30], sprach der Mystiker Johannes Tauler. *Liebe* und

---

25 Günter, Rohrmoser, Subjektivität und Verdinglichung, Gütersloh 1961, S. 26.

26 Davon zu unterscheiden ist eine gute Positivität, insofern jede Religion gewisse Kultelemente benötigt: *die Religion muss ... positiv sein, weil es sonst gar keine geben würde* (1.219). *Das Ideal läßt sehr wohl Besonderheit, Bestimmtheit zu und fordert sogar eigentümliche religiöse Handlungen, Gefühle, Gebräuche, einen Überfluß, eine Menge von Überflüssigem, was vor dem Laternenlicht der allgemeinen Begriffe nur als Eis und Stein erscheint* (1.220). Vgl. Küng, S. 124f.

27 Küng, S. 92.

28 Vgl. Henrich, Dieter, Hegel im Kontext, Frankfurt/Main 1971, S. 12 ff.

29 Vgl. Pöggeler, Otto, Hegels Idee einer Phänomenologie des Geistes, Freiburg/München 1973, S. 70.

30 Tauler, Johannes, Auf Himmelfahrtstag (Predigt) in: Vom gottförmigen Menschen, Eine Auswahl, Stuttgart 1961, S. 42.

Versöhnung im *Leben* sind die großen Leitmotive der Frankfurter Periode.[31] Wie Aristoteles – der Hegelschüler und spätere Hegel-Kritiker Carl Friedrich Bachmann bezeichnete Hegel als deutschen Aristoteles[32] – glaubte Hegel, dass Vereinigung eine den Individuen vorgelagerte ontologische Bedingung ist. Neben den institutionellen Bindungskräften existiert ein inneres Band der Sittlichkeit, die für das Individuum konstitutiv ist, also gleichsam den Mutterboden seines Daseins bildet.[33] Erst auf dieser integrativen Basis kann sich dann die Pluralität z. B. der gesellschaftlichen Bereiche und Institutionen herausbilden. In Hegels Worten: *Die Arbeit, Fabrikation, Rechtszustand und Verwaltung und Militär: jedes bildet sich vollkommen nach seinem einseitigen Prinzip aus. Das organische Ganze hat vollkommene Eingeweide, die sich in ihrer Abstraktion ausbilden.*[34] Das Ganze baut nicht auf seinen Einzelteilen auf. Umgekehrt gestalten sich die Einzelgliederungen aus dem Ganzen. Neben den Begriffen Liebe, Leben und Versöhnung wird in Frankfurt der Begriff des Geistes immer wichtiger.

Hegels erste Veröffentlichung

In Frankfurt kam 1798 Hegels erste gedruckte Arbeit heraus. Das war ein den Verfasser anonym haltendes kleines Buch mit dem Titel ‚Vertrauliche Briefe über das vormalige Staatsrechtliche Verhältnis des Waadtlandes (Pay de Vaud) zur Stadt Bern. Aus dem Französischen eines verstorbenen Schweizers übersetzt und mit Anmerkungen versehen.' Übersetzt und kommentiert hatte dieses Büchlein Hegel. Der Autor der ‚Briefe', der Schweizer Advokat J.J. Cart (der sich zur Zeit des Erscheinens dieser Ausgabe noch völliger Gesundheit erfreute) prangerte darin die in Bern bis zum Einmarsch der Franzosen herrschende despotische Ordnung an. Hegel machte auf einige Gedanken des Verfassers aufmerksam, die er mit eigenen Überlegungen verknüpfte. Das Fehlen bürgerlicher Freiheiten im Berner Kanton äußerte sich vor allem in der gerichtlichen Willkür der Mächtigen. Die Rechtsprechung befinde sich vollkommen in den Händen der Regierung und der Behörden. Darum würden die Rechtsnormen praktisch nicht befolgt. Nirgendwo in der Welt würden so viele Menschen hingerichtet, gehenkt, gerädert und verbrannt wie in diesem Kanton. Die Verteidigung sei bloß formal, für den Delinquenten sei durch sie in keiner Weise gesorgt; die höchste Instanz bestätige automatisch das Urteil der niederen, ohne einen Blick in die Akte zu werfen.[35]

---

31 Küng, S. 151ff.

32 Vgl. Pöggeler, Otto, Hegels Idee einer Phänomenologie des Geistes, a.a.O., S. 181.

33 Vgl. Haering, Bd. 1, S. 264.

34 Jenaer Realphilosophie, in G.W.F. Hegel: Frühe politische Systeme. Hg. und kommentiert von Gerhard Göhler, Frankfurt a. M./Berlin/Wien 1974, S. 270.

35 Gulyga, Arseni, Hegel, Leipzig 1980, S. 38f.

In einem fragmentarisch und unveröffentlicht gebliebenen politischen Manuskript mit dem Titel *Dass die Magistrate von den Bürgern gewählt werden müssen* aus dem Jahr 1798 beschäftigte sich Hegel mit den politischen Verhältnissen in seiner alten württembergischen Heimat. Angesichts der politischen Umwälzungen in Frankreich könne man in Deutschland nicht einfach so weitermachen wie zuvor. Er fordert eine Versammlung der Landstände. Jeder Stand solle sich überlegen, was er zum Gedeihen des Ganzen beitragen könne und ... *wenn er sich im Besitz ungleicher Rechte findet, so strebe er danach, sich ins Gleichgewicht mit den übrigen zu setzen* (1.271). Man soll also nicht immer nur an das eigene Wohl denken. *Das Bild besserer, gerechterer Zeiten ist lebhaft in die Seelen der Menschen gekommen ... Allgemein und tief ist das Gefühl, dass das Staatsgebäude, so wie es jetzt noch besteht, unhaltbar ist ... Wie blind sind diejenigen, die glauben mögen, dass Einrichtungen, Verfassungen, Gesetze, die mit den Sitten, den Bedürfnissen, der Meinung der Menschen nicht mehr zusammenstimmen, aus denen der Geist entflohen ist, länger bestehen ...* (1.268f). Hegel mahnte schon in seiner Cart-Schrift: *Discite justiciam moniti – die Tauben aber wird ihr Schicksal ergreifen*[36], also: „Wer zu spät kommt, bestraft das Leben". Unveröffentlicht blieb Hegels Arbeit *Die Verfassung Deutschlands,* in welcher er beklagt, dass Deutschland kein handlungsfähiger Staat sei (siehe Kapitel 7.2).

Der Frankfurter Freundeskreis

Über den Frankfurter Freundeskreis Hegels (Hölderlin und der Diplomat und Schriftsteller Isaac von Sinclair) schreibt Otto Pöggeler: *Es ist diesem Frankfurt-Homburger Kreis gemeinsam, daß man in ihm Fichtes Denken als fixierende und trennende Reflexion faßt und dieser Reflexion das eine „Sein" (im Sinne Spinozas) vorausliegen läßt, zu dem die „Ästhetik", die Erfahrung der Schönheit oder die religiöse Erhebung den Zugang gewährt. Aus den Frankfurter Diskussionen erwächst konsequent der Jenaer Ansatz Hegels: Reflexion selbst sich in Spekulation aufheben zu lassen und so das Absolute als eine gegliederte Totalität zu fassen.*[37] Hölderlins Philosophie ist in einem zwei Seiten langen Text: *Urteil und Sein* zusammengefasst. Hier argumentiert er, dass einer Welt der Reflexion – der menschlichen in Subjekt und Objekt zerrissenen Welt = Urteil – ein ursprüngliches Sein zugrunde liege, das zwar im Diesseits nicht mehr erreichbar ist, das aber dennoch seine einheitsstiftende Kraft nicht verloren habe und zumindest im künstlerischen, ästhetischen Prozess bzw. Werk wieder eingeholt werden könne. *Nur die Schönheit vom Göttertische – so die Behauptung Hölderlins (und der Frühromantik) – könne die Antinomik überwinden, die Vereinigung*

[36] Hoffmeister, Johannes (Hg.), Dokumente zu Hegels Entwicklung, Stuttgart 1936, S. 248.

[37] Pöggeler, Otto, Sinclair – Hölderlin – Hegel, in: Hegel-Studien, Bd. 8, hg. v. Friedhelm Nicolin und Otto Pöggeler, Hamburg 1973, S. 15.

des Entgegen-Gesetzten ermöglichen.[38] Auch für Hegel kann es kein Zurück zu einer Ursprünglichkeit geben, aber im Unterschied zu Hölderlin leugnet Hegel überhaupt den Substanzcharakter jenes ursprünglichen Seins. Für Hegel ist alles Vermittlung. Hölderlins Verse *Ein Weiser mag mir manches erhellen; wo aber / Ein Gott noch auch erscheint, Da ist doch andere Klarheit,* enthalten möglicherweise eine Anspielung auf den „weisen" Hegel.[39]

Aus dem Jahre 1796/97 ist uns ein kurzer Text *überliefert,* der als *Ältestes Systemprogramm des deutschen Idealismus* bekannt wurde. Unklar ist die Autorenschaft dieser Skizze deshalb, weil sie zwar von Hegels Hand geschrieben wurde, aber insbesondere in Bezug auf Staat und Kunst Gedanken enthält, die auf eine Urheberschaft Schellings[40] oder Hölderlins hinweisen.[41] Es wird darin eine einheitliche Ethik für alle Bereiche gefordert, deren höchstes Postulat die Freiheit ist. *Die erste Idee ist natürlich die Vorstellung von mir selbst, als einem absolut freien Wesen. Mit dem freien selbstbewussten Wesen tritt sogleich eine ganze Welt – aus dem Nichts – hervor.*[42] Der ganze Text ist von einem außerordentlichen Enthusiasmus geprägt. Es werden nicht weniger als eine neue Physik und Ethik und eine Mythologie der Vernunft gefordert. Letzteres sei ein Gedanke, den zuvor noch niemals jemand geäußert habe. Über diese *Mythologie der Vernunft* erfahren wir, dass sie ästhetisch sei, sonst habe das Volk kein Interesse an ihr und sie – die Mythologie – müsse vernünftig sein, damit sich die Philosophen ihrer nicht schämen müssten. Gefordert wird eine Gesellschaft, in der jeder ohne Angst vor dem *verachtenden Blick seiner Weisen und Priester*[43] in Freiheit seine Fähigkeiten und Talente entfalten könne. Der romantische und utopische Charakter dieser Programmschrift liegt auf der Hand. Beim späteren Hegel lässt sich davon kaum noch etwas finden.

Frankfurt war für Hegel insgesamt eine emotional schwierige Zeit. In einem Briefentwurf an Sinclair (Mitte Oktober 1810) spricht Hegel vom *unglückseligen Frankfurt.*[44] Ob sich die folgende Briefstelle aus dem Jahr 1810 auf die Frankfurter Jahre bezieht, wissen wir nicht genau: *Ich habe an dieser Hypochondrie ein paar Jahre bis zur Entkräftung gelitten; jeder Mensch hat wohl überhaupt einen solchen*

---

38 Vieweg, Klaus, Philosophie des Remis, Der junge Hegel und das „Gespenst des Skepticismus", München 1999, S. 86.

39 Vgl. Pöggeler, Otto, Hegels Idee einer Phänomenologie des Geistes, Freiburg/München 1973, S. 108.

40 Dafür optiert Dinkel, S. 280. Dafür spricht, dass Schelling den Staat als *eine Folge des auf der Erde ruhenden Fluchs* auffasst. Schelling zit. n. Sandkühler, Hans-Jörg, Freiheit und Wirklichkeit, Zur Dialektik von Politik und Philosophie bei Schelling, Frankfurt/Main 1968, S. 10.

41 Vgl. Jamme, Christian, Schneider, Helmut (Hg.), Mythologie der Vernunft Hegels „ältestes Systemprogramm des deutschen Idealismus", Frankfurt/Main 1984.

42 Ebenda, S. 11.

43 Ebenda, S. 14.

44 Briefe von und an Hegel, hg. v. Johannes Hoffmeister, Hamburg 1969, 3. durchgesehene Auflage, Bd. I, S. 333.

Wendungspunkt im Leben ...[45] Dass die Hauslehrerstelle nicht Hegels Lebensbestimmung entsprach, dürfte auf der Hand liegen. Als 1799 Hegels Vater starb, hinterließ er ihm ein kleines Vermögen von 3150 Gulden, sodass sich der bald Dreißigjährige vorerst ganz auf seine akademische Laufbahn konzentrieren konnte. Er bittet Schelling, bei der Vermittlung einer Universitätsstelle zu helfen. In dem entsprechenden Brief an Schelling vom 2. 11. 1800 kündigt Hegel an, dass er seine bisherigen Studien, die eher Fragen des praktischen-geschichtlichen Lebens gewidmet gewesen seien, in ein System der theoretischen Philosophie überzuführen gedenke. Hegel war also an der Erarbeitung einer Systematik der theoretischen und praktischen Philosophie interessiert: *In meiner wissenschaftlichen Bildung, die von untergeordnetern Bedürfnissen der Menschen anfing, musste ich zur Wissenschaft vorgetrieben werden, und das Ideal des Jünglingsalters musste sich zur Reflexionsform, in ein System zugleich verwandeln ...*[46] Dieses System wird Hegel erst als Professor in Heidelberg in seiner „Enzyklopädie der philosophischen Wissenschaften im Grundrisse" (1817) mit den drei Teilen: Logik (Idee), Naturphilosophie (Idee in ihrem Anderssein) und Philosophie des Geistes (zurückgekehrte Idee) dem Publikum in Buchform vorlegen. Hegel entscheidet sich also bewusst gegen ein in der Romanik – vgl. Novalis Blütenstaubfragmente (1798) – beliebtes fragmentarisches Philosophieren.

Abschließend zur Frankfurter Zeit sei noch das sogenannte *Systemfragment von 1800* erwähnt, in welchem Hegel die wegweisende Formulierung vom *Leben* als der *Verbindung der Verbindung und der Nichtverbindung* (1.422) formuliert, die als früher Schlüssel für Hegels dialektisches Denken gelten kann. Ein Ganzes im Hegelschen Sinn kennzeichnet die Verbindung seiner Glieder wie auch deren Selbstständigkeit.

1801 wechselte Hegel nach Jena. Durch die Vermittlung Schellings, bei dem er zunächst wohnte und mit dem er die philosophische Fachzeitschrift das *Kritische Journal der Philosophie* leiten wird, erhielt Hegel eine Dozentur an der Universität. In Jena zählten Goethe und Schiller zu seinen Bekannten. Neben diesen fand er in dem Philosophen Friedrich Immanuel Niethammer einen zuverlässigen Freund und Wegbereiter für seine spätere berufliche Laufbahn.

In Hegels Jenaer Zeit fallen seine ersten philosophischen Veröffentlichungen. In der sogenannten Differenzschrift *Die Differenz des Fichteschen und Schellingschen Systems der Philosophie* (Juli 1801) liefert er eine ausführliche Würdigung der wichtigsten Systeme des Deutschen Idealismus. Hegel kritisiert Kant und Fichte, dass sie die Natur misshandelten (vgl. 2.13) und fordert, dass die Vernunft nicht gegen, sondern in Übereinstimmung mit der Natur gebracht wird. Dennoch habe Kant für den Idealismus die Bahn geebnet, indem er mittels der *Transzendentalen*

[45] Georg Wilhelm Friedrich Hegel, Weltgeist zwischen Jena und Berlin, Briefe, hg. und ausgewählt v. Hartmut Zinser, Frankfurt/M, Berlin, Wien 1982, S. 134.

[46] Briefe von und an Hegel, hg. v. Johannes Hoffmeister, Hamburg 1969, 3. durchgesehene Auflage, Bd. I, S. 59.

Einheit der Apperzeption einen Ansatz schuf, der dazu geeignet war, die Subjekt-Objekt-Spaltung der neuzeitlichen Philosophie seit Descartes zu überwinden. Denn schon im Erfahrungsprozess verschmelzen sich – so Kant – die subjektiven Strukturen der Vernunft mit dem als „Ding an sich“ anzusetzenden Stoff. Unzureichend sei allerdings, dass Kant die A-priori-Kategorien der Vernunft – reine Anschauungsformen (Raum, Zeit), zwölf Verstandeskategorien – nur aufliste, anstatt sie logisch herzuleiten, wie Hegel in seiner Philosophievorlesung erläutert: *Es wird im Seelensack herumgesucht, was darin für Vermögen sich befinden; es findet sich zufälligerweise noch Vernunft, – es wäre ebensogut, wenn auch keine: wie Magnetismus bei den Physikern zufällig ist, – es ist gleichgültig, ob er sei oder auch nicht* (20.351). Diese logische Herleitung glaubt Hegel in seiner *Wissenschaft der Logik* geliefert zu haben.

Exkurs: Subjektiver, objektiver und absoluter Idealismus

Innerhalb des Deutschen Idealismus lassen sich subjektiver, objektiver und absoluter Idealismus unterscheiden (lat. absolutus = abgelöst, vollendet, unbedingt, uneingeschränkt, vollkommen im Gegensatz zum Relativen). Kant und Fichte vertreten den subjektiven Idealismus, wonach das Ich die Welt kategorial, ethisch und ästhetisch formt. Den objektiven Idealismus vertritt Schelling. Für ihn begründet das Subjekt nicht die Welt, sondern das Subjekt ist eingebunden in den größeren Zusammenhang mit der Natur. Subjekt (Mensch) und Objekt (Natur) gründen wiederum in einer ursprünglichen einheitlichen Substanz. Hegel schlägt sich auch in der weiteren Schrift aus dieser Zeit mit dem sperrigen Titel *Glauben und Wissen oder Reflexionsphilosophie der Subjektivität in der Vollständigkeit ihrer Formen als Kantische, Jacobische und Fichtesche Philosophie* ganz auf die Seite Schellings. Nur an einigen Stellen dieser frühen Schriften wird deutlich, dass sich Hegels *absoluter Idealismus* von dem *objektiven Idealismus* Schellings unterscheidet. Für Schelling sind Natur und Geist letztlich identisch, für Hegel steht *der Geist höher als die Natur* (2.503). *Das Geistige allein ist das Wirkliche ...* (3.28). Schelling begreift das Absolute vor jeder Trennung in Natur und Geist als Identisches, Hegel sieht im Absoluten selbst Gegensätzlichkeit, die erst im Werden aufgehoben wird. Man kann den Gegensatz zwischen Schelling und Hegel gut anhand Schellings ... *denn alle Heilkraft ist nur in der Natur*[47] verdeutlichen. Für Hegel hingegen liegt die Kraft der Versöhnung im Begriff bzw. im Geist.

---

47 Schelling, Friedrich, Darlegung des wahren Verhältnisses der Naturphilosophie zu der verbesserten Fichteschen Lehre (1806) in: Schelling, Sämtliche Werke, Bd. 7, Stuttgart und Augsburg 1860, S. 19.

1801 habilitierte Hegel. In seiner Habilitationsschrift *De orbitis planetarium* wendet er sich gegen ... *die abstrakte mechanische Atomistik der mathematischen Naturbetrachtung zugunsten einer lebendigen dialektischen Naturerfassung.*[48] Erst im Jahr 1805 wurde Hegel mit einer geringen Besoldung zum außerordentlichen Professor ernannt. Nötig zur Habilitation war die Verteidigung von in Latein verfassten Thesen. Die zwölf Thesen haben weniger naturphilosophischen als philosophischen Gehalt. So lautet die berühmte erste These: *Der Widerspruch ist die Regel für das Wahre, der nicht-Widerspruch (die) für das Falsche.*[49] Die Wirklichkeit ist widersprüchlicher Natur, sonst gebe es keine Entwicklung. In der siebten These heißt es: *Die kritische Philosophie ermangelt der Ideen und ist eine unvollkommene Form des Skeptizismus.*[50] Mit dieser These fasst Hegel seinen Einwand gegen den subjektiven Idealismus von Kant und Fichte zusammen, dass sie zu keinem befriedigenden Wahrheitsbegriff gelangen.

Weitere Veröffentlichungen folgen. In *Wie der gemeine Menschenverstand die Philosophie nehme – dargestellt an den Werken des Herrn Krug* (1802) versucht Hegel den Vorwurf des Skeptikers Wilhelm Traugott Krug zu widerlegen, dass es den idealistischen Systemen von Fichte und Schelling nicht gelingt, die konkrete Schreibfeder, mit der Herr Krug gerade schreibt, aus der allgemeinen Idee, also gemäß ihres idealistischen Ansatzes heraus logisch zu deduzieren. Hegel entkräftet diese Kritik, indem er darauf hinweist, dass Krug den Sinn des idealistischen Philosophierens nicht verstanden hat. Es gehe nicht darum, aus einer abstrakten Idee einen konkreten Gegenstand wie die Schreibfeder herzuleiten, sondern umgekehrt der konkret existierenden Schreibfeder den ihr gebührenden Platz im idealistischen System zuzuweisen. Man kann es mit Platons Staat vergleichen, der dann gerecht ist, wenn jeder seinen für ihn bestimmten Platz im Gesamtsystem einnimmt[51]. Oder mit Hölderlin: *Das ist ewige Heiterkeit, ist Gottesfreude, daß man alles Einzelne in die Stelle des Ganzen setzt, wohin es gehört; deswegen ohne Verstand, oder ohne ein durch und durch organisiertes Gefühl keine Vortrefflichkeit, kein Leben.*[52]

In der zweiten Schrift zum Thema Skeptizismus aus dem Jahre 1802 *Verhältnis des Skeptizismus zur Philosophie, Darstellung seiner verschiedenen Modifikationen und Vergleichung des neuesten mit dem alten* argumentiert Hegel, dass die antike Skepsis der modernen überlegen gewesen sei, da sie auch die Tatsachen und Sinnesgewissheiten in Frage stellte, während die moderne Skepsis – z. B. vertreten durch Gottlob Ernst Schulze oder Friedrich Bouterwek – sich eigentlich nur gegen die metaphysischen philosophischen Theorien mit ihrem Wahrheitsanspruch richtet.

---

48 Küng, S. 187.

49 Vieweg, Klaus, Der Philosoph der Freiheit, a.a.O., S. 219.

50 Fulda, Friedrich, Hegels Dialektik und die transzendentale Dialektik Kants, in: Giornale di Metafisica. Genova, 9.1987, S. 286 http://archiv.ub.uni-heidelberg.de/volltextserver/16836/1/

51 Vgl. Haering, Bd. 2, S. 39.

52 Hölderlin, Friedrich, Frankfurter Aphorismen, in: Hölderlin, Friedrich, Sämtliche Werke und Briefe, hg. v. Michael Knaupp, Bd. II, München, Wien 1992, S. 59.

Die „Tatsachen“ als solche würden dabei nicht in Frage gestellt, während Hegel den „Tatsachen“ nur innerhalb eines philosophischen Gesamtsystems – als Momente im Ganzen – Relevanz einräumt. *Mit umfassender Gelehrsamkeit entwickelt Hegel, dass der antike Skeptizismus von dem Hintergedanken des modernen, die sinnliche Objektivität für wahr zu halten, weit entfernt gewesen sei, dass er vielmehr den Zweifel an die Gewissheit der Kategorien, mit welchen er die dogmatischen Systeme bekämpfte, selbst in sich geschlossen habe.*[53] Seinen eigenen Skeptizismus fasst Hegel als *sich vollbringende(n) Skeptizismus,* der die Erscheinungen nicht verabsolutiere, sondern in ihnen *nicht realisierte Begriffe* (3.72) sehe.

In der schon kurz erwähnten größeren Abhandlung *Glauben und Wissen* setzt sich Hegel mit dem Subjektivismus von Kant, Fichte und Jacobi auseinander. Allen drei damals in Deutschland führenden Philosophien mangele es laut Hegel an Objektivität, sie setzten bei der Erfassung der Wahrheit auf den Glauben und nicht – wie Hegel – auf die Vernunft.

Nach Kant ist Übersinnliches unfähig, von der Vernunft erkannt zu werden; die höchste Idee hat nicht zugleich Realität. Nach Jacobi schämt sich die Vernunft zu betteln und zu graben hat sie weder Hände noch Füße; dem Menschen ist nur das Gefühl und Bewußtsein seiner Unwissenheit des Wahren, nur Ahnung des Wahren in der Vernunft, die nur etwas allgemein Subjektives und Instinkt ist, gegeben. Nach Fichte ist Gott etwas Unbegreifliches und Undenkbares; das Wissen weiß nichts, als daß es nichts weiß, und muß sich zum Glauben flüchten. Nach allen kann das Absolute, nach der alten Distinktion, nicht gegen, sowenig als für die Vernunft sein, sondern es ist über die Vernunft (2.288).

In den Jahren 1802 und 1803 veröffentlichte Hegel im *Kritischen Journal der Philosophie* eine Schrift *Über die wissenschaftlichen Behandlungsarten des Naturrechts, seine Stelle in der praktischen Philosophie und sein Verhältnis zu den positiven Rechtswissenschaften,* das als Vorläufer seiner späteren Rechtsphilosophie gelten kann. Das neuzeitliche Naturrecht, wozu er auch Kants diesbezüglichen Ansatz zählt, kritisiert Hegel wegen seines Atomismus und seiner mangelnden gesellschaftlichen Einbettung, da es ... *das Sein des Einzelnen als das Erste und Höchste setze(n)* ... (2.454). Aus der Natur lasse sich kein Recht herleiten. Ein Rechtspositivismus als einfache Anerkennung der vorhandenen Rechtsverhältnisse lehnt Hegel ebenso ab. Eine wissenschaftliche Behandlung des Naturrechts erfordere die Reflexion und genaue Analyse, wie das Recht und die Gesetze es schafften, der Individualität ihren Freiraum zu belassen, ohne die Einheit der Gesellschaft als – *sittliche(n) Lebendigkeit* (2.530) zu gefährden.

Hier sei nur auf den Aspekt eingegangen, dass ein Staat, der seine Legitimation auf das neuzeitliche Naturrecht gründe, Gefahr laufe, aus einer inneren Logik

53 Rosenkranz, Hegels Leben, S. 166.

heraus in den präventiven Polizeistaat zu führen.[54] Hobbes – Begründer des neuzeitlichen Naturrechtgedanken als Lehre vom Naturzustand und dem Gesellschaftsvertrag – fasste den Menschen als des Menschen Wolf (Homo Homini Lupus), vor dem nur der Staat (Leviathan) Schutz gewähren kann (Gesellschafsvertrag). Doch wenn es die wichtigste Aufgabe des Staates ist, bestmöglich das Leben und Eigentum der Bürger zu sichern, wird der Gesetzgeber dazu neigen, präventiv alles auszuschalten, was irgendwie in Verdacht gerät, zu einer diesbezüglichen Gefahr zu werden. Es bleibt dann nicht dabei, Diebe, Verbrecher usw. zu bestrafen, sondern prophylaktisch – oder, wie Hegel sagt, mittels des *vorbeugende(n) Verstand(es)* (2.84f) – die Ursachen, die zum Verbrechen führen können, im Keim zu ersticken. Nun wird jede Handlung verdächtig. Hegel: *Fichtes ganzer Staat ist Polizei ... Die Polizei soll von jedem Bürger wissen, was er jeden Augenblick tut, wo er sei, aber seine Innerlichkeit ist nicht zu beaufsichtigen.*[55] Fichtes auf Hobbes' Gedanken aufgebauten Staat wird zu einem *Progressus des Zwingens und Aufsehens* zum Polizeistaat mit der Folge einer *Hierarchie des Zwangs* (2.472). Damit ist zugleich die Grundfigur von Hegels Kritik an der Jakobinerherrschaft[56] formuliert.

In Fichtes heute harmlos klingenden Forderung nach einer Ausweispflicht (vgl. 2.85, Anm.) ahnt Hegel im Ansatz das allgemeine Misstrauen (Verdacht), dem er seine Vision einer lebendigen Gemeinschaft der Vernunftwesen gegenüberstellt, *... ein Reich der Freiheit, ... d. h. schöne(s) Wechselverhältnis des Lebens ...* (2.82). *Wenn* [demgegenüber] *die Gemeinschaft der Vernunftwesen wesentlich ein Beschränken der wahren Freiheit wäre, so würde sie an und für sich die höchste Tyrannei sein ...* (2.82f). Grundfehler des neuzeitlichen Naturrechts sei, dass die Gesellschaft für den Menschen als Einschränkung natürlicher Freiheit und nicht als Stätte seiner Entfaltung begriffen wird. Günter Rohrmoser fasst zusammen: *Der Staat ist für ihn* [Fichte] *der Zuchtmeister zur Moralität. Er hat damit für Hegel eine innere Affinität zum doktrinären Republikanismus von Robespierre, dessen oberster, erscheinender Gott die Guillotine ist.*[57]

Unveröffentlicht bleiben Schriften, die später unter den Titeln *Erste Philosophie des Geistes, System der Sittlichkeit, Jenaer Systementwürfe I, II und III* bzw. *Jenaer Realphilosophie* herausgegeben werden. Hier sei näher auf das *System der Sittlichkeit* eingegangen.

---

54 Vgl. Vieweg, Klaus, Hegel Der Philosoph der Freiheit, a.a.O., S. 216, Vieweg verweist auf Seite 531 zurecht auf Jeremy Benthams Panopticon als in der Logik des präventiven Polizeistaats stehend und auf die literarische Kritik daran von George Orwell und die soziologisch-philosophische von Michel Foucault.

55 Hegel, Georg Wilhelm Friedrich, Vorlesungen über Rechtsphilosophie, Philosophie des Rechts, nach einer Vorlesungsnachschrift von K.G. von Griesheims 1824, Stuttgart-Bad Cannstatt 1974, S. 614.

56 Vgl. Wildt, Andreas, Hegels Kritik des Jakobinismus, in, Negt, Oskar, Aktualität und Folgen der Philosophie Hegels, Frankfurt/Main 1970.

57 Rohrmoser, Günther, S. 91.

Theodor Haering schreibt, dass Hegel im *System der Sittlichkeit* aufzeige, ... *wie sehr auch die höchsten, geistigen Phänomene des Gemeinschaftslebens, die wir im engeren Sinne Sittlichkeit oder Recht usw. nennen, mit dem oft unterwerteten, oft überwerteten alltäglichen (rein sinnlichen Begehrungen, wirtschaftlichen Vorgängen und Betätigungen usw.) aufs engste und untrennbar verbunden sind und sein müssen.*[58] Hegel entwirft in seinem Manuskript die Entwicklungsstufen der *natürlichen Sittlichkeit,* beginnend mit den Gefühlen und der Befriedigung von Bedürfnissen bis hin zur Sittlichkeit der Familie und dem Staat. Schon im Bedürfnis nach Nahrung und deren Befriedigung im Genuss zeige sich ein übergeordnetes Verhältnis von Subjekt und Objekt als Keim der späteren Sittlichkeit. Zwar werde das Objekt als Nahrung gänzlich verzehrt und vernichtet – Erkennen seiner selbst spielt hier keine Rolle –, doch der einzelne Trieb (Bedürfnis) sei mit dem Genuss nur vorläufig befriedigt und weise über sich hinaus.[59] Im Trieb (Bedürfnis) und dessen vorübergehender Befriedigung stecke schon das Streben nach dem Unendlichen, die Sehnsucht nach der Versöhnung. Hegel wertet somit die Triebstruktur nicht etwa wie Schopenhauer als Manko und mit der Empfehlung nach Askese ab. Triebe und Bedürfnisse sollen nicht getötet oder abgestumpft, sondern geläutert und in ihrer Notwendigkeit für das Ganze erkannt und anerkannt werden.

Das System der natürlichen Sittlichkeit wird im zweiten Teil der Schrift durch das Prinzip der Verneinung als dem Prinzip der Freiheit, aber auch des Verbrechens durchbrochen – eine für Hegel typische Denkfigur: Eine vorgegebene unmittelbare Stufe des Zusammenlebens wird durch Verneinung weiterentwickelt. Hegel geht überraschenderweise sogleich auf das Verbrechen ein, wozu Axel Honneth anmerkt: *Vieles spricht dafür, dass Hegel den verbrecherischen Akten deswegen eine konstitutive Rolle im sittlichen Bildungsprozess zugestanden hat, weil sie jene sozialen Konflikte auszulösen vermögen, durch die die Subjekte überhaupt erst auf die zugrundeliegenden Anerkennungsbeziehungen aufmerksam werden ...* [60] So nennt Hegel das Ich auch *die Macht des Negativen* (3.37). Über Hegels Begriff des Negativen schreibt Jean-Paul Sartre, Hegel behaupte ... *die Freiheit des Geistes, insofern der Geist ... das Negative ist.*[61] In der *Phänomenologie* spricht Hegel ... *von der ungeheuren Macht des Negativen; es ist die Energie des Denkens, des reinen Ichs* und vergleicht diese Macht mit dem Tod um sogleich hinzuzufügen: *Aber nicht das Leben, das sich vor dem Tode scheut und von der Verwüstung rein bewahrt, sondern das ihn erträgt und in ihm sich erhält, ist das Leben des Geistes* (3.36).[62] Das Ich bedeutet auch

---

58 Haering, Bd. 2, S. 349.

59 Vgl. Ebenda, S. 355.

60 Honneth, Axel, Kampf um Anerkennung Zur moralischen Grammatik sozialer Konflikte, Frankfurt/Main 1992, S. 46f.

61 Sartre, Jean-Paul, Das Sein und das Nichts, Reinbek bei Hamburg 1991, S. 85.

62 Dazu schreibt der Kabarettist und Moderator Florian Schroeder: *Nehmen wir das Dunkle, das Negative, das Fremde in uns selbst nicht wahr, werden wir zwangsläufig verhärten und verdummen. Jeder Fortschritt beginnt bei der Negativität.* Schoeder, Florian, Warum Hegel lesen, in: philosophie Magazin, Thema Hegel, Sonderausgabe Nr. 24, Berlin 2023.

die Freiheit, Nein sagen zu können. Es bedeutet damit aber auch die Freiheit, das Falsche zu tun und im Extremfall ein Verbrechen zu begehen. Würde man wegen dieser Möglichkeit die Freiheit rigoros beschneiden, bekäme man die Friedhofsruhe im *Gehäuse der Hörigkeit* (Max Weber). Mit dem Ich ist zugleich die Denkkraft (Reflexion) angesprochen – vgl. Kants Sapere aude – Wage zu denken – als Wahlspruch der Aufklärung. Richtig betont deswegen Hans Küng: *Für Hegel gibt es kein Zurück hinter die Aufklärung.*[63]

Weiter geht Hegel im Manuskript auf Begriffe wie „Arbeit" und „Besitz" ein. Hier wird im Gegensatz zur Bedürfnisbefriedigung das Objekt nicht vernichtet, sondern bearbeitet und in Besitz genommen, was allerdings noch nicht dem übergeordneten Eigentumsbegriff entspricht. Drei Flucht- bzw. Kulminationspunkte, in denen sich die Subjekt-Objekt-Dialektik in Form von *Mitten* manifestiert, werden von Hegel identifiziert. Es sind dies die *Rede* (Sprache), das *Werkzeug* und das *Kind*. Die *Rede* bezeichnet Hegel als *das Werkzeug der Vernunft, das Kind der intelligenten Wesen.*[64] Im Werkzeug haben wir im Gegensatz zur unmittelbaren Bedürfnisbefriedigung geronnenen, objektivierten Geist vor uns. Auch das *Kind* ist eine Mitte, es steht für die *Totalität der lebendigen Geschlechter.*[65] *Rede, Werkzeug* und *Kind* bilden Mitten zwischen Subjekt und Objekt. *Die Mitte zwischen Subjekt und Objekt, zwischen dem Fürsichsein und dem Ansichsein, der Innerlichkeit und der Äußerlichkeit zu finden und zu begründen, war von Hegels erstem Systemfragmenten an bis zur Logik und Encyclopädie der eigentliche Beweggrund seiner Philosophie der Vermittlung, durch welche die Substanz zum Subjekt und das Subjekt substanziell werden sollte.*[66]

Hegel über Arbeit und Werkzeug

Die Arbeit ist für Hegel kein Fluch, sondern Segen, da der Mensch sich erst zu dem machen muss, was er eigentlich ist. *Die Arbeit im Schweiß des Angesichts, die körperliche und die Arbeit des Geistes, bei der es saurer wird als bei jener, ist in unmittelbarem Zusammenhang mit der Erkenntnis des Guten und Bösen. Daß der Mensch sich zu dem machen muß, was er ist, daß er im Schweiße seines Angesichtes sein Brot ißt, hervorbringen muß, was er ist, das gehört zum Wesentlichen, zum Ausgezeichneten des Menschen und hängt notwendig zusammen mit der Erkenntnis des Guten und Bösen* (17.259). Was in der Gesellschaft zählt, sind Arbeit und Bildung: Arbeit bildet und Bildung ist Arbeit. Hegel, der Adam Smith, David Ricardo und Jean-Baptiste Say in § 189 A der Rechtphilosophie namentlich erwähnt und dafür lobt, die Nationalökonomie auf eine wissen-

[63] Küng, S. 213.

[64] Jenaer Realphilosophie, in G.W.F. Hegel: Frühe politische Systeme, a.a.O., S. 29.

[65] Ebenda, S. 27.

[66] Löwith, Karl, Von Hegel zu Nietzsche Der revolutionäre Bruch im Denken des neunzehnten Jahrhunderts, Stuttgart, Berlin, Köln, Mainz 1950/1964, S. 20.

schaftliche Grundlage gestellt zu haben, hat jedoch nicht explizit Ricardos quantifizierende Arbeitswerttheorie geteilt, wonach der Tauschwert der Objekte durch Arbeitsmenge bestimmt wird, die benötigt wird, um sie zu erzeugen.[67] Demgegenüber spricht Hegel in einer Randnotiz zu § 63 der Rechtsphilosophie vom *Wert,* [als] *sich erhaltende Möglichkeit, ein Bedürfnis zu befriedigen* (7.136). In der früheren Jenaer Realphilosophie vertrat Hegel Walter Euchner zufolge noch eine gänzlich subjektive Wertlehre.[68] *Der Wert ist meine Meinung von der Sache.*[69] Ein hohe Wertschätzung erfährt bei Hegel das Werkzeug (Technik). Das Werkzeug ist zwar zunächst Mittel zum Zweck, doch aus Hegels Sicht kommt dem Werkzeug eine höhere Vernünftigkeit zu als dem Zweck, da in ihm objektives Wissen inkarniert und festgehalten wird, das wiederum die Voraussetzung dafür ist, sich neue Zwecke zu setzen ... *der Pflug ist ehrenvoller, als unmittelbar die Genüsse sind, welche durch ihn bereitet werden, und die Zwecke sind. Das Werkzeug erhält sich, während die unmittelbaren Genüsse vergehen und vergessen werden. An seinen Werkzeugen besitzt der Mensch die Macht über die äußerliche Natur, wenn er auch nach seinen Zwecken ihr vielmehr unterworfen ist* (6.453). In den *Vorlesungen über die Philosophie der Geschichte* gelangt Hegel zu einer wahren Apotheose des Werkzeugs: *Diese menschlichen Erfindungen gehören dem Geiste an, und solches Werkzeug ist höher zu achten als der Naturgegenstand. Auch sehen wir, dass die Griechen sie besonders zu schätzen wissen, denn im Homer erscheint recht auffallend die Freude des Menschen über dieselben* (12.295).

In Jena wurde Hegel im Februar 1807 Vater des unehelichen Sohnes Ludwig. Seine Mutter war Hegels Zimmerwirtin und Haushälterin Christiane Charlotte Burkhardt (geborene Fischer). Dieser Sohn soll übrigens Hegel sehr ähnlich gesehen haben.[70] Nach Hegels Heirat mit Marie Tucher und dem Antritt der Professorenstelle in Heidelberg holte Hegel den zehnjährigen Ludwig aus einem Pensionat zu sich und kümmerte sich um seine Ausbildung. In Berlin besuchte der begabte Junge das Französische Gymnasium. Ludwigs Wunsch Medizin zu studieren, erfüllte Hegel nicht. Stattdessen vermittelte er dem enttäuschten Sohn in Stuttgart eine Stelle als Kaufmannslehrling. Nach und nach verschlechterte sich das Verhältnis. In Stuttgart kam es zu einer *Trotzhandlung ... eine Veruntreuung von etwa*

[67] Vgl. Kervégan, S. 126.

[68] Euchner, Walter, Freiheit, Eigentum und Herrschaft bei Hegel, in: Egoismus und Gemeinwohl, Frankfurt/Main 1973, S. 150.

[69] Jenaer Realphilosophie in G.W.F. Hegel: Frühe politische Systeme, hg. und kommentiert v. Gerhard Göhler, Frankfurt am Main/Berlin/Wien 1974, S. 237.

[70] Vgl. Birkert, Alexandra, Hegels Schwester, Auf den Spuren einer ungewöhnlichen Frau um 1800, Stuttgart 2008, S. 287.

8 Groschen[71], worauf sich Hegel von seinem Sohn lossagte. Nachdem Hegel ihm ein Offizierspatent bei der holländischen Kolonialarmee gekauft hatte, schiffte sich Ludwig im Alter von 18 Jahren mit dem Mädchennamen seiner Mutter nach Bataviar ein. Er starb am 28. August 1831 im Alter von 24 Jahren in Djakarta an einem Tropenfieber kurz vor Hegels Tod und ohne dass Hegel noch davon erfuhr. Nach einer Notiz von Karl August Varnhagen von Ense soll Hegel zeitlebens wie ein ... *untilgbarer Verdruss* an der schwierigen Beziehung gelitten haben.[72]

Hegels Vorlesungstätigkeit in Jena war von Erfolg gekrönt. Die Hörerschaft stieg kontinuierlich an. Beklagt wurde, dass sich Hegel im mündlichen Vortrag schwer tat, stockend und oft dunkel argumentierte, wozu Schiller in einem Brief an Goethe notiert: *... aber dieser Mangel an Darstellungsgabe* [Hegels] *ist im Ganzen der deutsche Nationalfehler und kompensiert sich, wenigstens einem deutschen Zuhörer gegenüber, durch die deutsche Tugend der Gründlichkeit und des redlichen Ernstes.*[73] Hegel konnte sein diesbezügliches Manko durch seine spätere Tätigkeit als Gymnasiallehrer wesentlich abmildern.

Im Jahre 1806 am Tag der Schlacht um Jena schloss Hegel sein frühes Hauptwerk *Phänomenologie des Geistes* ab, in welchem er die Entwicklung des Geistes durch viele Stufen der Erfahrung nachzeichnet (siehe Kapitel 5). Nachdem Napoleon Jena besetzt hatte, zog Hegel nach Bamberg, um eine Stelle als Journalist bei der Bamberger Zeitung anzutreten, die sein Freund Niethammer ihm vermittelte.

Bamberg

Das Bamberg jener Jahre darf keineswegs als reine Provinzstadt angesprochen werden. Seine große Vergangenheit wirkte bis zum Ende der staatlichen Selbständigkeit (1803) nach. Zur Zeit der Ottonen war Bamberg als das ‚zweite Athen' gefeiert worden; Goethe lässt im Götz von Berlichingen den Glanz der Stadt und des Hofes erstehen.[74]

Einerseits war Hegel von Napoleon begeistert – *den Kaiser – diese Weltseele*[75] *– sah ich durch die Stadt zu Rekognoszieren hinausreiten*[76] –, andererseits zeichnete sich

[71] Heer, Friedrich, Hegel und die Jugend, in Kaltenbrunner, Gerd-Klaus (Hg.), Hegel und die Folgen, Freiburg 1970, S. 34..

[72] Hoffmeister, Johannes (Hg.), Briefe von und an Hegel Bd. 3, a.a.O., S. 434.

[73] Schiller zit. Althaus, S. 173.

[74] Beyer, Wilhelm Raimund, Zwischen Phänomenologie und Logik, Hegel als Redakteur der Bamberger Zeitung, Köln 1974, Zweite ergänzte und erweiterte Auflage, S. 25.

[75] Man beachte, Hegel sagt Weltseele und nicht Weltgeist und weist dadurch nach Klaus Vieweg auf *eine bedeutende weltgeschichtliche Persönlichkeit hin*. Vieweg, Klaus, Der Philosoph der Freiheit, a.a.O., S. 600.

[76] Brief an Niethammer vom 13. Oktober 1806, in: Georg Wilhelm Friedrich Hegel, Weltgeist zwischen Jena und Berlin, a.a.O., S. 58.

durch die zerstörten Dörfer und Städte, den hohen zu leistenden Kontributionszahlungen, Länderschacher usw. ab, dass die Franzosen nicht gerade als Befreier nach Deutschland kamen. Doch wie Hegels Dialektik im Allgemeinen sagt, dass am höchsten Zuspitzungspunkt wieder Neues entsteht – „In der Not wächst Rettendes auch“ (Hölderlin) –, beginnt gerade mit dieser Niederlage ein Selbstbesinnungs- und Reformprozess Preußens, der es später zu Deutschlands einigender Macht werden lässt. Jetzt erst *fing man ... an, das unermessliche Elend des Vaterlandes zu überschauen; der letzte Trug selbstgemachten Trostes war verschwunden ... Die Nation selber musste jetzt zeigen, ob sie ihrer Fortdauer wert war.*[77]

In Bamberg begann Hegel neben seiner Tätigkeit als Zeitungsredakteur an seinem zweiten Hauptwerk *Wissenschaft der Logik* zu arbeiten, das er in Nürnberg fertigstellte und das zwischen 1812 und 1816 erschien (siehe Kapitel 6.1). Hegel legte in ihm im Unterschied zur bisherigen formalen Logik eine Inhaltslogik vor. Während in der formalen Logik nur auf die Exaktheit der Schlüsse, nicht auf den Wahrheitsgehalt der Prämissen geachtet wird, erhob Hegel den Anspruch, mit seiner Logik gleichsam die Gedanken Gottes vor der Erschaffung der Welt nachzeichnen zu können. *Dieses Reich ist die Wahrheit, wie sie ohne Hülle an und für sich selbst ist. Man kann sich deswegen ausdrücken, daß dieser Inhalt die Darstellung Gottes ist, wie er in seinem ewigen Wesen vor der Erschaffung der Natur und eines endlichen Geistes ist* (5.44). Die Logik ist in die drei Teile Sein, Wesen, Begriff gegliedert. Den Sinn dieser Gliederung fasst Horst Althaus schlüssig zusammen: *Die Wahrheit des Seins steckt im Wesen, die Wahrheit des Wesens ist in seinem Begriff zu suchen.*[78]

Die für ein größeres Publikum gedachte kleine Schrift *Wer denkt abstrakt?* entstand wahrscheinlich 1807 in Bamberg. Hegel wollte wohl damit an einem Preisausschreiben einer Zeitschrift, dem *Morgenblatt für gebildete Stände* teilnehmen. Ob der Artikel erschien, ist unklar. Wahrscheinlich hat er ... *sein Exposé ... im Schreibtisch liegen ...* [79] lassen. Ein junger Mörder wird zur Richtstätte geführt. Eine Dame findet den Jüngling schön. Jetzt gibt es eine allgemeine Empörung: *Was? ein Mörder schön?* Ein Mörder kann doch nicht schön sein! Wer so etwas sagt, sei nichts Besseres als ein Mörder. Diese Menge denkt *abstrakt.* Sie subsumiert alles unter einen Aspekt. An einem Mörder kann nichts Gutes, nichts Schönes sein. *Dies heißt abstrakt gedacht, in dem Mörder nichts als dies Abstrakte, daß er ein Mörder ist, zu sehen und durch diese einfache Qualität alles übrige menschliche Wesen an ihm (zu) vertilgen* (2.578). Zweites Beispiel: Auf dem Markt beschwert sich eine Käuferin bei der Eierfrau, dass ihre Eier faul sind. „Was“, antwortet die Eierfrau, „das sagen ausgerechnet sie, die sie ein Flittchen, schlecht angezogen sind und von schlechten Eltern abstammen.“ *Kurz, sie lässt keinen guten Faden an ihr. Sie denkt abstrakt* (2.579), verflucht die ganze Herkunft und Verwandtschaft der Kundin,

77 Häusser, Ludwig, Deutsche Geschichte vom Tode Friedrich des Großen bis zur Gründung des deutschen Bundes, 2. Teil, Berlin 1855, S. 803.

78 Althaus, S. 277.

79 Beyer, S. 134.

nur weil sie ihre Eier als faul bezeichnet hat. Dazu vermerkt Arthur Hübscher: *Ihr Denken beruht auf einer vorschnellen Verallgemeinerung, auf dem Außer-acht-Lassen, dem Negieren von Merkmalen zu Gunsten eines einzigen, kurz: auf Abstraktion. Sie gibt ein Musterbeispiel des naiven abstrahierenden Denkens, dem wir überall begegnen können, im Alltag, in den Plänen und Entwürfen des Wirtschaftslebens, der Politik, in der Theorienbildung des Wissenschaftlers.*[80] Das dritte Beispiel handelt vom Umgang mit Untergebenen. Der abstrakt denkende Mensch sieht im Diener nur den Untergebenen. Anders der wahrhaft gebildete „vornehme" Mensch: *Der vornehme Mann ist familiär mit dem Bedienten ...* (2.580). Hegel resümiert: *Wer denkt abstrakt? Der ungebildete Mensch, nicht der gebildete* (2.577).

Hegel hatte als Redakteur in Bamberg ... *nicht viel anderes zu tun, als die Nachrichten zusammenzustellen.*[81] Dennoch war seine Arbeit belastet durch die Zensurmaßnahmen der bayrischen Regierung unter Napoleons Einfluss. Wenn letzterer auch den Code Civil schuf und verbreitete – ein Anhänger der Pressefreiheit war er nicht. Im Gegenteil, es wurden in Paris unter seinem Polizeiminister Joseph Fouché 60 von 73 Zeitungen verboten.[82] In Bayern wurde die Erlanger Zeitung verboten und der Redakteur verhaftet. Auch Hegel bekam wegen Nichtigkeiten Ärger mit der Zensur, sodass er froh war, auf die Empfehlung Niethammers hin 1808 Rektor des Ägidiengymnasiums in Nürnberg zu werden: *Ich sehne mich um so mehr von meiner Zeitungs-Galeere endlich wegzukommen, da ich kürzlich wieder eine Inquisition hatte, die mich an meine ganze Lage näher erinnert.*[83]

1811 lernt der 41-jährige Hegel die 20-jährige Patriziertochter Marie von Tucher kennen und schreibt Gedichte an sie: *Du mein! Solch' Herz darf ich mein nennen! In Deinem Blick / Der Liebe Wiederblick erkennen, / O Wonne, o höchstes Glück!* Ein anderes Gedicht an Marie lässt den Philosophen erkennen: *Tritt der Geist auf freie Bergeshöhen, / Er behält vom Eig'nen nichts zurück; / Leb' ich, mich in Dir, Du, Dich in mir zu sehen, / So genießen wir des Himmels Glück!*[84] Über seine Heirat, die am 16. September 1811 stattfand, schreibt Hegel: ... *mein irdisches Ziel ist erreicht, denn mit einem Amte und einem lieben Weibe ist man fertig in dieser Welt. Es sind die Hauptartikel dessen, was man für sein Individuum zu erstreben hat. Das Übrige sind keine eignen Kapitel mehr, sondern etwa nur Paragraphen oder Anmerkungen.*[85] Beiläufig erwähnt sei, dass die Heirat für Hegel finanziell keine Vorteile brachte, da vom Vater wegen der vielen Kinder keine nennenswerte Aussteuer zu erwarten war. Im Jahr 1813 wird Hegels Sohn Karl geboren und im Jahr 1814 der jüngere

---

80 Hübscher, Arthur, Von Hegel zu Heidegger, Stuttgart 1961, S. 12.

81 Heiss, Robert, Die großen Dialektiker des 19. Jahrhunderts, Hegel, Kierkegaard, Marx, Köln Berlin 1963, S. 81.

82 Vgl. Gulyga, Arseni, Hegel, S. 96.

83 Brief an Niethammer vom 15. September 1808, Georg Friedrich Hegel, Weltgeist zwischen Jena und Berlin, a.a.O., S. 105.

84 Rosenkranz, Hegels Leben, S. 261.

85 Georg Wilhelm Friedrich Hegel, Weltgeist zwischen Jena und Berlin, a.a.O., S. 151.

Sohn Immanuel. Karl Hegel wurde ein bekannter Mediävist und Immanuel Hegel Präsident des Konsistoriums in Brandenburg.

Exkurs: Hegel und das Luthertum

Hegel verstand sich *zeitlebens als Lutheraner. Er ließ seine Kinder taufen und selbstverständlich konfirmieren, heiratete kirchlich und ließ sich kirchlich bestatten ...* [86] In einem Brief an August Tholuck vom 3. Juli 1826 heißt es: *Ich bin ein Lutheraner und durch Philosophie ganz im Luthertum verfestigt.*[87] Dazu passt ein Bericht von Karl Rosenkranz: *Als seine Familie im Sommer 1828 sich in Nürnberg befand, schrieb er mehrfache Anmahnungen für seine Söhne, sich doch ja alle Merkwürdigkeiten recht genau anzusehen. Sie sollten doch auch die alte Feste besuchen und sich Wallensteins Stein zeigen lassen. Nürnberg hätte sich brav gehalten in dem Streit mit den Katholiken. Da hätten unsere Väter für die Wahrheit und Freiheit des Glaubens ritterlich gefochten.*[88] In seiner *Rede Zur dritten Säkularfeier der Augsburgischen Konfession,* die er am 25. Juni 1830 hielt, geißelt Hegel die Verfehlungen der „alten Kirche" (Katholizismus), um sich ganz auf die Seite Luthers zu stellen.

Über seine achtjährige pädagogische Tätigkeit in Nürnberg schreibt Hegel: *Es ist erquickend für uns, in einer Stadt wirksam zu sein, ... wo stille Bürgertugend, wo noch der edle deutsche Sinn, der im Kleinen so treu sei als im Großen, redlich bewahrt und genährt, ... geschätzt werden* (4.309). Am Gymnasium unterrichtete er *Mathematik, Rechts-, Moral- und Religionslehre, Philosophische Vorbereitungswissenschaften (Logik, Psychologie) und Philosophische Enzyklopädie ...*[89] 1913 wurde Hegel von der bayrischen Regierung neben dem Amt als Schulleiter mit dem Referat über die Schul- und Studiensachen (Schulrat) der Stadt Nürnberg betraut.

Exkurs: Hegel als Schulleiter und Pädagoge

Als Schulleiter und Schulrat kümmerte sich Hegel auch um die praktischen Belange seiner Anstalt, z. B. um die Installierung von Abtritten[90], oder darum,

[86] Kaiser, Thomas O. H., „Das Absolute ist der Geist" Über Hegel. Werkbiographische Betrachtung, Norderstadt 2021, S. 13, Anm. 19.
[87] Zit. Splett, Jörg, Die Trinitätslehre G W. F. Hegels, Freiburg, München 1965, S. 85
[88] Rosenkranz, Karl, Hegels Leben, S. 410.
[89] Splett, Jörg, Die Trinitätslehre G W. F. Hegels, Freiburg, München 1965, S. 73.
[90] Vgl. Brief vom 12. Feb. 1809 an Niethammer, in: Georg Wilhelm Friedrich Hegel, Weltgeist zwischen Jena und Berlin, a.a.O., S. 117.

ob sich etwa die Lehrer und Schüler nicht durch den einfallenden Sonnenschein geblendet fühlen könnten. Er setzte sich für die „Armenschulen" und für Reformen im Bildungswesen ein.[91] Orientiert hat sich Hegel an dem guten Beispiel seines Vorgängers, wie er anlässlich von dessen Verabschiedung hervorhebt: *Ihr Beispiel hat mir den Sinn meines Berufes ausgesprochen, klarer als innere Vorsätze, lebendiger als schriftliche Instruktionen* (4.308). Überliefert sind fünf Gymnasialreden Hegels als Rektor, deren Inhalt Karl Löwith wie folgt zusammenfasst: *Sichbilden ist ein Sichheraufbilden des Individuums zum allgemeinen Wesen des Geistes. Dieser Grundsatz bestimmt alle fünf Reden. Die erste handelt besonders vom Studium der Antike und von der Bedeutung der grammatikalischen und sprachlichen Studien für die Bildung als solche; die zweite entwickelt den Begriff der Disziplin und handelt vom Zusammenhang der sittlichen mit der wissenschaftlichen Bildung; die dritte stellt die Schule in die Mitte zwischen Familienleben des Kindes und das öffentliche des Mannes; die vierte betrifft das Studium der Antike im Hinblick auf die Bildung des Menschen zur Ganzheit; die fünfte charakterisiert die problematische Lage der gegenwärtigen Bildung durch den Kampf des Alten und Überlieferten mit dem Neuen.*[92] Was Hegels Pädagogik und Didaktik betrifft, berichtet sein ehemaliger Schüler und spätere Politiker Johann Georg August Wirth von einem in Teilen durchaus modernen diskursiven, das Selbstvertrauen fördernden, Unterrichtsstil. Nachdem eine Thematik dargelegt war, konnte *Jeder .... das Wort verlangen und eine Meinung gegen andere geltend zu machen suchen, der Rektor selbst trat nur hin und wieder belehrend dazwischen, um die Erörterung zu leiten.*[93] In einem anderen Bericht heißt es, dass Hegel am Anfang einer jeden Stunde einen Schüler zum Vortrag des Inhalts der letzten Stunde aufrief. Er habe dazu ermuntert, die Philosophen weiterzulesen, auch wenn man nicht gleich alles verstanden hätte: *Man müsse nicht alles sogleich verstehen wollen, sondern sich Zeit dazu nehmen, fortlesen, auf die Erklärung durch den weiteren Zusammenhang rechnen ...*[94] Es wird berichtet, dass die Schüler eine große Hochachtung vor Hegel als Lehrer empfanden.

Endlich erfolgte der ersehnte Ruf aus Heidelberg.[95] Hegel sollte – zum ersten Mal seit Spinoza, der abgelehnt hatte, – einen philosophischen Lehrstuhl an der Heidelberger Universität erhalten. Im Oktober 1816 zog Hegel nach Heidelberg. Im

[91] Beyer, S. 99.

[92] Löwith, S. 316f.

[93] Hegel in Berichten seiner Zeitgenossen, a.a.O., S. 115.

[94] Ebenda, S. 129.

[95] Dass in Bayern im Zuge der Restauration an den Gymnasien der zuvor eingeführte Unterricht in Mathematik und Philosophie wieder abgeschafft wurde, wird Hegels Entschluss, Nürnberg zu verlassen wohl bestärkt haben. Vgl. Biedermann, Georg, Georg Wilhelm Friedrich Hegel und sein System der Philosophie, Neustadt am Rübenberge 2002, S. 76.

Juni 1817 erschien die erste Ausgabe der *Enzyklopädie der philosophischen Wissenschaften im Grundrisse,* in der Hegel sein System: Logik, Naturphilosophie, Philosophie des Geistes in Paragraphen gegliedert vorlegte. Rahel Varnhagen gewann nach eigener Aussage – im Unterschied zu seinen vorigen Publikationen – erst über dieses Werk einen Zugang zu Hegel.[96] Die Enzyklopädie wurde mit Veränderungen – insbesondere bekam das Kapitel über den subjektiven Geist mehr Raum – in den Jahren 1827 und 1830 neu aufgelegt.

In Heidelberg, *der Vaterlandsstädte / Ländlichschönste* (Hölderlin), fällt folgende Episode. Hegel und der Dichter Jean Paul nehmen an einer feuchtfröhlichen Feierlichkeit teil, bis *ein witziger Vogel den Vorschlag (macht), der letztere* [Jean Paul] möge doch seine schriftstellerische Gabe in den Dienst der Hegelschen Philosophie stellen und dieselbe in eine Sprache übersetzen, die wie seine eigenen Werke, auch den jungen Mädchen verständlich sei.[97]An der Seite des trinkfesten Jean Paul scheint Hegel gerne der Weinseligkeit gefrönt zu haben, eine Seite an Hegel, die man nicht überbewerten, aber vielleicht auch nicht ganz unerwähnt lassen sollte,[98] ebenso wie seine Passion für das Kartenspiel: *Neigung zum Kartenspiel ist ein Hauptzug im Charakter unserer Zeit. Verstand und Leidenschaft sind die Eigenschaften der Seele, welche dabei tätig sind.*[99]

Nach nur zwei Jahren in Heidelberg erfolgt der vom preußischen Kultusminister Karl Freiherr vom Stein zum Altenstein – auf ihn geht das humanistische Gymnasium zurück – betriebene Ruf an die im Jahr 1809 gegründete Berliner Universität. Hegels Sohn Immanuel schreibt: *Im Jahre 1816 wurde mein Vater als Universitätsprofessor nach Heidelberg berufen und schon im Jahre 1818 folgte er dem Ruf als Fichtes Nachfolger an der Friedrich-Wilhelm-Universität in Berlin.*[100]

Hegels Vorlesungen in Berlin wurden schon bald gesellschaftliches Ereignis und waren mit bis zu 200 Hörern, darunter viele aus Polen und Russland, gut besucht.[101] Kaum in Berlin, wird Hegel in die politischen Ereignisse verwickelt. Von den Bestrebungen der Burschenschaftler und ihres *philosophische(n) Führer(s) Fries*[102] hielt Hegel nicht viel, bezeichnete ihre Aktivitäten (z. B. das Wartburgfest) in der Einleitung zur Rechtsphilosophie als *unruhiges Treiben* und *gefährliches leeres Spiel* (7.17). Man beschwöre das Volk in Reden, wiegele es auf, was Hegels Meinung widerspricht, dass das Volk erst im gegliederten vernünftigen Staat seinen Wesensausdruck finde und nicht darin, *was jeder über die sittlichen Gegenstände, vornehmlich über Staat, Regierung und Verfassung, sich aus seinem Herzen,*

96 Vgl. Nicolin, Günther, Hegel in Berichten seiner Zeitgenossen, a.a.O., Nr. 515, S. 346.

97 Haering, Bd. 1, S. 1f.

98 Vgl. Böhmer, Otto. A., Hegel & Hegel oder der Geist des Weines, Tübingen 2011, vgl. Vieweg, Klaus, Der Philosoph der Freiheit, a.a.O., S. 663.

99 Hoffmeister, Dokumente, a.a.O., S. 277.

100 Nicolin, Günther (Hg.), Hegel in Berichten seiner Zeitgenossen, a.a.O., Nr. 284, S. 184.

101 Vgl. Baberowski, Jörg, Der Sinn der Geschichte, Geschichtstheorien von Hegel bis Foucault, München 2005, S. 33.

102 Ritter, Joachim, Hegel und die Französische Revolution, Frankfurt/Main 2015, 4. Auflage, S. 95.

Gemüt und Begeisterung aufsteigen lasse (7.18). Einen Staat könne man nicht aus dem *Brei des ‚Herzens, der Freundschaft und Begeisterung‘* (7.19) begründen, sondern nur aus der Vernunft. Zu einem Teil der Burschenschaftler pflegte Hegel allerdings freundschaftliche Beziehungen. Abgelehnt wurde von ihm der Flügel, dem es um ein romantisches Zurück ins Mittelalter ging und der in Ehre und Treue – oft unter Verweis auf Tacitus' *Germania* – urwüchsige deutsche Tugenden sah. Für die Tat des Studenten Sands (Ermordung Kotzebues) ließ Hegel keine Entschuldigung gelten: ... *die moralische Absicht rechtfertigt nicht eine unrechtliche Handlung* ...[103]

In Berlin nahm Hegel am gesellschaftlichen Leben der Stadt regen Anteil, besuchte die Oper und die Salons. Mendelssohn Bartholdys Aufführung der Matthäus-Passion von Bach hat er zweimal besucht.[104] Besonders gern habe er nach Mitteilung seines Sohns Karl die jüdischen Häuser besucht, ... *in denen man die geistigen Größen der Hauptstadt anzutreffen gewohnt (ist): das der Frau Amalie Beer in Tiergarten, ... das des feinsinnigen Joseph Mendelssohn, eines Sohnes, des Philosophen Moses, ... und das seines Sohnes des Banquier Alexander Mendelssohn in der Jägerstraße.*[105] In Hegels Haus waren die damals berühmten Opernsängerinnen – *Die menschliche Stimme war für ihn das Instrument überhaupt*[106] – und andere Künstler und Kunstkritiker sowie Schriftsteller gern gesehene Gäste. 1826 war der österreichische Schriftsteller Franz Grillparzer während seines Berlin-Aufenthaltes zweimal bei Hegel zu Gast.

Die wichtigste Veröffentlichung in Berlin sind die *Grundlinien der Philosophie des Rechts* im Oktober des Jahres 1820 (siehe Kapitel 7.6). In Paragraphen aufgelistet enthält das Werk Hegels politische Philosophie und darüber hinaus wichtige Bestimmungen seiner Ethik- und Moralphilosophie. Gegen Ende des Jahrzehnts fungiert Hegel als Herausgeber der *Jahrbücher der wissenschaftlichen Kritik* (gegründet 1927), denen er selbst einige Aufsätze/Rezensionen beisteuerte wie u. a. Rezensionen über Wilhelm von Humboldts Untersuchungen der indischen Philosophie, die Werke des Philologen Karl Wilhelm Ferdinand Solger und die gesammelten Werke von Johann Georg Hamann (Magus des Nordens). Mit Hamann ist er *in Bezug auf die coincidentia oppositorum im Wesen Gottes aufs tiefste einverstanden ..., obwohl ihn die unsystematische Dunkelheit abstieß.*[107] Hegels letzte Veröffentlichung *Über die englische Reformbill* (siehe Kapitel 7.5) erschien 1831 in der Allgemeinen Preußischen Staatszeitung.

In den Jahren von 1820–1827 unternahm Hegel mehrere Reisen. Zunächst besuchte er in den Jahren 1820 und 1821 zweimal Dresden (Gemäldegalerie, Zwinger). Auf seiner Reise im Jahr 1822 in die Niederlande kam er durch Magde-

[103] Hegel, Georg Wilhelm Friedrich, Vorlesungen über Naturrecht und Staatswissenschaft (Nachgeschrieben von P. Wannemann), hg. v. C. Becker u.a., Hamburg 1983 § 62, S. 72.

[104] Vgl. Vieweg, Klaus, Der Philosoph der Freiheit, a.a.O., S. 660.

[105] Biedermann, Georg, Georg, Wilhelm Friedrich Hegel, Köln 1981, S. 158.

[106] Vieweg, Klaus, Der Philosoph der Freiheit, a.a.O., S. 551.

[107] Küng, S. 386.

burg, Braunschweig, Kassel, Marburg, Bonn, Köln (Besichtigung des Kölner Doms), Aachen. ... *in Aachen hatte er es sich nicht nehmen lassen, ... als Philosoph des Absoluten auf dem Kaiserstuhl Karls des Großen für einige Augenblicke Platz zu nehmen.*[108] Hegel: *Ich setzte mich auf diesen Stuhl, auf dem 32 Kaiser gekrönt worden, wie der Küster versicherte, so gut wie ein anderer, und die ganz Satisfaktion ist, dass man darauf gesessen hat.*[109]

Weiter ging die Reise nach Brüssel, Gent, Antwerpen, Breda, Haag, Amsterdam, Utrecht. Hegel geriet ins Schwärmen und schreibt am 10 Oktober nachts um 11 Uhr an seine Frau: ... *ich weiß nicht, wie ich wieder in Ordnung kommen soll, wenn ich das noch nicht Beschriebene nachholen soll. Also zuletzt war von den Kirchen die Rede. Die Kirchen, wie gesagt in Gent, Antwerpen, muss man sehen, wenn man erhabene, reiche, katholische Kirchen sehen will, groß, weit, gotisch, majestätisch, – gefärbte Fenster, (die herrlichsten ich je gesehen, sind in Brüssel); an den Säulen marmorne Statuen in Lebensgröße ... Gemälde von Rubens, van Eyck und ihren Schülern, große Stücke, herrliche darunter zu zwei bis drei Dutzenden in einer Kirche; Marmorsäulen, Basreliefs, Gitter-, Beichtstühle, ein halbes oder ganzes Dutzend in der Antwerpener Kirche – jeder mit vier lebensgroßen, vortrefflichen holzgeschnitzten Bildern geschmückt ...*[110]

Im Jahr 1834 fand Hegels zweite größere Reise statt; diesmal über Dresden und Prag nach Wien. In Wien ließ er sich von der italienischen Oper (Mercadante, Rossini, Spontini, Mozart) verzaubern. Besonders begeisterte ihn Rossini, der mit *seinen freien Melodien über alle Berge* (15.211) gehe. Bekannt ist, wie der Opernliebhaber Hegel in Berlin im Anschluss nach seiner Vorlesungen zur nahegelegenen Oper eilte. In Wien besuchte er auch das Leopoldstädter Kasperle-Theater. Die kaiserliche Bibliothek mit der damals größten Bücherei (300.000 Bände) stand ebenso auf dem Besuchsprogramm wie ein Einblick in die kaiserliche Schatzkammer, wo man ihm einen Diamanten im Wert von einer Million zeigte.

Eine weitere Reise führte Hegel im Jahr 1827 nach Paris, wo er den befreundeten Philosophen Victor Cousin besuchte. Er logierte in der Nähe des Jardin du Luxembourg, frequentierte die bekannten Stätten der Revolution, wandelte auf den Spuren Rousseaus und besuchte Theaterstücke von Voltaire, Molière und Shakespeare. Während dieser Reise hielt Hegel Ausschau, ob er nicht an den Universitäten Lüttich, Löwen oder Gent einen *dereinstigen Ruheplatz*[111] finden könnte. Der Hintergrund war eine Anklage in Berlin wegen öffentlicher Verunglimpfung der katholischen Religion (11.68). In seiner Rechtfertigung wies Hegel darauf hin, dass er sich in einem seiner Vorträge das Recht vorbehielt, *das mir als lutherischem Christen zukommt, ... die katholische Lehre von der Hostie kurzweg für papistischen Götzendienst und Aberglauben erklären zu dürfen* (11.69). Hegel be-

108 Althaus, S. 404.

109 Brief vom 3.10.1822 an seine Frau, in: Georg Friedrich Hegel, Weltgeist zwischen Jena und Berlin, Briefe, hg. und ausgewählt v. Hartmut Zinser, Frankfurt/M, Berlin, Wien 1982, S. 264.

110 Brief vom 10.10 an seine Frau, in: Ebenda, S. 267f.

111 Biedermann, Georg, Georg, Wilhelm Friedrich Hegel, Köln 1981, S. 152.

fürchtete, dass ihm die „Pfaffen in Berlin“ *den Kupfergraben* [Hegels Adresse] *vollends entleiden*[112] könnten.

Im September 1829 kam es auf der Rückreise von einer Erholungsreise von Karlsbad in Weimar zur letzten Begegnung mit Goethe.

Hegel und Goethe

Was die mathematischen und physikalischen Vorkenntnisse betraf, schätzte Goethe, wie er mir mehrmals sagte, Hegel mehr als Schelling, teilt Heinrich Eberhard Gottlob Paulus mit.[113] Goethe soll weiter gesagt haben, dass er nun nach einem persönlichen Treffen manches von der wunderlichen Philosophie Hegels besser verstanden hätte. Über Goethe sagt Hegel, er sei ihm ein Fanal gewesen.[114] Beide sind sich einig in der Kritik an Newtons Farbenlehre, wonach das Licht aus Spektralfarben zusammengesetzt ist. Goethe und Hegel vertreten demgegenüber die Meinung, dass das Licht weiß ist. *Beide sind Gegner der abstrakten Verstandesphilosophie der Aufklärung.*[115] Berühmt ist Goethes brieflicher Gruß an Hegel: *Dem Absoluten empfiehlt sich schönstens zu freundlicher Aufnahme das Urphänomen.*[116] Während aber Hegel das Absolute im begrifflichen Zusammenhang suchte, glaubte Goethe im Einzelnen das Allgemeine erschauen zu können.

1829 auf dem Höhepunkt seines Schaffens und Ruhms wurde Hegel für das Studienjahr 1829/1830 gemäß Satzung für ein Jahr zum Rektor der Berliner Universität. *Während er dem Rektorat vorstand, hatte er die für ihn unendliche Genugtuung, dass kein Student wegen demagogischer Umtriebe hatte zur Untersuchung gezogen werden müssen.*[117] Anlässlich seines 60. Geburtstages im Jahre 1830 stifteten ihm seine Schüler eine Gedächtnismedaille, deren Vorderseite das Profil Hegel mit der Inschrift seines Namens zeigt. Auf der Rückseite befindet sich in der Mitte ein Genius, rechts neben ihm eine den Glauben symbolisierende weibliche Gestalt mit einem Kreuz und ... *links von ihm ein über einem Buch gebeugter Gelehrter und über ihm die Eule als Symbol der Weisheit. Der Bund des Glaubens und der Weisheit – so interpretierte man den Sinn der Darstellung.*[118] Hegel freute sich darüber, während sich Goethe in einem Brief an Carl Friedrich Zelter über die

[112] Ebenda.
[113] Nicolin, Günther (Hg.), Hegel in Berichten seiner Zeitgenossen, a.a.O., S. 79.
[114] Vgl. Althaus, S. 409.
[115] Schubert, Johannes, Goethe und Hegel, Leipzig 1933, S. 8.
[116] Zit. Althaus, S. 327.
[117] Rosenkranz, Hegels Leben, S. 413.
[118] Gulyga, Arseni, Hegel, S. 284.

Rückseite der Medaille ärgerte, da man Philosophie und Glauben seiner Meinung nach getrennt halten sollte.[119]

Hegel starb am 14. November 1831 an der Cholera oder – das ist unklar – an einem schon seit längerem vorhandenen chronischen Magenleiden; vielleicht auch an einer Kombination davon. Auf dem Totenbett soll er laut Heine gesagt haben: *Nur einer hat mich verstanden,* um sogleich hinzuzufügen: *Und der hat mich auch nicht verstanden.*[120] Für Heine war Hegel der *größte Philosoph, den Deutschland seit Leibniz erzeugt hat.*[121] Die Trauerrede hielt der Rektor der Universität Philipp Konrad Marheineke ganz im Sinn der Lehre des Sokrates: *Wer so, wie unser entschlafener Freund, schon mitten in diesem Leben sich von sich, vom Ich und dessen Sucht, vom Schein und aller Eitelkeit zu befreien, sich in die ewige Wahrheit denkend zu vertiefen wusste ... der hat sich eine Unsterblichkeit errungen ...*[122] In einem Brief vom 5.1.1882 schrieb Goethe an Varnhagen v. Ense: *Leider muss ich diesen meinen Brief auch mit dem tief empfundenen Bedauern anfangen, dass wir den hochbegabten bedeutenden Reihenführer, so wohl gegründeten und mannigfaltig tätigen Mann und Freund, obgleich nicht ganz unbefürchtet, verloren haben. Das Fundament seiner Lehre lag außer meinem Gesichtskreis, wo aber sein Tun an mich heranreichte oder auch wohl in meine Bestrebungen eingriff, habe ich immer davon wahren geistigen Vorteil gehabt.*[123]

In den 30er Jahren des 19. Jahrhunderts veröffentlichte ein *Verein von Schülern und Freunden des Verewigten* – aus Vorlesungsfragmenten und verschiedenen Vorlesungsnachschriften seiner Hörer zusammengestellt – Hegels Vorlesungen zur Geschichtsphilosophie, Ästhetik, Religionsphilosophie, Geschichte der Philosophie.[124] Bis 1840 wirkte Hegels Philosophie in Berlin weitgehend unangefochten. *Die Thronbesteigung Friedrich Wilhelm IV. und der Tod Altensteins, dem Eichhorn im Regiment folgte, bezeichnete definitiv das Ende der Epoche, in der die hegelianische Philosophie die Gunst des Staates genoss. Die Berufung Schellings nach Berlin ... erfolgte jetzt, und zwar ausdrücklich in der Absicht des Königs, dass er die ‚Drachensaat des Hegelschen Pantheismus ausreuthe'.*[125]

[119] Ebenda.

[120] Heine, Heinrich, Zur Geschichte der Religion und Philosophie in Deutschland, Drittes Buch, in Heines Werke in fünf Bänden, Bd. 5, Berlin und Weimar 1991, S.111.

[121] Ebenda S. 137.

[122] Zit. Bülow, Friedrich (Hg.), G. W. F. Hegel, Recht, Staat, Geschichte Eine Auswahl aus seinen Werken Stuttgart 1955, S. 69f.

[123] Nicolin, Günther, Hegel in Berichten ... a.a.O., S. 516.

[124] Vgl. Gropp, Rugard Otto, Nachwort zu Georg Wilhelm Friedrich Hegel, Einleitung in die Geschichte der Philosophie, hg. v. Johannes Hoffmeister Berlin 1972, S. 314.

[125] Lübbe, Hermann, Politische Philosophie in Deutschland, München 1974, S. 62.

4. Grundbegriffe Hegels

4.1 Dialektik

Alle Dinge sind an sich selbst widersprechend.
Hegel (6.74)

Dialektik (altgriech. *dialektiké téchne)* bedeutet ursprünglich die Kunst der Unterredung und galt in der Antike als Mittel der Wahrheitsfindung in Diskussionen. Bei Hegel hat die Dialektik als Lehre von den Gegensätzen in Dingen und Begriffen und deren Aufhebung eine weit darüber hinausgehende Bedeutung. In der *Enzyklopädie* stellt er heraus: *Das Dialektische gehörig aufzufassen und zu erkennen ist von der höchsten Wichtigkeit. Es ist dasselbe überhaupt das Prinzip aller Bewegung, alles Lebens und aller Betätigung in der Wirklichkeit. Ebenso ist das Dialektische auch die Seele alles wahrhaft wissenschaftlichen Erkennens* (8.173). Das heißt, die Dialektik ist sowohl Prinzip der Wirklichkeit als auch der Schlüssel zur Erkenntnis dieser Wirklichkeit.

Die Dialektik als Lehre von der Einheit der Gegensätze macht den Kern der Hegelschen Philosophie aus[1] und nicht – wie oft behauptet – das abstrakte Schema von These, Antithese, Synthese, das in Hegels Texten so gar nicht vorkommt. Die Wortgruppe *Thesis, Antithesis und Synthesis* (20.385) gebraucht Hegel nur zweimal bei der Darstellung der Kantischen (20.385) und Jacobischen Philosophie (4.441), also nicht für seine eigene. Es wäre auch ungeschickt, Hegels Hauptbeispiel der Dialektik (Gott-Sohn-Hl. Geist) im Schema von These und Antithese darzustellen. Der Sohn ist ja nicht die Antithese zum Vater, sondern als Besonderung dessen notwendiges Komplement, ja Erfüllung: Ohne Sohn gäbe es keinen Vater. Hegel spricht von der *Wesenseinheit des Vaters und des Sohnes in der Göttlichkeit* (1.377). Das Wort „Synthese" benutzt Hegel, wenn es um die Identität (Synthese) von Entgegengesetztem geht: z. B. von Begriff und Sein: *Synthese des Begriffs und des Seins* (20.360); von Unendlichem und Endlichem: *Synthese des Endlichen und Unendlichen, des Bestimmten und Unbestimmten* (2.98); von Subjekt und Objekt: *Synthese des Subjektiven und Objektiven* (2.37). Solche Synthesen könne der Verstand ... *die Reflexion, das absolute Trennen, nicht zustande kommen lassen* (2.98).

Ein einleuchtendes Beispiel für Dialektik ist die in Vergangenheit und Zukunft verschlungene Zeit. Eben noch Gegenwart ist der Moment schon vergangen. Wann sprechen wir von einem Moment? Moment (Lat. *Momentum*) bedeutet ‚Bewegung', ‚Grund', ‚Einfluss', womit die Dialektik von Stillstand und Bewegung schon im Wort angesprochen ist. Die Logik tut sich schwer mit Bewegung und dem Werden. Aristoteles ... *kannte nur den statischen Logos. Dass auch im Werden,*

---

[1] Vgl. Haering, Bd. I, S. 520.

in der Veränderung logische Prinzipien wirksam und bedeutsam sind, hat Aristoteles noch nicht sehen können.[2] Das Leben aber verändert sich, ist Bewegung, während die formale Logik mit sich verändernden Qualitäten – den sogenannten Dispositionsbegriffen wie *brennbar, zerreißbar, zerbrechlich, wasserlöslich* – ihre Schwierigkeiten hat.[3] Mit den Mitteln der formalen Logik lässt sich die unorganische Natur erschließen, kaum aber das konkret Lebendige. Alles Werden ist irrational, ließe sich unter Berufung auf Parmenides sagen.[4]

Drei Zitate zu Hegels Dialektik

Für Hegel ist die Wirklichkeit im Werden, sie ist Geschichte (und eine rein statische Logik würde ihr nicht gerecht). Die neue Logik, die Hegel vorschlägt, und die fähig sein soll, die Dinge in ihrem Wechsel und ihrer Entwicklung zu fassen, ist die Dialektik.[5] *Hegels Dialektik ist auch die Lehre von der Logik der aufsteigenden Bewegung zu höherer Bewusstheit, Freiheit und Vollkommenheit. Antreibendes Moment sind Gegensätze, die werdend in einander übergehen und sich in Neues verwandeln.*[6] Dialektik ist für Hegel *ursprünglich nicht eine Sache der philosophischen Reflexion, sondern das wesentliche Strukturmoment der Wirklichkeit.*[7]

Als weitere Beispiele der wechselhaften – dialektischen – Durchdringung der Begriffe seien genannt: 1. Ursache-Wirkung (Henne-Ei-Antinomie), 2. endlich-unendlich, 3. Kontinuität-Diskontinuität. Zu 1: *Die Wirkung enthält ... überhaupt nichts, was nicht die Ursache enthält. Umgekehrt enthält die Ursache nichts, was nicht in ihrer Wirkung ist* (6.224). Zu 2: Unendliches und Endliches abstrakt gegenübergestellt führt in Gestalt des unendlichen Progresses in Widersprüche. Deswegen denkt Hegel diese Begriffe zusammen. Das Unendliche ist nicht erst unendlich und wird dann endlich, *sondern es ist von vornherein beides zusammen.*[8] Zu 3: Was das Begriffspaar Kontinuität und Diskontinuität anbelangt, mag auf Zenons Pfeil-Paradoxon verwiesen werden. Für alle drei Beispiele gilt: *Indem jede der beiden entgegengesetzten Seiten an ihr selbst ihre andere enthält und keine ohne die andere gedacht werden kann, so folgt daraus, daß keine dieser Bestimmungen, allein genommen, Wahrheit hat, sondern nur ihre Einheit. Dies ist die wahrhafte dialektische Betrachtung derselben sowie das wahrhafte Resultat* (5.225).

---

2 Rüfner, Vinzenz, Grundbegriffe griechischer Wissenschaftslehre, Bamberg 1946, S. 38.

3 Vgl. Stegmüller, Wolfgang, Hauptströmungen der Gegenwartsphilosophie, Bd. II, Stuttgart 1987, 8. Auflage, S. 274ff.

4 Vgl. Garaudy, Roger, Gott ist tot, Das System und die Methode Hegels, Frankfurt/Main 1965, S. 373 Anm. 537.

5 Gex, Maurice, Einführung in die Philosophie, Bern und München 1977, 5. Auflage, S. 264.

6 Vgl. Troeltsch, Ernst, Gesammelte Schriften, Bd. 3, 1. Hälfte, Tübingen 1922, S. 243ff.

7 Weischedel, Wilhelm, Die philosophische Hintertreppe, München 1979, 4. Auflage, S. 213.

8 Alexander, Dietrich und Barth, Helmut, Hegels „Wissenschaft der Logik“ und einige konzeptionelle Fragen der marxistisch-leninistischen Erkenntnistheorie , in: Lange, Erhard (Hg.), Hegel und wir, a.a.O., S. 71.

Doch dies trifft nicht nur die genannten Beispiele, da die *Notwenigkeit des Widerspruchs ... zur Natur der Denkbestimmungen gehört ...* (5.52). *In ihrer eigentümlichen Bestimmtheit ist die Dialektik vielmehr die eigene, wahrhafte Natur der Verstandesbestimmungen, der Dinge und des Endlichen überhaupt* (8.172, § 81).

Selbstbewusst schreibt Hegel über seine Dialektik, dass sie zwar im Einzelnen noch zu vervollkommnen, aber ... *die einzig wahrhafte ist* (5.50). Die Wirklichkeit selbst bestehe aus lebendigen inneren Gegensätzen, sei ewiger Prozess. *Alle Dinge sind an sich selbst widersprechend* (6.74). Die Dinge existieren in dialektischer Form, das heißt, sie sind die Einheit von etwas, das ungleich mit sich selbst ist. Kurz: *Die Dialektik ist nicht nur Leben der Gedanken, sondern das Leben der Natur, der Materie auf allen ihren Entwicklungsstufen.*[9]

Darüber hinaus werden Widersprüche erfahren und erlebt. Es geht nicht darum, ihnen aus dem Weg zu gehen, sie von vornherein als absurd, unwesentlich, verrückt usw. abzutun. Hegel plädiert hingegen dafür, sich mit Gegenpositionen, Einsprüchen, Widerständen auseinanderzusetzten; sie an sich heranzulassen, am eigenen Leib zu erfahren, sich an ihnen abzuarbeiten, um sie letztlich dort hinzustellen, wo sie hingehören. Hierzu schreibt Martin Heidegger: *Hegel begreift nicht die Erfahrung dialektisch, sondern er denkt das Dialektische aus dem Wesen der Erfahrung.*[10]

Dialektik steht für das Ineinander von Subjekt und Objekt. Ein gutes Beispiel dafür ist die Sprache. Einerseits befindet sich das Individuum der Sprache gegenüber im Modus der Passivität – die Sprache muss erlernt werden –, andererseits gibt es ohne Individuen keine Sprache und es sind Individuen oder bestimmte Gruppen, die die Sprache tätig weiterentwickeln. Für Iring Fetscher ist *Kein ‚Gegenstand' ... geeigneter für eine ‚dialektische Behandlung' als die Sprache, und durch Herder ist Hegel früh auf deren ‚dialogischen Charakter' aufmerksam gemacht worden.*[11] Einerseits besitzt die Sprache einen überindividuellen Charakter – was De Saussure „la langue" nennt – aber ohne die vielen täglichen Sprechakte – „la parole" – wird sie zur toten Sprache bzw. entsteht erst gar keine Sprache. *An diesem Sichdurchgreifen von Logos und Existenz wird die Frage zuschanden, wer denn eigentlich hier der Dirigierte und wer der Dirigierende sei.*[12]

Hegels Vorbilder in Bezug auf die Dialektik sind Heraklit (Alles fließt), Zenon von Kition (Paradoxien, für Aristoteles war Zenon der *Erfinder der Dialektik*[13]) und Platon (Parmenides, Sophistes). Auf weitere Vorläufer weist Ernst Bloch hin: *Hier steht der Neuplatoniker Proklos, mit dem Dreiklang der ersten Entfaltungs-Triade: Beharren, Hervortritt, Rückkehr. Dort steht, am Ausgang des so eingeleiteten Mittelalters, Nikolaus von Cusa mit der mathematisch illustrierten Lehre der coincidentia oppositorum,*

9 Garaudy, S. 187f.

10 Heidegger, Martin, Holzwege, Frankfurt/Main 1994, 7. durchgesehene Auflage, S. 184.

11 Fetscher, S. 258.

12 Litt, S. 72.

13 Vgl. Düsing, Klaus, Hegel und die klassische griechische Philosophie, in: Heidemann, Dietmar H., Krijen (Hg.), Hegel und die Geschichte der Philosophie, Darmstadt 2007, S. 48.

der Einheit der Gegensätze im Unendlichkleinen und Unendlichgroßen. In seiner Schusterstube, die eine metaphysische Brunnenstube war, entdeckte Jakob Böhme den dialektisch notwendigen Bezug, den das Licht auf die Finsternis, die Güte auf den Zorn, das Göttliche auf das Teuflische in ihm nehmen muss, damit das Licht, an seinem ‚Gegenwurf', offenbar werde. Hegel hat auch von diesen Elementen aufgenommen, am meisten von Jakob Böhme; ein Mystiker konnte hier einen Logiker lehren, nämlich einen rechten.[14]

Folgt man Hegel, so ist jedes Urteil (jeder Satz) in Bezug auf das Verhältnis von Subjekt und Prädikat dialektisch aufgebaut. Im Urteil „Sokrates ist ein Mensch" geht Sokrates – vom Prädikat aus betrachtet – im Menschsein sozusagen fast unter. Vom Schwerpunkt des Subjekts aus betrachtet, ist das Menschsein von Sokrates nur eine von vielen Bestimmungen neben anderen: Philosoph, Athener, Ehemann, Politiker, Kriegsteilnehmer usw. In den Worten von Hegel: *Die im Urteil Verbundenen, das Subjekt und Prädikat, jenes das Besondere, dies das Allgemeine, widersprechen sich durch ihren Gegensatz an ihnen selbst und durch die entgegengesetzte Subsumtion, welche sie gegeneinander ausüben; jedes ist für sich und jedes bezieht sich in seinem Fürsichsein auf das andere und setzt gegenseitig dasselbe als ein Aufgehobenes.*[15] Dialektische Totalität bedeutet mithin das Aufgehobensein der Momente im Ganzen.

Die Fruchtbarkeit der Hegelschen Dialektik auf dem Gebiet der Gesellschaftswissenschaften liegt auf der Hand. Hier durchdringen sich Individuum und Gesellschaft und die Vorstellung, wir hätten es mit zwei voneinander strikt zu trennenden Entitäten zu tun, führte in die Irre, wie der große Soziologe Norbert Elias in seinem Klassiker *Über den Prozess der Zivilisation* im Vorwort vermerkt: *Die Zerlegung gesellschaftlicher Phänomene, die sich tatsächlich nur als werdend und geworden beobachten lassen, mit Hilfe von Begriffspaaren, die die Analyse auf zwei entgegengesetzte Zustände beschränken, bedeutet eine ... unnötige Verarmung der soziologischen Wahrnehmung.*[16]

4.2 Begriff

Der Begriff ... will nur Empfänglichkeit, er bringt den Inhalt mit und ist selbst das Werkzeug der Bildung.
Goethe, Dichtung und Wahrheit

Gewöhnlich verstehen wir unter einem Begriff die Anatomie einer Sache, das mehr oder weniger abstrakte Schema, unter das sie fällt. Der Begriff des Baumes gibt uns den Rohentwurf (die Form), in dem die jeweiligen empirischen Bäume

---

14 Bloch, Ernst, Subjekt – Objekt. Erläuterungen zu Hegel, Frankfurt/Main 1962, S. 130f.

15 Hegel, Georg Wilhelm Friedrich, Jenaer Systementwürfe II Logik, Metaphysik, Naturphilosophie, neu hg. v. Rolf- Peter Horstmann, Hamburg 1982, S. 85.

16 Elias, Norbert, Über den Prozess der Zivilisation, Bd. 1, Frankfurt/Main 1997, S. 18f.

ihren Platz finden. Menschen, so sagt man, haben Begriffe, mit denen sie die Welt zu erfassen versuchen. Bei Hegel gründet jedoch der Begriff nicht in einer, wie er sagt, Abstraktion. Hegels „Begriff" bezeichnet nicht das methodische Instrumentarium, sondern ist die Wesensentfaltung eines Dinges, einer Sache oder eines Sachverhaltes selbst. *Objekte in Wahrheit erkennen, heißt ihren Begriff erkennen, denn das, was das Objekt in Wahrheit ist, ist sein Begriff.* [17] Hegels „Begriff" ist somit im Wesentlichen keine mentale Repräsentation, keine Definition, Konstruktion oder ein Entwurf unseres Verstandes, um Erfahrungsmaterial zu ordnen.[18] Eine solche Auffassung des Begriffs als Abstraktion von den konkreten Besonderheiten sei die Auffassung des Verstandes und das Gefühl habe ... *recht, wenn es solche Begriffe für hohl und leer, für bloße Schemen und Schatten erklärt* (8.312, § 163, Z 1).

Hegel vertritt keine Korrespondenztheorie, auch keine Konsenstheorie der Wahrheit,[19] sondern Wahrheit ist ihm Übereinstimmung des Inhalts mit sich selbst. *So spricht man z. B. von einem wahren Freund und versteht darunter einen solchen, dessen Handlungsweise dem Begriff der Freundschaft gemäß ist ... In diesem Sinne ist ein schlechter Staat ein unwahrer Staat, und das Schlechte und Unwahre überhaupt besteht in dem Widerspruch, der zwischen der Bestimmung oder dem Begriff und der Existenz des Gegenstandes stattfindet* (8.86). Hegels Begriff – so Slavoj Zizek – reduziert nicht das Leben – *Das Leben ist grün, Begriffe sind grau* –, sondern *erst die Theorie macht es ‚grün' ...*[20] Im Begriff, so könnte man sagen, dokumentiert und manifestiert sich Freiheit. Begriffe treten frei hervor, man kann sie nicht zwingen.

Hegels Begriffslehre widerspricht dem Nominalismus, wonach Begriffe bloße Namen (flatus vocis = ein von der Stimme erzeugter Lufthauch) sind, gleichsam Abziehbilder, womit man wie im Museum Ausstellungsstücke kennzeichnet.[21] Begriffe sind für Hegel nicht äußerlich dem Dasein aufgeklebt (vgl. 3.50). Hegels „Begriff" ist aktiver, hat mit „Greifen" als Aneignen der Wahrheit zu tun. Denken ist eine Fähigkeit des Subjekts, als *Begreifen* – so Manfred Riedel – bedeutet es *das Ergreifen und Umgreifen der Dinge im Denken.*[22] Die Tiere *gehen auf die Dinge zu, greifen, erfassen, verzehren sie ... Die Intelligenz familiarisiert sich mit den Dingen freilich nicht in ihrer sinnlichen Existenz, aber dadurch, dass sie dieselben denkt, setzt sie deren Inhalt in sich ...* (9.19). In der Logik heißt es: *Das Begreifen eines Gegen-*

---

17 Horstmann, Rolf-Peter, Wahrheit aus dem Begriff, Frankfurt/Main 1990, S. 55.

18 Vgl. Schnädelbach, Herbert, Hegels praktische Philosophie. Ein Kommentar der Texte in der Reihenfolge ihrer Entstehung, Frankfurt/Main 4. Auflage 2016, S. 16.

19 Vielleicht vertritt Hegel in Ansätzen eine Kohärenztheorie der Wahrheit, insofern in ihr die Wahrheit einer Aussage *durch gewisse Systemeigenschaften der Theorie ... festgelegt ist.* (Metzler Philosophielexikon, S. 259); vgl. auch Baumann, Peter, Erkenntnistheorie, Stuttgart 2002, S. 212, wobei dem die Dialektik entgegensteht.

20 Zizek, Slavoj, Weniger als nichts, Hegel und der Schatten des dialektischen Materialismus, Frankfurt/Main. 2020, 2. Auflage, S. 544.

21 Vgl. Willard van Orman Quines „Mythos vom Museum", in dem die Ausstellungsstücke Bedeutungen und die Schildchen daran Wörter sind.

22 Riedel, Manfred, Theorie und Praxis im Denken Hegels, Frankfurt, Berlin, Wien 1976, S. 176

standes besteht in der Tat in nichts anderem, als daß Ich denselben sich zu eigen macht, ihn durchdringt und ihn in seine eigene Form, d. i. in die Allgemeinheit ... bringt (6.255).

Für Hegel ist der Begriff der Motor der Wirklichkeit selbst. Das Wahre bestehe nicht in der formellen Identität A=A, sondern sei die Selbstbewegung des Begriffs durch seine Negation hin zur höheren Synthese. Wenn z. B. vom Subjekt die Rede ist, so ist damit ebenso das Objekt impliziert, die beide eine Einheit bilden. *Für Hegel sind es nicht Menschen, nicht Philosophen, die Begriffe bestimmen, sondern die Begriffe ‚bestimmen sich selbst'.*[23] Der Begriff ist nichts Statisches, sondern durch eine immanente Selbstbewegung charakterisiert, die durch die Unterscheidung und Zusammenführung seiner Momente führt. Hegel zufolge sind Begriffe *lebendige Bewegungen* (6.294). Er spricht dezidiert von einem *eigene(n) Leben des Begriffs* (3.51).

Man kann sagen, Hegels Begriff sehnt sich gleichsam wie die Seele nach Erfüllung. Dass der Begriff ein Eigenleben (eine Eigenlogik) führt, widerspricht zwar unserer Intuition, dass es beim Begreifen auf unsere eigene Denkfähigkeit ankommt, eine gegebene Wirklichkeit zu erfassen. Doch auf der anderen Seite scheint es uns auch so, dass der Begriff oder die *Idee ein eigenes Leben habe, dass sie sich schließlich auch gegen den menschlichen Willen und Verstand durchzusetzen wisse und dass der Philosoph dieser Selbstbewegung des Geistes im Grunde nur ‚zuzusehen' brauche.*[24] Man sagt ja auch, dass ein Gedanke von einem Besitz ergreift.

Fast schon wie Jacques Lacan schreibt Hans Leisegang mit Blick auf Hegels Lehre: *Nicht ich denke, sondern es denkt in mir; nicht ich lebe, sondern das göttliche Leben lebt in mir.*[25] Den gleichen Gedanken finden wir bei Friedrich Bülow, wenn er Hegels Dialektik erläutert:

> *Das Leben, das sich draußen in der Welt offenbart, ist auch im Bewusstsein, in den Begriffen enthalten. Nicht wir denken, sondern es denkt in uns. Jeder Begriff hat sein Eigenleben, drängt über sich hinaus, hat lebendige Beziehung nur im Gesamtzusammenhang und ist tot, wenn er losgelöst, abstrakt für sich allein steht, nicht in die dialektische Totalität des Ganzen hineingestellt ist. Denken und Sein, Begriff und Leben, Ich und Welt, Bewusstsein und Gegenstand sind unlösbar miteinander verbunden, sind Ausdruck ein und derselben lebendigen Substanz, sind Momente des Absoluten.*[26]

Bei Hegel heißt es, es sei falsch zu glauben, *daß die Denkformen, die sich durch alle unsere Vorstellungen ... hindurchziehen, uns dienen.* Richtig sei, dass nicht wir sie, sondern *sie ... uns im Besitz haben.* Denn – so fragt Hegel rhetorisch –: ... *wie sollen wir, ich mich als das Allgemeinere über sie hinausstellen, sie, die selbst das Allgemeine*

---

23 Eiden-Offe, S. 16.

24 Binder, Julius, Zur Lehre vom Rechtsbegriff, zit. Schirmer, Jakob, Die Göttinger Hegel-Schule a.a.O., S. 79.

25 Leisegang, Hans, Hegels Denkform. In „Forschungen und Fortschritte" 1931. XI. 10, hier zit. nach Iljin, Iwan, Die Philosophie Hegels ... a.a.O., S. 394.

26 Bülow, Friedrich, (Hg.), G. W. F. Hegel, Recht, Staat, Geschichte. Eine Auswahl aus seinen Werken Stuttgart 1955, S. 46.

als solches sind? (5.25) Dies sollte nicht dazu führen, Hegel mit dem Ansatz des modernen Strukturalismus zu verwechseln, der davon ausgeht, dass Strukturen die Sprache und das Individuum beherrschen. Zwar findet bei Hegel das Einzelne seine Wahrheit im Allgemeinen, aber es gilt ihm ebenso, dass das Allgemeine ohne das Einzelne/Individuum leblos und abstrakt wäre. Die Einzelheit ist schöpferisch, sie ist ... *schlechthin das Wirkende* ... (Enz 8.311, § 163 A).

Im letzten Teil der Logik identifiziert Hegel den Begriff geradezu mit dem Ich: *Ich habe wohl Begriffe, d. h. bestimmte Begriffe; aber Ich ist der reine Begriff selbst, der als Begriff zum Dasein gekommen ist* (6.253). Diese Stelle zeigt erneut, dass für Hegel der Begriff kein subjektives Gedankending ist, sondern der Name für den *lebendige Geist der Wirklichkeit* selbst, die sich vom Begriff gezogen zur absoluten Idee (Gott) entwickelt. Die Wirklichkeit selbst ist begrifflicher Natur.

Wenn Hegel den Begriff mit einem Organismus, dem er Subjektcharakter zugesteht, vergleicht, bedeutet das nicht, dass der Begriff gleichsam wie ein Moloch alles Eigendenken verschlingt und über es hinweggeht. Hegels „Begriff" lebt und entwickelt sich, doch *atmen und verdauen*[27] kann er nicht. Vom Individuum fordert Hegel, sich auf die Sache des Denkens einzulassen, da dies in die Freiheit führt. Das Denken – nicht nur in einem theoretischen, sondern ebenso praktisch-konkreten Sinn – ist das, was Mensch und Gott verbindet: *Zu Dir hin hast Du uns erschaffen, o Gott* (Augustinus, Bekenntnisse 1.1). *Das Denken können wir aber einmal nicht unterlassen, dadurch unterscheiden wir uns von dem Tier; und in der Empfindung, in der Kenntnis und Erkenntnis, in den Trieben und im Willen, sofern sie menschlich sind, ist ein Denken* (12.20). Denken ist in *aller menschlichen Tätigkeit* (11.455).

4.3 Freiheit

... denn die Freiheit ist eben dies, in seinem Anderen bei sich selbst zu sein ...
Hegel

Wahre Freiheit ist für Hegel ohne den Bezug auf den „Anderen" nicht möglich. *Freiheit heißt für Hegel ... in einem Anderen oder einem Gegenstand ‚bei sich' zu sein.*[28] In der *Differenzschrift* lesen wir: ... *die Gemeinschaft der Person mit anderen muß ... wesentlich nicht als eine Beschränkung der wahren Freiheit des Individuums, sondern als eine Erweiterung derselben angesehen werden* (2.82). Und in der *Enzyklopädie* kennzeichnet Hegel die *allgemeine Freiheit* dadurch, *dass ... ich mich*, indem ich mich auf den *anderen* beziehe, *unmittelbar auf mich selber (beziehe) (10.227, § 436 Z, vgl. auch 8.305, § 159 A). Die wohl prägnanteste Definition der Freiheit lautet: ... denn die Freiheit ist eben dies, in seinem Anderen bei sich selbst zu sein ...* (Enz.

[27] Sell, Annette, Der lebende Begriff. Leben und Logik bei G.W.F. Hegel, Freiburg/München 2013, S. 24.

[28] Taylor, Charles, Hegel, a.a.O., S. 216.

8.84, § 24 Z 2). *Vor diesem Hintergrund verwundert es nicht, dass Hegel die Liebe ganz ähnlich fasst wie die Freiheit, nämlich als Selbstbewusstsein ... erst im Bewußtsein des anderen sein eigenes Wissen von sich zu haben* (14.182). Micheal Theunissen beschreibt Hegels Freiheit als *Im-Anderen-bei-sich-selbst-Sein* und Hegels Liebesbegriff als *Bei-sich-selbst-Sein im Anderen,*[29] wobei Hegel ... *die Koinzidenz von Liebe und Freiheit ... aus den Quellen des Evangeliums schöpft.*[30]

Es kennzeichnet ja gerade den Geist beim Anderen bei sich selbst bleiben zu können. *Im Sinnlichen können nicht zwei Dinge an einem und demselben Orte sein; sie schließen sich aus* (17.228). Die wahre Persönlichkeit hält sich nicht von allem frei, sondern gewinnt sich *durch dies Versenken, versenkt sein in das Andere ...* (17.233). Das Andere kann sowohl die Gesellschaft als auch das Wissen über die Natur sein, welches Freiräume eröffnet. Etwas ist für Hegel begriffen, wenn das *Ich in seinem Anderssein bei sich selbst ist* (3.583), wie es am Ende der Phänomenologie heißt. Von hier aus wird auch Hegels Weltgeist als Fortschritt im Bewusstsein der Freiheit verständlich: Trotz aller Rückschläge und möglicher falscher Anwendung hat sich die Menschheit im Laufe ihrer Geschichte mehr Wissen erarbeitet. Das heißt, Freiheit will erarbeitet sein. Das geschieht *individuell durch die ‚Reinigung der Triebe' oder kollektiv durch die Etablierung von freien Institutionen.*[31] Hegel: ... *die wirkliche Freiheit ist ... nicht etwas unmittelbar im Geiste Seiendes, sondern etwas durch seine Tätigkeit Hervorzubringendes* (10.27, § 382 Z).

Einen weiteren Aspekt der Freiheit teilt Hegel mit dem gesamten deutschen Idealismus. Schelling beschreibt ihn in seiner Jugendschrift *Das Ich als Prinzip der Philosophie oder über das Unbedingte im menschlichen Wissen* (1795) so: ... dass *das Wesen des Menschen nur in absoluter Freiheit bestehe, dass der Mensch kein Ding, keine Sache, und seinem eigentlichen Sein nach überhaupt kein Objekt sei ...* [32] Der Mensch darf niemals nur als Mittel behandelt, sondern muss immer auch als Selbstzweck geachtet werden (Kant). Das schließt Sklaverei und Folter aus. Freiheit bedeutet natürlich auch die Kraft des Geistes, sich nicht von Trieben, Drogen, Propaganda usw. beherrschen bzw. manipulieren zu lassen. So sah es Kant (sapere aude) und so sieht es auch Hegel. Im Unterschied zu Kant weist Hegel in Bezug auf die Freiheit jedoch stärker auf den Aspekt der Bindung hin: 1. Bindung an die Sittlichkeit, 2. Bindung an Gott. Zu 1: Frei sein heißt, ... *in seiner Beschränkung, in diesem Anderen bei sich selbst (zu sein)... Diese Freiheit haben wir schon in der Form der Empfindung, z. B. der Freundschaft und Liebe* (7.57, § 7 Z). *Freiheit (ist) nur in der gesetzlichen Verbindung eines Volkes zu einem Staat möglich* (1.555). Zu 2: *Die bewusste*

---

29 Theunissen, Michael, Sein und Schein. Die kritische Funktion der Hegelschen Logik, Frankfurt/Main 1994, 2. Auflage, S. 49.

30 Theunissen, S. 61.

31 Menke, Christoph, Autonomie und Befreiung. Studien zu Hegel, Frankfurt/Main 2018, S. 52.

32 Schelling, Friedrich Wilhelm Joseph von, Das Ich als Prinzip der Philosophie oder über das Unbedingte im menschlichen Wissen (1795) in: Schellings Werke, nach der Originalausgabe in neuer Anordnung hg. v. Manfred Schröter, Erster Hauptband, Jugendschriften 1793 bis 1798, München 1958, S. 81.

Freiheit ist nur, wo jede Individualität als positiv im göttlichen Wesen gewusst und die Subjektivität im göttlichen Wesen selbst angeschaut wird.[33] *„Freiheit in Bindungen"* lautet eine gelungene Formulierung von Uwe Volkmann.[34] Für Hegel ist deshalb Freiheit *allein im stabilen Anerkennungsverhältnis zwischen Menschen.*[35] Hegel geht es, wie Klaus von Beyme sagt, um eine *Befreiung zur Gemeinschaft.*[36] Das Individuum findet Erfüllung nicht gegen die Familie, außerhalb des sozialen Raumes, der Sittlichkeit, des Staates, sondern in diesen, wie auch Klaus Vieweg festhält:

Merksatz

Für Hegel bedeuten Intersubjektivität und Gemeinschaft keineswegs Beschränkung der wahren Freiheit, sondern die Bedingung der Möglichkeit echter Freiheit ...[37]

Wenn Hegel Freiheit als *Bei-sich-selbst-Sein* (12.30)[38] fasst, so bedeutet dies kein *Solipsismus, sondern ... Sozialität.*[39] Hegel: *Ich ist in der Welt zu Hause, wenn es sie kennt ...* (Rph. 7.47, §4, Z). Wenn Rousseau sagt, *der Mensch ist frei geboren ...*[40], so ist das einerseits richtig, aber es ist noch wichtiger, dass die Freiheit stets neu erworben bzw. errungen werden muss. *Die Freiheit als Idealität des Unmittelbaren und Natürlichen ist nicht als ein Unmittelbares und Natürliches, sondern muss erworben und erst gewonnen werden, und zwar durch eine unendliche Vermittlung der Zucht und des Wissens und des Wollens* (12.58).[41] Zu unterscheiden ist die subjektive – negative – Freiheit von der konkreten, objektiven Freiheit, worunter Hegel u. a. die politische Freiheit versteht, *an den öffentlichen Angelegenheiten teilzunehmen.*[42] In den Worten Hegels: *Wenn man sagt, der Mensch ist seiner Natur nach frei, so ist das ein Prinzip von unendlichem Werte; bleibt man aber bei dieser Abstraktion, so lässt sie keinen Organismus der Staatsverfassung aufkommen, denn dieser fordert eine Glie-*

33 Georg Wilhelm Hegel, Sämtliche Werke, Bd. VIII, hg. v. Georg Lasson, Vorlesungen über die Philosophie der Weltgeschichte, Erster Halbband, Leipzig 1920, S. 107.

34 Volkmann, Uwe, Freiheit in Bindungen. Beobachtungen zur Stellung des Einzelnen in Hegels Staat, in: Pauly, Walter, Der Staat – eine Hieroglyphe der Vernunft, Baden-Baden 2009, S. 155 ff.

35 Schnädelbach, Herbert, Hegels praktische Philosophie. Ein Kommentar der Texte in der Reihenfolge ihre Entstehung, Frankfurt/Main 4. Auflage 2016, S. 97.

36 Beyme, Klaus von, Geschichte der politischen Theorien in Deutschland 1300–2000, Wiesbaden 2009, S. 217.

37 Vieweg, Klaus, Hegel, Der Philosoph der Freiheit, a.a,O., 2019, S. 216.

38 Byung-Chul Han liest aus dem „selbst" ähnlich wie Habermas einen Machtanspruch des Subjekts und plädiert deshalb gegen Hegels „vereinnahmendes" Ganzheitsdenken für eine fernöstlich beeinflusste Philosophie der Freundschaft (mit den Dingen, mit den Menschen). Vgl. Han, Byung-Chul, Hegel und die Macht Ein Versuch über die Freundschaft, a.a.O., S. 58.

39 Lembcke, Oliver, Staat und Verfassung bei Hegel, in, Pauly, Walter (Hg.) Der Staat – eine Hieroglyphe der Vernunft, a.a.O., S. 121.

40 Rousseau, Jean-Jacques, Gesellschaftsvertrag, Stuttgart 1977, S. 5.

41 Kervégan, Jean-François, Die verwirklichte Vernunft, Frankfurt am 2019, S. 200.

42 Ebenda S. 259..

derung, worin die Pflichten und Rechte beschränkt werden; jene Abstraktion lässt keine Ungleichheit zu, welche eintreten muss, wenn ein Organismus und damit wahrhafte Lebendigkeit statthaben soll (16.242). Von den Regierenden fordert Hegel Offenheit, einen Dialog mit den Regierten einzugehen, und die ... *Darlegung aller Gründe der Regierungsmaßregeln vor die Einsicht des Volkes ...*[43] Er fordert *Publizität, d. h., dass die Regierung ihrem Volke den Zustand des Staates vorlegt, Verwendung der Staatsgelder, Schuldenwesen, Organisation der Behörden u.s.f. – dies Sprechen der Regierung mit dem Volke über ihre und seine Interessen ist eines der größten Elemente der Kraft des französischen und englischen Volkes.*[44]

Das Gegenteil einer organischen Staatsverfassung fasst Hegel in Begriffen wie „Aggregat" (7.443) oder Mechanismus. Hegels Kritik am Verlauf der Französischen Revolution – sie wird uns im Laufe dieser Arbeit noch öfter begegnen – lautet, dass infolge eines abstrakten Freiheitsbegriffes wie *Freiheitsraserei* (1.555) sich die Verfassungen (innere Gliederung eines Staates) wie die *Furie des Verschwindens* (3.436) inflationär einander ablösten. Nach Jacques d'Hondt drückt Hegel mit der Forderung nach einer wohlgegliederten stabilen Verfassung gleichzeitig seine *Feindseligkeit gegenüber jeglicher Form der Gleichmachung oder der Nivellierung*[45] aus.

Einerseits hält also Hegel die Freiheit „unendlich" hoch, um andererseits sogleich hinzuzufügen, was sie nicht bedeuten kann, nämlich tun und lassen zu können, was einem gerade in den Sinn kommt. Ähnlich verhält es sich mit dem Gewissen. Auch dieses hält Hegel für unendlich wichtig, um dann hinzuzufügen, dass dies nicht bedeuten kann, sich unter Berufung auf das Gewissen, wichtigen Staatspflichten entziehen zu können. *Aber kein Volk, am wenigsten ein freies Volk ... hat ein Tribunal des Gewissens anzuerkennen ...* (18.510).

Hegels Freiheitsbegriff als Bei-sich-sein im Anderen lebt von der Idee des Aufgehobenseins vom Ich in der Harmonie eines größeren Zusammenhangs: ... *in der Harmonie ist das Besondere nicht widerstreitend, sondern einklingend* (1.363).

---

43 Briefe von und an Hegel, Bd. 1, S. 197.

44 Ebenda, S. 209.

45 D'Hondt, Jacques, Der Kammerdiener der Geschichte und die Geschichte des Kammerdieners, in: Buhr, Manfred, D'Hondt, Jacques, Klenner, Hermann, Aktuelle Vernunft, Drei Studien zur Philosophie Hegels, Berlin 1985, S. 60.

Exkurs: Hegel und die Sprache der Liebe

Wie kaum ein anderer Philosoph findet Hegel zu einer Sprache der Liebe: *Liebe heißt überhaupt das Bewusstsein meiner Einheit mit einem anderen, so dass ich für mich nicht isoliert bin, sondern mein Selbstbewusstsein nur als Aufgebung meines Fürsichseins gewinne und durch das Mich-Wissen, als der Einheit meiner mit dem anderen und des anderen mit mir ... Das erste Moment in der Liebe ist, dass ich keine selbständige Person für mich sein will und dass, wenn ich dies wäre, ich mich mangelhaft und unvollständig fühle. Das zweite Moment ist, dass ich mich in einer anderen Person gewinne, dass ich in ihr gelte, was sie wiederum in mir erreicht. Die Liebe ist daher der ungeheuerste Widerspruch, den der Verstand nicht lösen kann ... Die Liebe ist das Hervorbringen und die Auflösung des Widerspruchs zugleich: als die Auflösung ist sie die sittliche Einigkeit* (7.307f, § 158 Z). Die Liebe ist ... *ein Wunder, das wir nicht zu fassen vermögen* (1.244).

Wie kommt es zu einem falschen Freiheitsbegriff? Die tiefere Ursache sieht Hegel im unbeweglichen Insistieren auf Instanzen wie Gefühl, Gewissen, intellektuelle Anschauung; nach Hegel letztlich subjektive Instanzen. *Was ich nur meine, ist mein, gehört mir als diesem besonderen Individuum an; wenn aber die Sprache nur Allgemeines ausdrückt, so kann ich nicht sagen, was ich nur meine. Und das Unsagbare, Gefühl, Empfindung, ist nicht das Vortrefflichste, Wahrste, sondern das Unbedeutendste, Unwahrste* (Enz. 8.74, § 20 A).

Hegel ist kein genuin liberaler Denker und noch viel weniger ein Vertreter des Totalitarismus, wie Karl Popper in seiner Schrift *Die offene Gesellschaft und ihre Feinde*[46] meint. Gegen den totalitären Staat setzt Hegel das Recht auf Familie, Privateigentum und korporativer Gliederung/Mitbestimmung als Voraussetzung konkreter Freiheit: ... *denn Freiheit ist, bei sich selbst zu sein* (16.65). Hegel fordert gerade nicht, *den Gesetzen zu gehorchen ... sie mögen sein wie sie wollen.* ... Denn *das Regieren und Gesetzgeben ist auf diese Weise der Willkür der Regierung überlassen* (16.238).

In Paragraph 15 A der *Rechtsphilosophie* grenzt Hegel Freiheit scharf von Willkür ab. *Die gewöhnlichste Vorstellung, die man bei der Freiheit hat, ist die der Willkür ... Wenn man sagen hört, die Freiheit überhaupt sei dies, dass man tun könne, was man wolle, so kann solche Vorstellung nur für gänzlichen Mangel an Bildung des Gedankens genommen werden, in welcher sich von dem, was der an und für sich freie Wille, Recht, Sittlichkeit usf. ist, noch keine Ahnung findet* (7.66). Im Zitat findet sich die von Hegel häufig benutzte Formulierung „an und für sich".

46 Popper, Karl R, Die offene Gesellschaft und ihre Feinde, Bd. 2, Hegel, Marx und die Folgen, München 1777, 5. Auflage. Popper empfindet es *als skandalöse Tatsache, dass Clowns wie Fichte und ein Hegel ernst genommen ... werden.* S. 70.

Exkurs: An sich, für sich, an und für sich

Hegel ist der Meinung, dass jede Sache, jedes Ding (auch der geistigen Welt) drei Aspekte hat: „an sich", „für sich" und „an und für sich" zu sein. Bleibt man beim bloßen „An sich" einer Sache, eines Gegenstandes, eines Begriffs, bewegt man sich an der Oberfläche und erfasst nicht die ganze Wahrheit. Dies erläutert Hegel in § 124 Z der Enzyklopädie am Beispiel des Kindes, des Staates und der Pflanze. Hier sei nur das Beispiel des Kindes zitiert: *So ist z.B. der Mensch-an-sich das Kind, dessen Aufgabe darin besteht, nicht in diesem abstrakten und unentwickelten Ansich zu verharren, sondern das, was es zunächst nur an sich ist – nämlich ein freies und vernünftiges Wesen –, auch für sich zu werden* (8.255). Am Ende dieser Entwicklung kann dann vom Menschen „an und für sich" gesprochen werden. Kurz: Über das „Für sich" wird das „An sich" zum „An und für sich". Die Bestimmungen gelten sogar für Gott. Er ist zunächst an sich, um über die Negation in Natur und Geschichte (für sich) und der Negation der Negation zu seinem eigentlichen Anundfürsichsein im absoluten Geist zu gelangen. *Freyheit ist das Innerste, und aus ihr ist es, dass der ganze Bau der geistigen Welt hervorsteigt.*[47]

Vor einem inflationären Gebrauch von Freiheitsdiskursen hat Hegel gewarnt. *Wir sehen so gegenwärtig die Welt voll von Prinzipien der Freiheit, und dasselbe besonders auf die Staatsverfassung bezogen: diese Prinzipien sind richtig, aber mit dem Formalismus behaftet sind sie Vorurteile, indem die Erkenntnis nicht bis auf den letzten Grund gegangen ist; da ist allein die Versöhnung mit dem schlechthin Substanziellen vorhanden* (16.244). Mit anderen Worten: Es genügt nicht über Freiheit zu reden und Freiheit zu fordern, solange man nicht weiß, was Freiheit ist, also z.B. nicht weiß, dass sie ohne Wahrheit substanzlos ist.

4.4 Wahrheit

Wahrheit ist etwas Freies, das wir weder beherrschen noch von ihm beherrscht werden.
Hegel (1.288)

In einem Bild aus der *Phänomenologie* sagt Hegel: Das *Wahre* und *Falsche gehört zu den bestimmten Gedanken, die bewegungslos für eigene Wesen gelten, deren eines drüben, das andere hüben ohne Gemeinschaft mit dem andern isoliert und fest steht.*

[47] Ilting, Karl-Heinz (Hg.), Georg Wilhelm Friedrich Hegel, Vorlesungen über Rechtsphilosophie, Bd. 4, Philosophie des Rechts, nach einer Vorlesungsnachschrift von K.G. von Griesheims (1824), Stuttgart-Bad Cannstatt 1974, S. 925, hier zit. n. Vieweg, Klaus, Der Philosoph der Freiheit, a.a.O., S. 672.

Dagegen muß behauptet werden, daß die Wahrheit nicht eine ausgeprägte Münze ist, die fertig gegeben und so eingestrichen werden kann. Noch gibt es ein Falsches, sowenig es ein Böses gibt (3.40). Das Wahre und das Falsche, das Gute und das Böse gehören inniger zusammen als man gemeinhin wahrhaben will.

Wahrheit hat für Hegel höchsten Stellenwert. *Wahrheit ist ein hohes Wort und die noch höhere Sache. Wenn der Geist und das Gemüt des Menschen noch gesund sind, so muß diesem dabei sogleich die Brust höher schlagen* (8.68). Wenn man die Wahrheit wie einst Pilatus – *was ist Wahrheit?* – relativiert, bleibt nach Hegel *subjektive Eitelkeit* (8.69) übrig; eine Meinung, die auch Joseph Ratzinger (Benedicto XVI.) vertritt. Er habe im Lauf seines *geistigen Weges* erkannt, *dass der Verzicht auf Wahrheit nichts löst, sondern im Gegenteil zur Diktatur der Beliebigkeit führt. Alles, was dann bleiben kann, ist eigentlich nur von uns entschieden und austauschbar. Der Mensch entwürdigt sich selbst, wenn er nicht Wahrheit erkennen kann; wenn alles eigentlich nur Produkt einer einzelnen oder kollektiven Entscheidung ist.*[48] Kurz: *Dass es Wahrheit gibt – diese emphatische Überzeugung könnte als Motto über dem ganzen Hegelschen System stehen.*[49]

Hegel vertritt 1. eine Ausdruckstheorie der Wahrheit, 2. einen prozessualen dynamischen und 3. einen holistischen Wahrheitsbegriff.

Zu 1: Wie Charles Taylor herausgearbeitet hat, fasst Hegel – auf Herder aufbauend – Wahrheit als Ausdrucksgeschehen.[50] Dies leitet über zu 2: *(Z)ur Wahrheit als Wahrheit (gehört) Entwicklung* (17.53). *Die Wahrheit des Seins ist das Werden ...* (16.159). *Nicht das eine oder das andere hat Wahrheit, sondern ... ihre Bewegung ...* (3.568). *Wir müssen überzeugt sein, daß das Wahre die Natur hat, durchzudringen, wenn seine Zeit gekommen ...* (3.66). Friedrich Engels bezeichnet als den Grundgedanken Hegels, *dass die Welt nicht als ein Komplex von fertigen Dingen zu fassen ist, sondern als ein Komplex von Prozessen.*[51] Wo aber ein Prozess ist, muss eine treibende Kraft der Bewegung angenommen werden. Diese ist für Hegel die Dialektik. Wahrheit erzeugt sich in einem geschichtlichen Kulturprozess, dessen Ziel die Freiheit ist. Diese „Erzeugung" darf nicht im Sinne des substanzlosen Konstruktivismus verstanden werden, sondern „erzeugt" wird, was von der Sache her schon da war. *Der Begriff produziert ... die Wahrheit – das ist die subjektive Freiheit –, aber anerkennt diesen Inhalt als ein zugleich nicht Produziertes, als ein an und für sich seiendes Wahres. Dieser objektive Standpunkt ist allein fähig, auf gebildete, denkende Weise das Zeugnis des Geistes auszusprechen ...* (17.339). Zu 3: Hegel vertritt weiter eine holistische Wahrheitstheorie. Man kann ... *einzelne Begriffe gar nicht unabhängig von einigen oder allen anderen Begriffen, die zu demselben Begriffssystem gehören, charakterisieren ... Man kann den Begriff des Hundes nicht haben, ohne den*

---

[48] Ratzinger, Joseph, Benedikt XVI., Das Salz der Erde. Christentum und katholische Kirche im 21. Jahrhundert, Ein Gespräch mit Peter Seewald, München 1996, S. 71.

[49] Guzzoni, Ute, Hegels Denken als Vollendung der Metaphysik, a.a.O., S. 58.

[50] Taylor, Charles, Hegel, Frankfurt/Main 1978, S. 28.

[51] Engels, Friedrich, Ludwig Feuerbach und der Ausgang der klassischen deutschen Philosophie in MEW. Bd. 21, S. 293.

Begriff des Tieres ... Dem Holismus zufolge sind einzelne Begriffe also unselbständige Elemente von Begriffssystemen bzw. von Theorien.[52] Das Wahre kommt nicht in einem einzigen Satz oder in einer unmittelbaren Intuition zum Vorschein, sondern bildet ein Beziehungsgeflecht von Begriffen. *Der Begriff ist dieses Selbstbewegen, nicht, wie in einem Satze, Ruhenwollen ...* (19.398). Die Sprache ist ein Beispiel für ein holistisches Beziehungsgeflecht. Kurz: *Das Wahre ist das Ganze* (3.34).

Charles Taylor zu Hegels Sprachbegriff

Die Ausdrücke der Sprache sind, wie Spinoza und Hegel gezeigt haben, ihrem Wesen nach kontraktiv. Daher besteht die Sprache in der Fähigkeit, ein ganzes Netz von Ausdrücken zu verwenden, und niemals darin, nur einen einzelnen Ausdruck zu verwenden. Ein Ein-Wort-Lexikon ist eine Unmöglichkeit, wie sowohl Herder als auch Wittgenstein gezeigt haben. Die Sprache erlaubt uns, Grenzen zu ziehen, einige Dinge im Gegensatz zu andern hervorzuheben.[53]

Die Wahrheit in einzelnen Sätzen, Tatsachen, Fakten, Formeln usw. zu suchen, ist verfehlt und für Hegel Ausdruck von Dogmatismus. *Der Dogmatismus der Denkungsart im Wissen und im Studium der Philosophie ist nichts anderes als die Meinung, daß das Wahre in einem Satze, der ein festes Resultat ist oder auch der unmittelbar gewußt wird, bestehe* (3.41). In der *Phänomenologie des Geistes* spricht Hegel von der Wahrheit als *bacchantische(m) Taumel, in dem kein Glied nicht trunken ist* (3.46). Dazu schreibt der katholische Philosoph Urs von Balthasar: *Die ‚Wahrheit' ist das Ganze und der Teil nur als Teil wahr...*[54] Die Wahrheit als Ganzes ist aber auch nicht nur die einfache Summe der Teile, sondern ... *eine vollständige, in sich begrifflich strukturierte Ordnung.*[55]

Das Wahre ist das Ganze ist einer der berühmtesten Sätze Hegels. Weiter heißt es in der „Phänomenologie": *Das Ganze aber ist nur das durch seine Entwicklung sich vollendende Wesen. Es ist von dem Absoluten zu sagen, dass es wesentlich Resultat, dass es erst am Ende das ist, was es in Wahrheit ist; und hierin eben besteht seine Natur, Wirkliches, Subjekt oder Sichselbstwerden zu sein* (3.24).[56] Hegel nennt diese Sicht auf das Ganze auch ein *plastisches Verhalten* (5.33) und kritisiert umgekehrt diejenigen, die die Geduld nicht aufbringen, die ganze Begriffskette seiner Argumen-

---

52 Baumann, Peter, Erkenntnistheorie, Stuttgart 2002. S. 106f.

53 Taylor, Charles, Negative Freiheit. Zur Kritik des neuzeitlichen Individualismus, Frankfurt/Main 1988, S. 67.

54 Balthasar, Urs von, Apokalypse der deutschen Seele. Studien zu einer Lehre von den letzten Haltungen 1. Der deutsche Idealismus, Freiburg 1998, S. 517.

55 Quante, Michael, Hegel in Zitaten, in: philosophie Magazin, Thema Hegel, Sonderausgabe Nr. 24, Berlin 2023, S. 48.

56 Vgl. auch Rph. § 258.

tation bis zum Ende nachzuvollziehen und sich zum Beispiel auf einzelne Begriffe „einschießen“ und glauben, deswegen ein ganzes philosophisches System zum Einsturz bringen zu können. *In solchem Belehren als Benehmen liegt – man kann es nicht anders nennen – eine Albernheit der Sache …,* da die Einwände selbst wiederum nur *belehrungsweise vorgebracht und nicht sowohl bewiesen als erzählt und versichert* (5.33) werden. Das Sprichwort sagt: Man sieht vor lauter Bäumen den Wald nicht mehr, beharrt auf einzelnen unzusammenhängenden Fakten, Statistiken, Rechenoperationen, ohne den Gesamtzusammenhang zu sehen. Adorno hatte Hegels Satz allerdings entgegengestellt: *Das Ganze ist das Unwahre.*[57] Hegels begriffliches Denken sei zu übergriffig, einzig die Kunst sperre sich der einengenden Definition.[58] Damit beeinflusste Adorno das Denken der Postmoderne. Auch für François Lyotard als einem ihrer Hauptvertreter gilt es, … *das Gefühl dafür zu schärfen, dass es ein Undarstellbares gibt.* Die … *Sehnsucht nach dem Ganzen* habe man jedenfalls … *teuer bezahlt.*[59]

Sei noch vermerkt, dass Hegels „Ganzes“ letztlich in der göttlichen Sinnstiftung gründet und es kein Zufall ist, dass das letzte Wort in der *Enzyklopädie* „Theos“ heißt. Auch müssen wir Hegels holistischen Ansatz von einem esoterischen, wie ihn z. B. Fritjof Capra vertritt, unterscheiden. Capra spricht vom *Geist von Gaia – der seinerseits an irgendeiner Art von universalem oder kosmischen Geist teilhaben muss.*[60] Hegel geht es darum, dieses *irgendwie* zu vermeiden.

4.5 Vernunft

Ausbildung der Vernunft ist die einzige Quelle der Wahrheit und der Beruhigung …[61] (Hegel)

Vernunft ist für Hegel keine kommunikative Übereinstimmung (Habermas), sondern Wahrheit, wie Wilhelm Windelband hervorhebt: *Ein Satz wird nicht dadurch wahr; dass wir ihn bejahen, sondern wir sollen ihn bejahen, weil er wahr ist. Eine Gesinnung wird nicht dadurch gut, dass wir sie billigen; sondern wir sollen sie billigen, weil sie gut ist.*[62] Mit der Französischen Revolution hat sich der Mensch aufgemacht, die Welt nicht mehr nur nach althergebrachten Grundsätzen, sondern nach den Kriterien seiner Vernunft einzurichten und „unvernünftige“ Verhältnisse so zu verändern, dass sie der Vernunft entsprechen.[63] Es handelt sich bei Hegels Begriff der Vernunft weder um den gesunden Menschenverstand, noch einfach um die

---

[57] Adorno, Theodor W., Minima Moralia, Frankfurt/Main 1981, S. 57.

[58] Adorno, Theodor, W., Ästhetische Theorie, Frankfurt/Main 1977, 3. Auflage, S. 11.

[59] Lyotard, François, Beantwortung der Frage: Was ist postmodern? In: Welsch, Wolfgang (Hg.), Wege aus der Moderne, Schlüsseltexte der Postmoderne-Diskussion, Weinheim 1988, S. 202 f.

[60] Capra, Fritjof, Wendezeit, Bausteine für ein neues Weltbild, Frankfurt/Main 2015, S. 324.

[61] Nohl, Hermann, Hegels theologische Jugendschriften, Tübingen 1907, S. 75 (Das Leben Jesu).

[62] Windelband, Wilhelm, Die Erneuerung des Hegelianismus, Heidelberg 1910, S. 12.

[63] Vgl. Marcuse Herbert, Vernunft und Revolution, Darmstadt und Neuwied 1954, 2. Auflage, S. 19f.

Ratio, sondern: *Die Vernunft ist die Gewissheit des Bewusstseins, alle Realität zu sein ...* (3.179). Herbert Marcuse schreibt, dass bei Hegel die Welt *durchgängig, in allen ihren ‚Beziehungen' und ‚Bestimmungen' das ‚Werk des sich entwickelnden Menschen' (ist).*[64]

Wie die Vernunft den Menschen zu läutern und zu (er)ziehen versteht, versucht Hegel an einem Bild aufzuzeigen: ... *wie das Salz ein Gericht durchdringt, aber, wenn es gut bereitet ist, nirgends in einem Klumpen sich zeigen darf, aber seinen Geschmack doch dem Ganzen mitteilt, oder wie das Licht alles durchdringt, erfüllt, seinen Einfluß in der ganzen Natur zeigt, aber nicht als Substanz dargestellt werden kann, den Gegenständen aber doch ihre Gestalt gibt, sich in jedem verschieden bricht, aus den Pflanzen heilsame Luft entwickelt, so beleben die Ideen der Vernunft das ganze Gewebe seiner Empfindungen, so zeigt sich ihm durch ihren Einfluß die Handlung in einem eigenen Licht, sie selbst zeigen sich selten in ihrem Wesen, aber ihre Wirkung durchdringt doch alles als eine feine Materie und gibt jeden Neigungen und Trieben einen eigenen Anstrich* (1.11).

Seit Kant – so Hegel – unterscheide man zwischen Verstand und Vernunft. *Verstand ist das Denken in endlichen Verhältnissen, – Vernunft, nach Kant, das Denken, was das Unbedingte, Unendliche zum Gegenstand hat; und dies Unbedingte nennt er Idee, ein Ausdruck von Platon* (20.352). Der Verstand führt nicht über den Egoismus hinaus; er steht für das Habenwollen. *Der Verstand ist ein Hofmann, der sich nach den Launen seines Herrn gefällig richtet, – er weiß zu jeder Leidenschaft, zu jeder Unternehmung Rechtfertigungsgründe aufzutreiben, er ist vorzüglich ein Diener der Eigenliebe, die immer sehr scharfsinnig ist, den begangenen oder zu begehenden Fehlern eine schöne Farbe zu geben, sie lobt sich oft selber darüber, daß sie so einen guten Vorwand für sich gefunden hat* (1.21). Die Philosophie der Aufklärung ist Verstandesphilosophie – Hegel sagt auch Reflexionsphilosophie –, die sich oft über das einfache Volksempfinden erhebt: ... *sie speisen einander mit kahlen Worten und übersehen das heilige, das zarte Gewebe der menschlichen Empfindung* (1.27). *Etwas anderes als Aufklärung, als Räsonnement ist Weisheit* (1.25).

Die Vernunft entspricht demgegenüber der Sittlichkeit. Erst *in einem freien Volke ist ... in Wahrheit die Vernunft verwirklicht...* (3.266). So kommt es zu den berühmten Hegelschen Formulierungen, dass das Vernünftige wirklich und das Wirkliche vernünftig ist (7.24) oder dass die Wahrheit ebenso sehr als Substanz wie als Subjekt aufzufassen sei (vgl. 3.22f.). Das Wirkliche befindet sich im Prozess der Verwirklichung, stößt gleichsam seine unwirkliche unvernünftige Seite von sich ab. Die Vernunft ist so die Einsicht in die *Versöhnung mit der Wirklichkeit* (6.27)... *die Rose im Kreuze der Gegenwart* (7.26).

Offenkundig herrscht in der Natur, wenn auch nicht durchgängig, eine Art Weltenharmonie, eine Weltvernunft. Wäre dem nicht so, wäre sie schon längst in sich zusammengefallen. Warum – fragt Hegel – sollte das, was für die Natur gilt,

[64] Marcuse, Herbert, Hegels Ontologie und die Theorie der Geschichtlichkeit, Frankfurt/Main 1968, 2. unveränderte Auflage, S. 234.

nicht auch für die Geschichte gelten? (Vgl. 12.23f) So fordert Hegel in Bezug auf die philosophische Betrachtung der Weltgeschichte: *Der einzige Gedanke, den die Philosophie mitbringt, ist aber der einfache Gedanke, dass die Vernunft die Welt beherrsche, dass es also auch in der Weltgeschichte vernünftig zugegangen sei* (12.20). Denn *Wer die Welt vernünftig ansieht, den sieht sie auch vernünftig an, beides ist in Wechselbestimmung* (12.23). Angesichts der Leiden in der Welt fällt es schwer zu glauben, dass Vernunft herrsche, doch Hegel beteuert gegen solche Bedenken immer wieder: *... es ist aber nichts wirklich als die Vernunft, sie ist die absolute Macht* (20.372). Ernst H. Gombrich spricht folgerichtig von einem *metaphysischen Optimismus*[65] der Hegelschen Philosophie, den der Sprachphilosoph Robert Brandom „Geist des Vertrauens" nennt.[66]

Heute hört man oft, dass das abendländische Denken zu rational angelegt sei, und dass man sich mehr auf seine Intuitionen und Gefühle verlassen sollte. Hegel war hier eindeutig: *Indem jener sich auf das Gefühl, sein inwendiges Orakel, beruft, ist er gegen den, der nicht übereinstimmt, fertig; er muß erklären, daß er dem weiter nichts zu sagen habe, der nicht dasselbe in sich finde und fühle; – mit anderen Worten, er tritt die Wurzel der Humanität mit Füßen. Denn die Natur dieser ist, auf die Übereinkunft mit anderen zu dringen, und ihre Existenz nur in der zustande gebrachten Gemeinsamkeit der Bewußtsein[e]. Das Widermenschliche, das Tierische besteht darin, im Gefühle stehenzubleiben und nur durch dieses sich mitteilen zu können* (3.64).[67] Mit Hegel könnte man sagen, es wird heute nicht zu viel, sondern eher zu wenig gedacht.

4.6 Geist

... der Weg des Geistes ist die Vermittlung, der Umweg.
Hegel (18.55)

Bei Kant findet sich der Begriff „Geist" nur selten – er schreibt, dass er nicht einmal wisse, *was das Wort ‚Geist' bedeute.*[68] Kant benutzt den Begriff Geist vor allem im Sinn von Geist ohne Körperlichkeit, also im Sinn etwa von Gespenst oder Geisterseherei. Eine Ausnahme bildet, wenn es wie in der „Kritik der Urteilskraft" um ästhetische Phänomene geht. *Nicht eben häufig hat Kant ... Anlass genommen, für seine theoretische Philosophie den Begriff Geist beizuziehen. Immer aber geschieht es in der Absicht, entweder die Wertlosigkeit und Unvollziehbarkeit eines solchen Be-*

[65] Hegel-Preis-Reden 1977, Ernst H. Gombrich, Dieter Henrich, Manfred Rommel, Stuttgart/Zürich 1977, S. 10.

[66] Brandom, Robert B., Im Geiste des Vertrauens. Eine Lektüre der „Phänomenologie des Geistes", Berlin 2021, vgl. die Rezension dazu von Jürgen Kaube: Dummheit ist vielleicht doch besiegbar, FAZ, 19. 9. 2021.

[67] Vgl. hierzu Welsch, Wolfgang, Vernunft, Die zeitgenössische Vernunftkritik und das Konzept der transversalen Vernunft, Frankfurt/Main 1996, 2. Auflage, S. 936.

[68] Zit. Balthasar, S. 93.

griffes darzutun, oder auf die Trübung hinzuweisen, welche durch seinen Gebrauch die Reinheit der philosophischen Methode erleiden würde.[69] Immerhin heißt bei Kant Geist *in ästhetischer Bedeutung ... das belebende Prinzip im Gemüte.*[70] Ähnlich formuliert Kant in der „Anthropologie" in §55: *Geist ist das belebende Prinzip im Menschen.* Erst bei Hegel wird jedoch der Geist zum wichtigsten philosophischen Prinzip.

Liebe und Leben sind wesentliche Begriffe Hegels, doch sie werden überboten durch den Geistbegriff. *Verständlicher für den Begriff Gottes als des Alllebens wäre der Ausdruck Liebe; aber Geist ist tiefer.*[71] Nur im Geist der Wahrheit kann eine sittliche Gemeinschaft bestehen. Die Begriffe „Liebe" und „Leben" greifen hier zu kurz, denn die Liebe ist nur in kleineren Gemeinschaften lebbar und der Begriff „Leben" ist zu allgemein, passt besser auf die Natur, als dass er wie der des Geistes auf die geschichtlichen und gesellschaftlichen Probleme anwendbar wäre. Hegels Definition des Geistes lautet in seiner kürzesten Form: *Ich, das Wir, und Wir, das Ich ist* (3.145),[72] und bringt somit die soziale Dimension ins Spiel. Der Geist ist *das wirkliche sittliche Wesen* (3.326). Der Mensch ist geprägt vom Geist, sodass ... *diese Welt, die außer ihm ist, ihre Fäden so in ihm (hat), daß, was er für sich wirklich ist, aus denselben besteht* (10.134, § 406 A).

Hegels „Geist" ist kein Idealtypus – keine heuristische Stilisierung wie Max Webers *Geist des Kapitalismus.* Robert Brandom notiert: *‚Geist' ist Hegels Sammelbegriff für alles, was eine Geschichte anstatt einer Natur hat.*[73] Für Hegel ist der Geist Grundlage und Schöpfer der Welt. *Die Geschichte des Geistes ist seine Tat, denn er ist nur, was er tut ...* (7.504, § 343). Hegels „Geist" ist *Unruhe, Leben, Tätigkeit, Trieb ...* [74] Ohne Geist gäbe es gar keine Welt. *Das Geistige allein ist das Wirkliche ...* (3.28). Der Geist ist ein schöpferisches Prinzip, er ist *Werkmeister* (3.508). *Der Geist ist Künstler* (3.512). *Die Einsicht in die Geschichtlichkeit des Geistes besagt, dass Geistsein Geistwerden bedeutet.*[75] Der Geist befreit sich aus der Natur, die sein Anderes ist. Genauer gilt dies nur für den subjektiven und objektiven Geist, der es noch

---

69 Vgl. Dreyer, Hans, Der Begriff Geist in der deutschen Philosophie, Halle 1907, S. 15.

70 Kritik der Urteilskraft. *§ 49 zit. n. Dreyer, Hans, Der Begriff Geist ... a.a.O., S. 22.*

71 Hoffmeister, Johannes (Hg.), Dokumente zu Hegels Entwicklung, Stuttgart 1936, S. 304.

72 Mit der Formulierung: „Ich, das Wir, und Wir das Ich ist", wendet sich Hegel gegen eine Überstrapazierung des Ichs und seiner Originalität; ...*was wir sind, sind wir zugleich geschichtlich* (18.21). Im Anhang zur Jenaer Realphilosophie heißt es: *Die Sprache ist nur als Sprache eines Volkes, ebenso Verstand und Vernunft ...* (Georg Wilhelm Friedrich Hegel Frühe Politische Systeme, hg. v. Gerhard Göhler, a.a.O., S. 330). In der Rechtsphilosophie heißt es: *Was das Individuum betrifft, so ist ohnehin jedes ein Sohn seiner Zeit ...* (7.26). Mit der Relativierung des Ichs trifft sich Hegel mit Goethe, der im Gespräch mit Eckermann am 17. Febr. 1832 sagt: *Im Grunde aber sind wir alle kollektive Wesen ... Denn wie weniges haben und sind wir, das wir im reinsten Sinne unser Eigentum nennen! Wir müssen alle empfangen und lernen, sowohl von denen, die vor uns waren, als von denen, die mit uns sind. Selbst das größte Genie würde nicht weit kommen, wenn es alles seinem eigenen Innern verdanken wollte.*

73 Brandom, S. 727.

74 Biedermann, Georg, Georg, Wilhelm Friedrich Hegel, Köln 1981, S. 79.

75 Menke, Christoph, Autonomie und Befreiung, a.a.O., S. 36.

mit der Endlichkeit zu tun hat. Hegels *absoluter Geist* hat es hingegen nur noch mit sich selbst zu tun (Vgl. Kap. 6.3.3). Die Natur ist eine Ordnung der Äußerlichkeit, in der die Dinge anscheinend *gleichgültig* sich einander gegenüberstehen. *In dieser Äußerlichkeit haben die Begriffsbestimmungen den Schein eines gleichgültigen Bestehens und der Vereinzelung gegeneinander ... die Natur zeigt ... in ihrem Dasein keine Freiheit, sondern Notwendigkeit und Zufälligkeit* (9.27, § 248). Bei der Herausarbeitung des Geistes aus der Natur spielen Bildung und Arbeit die Hauptrolle. *(Der) Mensch ist selbst frei, überhaupt im Besitze seiner selbst, nur durch Bildung* (7.125, § 57 Marker). Daher wird Hegels „Phänomenologie" oft mit einem Bildungsroman oder mit Goethes Faust verglichen, nur diesmal mit dem „Bewusstsein" als Protagonist: ... *diese stürmische Arbeits- und Bildungsgeschichte zwischen Subjekt und Objekt verbindet ‚Faust' und die ‚Phänomenologie'.*[76]

Die Materie hat für Hegel keine Wahrheit. *Der Geist ist die existierende Wahrheit der Materie, dass die Materie selbst keine Wahrheit hat* (Enz. 10.44, §389 A). Atome – so schreibt Hegel in einem Brief an Goethe vom 20 7. 1817 – sind *Gedankendinge.*[77] Es ist der Geist, der die Wirklichkeit zu einem geordneten Kosmos werden lässt. Theodor Steinbüchel spricht vom *Geistorganismus*[78] des Weltganzen; Hans Küng von *Geistesmonismus* bzw. *Geistmonismus.*[79] In einer kühnen Wendung spricht Geldsetzer von einem Mnemonismus als der *großen Kraft* des Gedächtnisses, *die uns das Geisterreich erschafft.*[80] Wir könnten in der Tat ohne Erinnerung und Gedächtnis nicht von Geist reden. Im letzten Absatz der *Phänomenologie* taucht das Wort „Erinnerung" auf engem Raum gehäuft (viermal) auf. Es ist Erinnerung, die Erfahrungen aufbewahrt und *die in der Tat höhere Form der Substanz (ist)* (3.591).

Der Geist regiert die Welt. ... *der Compositeur ist der Geist* (2.561). Der Geist hebt die Gegensätze von Subjekt und Objekt, Natur und Freiheit, Sein und Sollen, Körper und Seele als übergreifendem Begriff in einem großen Vernunftzusammenhang auf. „Geist" umfasst mehr als nur das einzelne Bewusstsein des einzelnen Individuums. Es ist vielmehr umgekehrt so, dass es der allgemeine Geist ist, der im Individuum *den Gedanken des einzelnen Ich hervorbringt.*[81] Der Geist macht etwas aus uns und es ist an uns, ihm zu folgen oder auch nicht. Das alte griechische *Erkenne Dich selbst* interpretiert Hegel nicht so, dass man sich seine Fehler und Schwächen eingestehen sollte, sondern als Aufforderung, sich als Geistwesen zu erkennen.

Hegels Geist ist nicht nur eine alles begründende und durchwebende Substanz. Das wäre die berühmte Nacht, *in der alle Kühe schwarz sind* (3.22), die er Schelling

---

[76] Bloch, Ernst, Über Methode und System bei Hegel. Frankfurt/Main 1975, 2. Auflage, S. 41, vgl. auch Bloch, Subjekt-Objekt, S. 59, Lukács, Georg, Goethe und seine Zeit, Bern 1947, S. 143.

[77] Georg Wilhelm Friedrich Hegel, Weltgeist zwischen Jena und Berlin, Briefe, a.a.O., S. 204.

[78] Steinbüchel, S. 346.

[79] Küng 193, 194, 474, 481, 519, 553.

[80] Geldsetzer, Lutz, Die Philosophenwelt in Versen vorgestellt, Stuttgart 1995, S. 145.

[81] Busse, Martin, Das Thema der Rechtsphilosophie Hegels, zit. n. Schirmer, Jakob, Die Göttinger Hegel-Schule a.a.O., S. 87.

entgegenhält. Der Geist ist vielmehr der Umweg (vgl. 18.55), wie er sich aus seiner Innerlichkeit in Auseinandersetzung mit der Welt herausbildet. Er ist also nichts Fertiges, sondern er wird und wird in seinem Werden in der Welt sichtbar, d. h. er manifestiert sich, bringt sich zum Ausdruck. *Der Geist ist nicht ein Ruhendes, sondern vielmehr das absolut Unruhige ... nicht ... ein ... Seelending ...* (10.12). Ein Geist, der sich nicht manifestiert, ist nicht. Und der sich manifestierende Geist zeigt sich als gegliederte, sich entwickelnde Einheit und lässt sich auch nur so erfassen. *Wenn der Embryo wohl an sich Mensch ist, so ist er es aber nicht für sich; für sich ist er es nur als gebildete Vernunft, die sich zu dem gemacht hat, was sie an sich ist* (3.25). Es genüge nicht zu sagen, Gott ist das Ewige oder das Gute usw., sondern es komme darauf an, das Absolute als *Selbstbewegung* und das Wissen über seine Auffächerung in einem gesamtphilosophischen Gebäude (System) darzustellen (vgl. 3.27).

Weiter ist der Geist keine Emanation im Sinne des Neuplatonismus, also er ist kein irgendwie geartetes Ausströmen aus einem ursprünglich Einen. Der Geist ist auch keine Maschine, sondern *die lebendige Einheit des Mannigfaltigen* (1.421). *In diesem Sinn ist der Geist das unendliche Leben* (1.421). Wenn Hegel sagt, dass der Geist ... *nur insofern Geist (ist), ... als er für den Geist ist ...* (16.53), dann zielt er auf das Allgemeine, das Gemeinschaftliche, das Überindividuelle, das Intersubjektive des Geistes hin. *Oder, um es mehr theologisch auszudrücken, Gott ist Geist wesentlich, insofern er in seiner Gemeinde ist* (16.53).

Doch wir dürfen uns das Leben des Geistes nicht als Idylle vorstellen. Der Schmerz gehört zum Geist wesenhaft dazu. *Das Andere, das Negative, der Widerspruch, die Entzweiung gehört also zur Natur des Geistes. In dieser Entzweiung liegt die Möglichkeit des Schmerzes* (10.26). Und nur aus dem Schmerz gebiert sich Geist. *Das Unglück, der Schmerz der Welt war die Bedingung, die Vorbereitung der subjektiven Seite auf das Bewusstsein des freien Geistes ...* (17.188). Diesen Aspekt hat der amerikanische Philosoph John Dewey richtig erkannt: *Während Leibniz und Herder Nachdruck auf den Begriff der Harmonie als eines wesentlichen Faktors für das Wirken organischer Kräfte gelegt hatten, übernahm Hegel von Fichte den Begriff der Einheit oder Synthese, die durch ‚Setzen' oder Überwinden eines Gegensatzes erlangt wurde.*[82]

[82] Dewey, John, Deutsche Philosophie und deutsche Politik, Berlin, Wien 2000, S. 149.

5. Phänomenologie des Geistes

Hegel ... erfasst die Arbeit als das Wesen ... des Menschen ...
Karl Marx[1]

5.1 Die Vorrede

Hegel verfolgt in der *Phänomenologie des Geistes* (Erscheinungslehre des Geistes) einen anderen Ansatz als die Erkenntnistheorie (Rationalismus, Empirismus, Kritizismus). Statt „sichere", „gewisse" Erkenntnis entweder in der Erfahrung oder im Verstand oder in deren Zusammenspiel zu verorten, ist für Hegel mit dem Bewusstsein Erkenntnis immer schon da und entwickelt sich von der sinnlichen Gewissheit bis zum Erkennen der Sache selbst und zur Vernunft weiter. Wissen ist uns immer schon bekannt. Allerdings: *Das Bekannte überhaupt ist darum, weil es bekannt ist, nicht erkannt (3.35)*. Wie sich Wissen fortentwickelt zu erkennen, ist das Ziel der Phänomenologie des Geistes. Es geht darum, durch Erinnerung *das Implizite an der grundlegenden Veränderung explizit*[2] zu machen.

Descartes, Kant, Fichte gründen ihre Philosophie im Wesentlichen auf das Selbstbewusstsein, für Hegel aber wird die Frage, ... *was ist nun dieses Selbstbewusstsein, woher kommt es, hat es eine Geschichte ... zum unmittelbaren Gegenstand der philosophischen Reflexion selbst.*[3] Friedrich Engels bezeichnet Hegels Hauptwerk als ... *eine Parallele der Embryologie und der Paläontologie des Geistes, eine Entwicklung des individuellen Bewusstseins durch seine verschiedenen Stufen, gefasst als abgekürzte Reproduktion der Stufen, die das Bewusstsein der Menschen geschichtlich durchmacht ...* [4] Bernhard Dinkel ergänzt in seinem Werk über den jungen Hegel, dass dessen Methode ... *zu Philosophie gewordene historische Erinnerung ...* [5] sei.

Hegels Ausgangspunkt in der *Phänomenologie* – Hegel bezeichnet sie als seine *Entdeckungsreise* [6] – ist also: Es ist immer schon Wissen da. Was die Aufklärung nicht genügend verstanden hat, ist: Das Absolute ist immer schon da, zwar noch nicht in Vollkommenheit, aber doch auch schon an sich da, allein schon über das Bewusst-

---

1 Marx, Karl, Ökonomisch-philosophische Manuskripte, MEW 40, Berlin 1968, S. 574.

2 Brandom, S. 729, vgl. auch 733f .

3 Biedermann, Georg, Georg, Wilhelm Friedrich Hegel, Köln 1981, S. 73.

4 Engels, Friedrich, Ludwig Feuerbach und der Ausgang der klassischen Philosophie in Deutschland, in: MEW, Bd. 21, S. 269.

5 Dinkel, S. 365.

6 Karl Ludwig Michelet schreibt: *Er* [Hegel] *pflegte diese Schrift, die 1807 erschien* [die Phänomenologie], *seine Entdeckungsreise zu nennen ...* Nicolin, Günther (Hg.), Hegel in Berichten seiner Zeitgenossen a.a.O., S. 76, Vgl. auch Förster, Eckart, Die 25 Jahre der Philosophie, Frankfurt/Main 2012, 2. durchgesehene Auflage, S. 302.

sein und die Sprache, denn die mentalen Inhalte sind aufgehobene Natur. Allerdings kann man beim Philosophieren nicht – Kritik an Schellings intellektueller Anschauung – *wie aus der Pistole mit dem absoluten Wissen unmittelbar* (3.31) anfangen. Diesen Gedanken fasst Hegel in einem Brief (Januar 1813) an seinen (und Hölderlins) Freund Sinclair in die folgenden Worte: *Welche gleich zu Anfang die Idee der Philosophie selbst, das Absolute und unsern Herrn Gott mit seiner ganzen Herrlichkeit haben, wissen freilich wenig Bescheid.*[7] Das Absolute ist nicht das ... *ohne Prozess Fix und Fertige, ... wie aus der Faust. Solche Anschauung ... ist ... steril. Das Absolute, meine Herren, darf ... am Anfange noch gar nicht deduziert werden; es ist erst das Ende des Anfangs, und wenn allerdings das Resultierende, doch auch das freilich überall Präsente im System.*[8]

Da Wissen mit dem Bewusstsein einsetzt, entsteht die Frage, wie sich dieses Wissen weiterentwickelt. Antwort: Aus einer Spannung des Bewusstseins mit sich selbst, die schon im Wort Bewusstsein steckt: Wissen und Sein. Aus der Spannung dieser beiden entwickelt sich das Wissen. *Das unmittelbare Dasein des Geistes, das Bewußtsein, hat die zwei Momente des Wissens und der dem Wissen negativen Gegenständlichkeit. ... in diesem Elemente ... entwickelt (sich) der Geist* (3.38). In „diesem Elemente" meint hier, in dieser Sphäre, innerhalb dieser Spannung entwickelt sich das Bewusstsein weiter, indem es in immer neueren Anläufen, Wissen und Gegenstand in Einklang zu bringen versucht. Um es mit Goethe zu sagen: *das Erfahren (wird) immer erfahrner und zuletzt zur wahrhaften Erfahrung.*[9]

Das Ziel der fortschreitenden Stufen des Bewusstseins – Hegel nennt sie Gestalten – ist die Übereinstimmung von Begriff und Sachverhalt; von Wissen und Sein. Dieser Bewegung eine immer gültigere Form zu geben, nennt Hegel Erfahrung. Dies darf aber nicht mit einfacher „Falsifikation" verwechselt werden: Man hat einen Begriff oder Theorie „Alle Schwäne sind weiß", man sieht nun – gewissermaßen von außen kommend – einen schwarzen Schwan und muss nun seinen Begriff bzw. die Theorie ändern, revidieren. So ist der Wissenschaftstheoretiker Karl R. Popper vorgegangen. Das heißt, die Bewegung zur Entwicklung besserer genauerer Begriffe wird von den einer ursprünglichen Hypothese widersprechenden sie falsifizierenden Beispielen initiiert.

Hegels Bewegung der Bewusstseinsgestalten, d. h. seine von ihm entwickelte Dialektik, verläuft anders. Es ist eine Bewegung, die aus dem Inneren einer Bewusstseinsgestalt selbst resultiert. Das Bewusstsein erfährt, dass seine eigenen, von ihm selbst gesetzten Maßstäbe und Kategorien nicht mehr ausreichen, um zum gewünschten Ziel einer Versöhnung von Begriff und Gegenstand und zur ersehnten Weisheit und Wahrheit bzw. Versöhnung mit der Welt (in ihr heimisch werden) zu kommen.[10] *An dem also, was das Bewusstsein innerhalb seiner für das*

---

7 Georg Wilhelm Friedrich Hegel, Weltgeist zwischen Jena und Berlin, a.a.O., S. 158.

8 Bericht von Alexander Jung, in Nicolin, Hegel in Berichten ... S. 533.

9 Goethe, Dichtung und Wahrheit, 2. Teil, siebentes Buch.

10 Hier passt die Bemerkung von Goethe aus „Dichtung und Wahrheit", dass es ihm in seinen Produktionen darum ging, sein inneres Gleichgewicht wiederzufinden, *um sowohl meine Begriffe von den äußeren Dingen zu berichtigen als mich im Innern deshalb zu beruhigen* (2. Teil, 7. Buch).

Ansich oder das Wahre erklärt, haben wir den Maßstab, den es selbst aufstellt, sein Wissen daran zu messen (3.77). Und so entwickelt sich in der *Phänomenologie* das Bewusstsein hin zur Vernunft und zum sittlichen Geist aus dem Trieb zu einer gültigen Versöhnung mit sich und der Welt zu gelangen. Hans Küng spricht von der *allseitige(n) Versöhnung, auf die die Phänomenologie hinstrebt.*[11]

Die neue Bewusstseinsgestalt wächst sozusagen aus inneren Widersprüchen der alten Bewusstseinsgestalt hervor. Wenn dann ein Paradigmenwechsel erfolgt ist und eine neue Bewusstseinsgestalt hervortritt, verändert sich nicht nur das Bewusstsein, sondern auch die Gegenständlichkeit, mithin das ganze Wissenssystem. *Alle Revolutionen, in den Wissenschaften nicht weniger als in der Weltgeschichte, kommen daher, dass der Geist jetzt zum Verstehen und Vernehmen seiner, um sich zu besitzen, seine Kategorien geändert hat, sich wahrhaft, tiefer, sich inniger und einiger mit sich erfassend* (9.20f, § 246 Z). Die Spannungen und Ursachen, die zu dem Paradigmenwechsel geführt haben, sind für das Bewusstsein nicht voll transparent. Es ist die Aufgabe des Philosophen, im Nachhinein diese aufzuklären. Deswegen kann es für Hegel keinen *abstrakten Gegensatz von Wahrheit und Irrtum*[12] geben. Klar wird nur, dass eine bestimmte Bewusstseinsgestalt, die ihre Relevanz und Wichtigkeit hatte, nachdem sie diese verlor, in eine höhere Bewusstseinsform aufgehoben wird.

Neben diesem allgemeinen Ansatz der *Phänomenologie* kommt es in der Vorrede zu der berühmten Formulierung, dass *alles darauf an(kommt) das Wahre nicht als Substanz, sondern ebensosehr als Subjekt aufzufassen und auszudrücken* (3.22f.). Unter Substanz können wir Spinozas monistische Lehre verstehen, in der – Natur und Geist zusammengeschweißt (deus sive natura) – absolute Notwenigkeit herrscht, d. h. die Individuen nur Anhängsel (Modi) sind. Für Hegel hingegen kommt der Freiheit des Subjekts im Vergleich zu Spinoza ungleich höhere Bedeutung zu. Hegels ... *Einheit ist nicht die spinozistische Substanz, sondern die wissende Substanz im Selbstbewusstsein* ... (18.94). Für Willi Oelmüller ist damit ... *der Mensch und nicht der Kosmos der Ort, an dem Gott in seiner Wahrheit erkannt werden kann.*[13] Hegel: ... *in wirklichem Dasein ist der Gott zu erkennen* (14.112). Mit „wirklichem Dasein“ meint Hegel an dieser Stelle *das wirkliche menschliche Dasein, das leibliche wie das geistige* (ebd.).

---

[11] Küng, S. 259.

[12] Hegel, G.W.F., Einleitung in die Geschichte der Philosophie, hg. v. Johannes Hoffmeister, Berlin 1972, S. 29.

[13] Oelmüller, Willi, Die unbefriedigte Aufklärung. Beiträge zu einer Theorie der Moderne von Lessing, Kant und Hegel, Mit einer neuen Einleitung, Frankfurt/Main 1979, 1. Auflage, S. 245.

Exkurs: Hegel und Spinoza

Spinoza begreift Gott als absolute, unbegrenzte Substanz, die sowohl sich selbst als auch die in ihr enthaltene Welt hervorgebracht hat. Auf dieses ursächliche Prinzip lasse sich alles Existierende zurückführen. Die in dieser Vorstellung enthaltene Identifikation der göttlichen Substanz mit der Natur hat ihm den Vorwurf eingebracht, einen Pantheismus zu vertreten, der sich bei näherem Betrachten in einen leeren Atheismus verflüchtigt: Wenn alles Gott ist, ist Gott zugleich nichts, kein allmächtiges Wesen, keine übergeordnete Instanz. Doch genau genommen begreift Spinoza Geist und Materie als Attribute der ewigen Gott-Substanz; als jenen Teil ihres Wesens, der uns zugänglich ist. Wenngleich sie in allen materiellen und geistigen Objekten anwesend ist, geht die göttliche Substanz als schöpferisches Prinzip zugleich über sie hinaus. Die Aufhebung dualistischer Gegensätze wie Gott/Welt, Denken/Sein und Leib/Seele in ein alleiniges Prinzip (Monismus) übernimmt Hegel an zentraler Stelle. Allerdings ist ihm das spinozistische Substanzprinzip zu starr und unbeweglich – und nicht zuletzt: zu deterministisch – gedacht. Er versucht daher, den Ansatz zu dynamisieren und unter den Aspekten von Beweglichkeit und Entwicklung zu erfassen. Sein Konzept des Absoluten basiert außerdem nicht auf dem Begriff der Substanz, sondern auf dem Begriff des Geistes.[14]

Die Substanz ebenso als Subjekt zu fassen, kann als Leitfaden für die gesamte Hegelsche Lehre gelten. So beginnt Hegels „Wissenschaft der Logik“ mit der Logik des Seins, um mit der Begriffslogik als subjektiver Logik zu enden. Eine politische Implikation besteht darin, dass der Staat nicht nur sittliche Substanz im Sinne Platons ist – das heißt den Einzelnen in das Ganze von oben nach unten einfügend –, sondern die Besonderheit, Subjektivität (Gewissen, freie Berufswahl, Privateigentum, Ehe usw.) der Individuen mitberücksichtigt. *Die Subjektivität ist selbst die absolute Form und die existierende Wirklichkeit der Substanz...* (7.303, § 152). Folgt man Bernhard Dinkel, so geht es Hegel mit der Forderung der Subjektivierung der Substanz um eine lebendige Einheit von antiker Substantialität und neuzeitlicher Subjektivität.[15]

Auf drei weitere zentrale Formulierung aus der Vorrede sei eingegangen.

1. *Die Erscheinung ist das Entstehen und Vergehen, das selbst nicht entsteht und vergeht, sondern an sich ist und die Wirklichkeit und Bewegung des Lebens der Wahrheit ausmacht. Das Wahre ist so der bacchantische Taumel, an dem kein Glied nicht trunken ist; und weil jedes, indem es sich absondert, ebenso unmittelbar* [sich] *auflöst, ist er*

---

[14] Thomas, Kilian, Quellen der Inspiration, Spinoza und die Natur, in: philosophie Magazin, Thema Hegel, Sonderausgabe Nr. 24, Berlin 2023, S. 29.

[15] Vgl. Dinkel, S. 475.

ebenso die durchsichtige und einfache Ruhe. (3.46) Was sich bei allem nicht ändert ist der Wandel selbst, könnte eine Kurzform dieses Gedankens lauten.

2. *Die kraftlose Schönheit haßt den Verstand, weil er ihr dies zumutet, was sie nicht vermag. Aber nicht das Leben, das sich vor dem Tode scheut und von der Verwüstung rein bewahrt, sondern das ihn erträgt und in ihm sich erhält, ist das Leben des Geistes* (3.36). Ein Beispiel wäre die anatomische Erforschung des menschlichen Körpers, zu der der Pathologe Xavier Bichat sagte: *Öffnen Sie die Leichen: alsbald werden Sie die Dunkelheit schwinden sehen, welche die bloße Beobachtung nicht vertreiben konnte,* wozu Michel Foucault die berühmten Worte fand: *Die Nacht des Lebendigen weicht vor der Helligkeit des Todes.*[16] Hegel kommt im Vergleich zur Romantik und Esoterik zu einer positiveren Einschätzung des analytischen Denkens, bei dem er jedoch nicht stehen bleibt. Hierzu notiert Wolfgang Welsch: *Das größtmögliche Hinausgehen in die Differenz wird nur um der Absolutheit ihrer Bewältigung willen gefordert.*[17]

3. *Es ist aber weit schwerer, die festen Gedanken in Flüssigkeit zu bringen, als das sinnliche Dasein* (3.37). Man meint längst zu wissen, was Begriffe wie Natur, Subjekt, Objekt, Verstand, Sinnlichkeit, Anschauung, Vernunft, Wissen, Erkennen usw. bedeuten. Die Aufgabe der Dialektik ist es, die „fixierten" Begriffe in „flüssige" zu verwandeln. Begriffe lassen sich nur über ihr Gegenteil und in ihrer Entwicklung (Werden) verstehen. Die Geschichte lehrt, dass ein Begriff wie „Natur" in verschiedenen Epoche verschiedene Bedeutungen und Konnotationen hat. Nichts ist von Dauer außer der Wandel selbst.

In der *Einleitung* (Kapitel nach der Vorrede) zur Phänomenologie erläutert Hegel weiter seine Kritik an der neuzeitlichen Erkenntnistheorie. Der Erkenntnistheoretiker habe die Furcht ohne Prüfung des Erkenntnisinstrumentes dem Irrtum zu verfallen, aber – so Hegel – *ist nicht abzusehen, warum nicht umgekehrt ein Misstrauen in dies Misstrauen gesetzt und besorgt werden soll, dass diese Furcht zu irren schon der Irrtum selbst ist* ... (3.69). Das Erkennen vor dem Erkennen zu untersuchen, gleiche dem ... *Vorsatz jenes Scholastikus, schwimmen zu lernen, ehe er sich ins Wasser wage* (8.54). Hegel wird gleichsam zum Psychoanalytiker, wenn er schreibt, ... *dass, was sich Furcht vor dem Irrtume nennt, sich eher als Furcht vor der Wahrheit zu erkennen gibt* (3.70).[18] Die neuzeitliche Erkenntnistheorie übersehe, dass Erkennen immer Erkennen und Wissen stets Wissen ist. Die Untersuchung des Erkennens kann nicht anders als erkennend geschehen. Und was die Furcht zu irren betrifft, notiert Hegel in seinem Wastebook zur Jenaer Zeit: *Am schädlichsten ist es, sich vor Irrtümern bewahren zu wollen* (2.550).[19]

Die Gliederung der *Phänomenologie* erklärt sich Robert Heiss wie folgt: *Das unmittelbare Bewusstsein (A) tritt sich im Selbstbewusstsein gegenüber, die Vernunft*

---

[16] Vgl. Ruffing, Reiner, Michel Foucault, Paderborn 2010, 2. durchgesehene Auflage, S. 38.

[17] Welsch, Wolfgang, Unsere postmoderne Moderne, Weinheim 1988, 2. durchgesehene Auflage, S. 174.

[18] Vgl. Schnädelbach, Herbert, Hegels praktische Philosophie, a. a. O, S. 72.

[19] Vgl. auch Heidegger: *Wer groß denkt, muss groß irren;* Popper: *Wir irren uns empor,* Mephistopheles: *Wenn du nicht irrst, kommst du nicht zu Verstand.* Faust II.

als Synthese vereinigt Bewusstsein und Selbstbewusstsein. Aber der Prozess der dialektischen Spaltung geht weiter. Die Vernunft (AA) setzt sich den Geist (BB) gegenüber. Die Religion (CC) ist die Synthese von Geist und Vernunft. Der Schlussabschnitt (DD) über das absolute Wissen ist die Krönung des Ganzen.[20]

5.2 Bewusstsein

5.2.1 Die sinnliche Gewissheit

Wissen beginnt als „sinnliche Gewissheit". Gewissheit ist nicht mit Wahrheit zu verwechseln. In der *Phänomenologie* geht der Weg von der Gewissheit zur Wahrheit. Die sinnliche Gewissheit glaubt – so Otto Pöggeler – *im bloßen Daß-Sein schon den Reichtum der Welt finden zu können.*[21] In der sinnlichen Gewissheit ist ein Ding gerade das, was hier und jetzt ist. Doch die Erkenntnisform der sinnlichen Gewissheit verwickelt sich in Widersprüche. Sie bemerkt zunächst nicht, dass – wie Kant herausgearbeitet hat – das Hier und das Jetzt ebenso wie das Ich nicht an den Gegenständen der sinnlichen Gewissheit zu finden sind, sondern Raum (Hier) und Zeit (Jetzt) sowie das Ich Vorgaben des Subjekts sind. Hegel trägt aber diese philosophische Erkenntnis nicht wie Kant vor, sondern will nachzeichnen, wie das Bewusstsein der sinnlichen Gewissheit von selbst auf die Widersprüche ihres eigenen Standards aufmerksam wird. Will es nämlich das Hier und Jetzt als Etwas unmittelbar Gewisses festhalten, zeigt sich das Unmittelbare bald als vermittelt. Denn wenn das sinnliche Bewusstsein befragt wird, was es gerade da an *reichster* und angeblich vollendeter Erkenntnis vor sich hat, muss es – gemäß seines eigenen Maßstabes nur das Sinnliche gelten zu lassen – zugeben, dass es nur das reine Sein von *Etwas* vor sich hat, sozusagen ein „Dieses", auf das man nur zum Beispiel mit dem Finger zeigen kann. Denn würde es sagen, es handelt sich z. B. um einen Baum oder eine Rose, dann benutzte es schon Wörter und damit etwas, das über das Unmittelbare hinausgeht. Das sinnliche Bewusstsein, das eben noch vermeinte, dass es reicher sei als das begrifflich vermittelte, muss eingestehen, dass es an Erkenntnis das ärmste überhaupt ist, da es auf der Grundlage seiner behaupteten Wissensbasis nur auf das reine Sein als Etwas hinzeigen kann. Diese bisher genannten Aspekte fasst Karl Rosenkranz wie folgt zusammen.

Die sinnliche Gewissheit glaubt mit diesem einzelnen Gegenstande hier und jetzt zu tun zu haben, allein sobald sie sagen will, was sie fühlt, schmeckt hört u.s.w., verkehrt sich ihr die Einzelheit als Allgemeinheit. Das Prädikat, welches sie von dem Gegenstande als sein Wesen ausspricht, ist eine Allgemeinheit, die, als solche, unsinnlich ist. Eben damit hebt sich also die Sinnlichkeit der Gewissheit auf; indem das Bewusstsein von der Ein-

[20] Heiss, Robert, Die großen Dialektiker des 19. Jahrhunderts, a.a.O., S. 59.

[21] Pöggeler, Otto, Hegels Idee einer Phänomenologie des Geistes, Freiburg, München 1973, S. 288.

zelheit als diesem Sein zur Allgemeinheit fortgetrieben wird, ist ihm ein anderer, ein neuer Standpunkt entstanden.[22]

Hegels „Logik" nimmt den ähnlichen Anfang wie die *Phänomenologie,* wenn sie mit dem „Sein" beginnt, das in das „Nichts" zum „Werden" übergeht. Erst im Werden sind Sein und Nichts aufgehoben. Das Werden ist die Wahrheit von Sein und Nichts. „Man kann nicht zweimal in denselben Fluss steigen" (Heraklit). Ähnliches lässt sich über das räumliche „Hier" sagen: ... *aus dem Hier eines Baumes wird, sobald nur das Subjekt sich umdreht, das Hier eines Hauses.*[23] Deutlich wird, worauf Hegel hinauswill: im Laufe des Erfahrungsprozesses der sich ablösenden Hier-und-Jetzt-Erlebnisse zeigt sich Allgemeines, Ideelles; ... *statt ein Unmittelbares zu wissen, nehme ich wahr* (3.92), womit wir bei der nächsten Gestalt des Bewusstseins angelangt wären: der Wahrnehmung.

Eine Anekdote aus Hegels Leben, von der Hegels Student Georg Andreas Gabler berichtet, mag die Problematik der sinnlichen Gewissheit verdeutlichen. Hegel war nach Tisch etwas eingeschlafen, hörte die Uhr schlagen und begab sich zu seiner Vorlesung. Es war allerdings nicht drei Uhr wie er meinte, sondern erst zwei Uhr und Hegel begann seinen Vortrag vor einem falschen Publikum. Eine Stunde später eröffnete er die Vorlesung vor seinen Studenten mit dem Worten: *M. H., von den Erfahrungen des Bewusstseins über sich selbst ist die erste Wahrheit oder vielmehr Unwahrheit der sinnlichen Gewissheit. Bei dieser sind wir stehen geblieben, und ich habe selbst vor einer Stunde eine besondere Erfahrung davon gemacht.*[24]

5.2.2 Die Wahrnehmung

Auf der Stufe der Wahrnehmung erweist sich Wahrheit nicht in diesem oder jenem Moment, sondern als Allgemeines. Die Dinge werden in ihren allgemeinen Eigenschaften (weiß, rund, salzig) wahrgenommen. Die Wahrnehmung ist über die sinnliche Gewissheit insofern hinaus, als dass nicht mehr der einzelne Sinnesmoment als Faktum herausgestellt wird, sondern der Gegenstand, das Ding in seinen allgemeinen Eigenschaften z. B. groß, grün, breit, schwer usw. *Die Empfindung ist ungeordneter Reiz, die Wahrnehmung geordnete Empfindung ...*[25] Das Empfundene wird gleichsam in einen allgemeinen Raum der Eigenschaften gestellt. Die Bewusstseinsgestalt der Wahrnehmung bewegt sich schon in der Sprache. Nun begegnet uns nicht mehr wie auf der Stufe der sinnlichen Gewissheit ein „Etwas", sondern ein von anderen unterschiedenes Ding. Nun wird der Gegenstand nicht mehr als in die vielen Dieses und Jenes zerfallend, sondern als ein

[22] Rosenkranz, Karl, Hegel als deutscher Nationalphilosoph, Leipzig 1870, S. 88f.
[23] Bloch, Ernst, Subjekt-Objekt, Erläuterungen zu Hegel, Frankfurt/Main 1972, S. 70.
[24] Nicolin, Günther (Hg.), Hegel in Berichten seiner Zeitgenossen, Hamburg 1970, S. 67.
[25] Durant. Will, Die großen Denker, Die Geschichte der Philosophie von Plato bis Nietzsche, Bergisch Gladbach 1987, S. 327.

zusammenhängendes Ding, das heißt als *Ding von vielen* Eigenschaften aufgefasst. Das unmittelbare Etwas ist z. B. in eine Rose mit Eigenschaften aufgehoben. Im Gegensatz zum bloßen Hinzeigen der sinnlichen Gewissheit – Hier ist etwas! – gelangen wir auf der Stufe der Wahrnehmung zu einem Aufzeigen eines Dinges mit seinen Eigenschaften. Wo aber *wahr*genommen wird, ist auch die Möglichkeit der Täuschung gegeben, wobei man aus Irrtümern – das ist keine Fichte, sondern eine Tanne – auch lernen kann.

Das ungelöste Problem der Dingwahrnehmung ist jedoch, in welchem Verhältnis ein Ding zu seinen Eigenschaften steht (Substanz-Akzidenz-Problem). Denn es können sich die Eigenschaften einer Rose verändern – wenn z. B. ihre Blätter verwelken – ohne dass die Rose aufhört, eine Rose zu sein. Hier klingt die Reflexion von Descartes über das Wachs an, das sowohl im flüssigen als auch festen Zustand Wachs ist, was über die Ratio und nicht allein aus der Sinneswahrnehmung zu erschließen ist. Um die Frage zu klären, was – welche Kraft – das Ding im Innersten zusammenhält, muss das Bewusstsein über den reinen Wahrnehmungsbereich hinausgehen und eine höhere Ebene anstreben: ... *das Bewusstsein tritt hier erst wahrhaft in das Reich des Verstandes ein* (3.104).

Zusammenfassung

Bislang hat Hegel zeigen wollen, dass *Auffassungen von ‚Wahrheit', die als grundlegende Basis die Sinnlichkeit (die ohne jegliche Begriffe auszukommen glaubt) annehmen, ebenso unhaltbar sind wie eine empirische Wahrnehmungstheorie.*[26]

5.2.3 Kraft und Verstand, übersinnliche Welt

In diesem Kapitel wird ... *das Reich des Sinnlichen und der Wahrnehmung verlassen.*[27] Das Denken – der Verstand – versucht die Probleme der Wahrnehmung, nicht zum Kern der Dinge vorstoßen zu können, dadurch zu lösen, dass er die Dinge und ihre Erscheinungen in Beziehungen (Kausalität, Notwendigkeit, Geschwindigkeit usw.) zu bringen versucht. Sinnliche Gewissheit und Wahrnehmung kennen eigentlich keine Erscheinung, da sie sich direkt auf die Dinge beziehen. Erst dem Verstand geht auf, dass es einen Unterschied gibt zwischen dem (unsichtbaren) Inneren und der von ihm bewirkten sichtbaren Erscheinung. *Der Verstand hebt die Selbständigkeit des Dinges auf; er begreift dessen Eigenschaften als Äußerungen der Kraft. Die Kraft kann nur gedacht, nicht sinnlich wahrgenommen werden.*[28] Hegel: *Die Wahrheit der Kraft bleibt also nur der Gedanke derselben...* (3.115).

---

26 Prechtl, S. 59.

27 Rother, Wolfgang, Vorlesungen über Hegels Phänomenologie des Geistes, Zürich 2020, S. 48..

28 Schubert, S. 20.

Ebenso wie die Kraft sind auch die Gesetzmäßigkeiten, die die Bewegungen der Dinge beschreiben, als solche nicht sinnlich wahrnehmbar. Dem Bewusstsein ist *das Hören und Sehen usw. vergangen, und als Wahrnehmen ist es zu Gedanken gekommen ...* (3.107). *Die übersinnliche (im Sinn von nicht unmittelbar wahrnehmbar) Welt ist hiermit ein ruhiges Reich von Gesetzen, zwar jenseits der wahrgenommenen Welt, denn diese stellt das Gesetz nur durch beständige Veränderung dar, aber in ihr ebenso gegenwärtig und ihr unmittelbares stilles Abbild* (3.120). Im Grunde ist es das Reich der modernen naturwissenschaftlichen Gesetze – zum Beispiel das physikalische Gesetz der Schwerkraft –, welches Hegel hier beschreibt: die mathematische Physik erklärt die Phänomene, indem sie sie in quantitative berechenbare Beziehungen bringt.

5.2.4 Verkehrte Welt

Was im Reich der Toten Widerspruch ist, ist es nicht im Reich des Lebens.
Hegel (1.376)

Als „verkehrte Welt“ bezeichnet Hegel die über die Verstandesgesetze der Naturwissenschaft hinausgehende zweite übersinnliche Welt der Totalität oder des Lebens.[29] Es ist die Welt der dialektischen Vernunft mit Begriffen wie *Versöhnung, Liebe Dienst, Opfer.*[30] Die Welt der mathematischen Naturgesetze und der formalen Logik (Identitätslogik) ist nur die erste übersinnliche Welt. Sie kommt mit dem Leben bzw. dem Organismus an eine Grenze, wie schon Kant in der „Kritik der Urteilskraft“ lehrte. Namentlich was die in der Naturwissenschaft so grundlegende Kategorie der Kausalität betrifft, bricht sich diese an der Wechselwirkung im lebendigen Organismus, ... *weil das, was auf das Lebendige wirkt, von diesem selbständig bestimmt, verändert und verwandelt wird, weil das Lebendige die Ursache nicht zu ihrer Wirkung kommen läßt, d. h. sie als Ursache aufhebt ...* (6.228). Das gelte, so Hegel, noch viel mehr für den geistigen Bereich – zum Beispiel könne man nicht *das ionische Klima als die Ursache der Homerischen Werke* (6.228) angeben. Die Natur des Geistes sei es vielmehr Kausalketten ... *abzubrechen und zu verwandeln* (6.228).

Die dialektische Vernunft verflüssigt die Begriffe, indem sie ihre gegenteiligen mitbedenkt. In den Worten von Pirmin Stekeler-Weithofer:

Theoretische Entgegensetzungen wie Polaritäten sind immer nur relational zu verstehen, also so, dass der eine Pol nur in Bezug auf den anderen bestimmt ist, nicht anders als die Gleichheit als Negation der Ungleichheit, die Wahrheit als Negation der Falschheit usf. Es gibt kein Wahres außerhalb dieses Kontrastes. Und es gibt keinen Plus-Pol außer-

---

29 Vgl. Hoffmann, Thomas Sören, Georg Wilhelm Friedrich Hegel, Eine Propädeutik, Wiesbaden 2004, S. 260.

30 Dinkel, Bernhard, Der junge Hegel und die Aufhebung des subjektiven Idealismus, 2. verb. Auflage, Bonn 1980, S. 148.

Abbildung 5. J. J. Grandville: „Die Fischnovelle“, aus „Un autre Monde

halb der Entgegensetzung zu einem Minus-Pol. Ein Pol ist ‚Eins von Zweien‘, so wie die Wahrheit oder die Gleichheit. Das Wahre ist immer nur Ausschluss relevanter Falschheiten. Das gleiche ist immer nur Ausschluss relevanter Ungleichheiten.[31]

Zu Hegels Begriff der verkehrten Welt schreibt Caspar Nink: ... *die verkehrte Welt hat in sich das Prinzip des Werdens und der Veränderung.*[32] Man könnte hinzufügen der „Versöhnung“: *In einer anderen Sphäre* [der juristischen] *ist nach dem Gesetz Rache an dem Feinde die höchste Befriedigung der beleidigten Person; in der verkehrten Welt verwandelt sich die den Menschen vertilgende Strafe in Begnadigung, die ihn erhöht und zu Ehren bringt* ...[33] Zu solcher die Gegensätze versöhnender Sicht dringt der reine Verstand nicht vor. Um weitere Beispiele zu geben. Der Verstand begreift die Freiheit als *bloße Subjektivität des Benehmens ... Unmittelbarkeit der Begierde, ... subjektive Eitelkeit der Empfindung ... Willkür des Beliebens* (Rph. 7.345, § 187). Vom Standpunkt der Vernunft ist das aber gerade die Unfreiheit. Wahre Freiheit ist vielmehr, sich aus der unmittelbaren Partikularität zur vernünftigen Persönlichkeit emporzuarbeiten. Vgl. hierzu die Karikatur „Fischnovelle“ von Gérard Grandville (Abbildung 5): An einem Teich halten Fische die Angel und die Menschen schnappen nach Titeln, Ehrungen, Wein usw. *Was sie fingen, fängt sie,* hat der Stoiker Seneca diese verkehrte Welt auf den Punkt gebracht.[34] Sätze wie *Das Nied-*

---

[31] Stekeler-Weithofer, Pirmin, Hegels Phänomenologie des Geistes Ein dialogischer Kommentar, Bd. 1, Gewissheit und Vernunft, Hamburg 2014, S. 615.

[32] Nink, Caspar, Kommentar zu Hegels Philosophie des Geistes, Regensburg 1948, S. 65.

[33] Ebenda S. 66, vgl. Hegel (3.129).

[34] Seneca, Vom glückseligen Leben und andere Schriften, Übersetzung nach Ludwig Rumpel, mit Einführung und Anmerkungen hg. v. Peter Jaerisch, Stuttgart 1984, S. 78.

rigste ist also zugleich das Höchste; das ganz an die Oberfläche herausgetretene Offenbare ist eben darin das Tiefste (3.553f), sind Wahrheiten, die sich erst der dialektischen spekulativen Vernunft erschließen.

In der *Enzyklopädie* taucht die *verkehrte Welt* nicht mehr auf, aber in der *Wissenschaft der Logik* lesen wir: ... *was in der erscheinenden Welt positiv, in der an und für sich seienden Welt negativ,* [und] *umgekehrt, was in jener negativ, in dieser positiv ist. Der Nordpol in der erscheinenden Welt ist an und für sich der Südpol und umgekehrt; die positive Elektrizität ist an sich negative usf. Was im erscheinenden Dasein böse, Unglück usf.* ist, ist *an und für sich gut und ein Glück* (6.161). Wenn etwas – wie im Zitat beschrieben – *im erscheinenden Dasein böse* und *Unglück,* aber *an und für sich gut und ein Glück* ist, kommt es darauf an kraft des Denkens zum Wesen vorzudringen. Anhand der Dialektik der verkehrten Welt erkennt das Bewusstsein, dass sein Gegenstand keineswegs ein von außen dem Bewusstsein aufgedrücktes Etwas, sondern wesentlich ein Produkt des Bewusstseins selbst ist.

Die Kapitel über den Verstand und die „Verkehrte Welt" bilden den Übergang zum Selbstbewusstsein. Endlich blickt das Bewusstsein hinter den Vorhang und entdeckt, dass es wesentlich es selbst ist, das die Wahrheit hervorbringt, wie schon Fichte schrieb. *Es ist von nichts, was außer dir ist, die Rede, sondern lediglich von dir selbst.*[35] Für Hegel findet in den Gesetzen (des Verstandes und der Vernunft) ... *das verständige Bewusstsein seine eigene Natur wieder und wird somit sich selber gegenständlich* (10.211, § 422 Z). An dieser Stelle erreicht das Bewusstsein den Stand der Kantischen oder Fichteschen Erkenntnistheorie des Selbstbewusstseins, wonach das Subjekt das Objekt konstituiert, bei Kant rein formal bei Fichte formal-inhaltlich. In den Worten Hegels: *Dieser Vorhang ist also vor dem Innern weggezogen und das Schauen des Innern in das Innere vorhanden ... Es zeigt sich, dass hinter dem sogenannten Vorhange, welches das Innere verdecken soll, nichts zu sehen ist, wenn wir nicht selbst dahintergehen ...* (3.135). Und in ein Bild gefasst. *Der Geist hat die Gewißheit, die Adam hatte, als er Eva erblickte: ‚Dies ist Fleisch von meinem Fleisch; dies ist Gebein von meinem Gebein'* (9.23, § 246 Z).

Zusammenfassung

Alfred Brunswig: *Der allgemeine Gang der Entwicklung des Bewusstseins ist der, dass die Welt dem (selbst noch sinnlichen) Bewusstsein als ein Haufe sinnlich gegebener einzelner Dinge erscheint, dass dann der ‚Verstand' das sinnlich gegebene Einzelne als Erscheinung eines nicht sinnlichen Inneren, als Ausdruck allgemeiner Gesetze erfasst. Damit hört die äußere Welt auf, eine dem Geiste Fremdartiges zu sein; er erkennt sich selbst in ihr; sie als Geist von seinem Geist.*[36]

[35] Fichte, Johann Gottlieb, Erste Einleitung in die Wissenschaftslehre zit. Steinbüchel, Theodor, Das Grundproblem ... a.a.O., S. 23.

[36] Brunswig, Alfred, Hegel, München 1922, S. 172f.

5.3 Selbstbewusstsein

Wenn beim Selbstbewusstsein vom „Ich" die Rede ist, so gilt ebenso, dass es ohne Du (Intersubjektivität) kein Ich gibt. Es kommt zu Hegels berühmter Definition des Geistes: *Hiermit ist schon der Begriff des Geistes ... vorhanden, ... Ich, das Wir, und Wir, das Ich ist* (3.145). Allein kann ich kein Selbstbewusstsein entwickeln. Selbstbewusstsein ist *keine Art inneres Glühen.*[37] Es gründet in einer sozialen Dimension. *Das Selbstbewußtsein erreicht seine Befriedigung nur in einem anderen Selbstbewußtsein* (3.144). Das Kind wird sich seines Ichs durch die Aufforderung der Mutter gewahr.[38] Hegel zitiert an anderer Stelle Jacobi ... *ohne Du ist das Ich unmöglich* (2.378). Und letztlich gründet das Selbstbewusstsein im Geist als Sittlichkeit wie in der *Phänomenologie* im Kapitel *Der wahre Geist, Die Sittlichkeit* ausgeführt wird bzw. wie es Lutz Geldsetzer schön in einem Vers zum Ausdruck bringt: *Das Selbstbewusstsein wird gefunden / als in Gemeinschaft eingebunden.*[39] Es kommt hier die eigentümliche Argumentationsweise Hegels zum Tragen, wonach die niederen Gestalten zunächst ausgeführt werden, um dann zu zeigen, dass sie ohne die höheren Stufen überhaupt nicht verstanden werden können bzw. erst aus ihnen ihren Sinn erfahren. Dies alles zeigt, dass Hegel keine einfache Subjektphilosophie vertritt, sondern das Selbstbewusstsein aus dem sozialen Raum entstehen lässt.

Exkurs: Das Niedere aus dem Höheren erklären

Schon bei Aristoteles ist das Ganze logisch früher als seine Teile.[40] Zentral für Hegel – wie für Aristoteles und Schelling – ist, das Höhere nicht aus dem Niedrigeren, sondern umgekehrt das Niedrigere aus dem Höheren zu erklären. Über diese Lehre des Aristoteles schreibt Egon Friedell: *Die Form ist zugleich der Zweck, auf den hin sich der Stoff organisiert, sie ist bloß physisch der Spätere, metaphysisch das Frühere.*[41] Bei Schelling lesen wir: *Nur in dem Anblick des Höchsten lernt jedes Prinzip die ihm zukommende Stelle kennen; nur im Höchsten ist das Maß.*[42] Bei Hegel heißt es: *Wenn man wahrhaft erkennen will, was eine Rose, eine Nelke, Eiche usf. ist, oder ihren Begriff auffassen will, muss man zuvörderst den höheren Begriff, der ihnen zugrunde liegt, auffassen, also hier den Begriff einer Pflanze ...* (4.211). So setzt bei Hegel z. B. die Herausbildung

37 Brandom, S. 396.

38 Vgl. Miranda, José Porfirio, Hegel hatte recht. Der Mythos der empirischen Wissenschaft, Essen 2013, S. 110.

39 Geldsetzer, S. 144.

40 Vgl. Steinbüchel, S. 331.

41 Friedell, Egon, Kulturgeschichte Griechenlands, *München 2002,* 10. Auflage, S. 337.

42 Schelling, Weltalter, zit. n. Balthasar, S. 225.

der bürgerlichen Gesellschaft den Staat voraus. In der *Rechtsphilosophie* lässt Hegel zwar die Darstellung der Familie und der bürgerlichen Gesellschaft der des Staates vorausgehen. Doch das ändert nichts daran, dass ... *die Familie und die bürgerliche Gesellschaft mit ihren wohlgeordneten Unterschieden schon das Vorhandensein des Staates voraussetzen* (10.171, § 408 Z). Auch Marx folgt dieser Methode in seiner „Kritik der politischen Ökonomie": *Die Andeutungen auf Höheres in den untergeordneten Tierarten können ... nur verstanden werden, wenn das Höhere selbst schon bekannt ist. Die bürgerliche Ökonomie liefert so den Schlüssel zur antiken etc.*[43]

5.3.1 Anerkennung – Herrschaft, Knechtschaft

Es ist die Menschheit nicht sowohl aus der Knechtschaft befreit worden, als vielmehr durch die Knechtschaft.
Hegel (12.487)

Hegel zeichnet nach, wie sich das Selbstbewusstsein von der Begierde zur Anerkennung entwickelt, *also von einer Welt der Begierden zu einer Welt der Verpflichtungen, Autorität und Verantwortung (übergeht).*[44] Zunächst zielt das Selbstbewusstsein mit seiner Begierde auf Bemächtigung oder Vernichtung der Gegenstände, Pflanzen, Tiere um es herum, um seine Triebe und Bedürfnisse zu befriedigen. Doch schon bald stellt sich neue Begierde ein. *Die Begierde ist so in ihrer Befriedigung überhaupt zerstörend wie ihrem Inhalte nach selbstsüchtig, und da die Befriedigung nur im Einzelnen geschehen, dieses aber vorübergehend ist, so erzeugt sich in der Befriedigung wieder die Begierde* (10.218). Außerdem kann von Gegenständen keine Anerkennung erfolgen. Denn sie rufen nur einen Mangel in mir hervor und aus einer Mangelerfahrung entsteht kein positives Selbstbewusstsein. Von Dingen (z. B. Reichtum) Anerkennung zu erwarten, *wäre verfehlt. Es können sich nur Menschen gegenseitig anerkennen.*

Doch das Selbstbewusstsein trifft nicht nur auf Dinge oder Tiere, sondern auf andere Selbstbewusstseine; mithin auf Seinesgleichen. *Es schaut im Anderen sich selbst an* (4.119) – und die weitere Entwicklung, wie sie Hegel beschreibt, geht dahin, dass sich die Selbstbewusstseine zwar erst bekämpfen – *sie müssen einander verletzen*[45] – aber sich schließlich gegenseitig anerkennen. *Sie anerkennen sich als gegenseitig sich anerkennend* (3.147), bis erfahren wird, was der Geist ist, nämlich: *Ich, das Wir, und Wir, das Ich ist* (3.145).

---

43 Marx, Karl, Zur Kritik der politischen Ökonomie Einleitung, zit. Lukács, Georg, Der junge Hegel, a.a.O., S. 337

44 Brandom, S. 390.

45 Jenaer Realphilosophie, in G.W.F. Hegel: Frühe politische Systeme, a.a.O., S. 323.

Allerdings geschieht dies erst nach einem Prozess, denn zunächst stehen sich die Selbstbewusstseine – wie von Hobbes im Naturzustand geschildert – in einem Kampf auf Leben und Tod gegenüber. Das muss so sein, wie Albert Camus schreibt:

Da der höchste Wert für das Tier die Erhaltung des Lebens ist, muss das Bewusstsein sich über diesen Instinkt erheben, um den menschlichen Wert zu gewinnen. Es muss imstande sein, sein Leben aufs Spiel zu setzten. Um von einem anderen Bewusstsein anerkannt zu werden, muss der Mensch bereit sein, sein Leben zu wagen und die Möglichkeit des Todes auf sich zu nehmen. Die grundlegenden menschlichen Beziehungen sind also Beziehungen aus reinem Prestige, ein fortwährender Kampf um die Anerkennung des einen durch den andern.[46]

Anerkennung erfolgt nicht automatisch, es ist immer ein Risiko, eine Herausforderung dabei. Anerkennung kann scheitern und das kann weh tun. Zunächst sieht das eine Bewusstsein im anderen Bewusstsein nur ein Objekt wie die anderen Dinge. Jedes der beiden will die Vernichtung des Anderen, so wie man Dinge begehrt, beherrscht, konsumiert. Doch mit der Vernichtung (Tod) des Anderen vernichtet das eine Selbstbewusstsein auch die Möglichkeit der Anerkennung von Seiten des anderen, die es zu seiner Selbsterkenntnis nötig braucht. Deswegen schenkt der Sieger dem Besiegten das Leben, um fortan einen ihn als Herrn anerkennenden Knecht zu haben. Hegel schildert, wie beim Weg aus dem Naturzustand in einem ersten Schritt der Kampf (Todesrisiko) und in einem zweiten Schritt die Geduld der Arbeit sowie des Dienstes entscheidend sind.

Es kommt nun zu der Merkwürdigkeit, dass für die Geschichte des Selbstbewusstseins der Knecht wichtiger wird als der Herr. *Die Wahrheit des selbständigen Bewußtseins ist demnach das knechtische Bewußtsein (3.152).* Warum?

1. Der Unterlegene war dem Tod näher als der Herr. Er hat die ganze Furcht des Todes umfassend gespürt. *Dies Bewusstsein hat ... nicht um dieses oder jenes, noch für diesen oder jenen Augenblick Angst gehabt, sondern um sein ganzes Wesen; denn es hat die Furcht des Todes, des absoluten Herrn, empfunden. Es ist darin innerlich aufgelöst worden, hat durchaus in sich selbst erzittert, und alles Fixe hat in ihm gebebt* (3.153). Gegenüber dem selbstgerecht bleibenden Herrn ist diese *Verflüssigung* für die weitere Entwicklung des Selbstbewusstseins von Vorteil.

2. Ein weiterer Vorteil ergibt sich daraus, dass der Knecht nun über die Arbeit für den Herrn die Natur besser zu verstehen, zu formieren und zu beherrschen weiß. Er entwickelt sich dadurch weiter, während der Herr sich auf dem Genießen der vom Knecht erarbeiteten Früchte ausruht. *Die Entwicklung des Bewusstseins des*

---

[46] Camus, Albert, Der Mensch in der Revolte, Reinbek bei Hamburg 1969, S. 114, vgl. auch Brandoms These, dass Selbstbewusstsein bedeutete, sich mit Dingen zu identifizieren, *für die man bereit ist, etwas zu riskieren und zu opfern*. Brandom, S. 381.

Herrn kommt dadurch zum Stillstand,[47] während beim Knecht das große Thema der Bildung entsteht. *Dieser, der Knecht, aber arbeitet sich im Dienste des Herrn seinen Einzel- und Eigenwillen ab, hebt die innere Unmittelbarkeit der Begierde auf und macht in dieser Entäußerung und der Furcht des Herrn den Anfang der Weisheit, – den Übergang zum allgemeinen Bewusstsein* (Enz. §435 10.224). Entäußerung meint hier, sich einer Sache oder einem Dienst hinzugeben.[48]

Wer ist Herr, wer ist Knecht? Eine alternative Lesart

Eine alternative Lesart dieses wichtigen Kapitels weist darauf hin, dass es sich bei der Herr-Knecht-Problematik auch um eine Allegorie eines Selbstverhältnisses, z. B. des Kampfes zwischen Körper und Geist handeln könnte. *Es geht ... in* [diesem] *Kapitel nicht um die Begegnung von Menschen innerhalb der Gesellschaft, sondern um die Verdoppelung des Selbstbewusstseins innerhalb eines Menschen.*[49] Einer solchen Lesart folgt auch Pirmin Stekeler-Weithofer in dem Kapitel *Wer ist Herr, wer ist Knecht?* seines Kommentars zur Phänomenologie: *Das Doppelwesen von geistiger Herrschaft und leiblicher Gefolgschaft erfahren wir sozusagen dauernd am eigenen Leib.*[50]

Zusammengefasst sind es die Furcht vor dem Tod und die Selbstbeherrschung (Fleiß, Disziplin, Bildung) im Dienst für den Herrn, die den Knecht schließlich auf eine höhere Stufe heben als den Herrn. Der Herr kann schließlich nicht mehr ohne den Knecht leben, der das Wissen über die Dinge hat. Dazu schreibt Kuno Fischer ... *Und da das knechtische Bewusstsein in der absoluten Todesfurcht sich von aller schlechten Eigenheit geläutert und befreit hat, so ist dieser sein eigener Sinn nicht ‚eitler eigener Sinn' oder ‚Eigensinn', ... sondern in sich gekehrtes, reines und freies Denken.*[51] Hegels Herrschaft-Knechtschaft-Kapitel bildete die Blaupause für Marx' Thesen von der historischen Mission des Proletariats. Wie bei Hegel der Knecht emanzipiert sich bei Marx das Proletariat über seine Arbeit bzw. über das Bewusstsein ihrer Bedeutung: „Alle Räder stehen still, wenn dein starker Arm es will."

[47] Garaudy, S. 237.

[48] Vgl. hierzu, Eiden-Offe, S. 104f.

[49] Ludwig, Ralf, Hegel für Anfänger Phänomenologie des Geistes, Eine Lese-Einführung, München 1997, S. 84.

[50] Stekeler-Weithofer, Pirmin, Hegels Phänomenologie des Geistes Ein dialogischer Kommentar, Bd. 1, Gewissheit und Vernunft, Hamburg 2014, S. S. 703. Vgl. Kaube, Jürgen, Hegels Welt a.a.O., S. 178.

[51] Fischer, Kuno, Geschichte der neueren Philosophie, 8. Bd., Hegels Leben, Werke und Lehre, 1. Teil, Heidelberg 1901, S. 329.

Das Große an der Hegelschen ‚Phänomenologie' ... ist also einmal, dass Hegel die Selbsterzeugung des Menschen als einen Prozess fasst, ... dass er also das Wesen der Arbeit fasst und den gegenständlichen Menschen, wahren, weil wirklichen Menschen, als Resultat seiner eignen Arbeit begreift.[52]

5.3.2 Stoizismus

Der Knecht, der für die Fortbildung des Selbstbewusstseins wichtiger wird als der Herr, sucht nun *das Ideal der Freiheit mit seiner Knechtschaft zu vereinbaren.*[53] Ein erster Ansatz dazu sieht Hegel in der stoischen Geisteshaltung: ... *ob auf dem Thron (Marc Aurel) oder in Fesseln (Epiktet)* – so John Niemeyer Findlay[54] – zieht sich der Stoiker in *die einfache Wesenheit des Gedankens zurück .... (3.157).* Er definiert seine Freiheit als im Denken gegeben und setzt alles daran, sich von der Welt so gut es geht frei zu halten. *Im Denken bin Ich frei, weil ich nicht in einem Anderen bin, sondern schlechthin bei mir selbst bleibe ...* (3.156). Eine feste Burg ist mein Geist! Nur im Denken und Beurteilen bin ich frei und allmächtig. Selbst als Sklave kann sich das stoische Bewusstsein frei fühlen: „Was tangieren mich meine Ketten?" Oder auf der anderen Seite – als Kaiser – lautet der Wahlspruch des Stoikers und römischen Kaisers Marc Aurel: Lass dich nicht verkaisern! Definiere dich nicht über dein Amt, sondern behalte dir stets deine innere Freiheit vor. *Die gänzliche Abhängigkeit von Leben und Dasein macht das Bewusstsein zum Knecht, die gänzliche Unabhängigkeit davon macht es zum Stoiker.*[55]

Doch mit dieser Grundhaltung gelangt der Stoiker zu keiner vertieften Auseinandersetzung mit der Wirklichkeit. Für das stoische Bewusstsein hat Hegel wenig Sympathien. Es gehe nicht darum, sich von der Welt abzukapseln und frei zu machen, sondern sich in ihr zu verwirklichen, sich mit ihr – sie und sich selbst umgestaltend – zu versöhnen. Die *abstrakte Freiheit* des Stoikers tendiert wie die des Kynikers (Diogenes) dazu, ... *die Sittlichkeit auf(zugeben) – das Individuum zieht sich in seine Subjektivität zurück, sie ist folglich ein Moment der Unsittlichkeit* (18.556). Der Stoiker verbleibt – so Hegel – insgesamt im subjektiven Deuten und ruft damit den Skeptizismus auf den Plan.

---

52 Marx, Karl, Ökonomisch-Philosophische Manuskripte, MEW 40, Berlin 1968, S. 574.

53 Garaudy, S. 240.

54 Findley, John Niemeyer, Die Phänomenologie des Geistes, Kapitel aus: Hegel. A re-examination. London 1958, Übersetzt von Donald Watts Tuckwiller, hier zitiert nach Göhler, Gerhard (Hg.), Georg Wilhelm Friedrich Hegel, Phänomenologie des Geistes, Mit einem Nachwort von Georg Lukács, Texte-Auswahl und Kommentar zur Rezeptionsgeschichte von Gerhard Göhler, Berlin 1973, 2. erweiterte und neu eingerichtete Auflage, S. 663.

55 Fischer, Kuno, Geschichte der neueren Philosophie, 8. Bd., Hegels Leben, a.a.O., S. 329.

5.3.3 Skeptizismus

Im Skeptizismus schreitet dieser asoziale, zentripetale Prozess weiter fort.[56] Der Skeptizismus ist ein gesteigerter Stoizismus, denn im Skeptizismus verlieren die weltlichen Positionen und die individuellen Deutungen in der *Sophisterei* (3.160) jeden objektiven Charakter. Zwar annulliere der Skeptiker im Unterschied zum Stoiker nicht die Welt, aber ohne Wahrheitsanspruch verliere er sich notwendig in ein zufälliges, sogar *tierisches Leben* (3.162). Der Skeptiker glaube sich frei, weil er keine Wahrheit außer seiner eigenen Meinung anerkenne und alles bezweifle und in Frage stelle. Das skeptische Bewusstsein ... *erkennt seine Freiheit einmal als Erhebung über alle Verwirrung und alle Zufälligkeit des Daseins ... es spricht das absolute Verschwinden* [der Wahrheit] *aus, aber das Aussprechen ist, ... es spricht die Nichtigkeit des Sehens, Hörens usf. aus, und es sieht, hört usf. selbst; es spricht die Nichtigkeit der sittlichen Wesenheiten aus und macht sie selbst zu den Mächten seines Handelns. Sein Tun und seine Worte widersprechen sich immer ...* (3.162). Wir würden heute von einem performativen Widerspruch sprechen, in den sich der Skeptiker verwickelt: Wahr ist, dass es keine Wahrheit gibt! Hegel vergleicht die Zynismen des Skeptikers mit dem Gezänk eigensinniger Buben: ... *sein Gerede ist in der Tat ein Gezänke eigensinniger Jungen, deren einer A sagt, wenn der andere B, und wieder B, wenn der andere A, und die sich durch den Widerspruch mit sich selbst die Freude erkaufen, miteinander im Widerspruche zu bleiben* (3.162f). Letztendlich muss sich im wirklichen Leben auch der Skeptiker für irgendetwas entscheiden. Dieser Entschluss hängt dann, wie Klaus Vieweg mit Rekurs auf Kierkegaard feststellt von einer momentanen Laune ab: *Statt Be-Stimmungen haben wir ‚Stimmungen' ...*[57]

5.3.4 Das unglückliche Bewusstsein

Der Stoiker lebt sozusagen in zwei Welten: Die eine beschreibt seine empirische Abhängigkeit, die andere seine geistige Freiheit. Ebenso lebt der Skeptiker in einer, in der er alle Bestimmtheit leugnet, und in einer anderen, in der er gleichwohl mit aller Bestimmtheit lebt. Die Bewusstwerdung dieser Verdopplung als gespaltenes Bewusstsein kennzeichnet die nächste Stufe: die des unglücklichen Bewusstseins, dem Hegel ein deutlich längeres Kapitel widmet; ... *das unglückliche Bewusstsein ist das Bewusstsein seiner als des gedoppelten nur widersprechenden Wesens* (3.163). Das heißt, das unglückliche Bewusstsein verbleibt im Dualismus der Sinnlichkeit und des Verstandes und gelangt nicht zum Ausgleich seiner selbst, es sei denn in einem zukünftigen Jenseits. Es lebt in seiner eigenen Gedankenwelt der Andacht und Frömmigkeit getrennt von seiner wirklichen Existenz. Ständig pendelt es zwischen dem Jenseits und dem Diesseits wie ein Süchtiger hin und her.

---

[56] Bülow, Friedrich, Die Entwicklung der Hegelschen Sozialphilosophie, Leipzig 1920, S. 127.

[57] Vieweg, Klaus, Das Denken der Freiheit, a.a.O., S. 220.

Exkurs: Abraham als Prototyp des unglücklichen Bewusstseins

In seinen Jugendschriften fungiert Abraham als Beispiel für das zerrissene Bewusstsein. *Abraham wollte nicht lieben und darum frei sein ...* (1.277). Diese Formel ließe sich auch für eine Tendenz des modernen emanzipatorischen Bewusstseins, heimatlos zu werden, anwenden. Was Abraham betrifft, führt Hegel aus, dass Abraham seine Heimat und Familie verließ, um selbst Oberhaupt zu werden. In der Ferne findet er zwar Reichtum, aber auch innere Zerrissenheit. Hegel nimmt an, dass Abrahams Gottesbegriff ein Surrogat für die fehlende Heimat darstellt. *Selbständig geht er den Weg und in die Fremde ... und zahlt den Preis: die Unterwerfung unter das ‚unendliche Objekt' Jahwe.*[58]

Das unglückliche Bewusstsein gehört gleichsam zwei Welten an: dem ewigen Gottesreich und dem irdischen Jammertal als Reich des Teufels. Es handelt sich um das zerrissene Selbst des mittelalterlichen Katholizismus als im ewigen Kampf mit seiner Natur und Sinnlichkeit befindlich, den Hegel auch an Kants rigorosem Pflichtbegriff kritisiert. Dieser Kampf kann nicht gewonnen werden. Im Rausch der Andacht oder im Gemüt versucht das unglückliche Bewusstsein sich den Schmerz seiner Zerrissenheit zu betäuben. *Sein Denken als solches bleibt das gestaltlose Sausen des Glockengeläutes oder eine warme Nebelerfüllung, ein musikalisches Denken, das nicht zum Begriffe, der die einzige immanente gegenständliche Weise wäre, kommt* (3.168). Doch solche Gemütslage und Befriedigung ist nur Surrogat und von kurzer Dauer. Das unglückliche Bewusstsein ist ebenfalls eine Ideologie des Knechtes.

Marx über das unglückliche Bewusstsein bei Hegel
Das ‚unglückliche Bewusstsein', das ‚ehrliche Bewusstsein', der Kampf des ‚edelmütigen und niederträchtigen Bewusstseins' etc., diese einzelnen Abschnitte enthalten die kritischen Elemente – aber noch in einer entfremdeten Form – ganzer Sphären, wie der Religion, des Staats, des bürgerlichen Lebens etc.[59]

Zum unglücklichen Kulminationspunkt gelangte dieses Bewusstsein zur Zeit der Kreuzzüge, als es auf die Idee kam, dass es sich von seinem Schmerz der Zerrissenheit dadurch befreien könnte, indem es die Grabesstätte Christi – das Heilige Grab – in seine Hand bekäme. Es ist aber verfehlt, die Gegenwart des Geistigen

---

[58] Marsch, Wolf-Dieter, Gegenwart Christi in der Gesellschaft. Eine Studie zu Hegels Dialektik, München 1965, S. 63.

[59] Marx, Karl, Kritik der Hegelschen Dialektik und Philosophie überhaupt in MEW 40, Berlin 1968, S. 573.

in einem sinnlich Diesen, nämlich dem Grabe Christi zu vermuten.[60] *Doch statt das Wesen ....* hatten sie *nur die Unwesentlichkeit ergriffen* (3.169). Über die Kreuzfahrer, die von einigen rückwärtsgewandten Autoren zur Zeit Hegels als vorbildlich hingestellt wurden[61], verliert Hegel die wenig schmeichelhaften Worte: *Der Mönch Peter der Einsiedler aus Amiens schritt mit einem ungeheuren Haufen von Gesindel voran. Der Zug ging in der größten Unordnung durch Ungarn, überall wurde geraubt und geplündert ...* (12.470). *Zu heiligen Zwecken ziehen sie aus, auf dem Zuge aber verfallen sie in alle Leidenschaften, wobei die Anführer ihnen vorangehen; die Individuen lassen sich in Gewalt, Wildheit, Roheit aus. Nachdem sie den Zug auf das Kopfloseste, auf die unverständigste Weise gemacht haben, kommen sie vor Jerusalem an, nachdem sie Tausende verloren haben; hier fallen alle nieder auf die Knie, tun Buße und sind zerknirscht. Da begeistert sie die Tapferkeit, sie erobern Jerusalem und verfallen wieder in dieselbe Roheit, Leidenschaftlichkeit, baden sich in Blut, sind unendlich grausam, tun dann wieder Buße und kehren wieder zurück zu den kleinlichsten Leidenschaften des Eigennutzes und Neides und ruinieren den Besitz, den sie sich erworben haben durch ihre Tapferkeit* (19.536f).

Dem unglücklichen Bewusstsein ist seine Natur sündhaft und sein Eigentum von Gott geschenkt, für das es gewissermaßen Ablass, also Opfer und Buße (milde Gaben) zu leisten hat. Aber immerhin habe das *unglückliche Bewusstsein* – so J. N. Findlay – eine Vorstellung einer ... *Union von unveränderlichem Prinzip und detaillierter Kontingenz, welche die katholische Kirche* [allerdings] *nur in Symbol und Ostentation erreicht ...* . Es müsse dann nur noch der Schritt getan werden und diese Union ... *in nüchterner Wirklichkeit von den Handlungen der theoretischen und praktischen Vernunft ausgeführt werden.*[62]

So entwickelt sich das Bewusstsein weg von der Intellektualwelt des Mittelalters hin zur neuen Stufe der Vernunft als Hinwendung zur Wirklichkeit. Hegel: ... *die Menschen haben Freude und Interesse an der Erde bekommen, und hiermit beginnt ein ganz neues Verhältnis des Geistes, eine zweite Periode, das ruhige Verhalten des Geistes zur Welt und zur Natur als zu dem Diesen... Die Erfahrung, dass die Befriedigung nicht im Grabe zu finden sei, hat den Geist in sich zurückgetrieben; sie hat ihn dazu angeregt, sich mit seiner Einsicht auf das zu wenden, was ihm am nächsten liegt, auf seine Tätigkeit.*[63]

Dem Selbstbewusstsein als Stoizismus, Skeptizismus und unglücklichem Bewusstsein ist es in den Worten Hegels ... *nur um seine Selbständigkeit und Freiheit zu tun gewesen, um sich auf Kosten der Welt oder seiner eigenen Wirklichkeit ... zu retten und zu erhalten* (3.178f). Doch mit dem unglücklichen Bewusstsein betritt

[60] Vgl. Riedel, Manfred, System und Geschichte: Studien zum historischen Standort der hegelschen Philosophie, Frankfurt/Main 1973, 1. Auflage, S. 69

[61] Vgl. Losurdo, S. 307

[62] Findley, John Niemeyer, Die Phänomenologie des Geistes, a.a.O., S. 667

[63] Hegel, G.W.F., Vorlesungen über die Philosophie der Weltgeschichte, Zweite Hälfte, Auf Grund der Handschriften hg. v. Georg Lasson, Hamburg Unveränderter Nachdruck 1968 der 2. Auflage von 1923, Bd. IV Die germanische Welt, S. 854f

das Selbstbewusstsein die Schwelle zur neuen Bewusstseinsgestalt der Vernunft als ... *seine neue wirkliche Welt, die in ihrem Bleiben Interesse für es hat wie vorhin nur in ihrem Verschwinden; denn ihr Bestehen wird ihm seine eigene Wahrheit und Gegenwart: es ist gewiss, nur sich darin zu erfahren* (3.179).

5.4 Vernunft

Die Vernunft hat gegenüber dem Selbstbewusstsein objektiveren Charakter. Bisher war es *dem Selbstbewusstsein auf Kosten der Welt ... um seine Selbständigkeit und Freiheit zu tun gewesen* (3. 178). Doch nun öffnet sich sein Blick dafür, dass die Welt selbst idealen Wesens ist (Idealismus). Vorher hatte das Bewusstsein die Welt nicht eigentlich verstanden, sondern entweder sie begehrt oder bearbeitet oder sich aus ihr zurückgezogen. Erst nachdem das unglückliche Bewusstsein *das Grab seiner Wahrheit verloren* (3.179) = Anspielung auf die vergeblichen Kreuzzüge, kommt es zum Umschwung. Nun entdeckt das Bewusstsein die Welt als stabile, d. h. vom Allgemeinen = dem Gedanken durchdrungene Welt. *Erst auf der Bildungsstufe der Vernunft, die den Zeitraum der klassischen bürgerlichen Philosophie und der Naturwissenschaft bis zum Ende des 18. Jahrhunderts umfasst, gelangt das ... Bewusstsein allmählich zu der Erkenntnis, dass Geschichte und Gesellschaft etwas vom Menschen selbst Produziertes sind und ... beherrscht werden können,*[64] erläutert Georg Biedermann. Vorher erschienen dem Bewusstsein und Selbstbewusstsein Geschichte und Welt als äußerliche Notwendigkeit bzw. Schicksal. So heißt es in diesem Sinne in einem Aphorismus aus der Jenaer Zeit: *Sei keine Schlafmütze, sondern immer wach! Denn wenn du eine Schlafmütze bist, so bist du blind und stumm. Bist du aber wach, so siehst du alles und sagst zu allem, was es ist. Dieses aber ist die Vernunft und das Beherrschen der Welt* (2.544).

Axel Honneth: *Ab dem Vernunftkapitel ist der Träger des Bewusstseins, den wir lesend beobachten, ein Kollektiv geworden, das seine Tätigkeit – nämlich herauszufinden, was die Welt ist, worin die Wirklichkeit besteht und welches ihr Platz darin ist – gemeinsam ausübt.*[65]

5.4.1 Beobachtende Vernunft

Die Vernunft wendet sich der Wirklichkeit zu, weil sie nun weiß, dass letztere nicht etwas dem Geist Fremdes ist, sondern das Bewusstsein in der Welt heimisch ist. *Die Vernunft hat daher jetzt ein allgemeines Interesse an der Welt, weil sie die Gewissheit ist, Gegenwart in ihr zu haben, oder dass die Gegenwart vernünftig ist* (3.186). Die

---

64 Biedermann, Georg, Georg Wilhelm Friedrich Hegel, Köln 1981, S. 82f.

65 Honneth, Axel, „Was das Bewusstsein antreibt, ist die Erfahrung des Scheiterns" in: philosophie Magazin, Thema Hegel, Sonderausgabe Nr. 24, Berlin 2023, S. 34.

beobachtende Vernunft hat ihren Gegenstand in der Natur, dem Geist und in der Einheit beider im Menschen. Sie arbeitet tabellarisch, die Fakten werden nach gemeinsamen und differenten, sowie nach wesentlichen und unwesentlichen Merkmalen gruppiert und geordnet. Sie errichtet ein System der Dinge, eine Ordnung der Dinge, die dem Anspruch nach nicht willkürlich sein soll, sondern der Wahrheit gemäß. *Die Merkmale sollen nicht nur wesentliche Beziehung auf das Erkennen haben, sondern auch die wesentlichen Bestimmtheiten der Dinge, und das künstliche System soll dem Systeme der Natur selbst gemäß sein und nur dieses ausdrücken* (3.190).

Auch die beobachtende Vernunft verwickelt sich in Widersprüche. Das Kapitel über sie enthält letztendlich eine implizite Wissenschaftskritik. Grundsätzlich hat es nämlich die „Beobachtende Vernunft" mit dem Problem zu tun, sich ihrer grundlegenden Begriffe zu versichern, wie es Hegel in der Enzyklopädie zum Ausdruck bringt. *Die Grundtäuschung im wissenschaftlichen Empirismus ist immer diese, daß er die metaphysischen Kategorien von Materie, Kraft, ohnehin von Einem, Vielem, Allgemeinheit, auch Unendlichem usf. ... auf eine völlig unkritische und bewußtlose Weise gebraucht* (Enz. 8.108f, § 38 A). Hier greift Hegels berühmt Einsicht aus der Vorrede zur *Phänomenologie*: *Das Bekannte überhaupt ist darum, weil es bekannt ist, nicht erkannt. ... Das Subjekt und Objekt usf., Gott, Natur, der Verstand, die Sinnlichkeit usf. werden unbesehen als bekannt und als etwas Gültiges zugrunde gelegt und machen feste Punkte sowohl des Ausgangs als der Rückkehr aus* (3.35).

Um die Gesetze der Natur zu ergründen, bedient sich der Wissenschaftler der experimentellen Methode. Dies greift besonders für die Beobachtung der anorganischen Welt. Für die organische Welt kommt hinzu, dass es eine Beziehung zwischen dem Inneren eines lebendigen Wesens und dessen Äußeren gibt. Es ist aber für die beobachtende Vernunft schier unmöglich, die allgemeinen Gesetze zu beschreiben, wie das Innere oder die Seele eines Lebewesens zur Erscheinung kommt. Man sieht zwar, zu was sich das Lebewesen aus einem Kern entwickelt, aber warum das mit Notwenigkeit geschieht, vermag die beobachtende Vernunft nicht zu erklären. ... *die Notwendigkeit ist an dem, was geschieht, verborgen und zeigt sich erst am Ende, aber so, daß eben dies Ende zeigt, daß sie auch das Erste gewesen ist* (3.199). Das Lebewesen verfolgt einen objektiven Zweck, einen, der ... *nicht sonst irgendwo in einem Verstande, sondern eben hier existiert und als ein Ding ist* (3.201).

Man kann zwar sagen, dass die Grundkräfte des Lebens *Sensibilität* (Empfindungsfähigkeit, Nerven, Fähigkeit der Nerven Eindrücke zu erhalten) und *Irritabilität* (Reizbarkeit und die Fähigkeit auf Reize hin Bewegungen hervorzubringen, organische Aktivität auf empfangene Reize, Herzschlag, Kreislauf des Blutes) und *Reproduktion* (Wiederhervorbringung des Individuums und der Gattung, Ernährung, Wachstum, Zeugung) sind. Diesen Kräften entsprechen Nerven, Muskeln, Eingeweide. Aber darüber hinaus weitergehende Schlüsse zu ziehen und Grundgesetze der organischen Welt gemäß den quantitativen Verhältnissen (zwischen den drei Kräften) aufzustellen, ist nach Hegel nicht möglich. Es gibt auch keine der Beobachtung einleuchtende Geschichte des organischen Lebens aus niederen zu höheren Stufen, wonach eine bestimmte Lebensform eine Vor- und Nachgeschichte hat (ähnlich dem Bewusstsein). Zwischen dem allgemeinen Leben und dem lebendigen Einzelwesen, der konkreten, individuellen Lebensform gibt es keine Vermittlung in Stufenfolge. Die Beobachtung hat es nur zu tun mit der Fülle von Einzelleben. Es gelingt nicht das organische Leben aus dem anorganischen inhaltlich abzuleiten. *Aber die Beobachtung kommt in der Beziehung des Organischen auf die seienden Unterschiede des Unorganischen, die Elemente, Zonen und Klimate, in Ansehung des Gesetzes und der Notwendigkeit nicht über den großen Einfluß hinaus (3.226).*

5.4.1.1 Logik und Psyche

Noch weniger als Gesetze des Lebens vermag die beobachtende Vernunft Gesetze der Psyche oder des Denkens (Logik) zu ergründen. Was im Allgemeinen zur Logik gesagt wird, bleibt formal, eine inhaltliche Logik vermag die beobachtende Vernunft nicht zu geben. Was die Psyche betrifft, so kann man dem Individuum eine Reihe von Leidenschaften, Begierden Neigungen zuordnen, aber man rafft sie *wie einen Sack voll Vermögen* (2.272) auf. Wie die Willenskräfte insgesamt oder im konkreten Menschen zusammenwirken, kann aus reiner Beobachtung von außen nicht erschlossen werden. Außerdem hängt das Individuum mit seiner konkreten Umwelt unmittelbar zusammen, was eine *Berechnung* seiner Taten und seines Charakters schier unmöglich macht. Hegel fasst zusammen: *Da um dieser Freiheit willen die Wirklichkeit dieser gedoppelten Bedeutung fähig ist, so ist die Welt des Individuums nur aus diesem selbst zu begreifen, und der Einfluß der Wirklichkeit, welche als an und für sich seiend vorgestellt wird, auf das Individuum erhält durch dieses absolut den entgegengesetzten Sinn, daß es entweder den Strom der einfließenden Wirklichkeit an ihm gewähren läßt oder daß es ihn abbricht und verkehrt. Hierdurch aber wird die psychologische Notwendigkeit ein so leeres Wort, daß von dem, was diesen Einfluß soll gehabt haben, die absolute Möglichkeit vorhanden ist, daß es ihn auch hätte nicht haben können* (3.232).

Mit anderen Worten, jeder kann an jeder Stelle auch „Nein“ sagen, wodurch Vorhersagen aufgrund von Milieu, sozialem Stand unsicher sind. Im Grunde genommen ist das Hegel-Zitat eine Widerlegung der marxistischen These, dass das Sein das Bewusstsein bestimmt, wie ja auch der Marxismus des Fabrikantensohnes Engels eine Widerlegung der These vom Klassenbewusstsein ist. Um es mit Hölderlin zu sagen: *Was lebt ... bleibt in seiner tiefsten Knechtschaft frei.* (Hyperion)

5.4.1.2 Physiognomik und Schädellehre

Zeigt sich etwa am Leib, dem Gesicht, der Form des Schädels, einer Hand, oder sonstigen biometrischen Daten, welchen Geist oder Charakter ein Mensch hat? Die Gesichtszüge sprechen zwar etwas aus, aber wie sicher kann man in seinem Urteil sein? In diesem Kapitel beschäftigt sich Hegel mit den Lehren der Physiognomiker und Phrenologen, die ein Kausalverhältnis zwischen dem Aussehen (Gesichtszügen) bzw. der Schädelkontur und dem individuellen Charakter behaupten.

Für Hegel äußert sich der Charakter eines Menschen nicht in sichtbaren Äußerlichkeiten wie Stimme, Handschrift, Mimik, Gesichtszüge, sondern in seinem Werk. An ihren Taten sollt ihr sie erkennen! Was bewirkt ein Mensch, was hat er bewirkt? Wie aber hängen nun die sichtbaren beobachtbaren äußeren Handlungen vom unsichtbaren inneren Wollen (der Innerlichkeit, Gesinnung) zusammen? Folgt man Michael Quante, so stößt man in diesem Kapitel über die damals durch Johann Caspar Lavater berühmt gewordene *Physiognomik* hinaus auf das *Grundproblem der Handlungstheorie.*[66] Bei der Entzifferung von Handlungen können Fehlurteile vorliegen. Eine wohlgefällige Mimik kann als Maske getragen und antrainiert sein. Und selbst wenn die wahren Motive, die hinter Handlungen stehen, ablesbar wären, wüssten wir nicht, wie ernst diese Motive, ob sie einfach so von anderen übernommen worden oder tiefer in einer Persönlichkeit verankert sind. Doch selbst wenn diese Tiefen ergründet wären, stellt sich immer noch die Frage nach unseren Urteilskriterien. Was ein Motiv gut oder schlecht macht, ist eine Frage, die wiederum nur auf der historisch-gesellschaftlichen und unter Berücksichtigung der Philosophie als höchster Wahrheitsinstanz (absoluter Geist) behandelt bzw. beantwortet werden kann. *Das Individuum, wie es in dieser Welt des Alltäglichen und der Prosa erscheint, ist deshalb nicht aus seiner eigenen Totalität tätig und nicht aus sich selbst, sondern aus anderem verständlich* (13.197).

Da die beobachtende Vernunft die Schwierigkeiten sieht, von den Gesichtszügen oder Handlungen auf die innerliche Gesinnung und Motivation oder gar eine Gesetzmäßigkeit des Charakters zu schließen, geht sie den vermeintlich kürzesten Weg und nimmt sich das Gehirn bzw. die Gestalt eines Schädels vor. Man glaubt an der physischen Beschaffenheit des Gehirns ablesen zu können, was für ein Mensch jemand ist. Darüber kann sich Hegel nur lustig machen. *Sie* – die von Franz Joseph Gall (1758–1828) entwickelte Schädellehre (Phrenologie) – ... *urteilt nicht nur, daß ein schlauer Mensch einen faustdicken Knorren hinter den Ohren sitzen habe, sondern sie stellt auch vor, daß die untreue Ehefrau nicht selbst, sondern das andere eheliche Individuum Knorren an der Stirne habe* (3.254).[67] Solche Sätze wenden sich letztlich gegen den Determinismus, sei er neurophilosophischer oder milieubestimmter Natur. Gegen beide richten sich die folgenden Worte Hegels:

> Die ... *Individualität aber ist gerade dies, ebenso* das *Allgemeine zu sein und daher auf eine ruhige unmittelbare Weise mit dem vorhandenen Allgemeinen, den Sitten, Gewohnheiten usf. zusammenzufließen und ihnen gemäß zu werden, als sich entgegengesetzt gegen sie zu verhalten und sie vielmehr zu verkehren – sowie gegen sie in ihrer Einzelheit ganz gleichgültig sich zu verhalten, sie nicht auf sich einwirken zu lassen und nicht gegen sie tätig zu sein...* (3.231)

[66] Quante, Michael, Die Wirklichkeit des Geistes, Frankfurt/Main 2011, S. 108.

[67] Anspielung auf die Redewendung vom „gehörnten Ehemann".

Mit anderen Worten, jeder hat die Alternativen der Anpassung an vorgegebene Sitten oder Widerstand gegen mit dem Wunsch sie zu verändern sowie der Gleichgültigkeit und Reserviertheit. *Der Schädelknochen ist kein Organ der Tätigkeit, noch auch eine sprechende Bewegung; es wird weder mit dem Schädelknochen gestohlen, gemordet usf., noch verzieht er zu solchen Taten im geringsten die Miene, so daß er sprechende Gebärde würde* (3.251). Das Denken kann nicht auf Neuronen reduziert werden, wie dies heute in sogenannten bildgebenden Verfahren versucht wird. *Gehirnfibern u. dgl., als das Sein des Geistes betrachtet sind schon eine gedachte, nur hypothetische, – nicht daseiende, nicht gefühlte, gesehene, nicht die wahre Wirklichkeit; wenn sie da sind, wenn sie gesehen werden, sind sie tote Gegenstände und gelten dann nicht mehr für das Sein des Geistes* (3.261f).

Die Intention der Schädellehre, den Geist als „Knochen" (3.260) zu fassen – d. h. den Geist oder den Begriff des Geistes bei der Beschreibung des menschlichen Handelns, Denkens, Verhaltens außer Acht zu lassen – ist für Hegel der Gipfel der Überspanntheit der beobachtenden Vernunft. Doch gerade dies eröffnet den Raum für eine höhere Stufe/Gestalt des Geistes. *So ist diese letzte Stufe der beobachtenden Vernunft ihre schlechteste, aber darum ihre Umkehrung notwendig* (3.258). *Damit scheint aber auch die beobachtende Vernunft in der Tat ihre Spitze erreicht zu haben, von welcher sie sich selbst verlassen und sich überschlagen muss; denn erst das ganz Schlechte hat die unmittelbare Notwendigkeit an sich, sich zu verkehren* (3.257).

Exkurs: Dialektischer Umschlag

Dieser Gedanke, dass das Negative auf die Spitze oder ins Extrem getrieben sein muss, bevor der Umschlag erfolgt, ist ein wesentlicher Punkt in Hegels Dialektik. Metaphorisch verdeutlicht Hegel dies im Jenaer Manuskript „System der Sittlichkeit" anhand einer Wasserblase, deren *Expansion (so weit führt), bis sie in unendliche kleine Tropfen zerplatzt ...*[68] Und in der „Differenzschrift" heißt es, dass aus der *höchsten Trennung* Versöhnung erwächst: ... *die notwendige Entzweiung ist ein Faktor des Lebens, das ewig entgegensetzend sich bildet, und die Totalität ist in der höchsten Lebendigkeit nur durch Wiederherstellung aus der höchsten Trennung möglich* (2.21f). Doch auch, wenn etwas „natürlich" reift, kommt ein Punkt des Umschlags. *Die höchste Reife und Stufe, die irgend etwas erreichen kann, ist diejenige, in welcher sein Untergang beginnt* (6.287). Wie nahe sich Hegel und Hölderlin in diesem Punkt sind, belegt ein Zitat aus einem Brief Hölderlins an seine Mutter aus dem Januar 1799: *Aber gerade wie nach dem Winter der Frühling kömmt, so kam auch immer nach dem Geistestode der Menschen neues Leben, und das Heilige bleibt immer heilig, wenn es auch die Menschen nicht achten.*[69]

[68] Zit. n. Schmidt, Steffen, Hegels „System der Sittlichkeit", S. 206.

[69] Friedrich Hölderlin, Sämtliche Werke und Briefe, Bd. II, a.a.O., S. 735.

5.4.2 Praktisch-politische Vernunft

Nach dieser Peripetie und Kehre versteht die Vernunft, dass sie sich nicht in einem Ding (z. B. Knochen bzw. Schädel, heute Neuronen) finden kann, sondern sich als praktisch zu setzende gesellschaftliche Aufgabe verstehen muss. Um mit Schiller zu sprechen: *Es ist nicht draußen, da sucht es der Tor; / Es ist in dir, du bringst es ewig hervor.*[70]

5.4.2.1 Die Lust und die Notwendigkeit (Faust)

Einen ersten Versuch, sein Glück zu finden und sich in der Welt zu verwirklichen, stellt der Weltgenuss des Faustischen Bewusstseins dar, das rastlos die Welt durchstreift und verzehren möchte, um sich in seinem Selbstgefühl in Genuss, Lust und Willenskraft wohlzufühlen. *So tauml' ich von Begierde zu Genuss ...* (Faust I). Dieses Faustische Bewusstsein scheitert an der Übermacht der Ordnung der Dinge (Notwendigkeit), *an welcher die Individualität zerschmettert wird* (3.274). Es rennt sich sozusagen an der Welt die Hörner ab. *Es verachtet Verstand und Wissenschaft, / des Menschen allerhöchste Gaben – / es hat dem Teufel sich ergeben – und muss zu Grunde gehn* (3.271), wie Hegel selbst dichtend einen Abschnitt aus Faust I (Studierzimmer) paraphrasiert. *Es stürzt also ins Leben und bringt die reine Individualität, in welcher es auftritt, zur Aufführung. Es macht sich weniger sein Glück, als dass es dasselbe unmittelbar nimmt und genießt* (3.271). Damit hat sich aber diese Bewusstseinsgestalt selbst den Geist ausgetrieben: *Die nur einzelne Individualität ... statt aus der toten Theorie in das Leben sich gestürzt zu haben, hat sich also vielmehr nur in das Bewusstsein der eigenen Leblosigkeit gestürzt und wird sich nur als die leere und fremde Notwendigkeit, als die tote Wirklichkeit zuteil* (3.273). Kurz: *Genießen macht gemein!* (Goethe, Faust II, Hochgebirg)

5.4.2.2 Das Gesetz des Herzens und der Wahnsinn des Eigendünkels

Bei dem Versuch, seinem Leben einen Sinn zu geben, verfällt das Selbstbewusstsein zunächst wie gezeigt auf den optimalen Lustgewinn. Aufgrund der genannten Widersprüche verfällt es in eine andere Lebensweise, die zu andern Sinnbestimmungen führen. Die Lust des Don Juan oder des Faust wird zur Lust, an dem Wohl der Menschheit zu arbeiten, was aber meist nichts anderes bedeutet, als anderen *das Gesetz seines Herzens,* sprich seine eigene Meinung oktroyieren zu wollen. Diese neue Lust – das *Herzklopfen für das Wohl der Menschheit* (3.280) – ist nicht mehr die des Weltgenießers sondern des Weltverbesserers. Es ist die Lust sich als Weltverbesserer oder Beglücker der Menschheit zu fühlen. Schon Kant hatte davor

[70] Schiller zit. Balthasar, S. 403.

gewarnt, wenn ein Herrscher sein Volk beglücken will. Daraus entspringe der schlimmste Despotismus. Hegel: *Das Herzklopfen für das Wohl der Menschheit geht darum in das Toben des verrückten Eigendünkels über ...* (3.280).

Die Verfechter des Gesetzes des Herzen treffen auf Menschen, die spüren, dass es ersteren nicht wirklich um das Beste der Menschheit geht, sondern bloß um ihren Eigendünkel. Folglich lehnen sie die Weltverbesserer über kurz oder lang ab. *Das Bewußtsein, welches das Gesetz seines Herzens aufstellt, erfährt also Widerstand von anderen, weil es den ebenso einzelnen Gesetzen ihres Herzens widerspricht, und diese tun in ihrem Widerstande nichts anderes, als ihr Gesetz aufstellen und geltend machen* (3.282). Dieser Widerstand macht die Vertreter des Gesetzes des Herzens wütend. In seinen *Vorlesungen über die Philosophie der Religion* weist Hegel diesen Umschlag in einer interessanten psychologischen Passage als Kennzeichen und Problem der Moderne schlechthin aus. *Verdruß ist die Empfindung der modernen Welt; Verdrießlichkeit setzt einen Zweck, eine Forderung der modernen Willkür voraus, wozu sie sich ermächtigt, berechtigt hält, wenn ein solcher Zweck nicht erfüllt wird. So nimmt der moderne Mensch leicht die Wendung, für das übrige auch den Mut sinken zu lassen und nun auch das andere nicht zu wollen, was er sich sonst zum Zweck machen könnte, er gibt seine übrige Bestimmung auf, zerstört, um sich zu rächen, seinen eigenen Mut, seine Tatkraft, die Zwecke des Schicksals, die er sonst noch erreichen könnte* (17.131).

5.4.2.3 Die Tugend und der Weltlauf

Nachdem er auf die Dialektik des Bonvivants und Weltverbesserers hingewiesen hat, zielt Hegels Kritik auf die „Ritter der Tugend", die wie der Ritter von der traurigen Gestalt – Don Quichote – sich selbst unendlich wichtig nehmen und in pompösen Reden über das Edle und die Tugend und die Schlechtigkeit der Welt ergehen, aber wie die Weltverbesserer letztlich an der Übermächtigkeit des Weltlaufs scheitern. *Der Weltlauf siegt also über das, was die Tugend im Gegensatze gegen ihn ausmacht; er siegt über sie, der die wesenlose Abstraktion das Wesen ist. Er siegt ... über diese pomphaften Reden vom Besten der Menschheit und der Unterdrückung derselben, von der Aufopferung fürs Gute und dem Mißbrauche der Gaben; – solcherlei ideale Wesen und Zwecke sinken als leere Worte zusammen, welche das Herz erheben und die Vernunft leer lassen, erbauen, aber nichts aufbauen; Deklamationen, welche nur diesen Inhalt bestimmt aussprechen, daß das Individuum, welches für solche edle Zwecke zu handeln vorgibt und solche vortreffliche Redensarten führt, sich für ein vortreffliches Wesen gilt, – eine Aufschwellung, welche sich und anderen den Kopf groß macht, aber groß von einer leeren Aufgeblasenheit* (3.289f).

Nach Hegel kann der Weltlauf so schlecht gar nicht sein, wie der Tugendritter behauptet, im Gegenteil! Wie u. a. Mandevilles berühmte Bienenfabel zeigt, braucht die Welt Egoismus und Konkurrenz, die richtig eingeordnet, positive und produktive Effekte hat. *Es* [das Individuum] *hat in seinem Kampfe die Erfahrung gemacht, daß der Weltlauf so übel nicht ist, als er aussah; denn seine Wirklichkeit ist die Wirklichkeit des Allgemeinen* (3.290). Adam Smiths „invisible hand“, eine hinter dem Rücken der egoistischen Individuen wirkende Macht, die zum Wohl des Ganzen gereicht, wird bei Hegel später die historische „List der Vernunft“ (vgl. Exkurs in Kap.8.1). *Das ist die List der Vernunft zu nennen, daß sie die Leidenschaften für sich wirken läßt ... Die Idee bezahlt den Tribut des Daseins und der Vergänglichkeit nicht aus sich, sondern aus den Leidenschaften der Individuen* (12.49).

5.4.2.4 Das geistige Tierreich

Du glaubst zu schieben und du wirst geschoben.
(Faust, Mephisto)

Das vernünftige Selbstbewusstsein hat die Erfahrung gemacht, dass es die Vernunft nicht g e g e n den Weltlauf durchsetzen muss, sondern die Vernunft in der Welt immer schon da ist. Es hat verstanden, dass die Vernunft sowohl in ihm als auch in der Welt ist. Weil die Individuen in der Welt sind und tätig ihren Zielen und Zwecken nachgehen, arbeiten sie am Wohl der Welt, gehen „frisch“ ans Werk. *Das Bewusstsein hat hiermit allen Gegensatz und alle Bedingung seines Tuns abgeworfen; es geht frisch von sich aus, und nicht auf ein Anderes, sondern auf sich selbst. Indem die Individualität die Wirklichkeit an ihr selbst ist, ist der Stoff des Wirkens und der Zweck des Tuns an dem Tun selbst* (3.293). Es ist dies das Prinzip der entstehenden bürgerlichen Gesellschaft mit ihrem Arbeits- und Leistungsprinzip – *Dem Tüchtigen ist diese Welt nicht stumm* (Faust II) – und dem *Dschungel der Konkurrenz.*[71] Zu dem im Vergleich zum Mittelalter gewandelten Bewusstsein schreibt der Philosoph und Soziologe Bernhard Groethuysen: *Das bürgerliche Bewusstsein der Neuzeit hat es verstanden, das Leben gewissermaßen in sich selbst zu verfestigen, es außerhalb aller kosmischen Problemstellungen als ein in sich zentriertes Ganzes zu erfassen, das in sich selbst seine Begründung findet.*[72]

Die Konkurrenzgesellschaft mit ihren Marktgesetzen hat aber auch ihre Schattenseiten: *Das Werk ist ... überhaupt etwas Vergängliches, das durch das Widerspiel anderer Kräfte und Interessen ausgelöscht wird und viel mehr die Realität der Individualität als verschwindend denn als vollbracht darstellt* (3.301). Mit anderen Worten: Was im Markgeschehen dem einen schadet, kann dem anderen nutzen und im Ganzen gesehen ist der Einzelne ersetzbar. Dennoch: Mit der Einsicht und seinem neu errungenen Selbstbewusstsein kann das Individuum wie der Fisch im Wasser *frisch* ans Werk gehen, seine Fähigkeiten ausleben, und den Gegenständen seine *eigentümliche Tinktur des Geistes* (3.296) aufdrücken. Das Individuum zeigt, was es

[71] Garaudy, S. 253.

[72] Groethuysen, Bernhard, Die Entstehung der bürgerlichen Welt- und Lebensanschauung in Frankreich, Bd. 1, Das Bürgertum und die katholische Weltanschauung, Frankfurt/Main 1978, S. 10.

gemäß seinen Talenten kann, es tritt aus der Nacht der Möglichkeit in den hellen Tag der Wirklichkeit. Sein Werk zeigt, was es ist. Moralische Wertungen zählen weniger als Leistung und Erfolg: *Es findet daher überhaupt weder Erhebung noch Klage noch Reue statt* ... (3.299), weshalb Hegel dieses Kapitel das geistige Tierreich nennt (der Begriff selbst taucht jedoch nur als Überschrift auf). Die verschiedenen Selbstbewusstseine in der Gesellschaft prallen aufeinander und *Das Werk ist, d. h. es ist für andere Individualitäten* ... (3.301). Hegels Gedanken erinnern erneut an entsprechende von Adam Smith.[73] *Die Arbeit des Individuums für seine Bedürfnisse ist ebensosehr eine Befriedigung der Bedürfnisse der anderen als seiner eigenen, und die Befriedigung der seinigen erreicht es nur durch die Arbeit der anderen* (3.265). Doch Hegel empfindet sogleich die Entfremdung einer Gesellschaft, die auf reinen Marktgesetzten und Konkurrenz beruht. Es ... *tritt ... ein Spiel der Individualitäten miteinander ein, worin sie sowohl sich selbst als sich gegenseitig sowohl betrügen als betrogen finden* (3.308). In den *Vorlesungen über die Ästhetik* heißt es: *Sodann muß der einzelne Mensch, um sich in seiner Einzelheit zu erhalten, sich vielfach zum Mittel für andere machen, ihren beschränkten Zwecken dienen, und setzt die anderen, um seine eigenen engen Interessen zu befriedigen, ebenfalls zu bloßen Mitteln herab* (13.197).

Der Einzelne kann nicht verhindern, was andere, *die ... wie die Fliegen zu frisch aufgestellter Milch herbeieilen und sich dabei geschäftig wissen wollen* (3.310), aus seinem Werk machen. Das Individuum glaubt nur für sich zu arbeiten, sein Werk zu vollbringen, in Wirklichkeit hat es *seine* Sache nicht vollständig im Griff. *Das Allgemeingültige ist mächtiger als die Besonderheit in ihrer Vereinzelung. So seltsam es ist, so hat gerade die relativ schrankenlose Entwicklung der individuellen Selbstsucht ein System der Abhängigkeit geschaffen, in dem die Eigenart auf Schritt und Tritt für die Allgemeinheit einzutreten gezwungen ist. In dieser ganzen Bewegung betrügt sich ungewollt fortgesetzt das Individuum. Das ist die lachende Ironie der gesellschaftlichen Logik.*[74] Aber auch umgekehrt gilt, dass das Individuum meist sich nur selbst genießt, wenn es behauptet, etwas rein der Sache wegen zu machen oder zu beurteilen (vgl. 3.309), weshalb Hegel von Betrug bzw. Selbstbetrug spricht. *Es ist also ebenso Betrug seiner selbst und der anderen, wenn es nur um die reine Sache zu tun sein soll* ... (3.309f). In seinen *Vorlesungen zur Geschichte der Philosophie* vergleicht Hegel die moderne Gesellschaft mit der *geteilten Tätigkeit* einer Fabrik, von der ... *jeder nur ein Stück hat; wie in einer Fabrik, keiner ein Ganzes macht, nur einen Teil, und die anderen Geschicklichkeiten nicht besitzt, ... bürgerliche Freiheit ist eben die Entbehrung des Allgemeinen, Prinzip des Isolierens* (19.227f).[75] Es wird klar, dass die bürgerliche Gesellschaft zwar die Tätigkeiten, Tatkraft und Talente der Individuen zu wecken vermag, aber an eine Versöhnung (Hegels Zielbestimmung der Phänomenologie) innerhalb ihrer nicht gedacht werden kann.

---

73 Vgl. Garaudy, S. 254.

74 Vogel, Paul, Hegels Gesellschaftsbegriff und seine geschichtliche Fortbildung durch Lorenz Stein, Marx, Engels und Lassalle, Berlin 1925, S. 11f.

75 Vgl. Riedel, Manfred, Studien zu Hegels Rechtsphilosophie, 2. Auflage, Frankfurt/Main 1970, S. 125.

5.4.2.5 Gesetzgebende und gesetzprüfende Vernunft

Sind die sittlichen Mängel der bürgerlichen Gesellschaft durch eine „gesunde“ Gesetzgebung zu beheben? Man glaubt, es läge auf der Hand, was gut und böse ist und entsprechende Gesetze zu verfassen. *So unmittelbar sie* [die gesunde Vernunft] *es weiß* [was recht und gut ist], *so unmittelbar gilt es ihr auch, und sie sagt unmittelbar: dies ist recht und gut. Und zwar dies; es sind bestimmte Gesetze, es ist erfüllte inhaltvolle Sache selbst* (3.312). Doch schauen wir uns eine solche „Selbstverständlichkeit“ wie das Gebot „Jeder soll die Wahrheit sagen“ (um die Heucheleien und Betrügereien der bürgerlichen Gesellschaft zu bekämpfen) näher an. Genauer müsste das Gebot heißen: Jeder soll die Wahrheit sagen, die er weiß nach seiner jeweiligen Kenntnis und Überzeugung. Allein, wenn man das Gebot so liest, wird deutlich, wie unklar hier nur noch von der Wahrheit gesprochen werden kann. Die Gesetze liegen also inhaltlich keineswegs gewiss auf der Hand.

Hegel kommt zu dem Schluss, dass man die sittlichen Gesetze nicht *machen* und auch nicht *erklügeln* kann, sondern von göttlicher Herkunft sind. *So gelten sie* [die Gesetze] *der Antigone des Sophokles als der Götter ungeschriebenes und untrügliches Recht* ... Am Ende des Kapitels über die Vernunft macht Hegel so noch einmal deutlich, dass vom Standpunkt der subjektiven Vernunft und der Reflexion (Fichte, Kant) das wahre sittliche Leben der Menschen im Staat nicht verstanden werden kann. Die sittlichen Gesetze sind keine Sache der nach Widerspruchsfreiheit zu behandelnden Logik, sondern von substanziell anderer – übergreifender – Natur, die nur über den Geistbegriff verstanden werden können.

Sie [die Gesetze] *sind. Wenn ich nach ihrer Entstehung frage und sie auf den Punkt ihres Ursprungs einenge, so bin ich darüber hinausgegangen; denn ich bin nunmehr das Allgemeine, sie aber das Bedingte und Beschränkte. Wenn sie sich meiner Einsicht legitimieren sollen, so habe ich schon ihr unwankendes Ansichsein bewegt und betrachte sie als etwas, das vielleicht wahr, vielleicht auch nicht wahr für mich sei. Die sittliche Gesinnung besteht eben darin, unverrückt in dem fest zu beharren, was das Rechte ist, und sich alles Bewegens, Rüttelns und Zurückführens desselben zu enthalten* (3.322).

5.5 Der Geist

Nach einem Vorschlag von Marx, Lukács und Garaudy[76] *lässt sich die Phänomenologie in die drei Bereiche des subjektiven, des objektiven und des absoluten Geistes unterteilen. Mit der Überschrift „Der Geist“ beginnt der Teil des objektiven Geistes. Die Odyssee des subjektiven Geistes ist zu Ende, wenn er sich seiner Einheit mit dem objektiven Geist bewusst wird.*[77] Der Geist erfährt sich nun als Gattungsgeist. *Der Geist*

[76] Vgl. Garaudy, S. 215.
[77] Ebenda, S. 256.

ist das sittliche Leben eines Volks ... das Individuum, das eine Welt ist (3.326). Hinter seinem (des Individuums) Rücken hat der objektive Geist allerdings schon immer gewirkt. Doch nun gerät dieser objektive Geist und wie seine Gestaltungen sich historisch fortwälzen vollends in den Blick. Dabei geht Hegel nicht streng historisch vor, sondern begnügt sich mit dar Analyse der Knotenpunkte dieser Entwicklung. Unterschieden werden der wahre Geist (Griechenland), der sich entfremdete Geist (Rom bis zur Französischen Revolution) und der seiner selbst gewisse Geist (klassische deutsche Philosophie).

5.5.1 Der wahre Geist und die Sittlichkeit

Das Kapitel handelt von der antiken Polis und deren Auflösung.[78] In der ursprünglichen griechischen Sittlichkeit verwirklichte das Volk sein wahres Wesen, der wahre Geist trat hier in Erscheinung, allerdings gleichsam naturhaft, unvermittelt und unbewusst. *Die Individuen handelten deswegen nicht auf der Grundlage moralischer Entscheidungen, sondern folgten unmittelbar den Sitten ihrer Gemeinde.*[79] Es ist die griechische Sittlichkeit, in der Individuum und Allgemeinheit versöhnt sind. Unter Sittlichkeit können wir hier die allseits geteilten gewachsenen Formen des Zusammenlebens verstehen. In der Polis ging es darum, die Jugend – ohne dass sie allzu viel philosophiert hätte – zur Sittlichkeit des Staates hinzuerziehen. *Die weisesten Männer des Altertums haben darum den Ausspruch getan: daß die Weisheit und die Tugend darin bestehen, den Sitten seines Volks gemäß zu leben* (3.267). Diese unmittelbare auf die Tugend gestützte (griechische) Form der Sittlichkeit musste zerspringen und in das abstrakte römische Rechtssystem übergehen. Die unbewusste Substanz Griechenlands musste sich zum bewussten und denkenden Subjekt, zur Rechtsperson weiterentwickeln. Das unbewusste naturhafte Griechentum musste untergehen, weil es in ihm zu wenig Moralität, Subjektivität, Selbstreflexion, Freiheit, selbständige Rechtssphären gab.

Es gehört zur Dialektik der geschichtlichen Entwicklung, dass das Selbstbewusstsein die harmonische und glückliche antike griechische Unmittelbarkeit negieren musste. Es ist nicht so, dass in der Polis das Selbstbewusstsein gar keinen Standort gehabt hätte, aber doch nur als *verschwindende Größe* (3.267). Es musste aber größer – also das Subjekt im Verlauf des Geschichtsprozesses wichtiger – werden und deswegen musste der Zustand unmittelbarer Sittlichkeit verlassen werden. *Die Vernunft muss aus diesem Glücke heraustreten ...* (3.267). Auch hier begegnet uns also Hegels Forderung bzw. Einsicht in der Vorrede, dass die Substanz mit dem Subjekt zu vermitteln sei.

---

78 Vgl. Lukács, Georg, Der junge Hegel, a.a.O., S. 557.

79 Dellavalle, Sergio, Freiheit und Intersubjektivität. Zur historischen Entwicklung von Hegels geschichtsphilosophischen und politischen Auffassungen, Berlin 1998, S. 148.

Jedes Volk wird, was das soziale Band betrifft, von zwei grundsätzlichen Faktoren bestimmt A, seiner Abstammung – dem untergründigen Geist der Ahnen = für Hegel das göttliche Gesetz und B, seiner bekannten offenbaren Sittengesetze, repräsentiert durch den Staat. Für A steht die Familie und für B die Gesellschaft/Staat. Beide sind gleichberechtigt: ohne Familie kein Staat und ohne Staat keinen Schutz der Familie. Sie verfolgen aber nicht die gleichen Prinzipien. Die Familie schützt ihre Mitglieder und seien es Verbrecher; der Staat schaut einseitig nur auf die sichtbare Leistung des Bürgers, ist an der Erhaltung des Ganzen interessiert, auch auf Kosten des Einzelnen, wenn es sein muss. Am Konflikt zwischen Antigone und Kreon erläutert Hegel diese Dialektik von Familie und Staat.

Betreffs der Familie geht Hegel auf das Verhältnis zwischen Mann und Frau sowie Eltern und Kindern ein. Besondere Beachtung erhält bei ihm das Geschwisterverhältnis von Schwester und Bruder, das er geistig als am höchsten stehend ansieht. Antigone kann es nicht fassen, wie Kreon mit ihrem toten Bruder umgeht. *Der Verlust des Bruders ist daher der Schwester unersetzlich und ihre Pflicht gegen ihn die höchste* (3.338).[80]

Eigentlich kennen die beiden genannten Formen der Sittlichkeit keinen Konflikt untereinander und das sittliche Individuum weiß in einem sittlichen Volk immer, was zu tun ist. *Das sittliche Bewußtsein ... weiß, was es zu tun hat...*(3.343). Kommt allerdings das selbstbewusste Pathos hinzu und entscheidet sich jemand mit Pathos für eine der beiden Seiten (Hegel nennt das Charakter), entstehen Konflikte. *Indem es* [das sittliche Bewusstsein] *das Recht nur auf seiner Seite, das Unrecht aber auf der andern sieht, so erblickt von beiden dasjenige, welches dem göttlichen Gesetze angehört, auf der andern Seite menschliche zufällige Gewalttätigkeit, – das aber dem menschlichen Gesetze zugeteilt ist, auf der andern den Eigensinn und den Ungehorsam des innerlichen Fürsichseins ...* (3.344).

Beide sehen im jeweils anderen das Negative, Böse und Schlechte. Was hier aufeinander trifft sind nicht Antigone und Kreon als Individuen, sondern es handelt sich auf der Geistebene um ein Entwicklungsgesetz der Menschheit. Antigone besteht darauf, ihren Bruder ordnungsgemäß zu beerdigen; Kreon will die Bestattung dem Landesverräter verwehren. Antigone verkörpert das göttliche Gesetz der Ahnen und der Familie, Kreon steht für Staat und Volk. Beide sind im Recht, verstricken sich in Schuld. Hegel zitiert einen Vers aus der Antigone: ... *weil wir leiden, anerkennen wir, dass wir gefehlt* (3.348). Vgl. *Alles Leiden ist Strafe* (Hölderlin).[81] Antigone (später nimmt bei Hegel der reflektierende Sokrates diese Stelle ein) steht, da sie Kreons Gebot nicht beachtet, für das Zertrümmern der sittlichen Welt der Polis: *Das Allgemeine, in die Atome der absolut vielen Individuen*

80 Antigone argumentiert, dass sie sich nicht so für ihren Mann oder ihre Kinder eingesetzt hätte, da diese „ersetzbar" seien, während der Bruder unersetzbar sei, da die Eltern gestorben seien, eine Argumentation, die Goethe irritierte und als „Flecken" im Werk von Sophokles bezeichnete. Gespräche mit Eckermann 28.3.1827.

81 Hölderlin, Friedrich, Über den Begriff der Strafe in Sämtliche Werke und Briefe, Bd. II, München 1992, S. 48.

zersplittert ... (3.355). Das Wir wird vom Ich aufgelöst. Von Schuld will Hegel nicht reden, denn: *Unschuldig ist ... nur das Nichttun wie das Sein eines Steines, nicht einmal eines Kindes* (3.346). Ja, in einer verderbten Welt ist die Widerhandlung sogar notwendig, um zur Heilung zu kommen. Welthistorische Individuen mussten *Sünder und Häretiker gegen die geltende Ordnung sein.*[82]

Der Streit zwischen Antigone und Kreon zerstörte die harmonische Sittlichkeit. Nach außen hin *entspricht diese Bewegung den Kriegen, zwischen den griechischen Staaten*[83] (Peloponnesischer Krieg). Beides führt zum Verfall der Polis und zur Errichtung von Großreichen (Alexanderreich, Römisches Reich), in denen der einzelne Bürger den Überblick über das politische Ganze verlor. Der Staat wird zum Abstraktum. Es entstehen die hellenistischen Schulen mit ihrer Tendenz des Rückzugs auf das individuelle Selbst. Im römischen Reich gewinnt das Thema des Rechts und die Sicherung des Eigentums Priorität. Die Sittlichkeit der Polis wird durch das römische abstrakte Rechtssystem abgelöst.

Wenn aber das Recht über die Sittlichkeit obsiegt, bleibt eine kalte um ihre sittliche Substanz ausgehöhlte Welt, in der sich u. U. Kinder und Eltern oder Ehepaare vor Gericht einander gegenüberstehen. Habermas spricht in diesem Zusammenhang von der Kolonialisierung der Lebenswelt.[84] *Es ist das Recht selbst, das die kommunikativen Strukturen ... verletzt.*[85] Rom verkörpert für Hegel ein auf der Gleichheit des formalen Rechts beruhendes geistloses Gemeinwesen. *Die sittliche Gestalt des Geistes ist verschwunden, und es tritt eine andere an ihre Stelle* (3.354). Da dieser Rechtszustand ohne innere Substanz ist bzw. die versprengten Individuen als solche machtlos sind, bildet sich in Rom als *Herr der Welt* (3.357) eine alles beherrschende Kaisermacht heraus, da, ... *die spröden Personen ... dann nur durch despotische Gewalt zusammengehalten werden (können)* (12.342). Dazu schreibt Sergio Dellavalle: *Formale Gleichheit der Individuen und konkrete Macht eines Herrschers bestimmen ... das Grundkonzept der ‚römischen Welt'...*[86]

Inhalt der römischen Gesellschaft ist also letztlich das *spröde Selbst* (3.355) – die Person. *Die Persönlichkeit ist ... hier aus dem Leben der sittlichen Substanz herausgetreten; sie ist die wirklich geltende Selbstständigkeit des Bewusstseins* (3.355). Sophisten und Skeptiker betreten die Bühne. Denn wenn es keine Sittlichkeit – sprich substanzielle Wahrheit – gibt, sondern nur das persönlich einzuklagende Recht, dann muss das Recht in *niederringenden Reden* (Protagoras) erfochten werden. Das heißt, in einer Gesellschaftsformation der Privatisierung und Atomisierung des Lebens und des Rückzugs auf das Ich (Person) gibt es keine Wahrheit, sondern lediglich Richtersprüche und überredende Rhetorik.

---

82 Dinkel, S. 365.

83 Garaudy, S. 262.

84 Habermas, Jürgen, Theorie des kommunikativen Handelns, Bd. 2, Zur Kritik der funktionalistischen Vernunft, Frankfurt/Main 1981, 1. Auflage, S. 522.

85 Ebenda, S. 534.

86 Dellavalle, S. 148.

5.5.2 Der sich entfremdete Geist. Die Bildung

Am Ende hängen wir doch ab / von Kreaturen, die wir machten ...
Faust II, Mephisto

In diesem Kapitel beschäftigt sich Hegel mit der bürgerlichen Gesellschaft, der Krise der Aufklärung und der Französischen Revolution. Es handelt sich im Gegensatz zum „wahren Geist" der griechischen Sittlichkeit um einen zerrissenen Geist, der allerdings eine notwendige Stufe hin zum versöhnten Geist als Ziel der „Phänomenologie" bedeutet. Die Widersprüche und die Zerrissenheit des Geistes spitzen sich zu, was gemäß der Dialektik aber auch den Fortschritt bewirkt. Der Geist schreitet schließlich vom Frankreich der Revolution weiter nach Deutschland, wo es zur Entfaltung der idealistischen Philosophie mit dem Höhepunkt des Hegelschen Systems selbst kommt.

Erinnern wir uns. Aus der griechischen sittlichen Substanz wurde das Individuum herausgesprengt. Was entsteht, nennt Hegel ein *geistlose(s) Allgemeinwesen* (3.355). *Das Allgemeine, in die Atome der absolut vielen Individuen zersplittert, dieser gestorbene Geist ist eine Gleichheit, worin Alle als Jede, als Person gelten* (3.355). Nun kommt es auf das *Mein ... als ein anerkanntes und wirkliches Gelten ...* (3.357) an. Eigentum und Besitz werden in Bezug auf Geltung und Anerkanntsein unentbehrlich. Um sie zu erwerben, bedarf es der Bildung. Mit Theodor Haering ist festzustellen, dass für Hegel der Begriff der Bildung allgemein gehalten ist[87] und *für jedes Geformtwerden des Individuums durch einen (individuellen oder überindividuellen) Geist*[88] verwendet wird. In der neuzeitlichen Gesellschaft zählt nun das Individuum gerade so viel, als es gebildet ist. *Wodurch also das Individuum hier Gelten und Wirklichkeit hat, ist die Bildung* (3.364).

Den Prozess, in dem der Geist sich Wissen über die objektive Welt erarbeiten muss, in dem der Einzelne sich an der Welt reibt und formt, nennt Hegel auch Entfremdung. Der Geist muss aus sich herausgehen – sich objektivieren –, um Wissen und Macht über die Welt zu erlangen. Hier gilt: *„Wer sich selbst erniedriget, der wird erhöhet!"* Matthäus 23,12, d. h. in unserem Zusammenhang: Nur wer sich einer Disziplin unterwirft, wer sich bildet, kommt unter den Bedingungen der modernen Welt voran. Das Bewusstsein der Bildung ist gespalten in citoyen (Staat) und bourgeois (Wirtschaft): *Das Gute und das Schlechte, die Staatsmacht und der Reichtum*[89], was sich wie folgt erklärt. Zu welchem Zweck bildet man sich? Antwort: um Ehre (Staat) oder Reichtum (Gesellschaft) zu erlangen. *Macht und Reichtum sind die höchsten Zwecke seiner* [des fürsichseienden Selbsts] *Anstrengung; es weiß, daß es durch Entsagung und Aufopferung sich zum Allgemeinen bildet, zum*

---

87 Vgl. auch Lukács, Georg, Der junge Hegel, a.a.O., S. 557.

88 Haering, Bd. 2, S. 506.

89 Hegel, Georg, Wilhelm, Friedrich, Phänomenologie des Geistes, hg. v. Georg Lasson, Leipzig 1907, S. 321.

Besitze desselben gelangt (3.390). Wieder herrscht eine Dialektik vor, wie Slavoj Zizek vermerkt: *Während der ganzen Zeit der Bildung, wie Hegel es nennt, wird das Subjekt (eines Teils) seines substanziellen Inhalts beraubt, bekommt aber im Tausch dafür ‚entweder die Ehre oder de(n) Reichtum, die es an die Stelle des Selbst, dessen es sich entfremdete, gewinnt ....‘* [90]

Hegel stellt ein „edelmütiges" Bewusstsein, das den Staat respektiert und in der Wirtschaft den allgemeinen Nutzen hervorhebt, einem „niederträchtigen" Bewusstsein gegenüber, das die Staatsmacht als Fessel und den Reichtum als Egoismus abfertigt. Für das niederträchtige, kleinlich Bewusstsein gilt: *Staatsmacht und Reichtum werden als miteinander konkurrierende Formen der Unterdrückung betrachtet, und nicht als konstitutive Aspekte der Gemeinschaft und der selbstbewussten Individuen.*[91] Als Resultat findet sich das Bewusstsein auch auf dieser Stufe der Bildung als zerrissenes wieder, was allerdings nicht als Nachteil zu sehen ist, wie Hegel an anderer Stelle in einem Aphorismus hervorhebt: *Ein geflickter Strumpf (ist) besser als ein zerrissener; nicht so das Selbstbewusstsein* (2.558).

Um in der Gesellschaft zu bestehen, muss man sich allerlei Finten bedienen, sich auch einmal verstellen können. Georg Lukács entdeckt in dem Kapitel die Beschreibung der Markt- und Warengesetze, den Zwiespalt zwischen Gebrauchswert und Tauschwert in der kapitalistischen Gesellschaft. Dies zeichnet, wenn man so will, den ökonomischen Zwiespalt. Was den moralischen betrifft, schreiben Horkheimer/Adorno über das *Urprinzip* der bürgerlichen Gesellschaft: Man hat ... *die Wahl, zu betrügen oder unterzugehen.*[92] In der heuchlerischen Welt des Feudalabsolutismus und der beginnenden bürgerlichen Gesellschaft spielt man sich, um einen Vorteil zu erlangen, gegenseitig etwas vor. In „Rameaus Neffe" von Denis Diderot werden diese Missstände und Widersprüche von der Titelfigur so offen und ehrlich ausgesprochen, dass der Ich-Erzähler betroffen ist, von *einer so völligen Verkehrtheit der Empfindung, einer so vollkommenen Schändlichkeit und einer so seltenen Offenheit.*[93] Der Protagonist in diesem von Goethe übersetzten Manuskript nimmt kein Blatt vor den Mund, wie es im Nachwort von Günter Metken heißt: *Zivilisation hält er für Verstellung, Tugend für Heuchelei. Moral hängt er sich nur als Deckmäntelchen um, um seine egoistischen Ziele zu erreichen.*[94] Es geht um den Zerfall der Werte in der zerfallenden Welt des Ancien Régime. Gut und Böse verlieren an Kontur. Was bleibt ist das *Hohngelächter über das Dasein* (3.389). Hier passt eine Bemerkung Hegels aus seinen Jenaer Schriften: *List ist etwas anderes als Pfiffigkeit. Das offenste Handeln ist die größte List.*[95] Dieses Bewusstsein weiß zwar wie Rameaus Neffe die Widersprüche auszusprechen – immerhin möchte

---

90 Zizek, S. 435.

91 Brandom, S. 848.

92 Horkheimer, Max, Adorno, Theodor W., Dialektik der Aufklärung, Frankfurt/Main 1969, S. 57.

93 Diderot, Denis, Rameaus Neffe, Aus dem Manuskript übersetzt und mit Anmerkungen begleitet von Johann Wolfgang von Goethe, Stuttgart 1967, 1984, S. 21.

94 Ebenda, Nachwort von Günter Metken, S. 187.

95 Jenaer Rechtsphilosophie, in Frühe politische Schriften, Göhler (Hg.), a.a.O., S. 220.

man sagen –, es weiß ... *das Substantielle sehr gut zu beurteilen, aber hat die Fähigkeit verloren, es zu fassen* (3.390). *Rameaus Neffe ist wie ein Schüler, der seinem Lehrer gesteht, dass er zwar nicht seiner Meinung sei, aber ihm in den Klausuren nach dem Mund schreibt, um eine bessere Note zu bekommen, was die Sache auch nicht viel besser macht. Es bleibt immer nur das reine Ich selbst, das als empörtes Selbstbewusstsein um seine eigene Zerrissenheit (weiß)* (3.390) – *ein, so könnte man hinzufügen, gefährliches revolutionäres Gemisch, dem der Pariser terreur folgt.*[96]

Dieser zerrissenen Welt steht der Glaube als „wahrer" Welt gegenüber. Doch es ist ein Glaube ohne Einsicht, der ein heiles Jenseits verdinglicht und dem falschen Diesseits abstrakt gegenüberstellt. *Weit entfernt von der realen Möglichkeit, auf die Wirklichkeit Einfluss zu nehmen, etabliert sich der Glaube vielmehr als Teil des von ihm ... verworfenen Daseins, und besteht neben dessen abscheulichsten Erscheinungen weiter, bis die Korruption ihn auch erfasst.*[97] Daran schließt sich die Aufklärung mit ihrer Religionskritik an. Die *reine Einsicht* der Aufklärung führt zunächst zu einer objektiveren Betrachtung der Welt, die im Gegensatz zum katholischen Glauben nicht mehr als ein Jammertal erscheint, sondern mit wissenschaftlichen Mitteln erforscht wird. *Es ist nun ein allgemeines Interesse, die gegenwärtige Welt zu betrachten und kennen zu lernen, entstanden* (12.521), lesen wir in den „Vorlesungen über die Geschichte der Philosophie". Doch die Aufklärung bedient sich in ihrem kritischen wie positiven Geschäft lediglich der Methoden des Verstandes (quantitatives Messen, kategoriales Erfassen), was zum vernünftigen Verständnis der Wirklichkeit nach Hegel nicht ausreicht. Denn die Aufklärung als ... *Weisheit unserer Zeit ... hat aus Gott ein unendliches Gespenst gemacht, das fern von uns ist, und ebenso die menschliche Erkenntnis zu einem eiteln Gespenste der Endlichkeit oder zu einem Spiegel, in den nur Schemen, nur die Erscheinungen fallen* (16.43).

Auch beim Hauptanliegen der Aufklärung, nämlich der Zertrümmerung falscher Götzen, treten Widersprüche auf. Die Aufklärung weist die „Irrtümer" und „Vorurteile" der Religionen nach und unterstellt nicht selten der Priesterschaft betrügerische Absichten. Die Aufklärung kämpft gegen die Religion des Volkes, die Priesterschaft, die Despoten, gegen Dummheit, Betrug und Unterdrückung.[98] Dabei übersieht sie aber, dass in religiösen Fragen nicht einfach so von Lüge und Täuschung gesprochen werden kann. *Wenn die allgemeine Frage aufgestellt worden ist, ob es erlaubt sei, ein Volk zu täuschen, so müßte in der Tat die Antwort sein, daß die Frage nichts tauge, weil es unmöglich ist, hierin ein Volk zu täuschen* (3.408). Vor diesem Hintergrund verwundert es nicht, wenn das Volk im Allgemeinen ein Misstrauen gegen die Ideologen der Aufklärung hat, die ihm letztlich seine Religion und Sitten abspenstig machen wollen.

Wenn die Aufklärung die Anthropomorphisierung Gottes kritisiert, übersieht sie, dass in solchen Elementen der Volksreligion sich das Bedürfnis widerspiegelt,

---

96 Lukács, Georg, Goethe und seine Zeit, Bern 1947, S. 145.

97 Dellavalle, S.150.

98 Vgl. Fischer, Kuno, Geschichte der neueren Philosophie, 8. Bd., Hegels Leben, a.a.O., S. 392.

dass Gott auch wirklich und lebendig ist und nicht durchgängig transzendent und abstrakt. Die Aufklärung lässt von Gott nicht viel mehr übrig als ein *Vakuum,* als das prädikatlose höchste Wesen: das l' être suprême der Jakobiner und den Kult darum. Der Mensch ist für die Aufklärung lediglich ein mit Verstand begabtes Tier: *das seiner selbst bewusste Tier* (3.415). In der Hostie sieht sie ein Stückchen Brotteig, im Fasten und Opfern unsinnige Nachteile für das Subjekt. Kurz, die Aufklärung findet keinen Zugang zur Religion und dem religiösen Geschehen. Letztlich mündet nach Hegel die Philosophie der Aufklärung im Utilitarismus als dem höchsten Gut, wonach der Mensch alles – auch die höheren Werte – nach den Kriterien von *Vergnügen und Ergötzlichkeit* (3.415) einordnet.

Aus dem abstrakten Vernunftbegriff der Aufklärung geht als der *absoluten Freiheit des Willens* Hegel zufolge schließlich der Schrecken der Revolution hervor.[99] Die Forderung der Aufklärer nach Freiheit, Gleichheit und Brüderlichkeit ist, wenn man sie einfach nur abstrakt nimmt, gegen jede Rangordnung gerichtet, wobei das Gleichmachen kein Ende findet. Immer wieder werden von den Sansculotten neue „Ungerechtigkeiten" entdeckt und angeprangert. *In dieser absoluten Freiheit sind also alle Stände, welche die geistigen Wesen sind, worein sich das Ganze gliedert, getilgt ...* (3.433).

Dieser Freiheitsbegriff der Revolutionäre konnte kein positives Werk – z. B. einen gegliederten Staat, wie Hegel ihn in seiner Rechtsphilosophie darlegen wird – hervorbringen, sondern richtete stets gegen immer neue „Ungerechtigkeiten": *Kein positives Werk noch Tat kann also die allgemeine Freiheit hervorbringen; es bleibt ihr nur das negative Tun; sie ist nur die Furie des Verschwindens* (3.436). In der Schrift über die Reichsverfassung (Verfassungsschrift) spricht Hegel in diesem Zusammenhang gar von *Freiheitsraserei* (1.555). Vor nichts wurde Halt gemacht. Z. B. führte der französische Revolutionskalender neue Monatsnamen und die Zehn-Tage-Woche ein. Sogar der Tag sollte in 10 Stunden zu 100 Minuten zu 100 Sekunden eingeteilt werden, was alle vorhandenen Uhren unbrauchbar gemacht hätte.[100]

Unter solchen Bedingungen findet ein ständiger Kampf um die Staatsmacht statt. Die Mehrheiten wechseln einander ab. Was eben noch positive Gültigkeit

---

99 Vgl. auch Robert Heiss: *Was freilich andere ... als Entartung dieser Idee* [gemeint ist die Idee der Freiheit, Gleichheit und Brüderlichkeit] *betrachtet haben, die spätere Entwicklung der Revolution zur Schreckensherrschaft und zum Terror, sieht er* [Hegel] *als eine innere Konsequenz eines Geistes, der seine Realität verloren hat.* Heiss, Robert, Die großen Dialektiker des 19. Jahrhunderts, a.a.O., S. 75.

100 Wie Hegel sah der konservative französische Schriftsteller und Politiker René Chateaubriand nach der Französischen Revolution die Gefahr der Nivellierung als Furie des Verschwindens der Unterschiede. In Amerika machte er im Jahre 1792 die folgende Beobachtung: *Ganze Völker am Orinoco sind erloschen; von ihren Dialekten blieb nur noch ein Dutzend Wörter übrig ... Das wird früher oder später das Los aller unserer modernen Sprachen sein.* Chateaubriand, François-René de, Erinnerungen von jenseits des Grabes, hg. und mit einem Nachwort von Sigrid v. Massenbach Mit einem Essay von Pia Jauch, Berlin 2017, S. 157. In Bezug auf die Qualität der „Öffentlichkeit" gelangt Chateaubriand zu der Meinung ... *dass die Menschen von nun an in ihrer Gesamtheit und als Öffentlichkeit genommen (und dies für mehrere Jahrhunderte) erbärmlich sein werden ...* ebenda S.486.

hatte, wird kurz darauf verfolgt. Es entsteht ein Klima des allgemeinen Verdachts und Denunziantentums: *Verdächtigwerden tritt daher an die Stelle oder hat die Bedeutung und Wirkung des Schuldigseins, und die äußerliche Reaktion gegen diese Wirklichkeit, die in dem einfachen Innern der Absicht liegt, besteht in dem trockenen Vertilgen dieses seienden Selbsts, an dem nichts sonst wegzunehmen ist als nur sein Sein selbst* (3.437).[101] Die Jakobiner schalten die Girondisten aus, Napoleon verdrängt die Jakobiner, die Bourbonen folgen Napoleon, für Hundert Tage vertreibt Napoleon wieder die Bourbonen. Die Flaggen wechseln von der Trikolore zur weißen Fahne der Bourbonen und umgekehrt. Wer davon wissen will, braucht nur die Memoiren des Dichters und Politikers François-René de Chateaubriand oder auch Stefan Zweigs „Fouché" zu lesen, um einen Eindruck von der Beschleunigung der politischen Verhältnisse in der Revolutionszeit zu bekommen: *Furie des Verschwindens!*

5.5.3 Der seiner selbst gewisse Geist. Die Moralität

Folgt man Georg Lukács, so beinhaltet dieses Kapitel Hegels Hoffnung auf den deutschen Geist als Lösung der Weltkrise.[102] Der Geist vermag unter Bedingungen des Terrors nicht zu verweilen und geht vom „politischen" Frankreich nach dem „idealistischen" Deutschland zur moralischen Weltanschauung über. Die neue Stufe des Geistes erläutert Hegel an Kants Moralphilosophie, die ein freiheitliches Weltverhältnis enthält bzw. begründet. Allerdings verwickelt sich auch die moralische Weltanschauung sogleich in Widersprüche zwischen Pflicht und Neigung, Pflicht und Glückseligkeit usw. Diese Widersprüche treten auf, weil die moralische Welt nicht die wirkliche Welt ist, der Moralist tritt mit seinem Sollen gegen den Lauf der Welt an, die nun einmal andere Prinzipien hat als das moralische Sollen. Um über diese Tatsachen und Abgründe sich hinwegzutäuschen, kommt das moralische Bewusstsein nicht ohne Verstellung aus. Man handelt zwar rein aus Pflicht und nicht etwa aus Neigung und zieht dennoch aus seinem moralischen Tun höchste Befriedigung. Der Moralist beschwert sich über die Ungerech-

[101] Hegel hat das *Verdächtigengesetz* vom 17. 9. 1793 vor Augen, wonach nicht nur die vermeintlichen Gegner der Freiheit, sondern auch diejenigen unter Verdacht fielen, die nicht genügend für die Republik bzw. eintraten. Das Gesetz sah vor, alle Verdächtigen zu inhaftieren. Als verdächtige Personen galten gemäß Gesetz z. B. alle diejenigen, *denen das Bürgerzeugnis verweigert worden ist* und alle vormaligen Adligen, die *nicht dauernd ihre Verbundenheit mit der Revolution unter Beweis gestellt haben.* Grab, Walter (Hg.), Die Französische Revolution, Eine Dokumentation, München 1973, S. 301. Dadurch war der Denunziation Tür und Tor geöffnet.

[102] Vgl. Lukács, Georg, Der junge Hegel, a.a.O., S. 557. In einem Brief an Voss (Mai 1806), in dem er seinen Wunsch ausdrückt, an der Universität Heidelberg zu lehren, schreibt Hegel, dass es sein *Bestreben* sei, *die Philosophie ... deutsch sprechen zu lehren. Ist es einmal so weit gekommen, so wird es unendlich schwerer, der Plattheit den Schein von tiefem Reden zu geben. ... Es scheint die Zeit für Deutschland gekommen zu sein, dass, was Wahrheit ist, offenbar werden, in Heidelberg die Philosophie versuchen will neue Morgenröte für das Heil der Wissenschaften aufgehen zu können ...* Georg Wilhelm Friedrich Hegel, Weltgeist zwischen Jena und Berlin, a.a.O., S. 49.

tigkeit, dass dem Bösen irdisches Glück, Wohlstand usw. zu Teil wird, während der Gute in Armut oder Krankheit dahin darbt. Vor Nietzsche deckt Hegel in der Tiefe der Moralität das Ressentiment auf: *Der Sinn und Inhalt des Urteils der Erfahrung ist ... allein dieser, dass einigen die Glückseligkeit an und für sich nicht zukommen sollte, d. h. er ist Neid, der sich zum Deckmantel die Moralität nimmt* (3.459f). In Kants „Gott als Postulat" als Ersatz der Gottesbeweise (Gott muss postuliert werden, sonst gäbe es keine Moral) lokalisiert Hegel ein ganzes *Nest von Widersprüchen* (20.371). Wo man hinblicke, finde man Ungereimtheiten im moralischen Diskurs, die im Dualismus von Moralität und Wirklichkeit begründet seien.

Auch die Verschanzung des Ichs hinter einer „inneren Stimme", der schönen Seele oder im guten Gewissen (Friedrich Jacobis Position) kritisiert und verurteilt Hegel als Überspanntheit einer „moralischen Genialität": *Das Gewissen also in der Majestät seiner Erhabenheit über das bestimmte Gesetz und jeden Inhalt der Pflicht legt den beliebigen Inhalt in sein Wissen und Wollen; es ist die moralische Genialität, welche die innere Stimme ihres unmittelbaren Wissens als göttliche Stimme weiß ...* (3.481). Das Insistieren auf das Gewissen und die innere Stimme machten die Leute redselig, sie neigten zum literarischen Ausdruck, da sie – im Gegensatz zur Masse – diese innere Stimme fühlten; sie wendeten sich an Gleichgesinnte – Fichte fordert in seiner Sittenlehre geradezu eine Pflicht zur Publizität[103] –, die sich einander in ihrer Gewissenhaftigkeit bestärkten. *Der Geist und die Substanz ihrer Verbindung ist also die gegenseitige Versicherung von ihrer Gewissenhaftigkeit, guten Absichten, das Erfreuen über diese wechselseitige Reinheit und das Laben an der Herrlichkeit des Wissens und Aussprechens, des Hegens und Pflegens solcher Vortrefflichkeit* (3.481).

Die „schöne Seele"[104] will sich durch Handeln nicht beflecken. Hegel kritisiert diese Wirkungslosigkeit. Das Bewusstsein der schönen Seele ... *lebt in der Angst, die Herrlichkeit seines Innern durch Handlung und Dasein zu beflecken; und um die Reinheit seines Herzens zu bewahren, flieht es die Berührung der Wirklichkeit und beharrt in der eigensinnigen Kraftlosigkeit, seinem zur letzten Abstraktion zugespitzten Selbst zu entsagen ... in dieser durchsichtigen Reinheit seiner Momente eine unglückliche sogenannte schöne Seele, verglimmt sie in sich und schwindet als ein gestaltloser Dunst, der sich in Luft auflöst* (3.483f).[105]

Das folgende Zitat könnte sich auf Hölderlin und Novalis beziehen:[106] *Die wirklichkeitslose schöne Seele, in dem Widerspruche ihres reinen Selbsts und der Notwendigkeit*

[103] Vgl. Hirsch, Emanuel, Die idealistische Philosophie und das Christentum, Gütersloh 1926, S. 125.

[104] Hegel hat den Begriff vermutlich von Goethes Roman „Wilhelm Meister" und Jacobis Roman „Woldemar".

[105] Positiver schreibt Hegel in seinen Jugendschriften über das *schöne Gemüt* der Maria Magdalena, die *durch Liebe zum schönsten Bewußtsein zurückkehren konnte* (1.359), vgl. Hoffmeister, Johannes, Hölderlin und Hegel, Tübingen 1931, S. 31.

[106] Vgl. Schmaus, Marion, Die Wunden des Geistes heilen. Zur Autobiographie des melancholischen Geistes oder der ‚Fall Hölderlin' in Hegels Phänomenologie. In: Athenäum. Jahrbuch für Romantik 9 (1999). Paderborn, S. 79. Vgl. hierzu auch: Hirsch, Emanuel, Die idealistische Philosophie und das Christentum, Gütersloh 1926, S. 126ff, auch Pöggeler, Otto, Philosophie im Schatten

desselben, sich zum Sein zu entäußern und in Wirklichkeit umzuschlagen ... ist also, als Bewußtsein dieses Widerspruchs in seiner unversöhnten Unmittelbarkeit, zur Verrücktheit zerrüttet und zerfließt in sehnsüchtiger Schwindsucht (3.491). ... *wie die schamhafte Pflanze zieht er* [der Mensch der schönen Seele] *sich bei jeder Berührung in sich (zurück), und ehe er das Leben sich zum Feinde machte, ehe er ein Schicksal gegen sich aufreizte, entflieht er dem Leben* ...(1.350). Novalis starb im Alter von 28 Jahren an Schwindsucht. Hölderlin fiel 1802 in geistige Umnachtung. Seit Hölderlins Flucht aus Frankfurt im Jahr 1798 hatte Hegel Hölderlin nie wieder gesehen. In Berlin beteiligte sich Hegel dann im Jahr 1826 an der Herausgabe einer ersten Hölderlin-Ausgabe[107] als ... *letzten Dienst Hegels für den alten Freund. 1830 erinnert er sich zusammen mit Prinzessin Marianne mit Freude und Wehmut an Hölderlin und dessen Hyperion.*[108]

Hegel zum Rückzug aus der Gesellschaft

In der *Phänomenologie* sind es die Ausführungen über *das Gesetz des Herzens, die Tugend, die schöne Seele, das ehrliche Bewusstsein,* die den Rückzug in die Innerlichkeit kritisieren. Allerdings heißt es bei Hegel an anderer Stelle, dass *Wo ein Kampf nichts hilft, besteht das Vernünftige darin, dem Kampfe aus dem Weg zu gehen, um sich wenigstens in die formelle Selbständigkeit der subjektiven Freiheit zurückziehen zu können* (13.275). Auch in Hegels Jugendschriften heißt es in diesem Sinne: *Gegen rohe Seelen muß man sich begnügen, nur eine Entweihung eines schönen Gemüts durch sie abzuwenden; es wäre vergebens, einer groben Organisation den feinen Duft des Geistes erklären zu wollen, dessen Anhauch für sie unempfindbar war* (1.359). Und auch in der Rechtsphilosophie spricht Hegel davon, dass unter bestimmten Bedingungen ein Rückzug legitim ist. *Nur in Zeiten, wo die Wirklichkeit eine hohle geist- und haltungslose Existenz ist, mag es dem Individuum gestattet sein, aus der wirklichen in die innerliche Lebendigkeit zurückzufliehen* (7.260, §138 Z).

Die sich zurückziehende „schöne Seele" ist nur die eine mögliche Reaktion der sich allein auf sein Gewissen berufenden Moralität. Die andere ist das obstinate Behaaren auf seinem eigenen Urteil auch gegen den Rest der Welt, die umgekehrt in solchem Fanatismus nur Eigensinn sehen kann. Die schöne Seele und wie Hegel auch sagt das „harte Herz" (3.490)[109] werden im religiösen *Gefühl der Harmonie* (1.382) aufge-

Hölderlins, in: Der Idealismus und seine Gegenwart, hg. v. Ute Guzzoni, Bernhard Rang und Ludwig Siep, Festschrift für Werner Marx, Hamburg 1976, S. 369.

107 Christof Jamme in: Hegel in Berlin, Katalog zur Ausstellung zum 150. Todestag d. Philosophen, hg. v. Otto Pöggeler, Berlin 1981, S. 65.

108 Vieweg, Klaus, Der Philosoph der Freiheit, a.a.O., S. 550.

109 *Als ‚hartes Herz' charakterisiert Hegel eine Bewusstseinsgestalt, die Schiller in seinen Dramen als reale Personen in ihrem Handeln, ihrer Konfrontation mit der bestehenden Realität darstellt. Solche Individu-*

hoben. *Da religiöse Handlungen das Geistigste, das Schönste, dasjenige sind, was auch die durch die Entwicklung notwendigen Trennungen noch zu vereinigen strebt* ... (1.318).

5.6 Religion

Die Religion ist gleichsam der Feiertag des Daseins, an dem menschliche und göttliche Natur zusammenfallen. Nach Lukács ist die Religion für Hegel die tiefste Form des Ringens der Menschheit um die gedankliche Bewältigung des Wesens und der Gesetzlichkeit der Welt.[110] Auf früheren Stufen der *Phänomenologie* erschien die Religion z. B. auf der Ebene des Selbstbewusstseins als unglückliches Bewusstsein, auf der Stufe des sittlichen Geistes als Religion der Unterwelt (der Ahnen), auf der Ebene des sich entfremdeten Geistes als das Reich des Glaubens im Kampf mit der Aufklärung. In diesem Kapitel des absoluten Geistes geht es aber um das Wesen von Gott selbst. Und dazu stellt Hegel zunächst klar, dass die Religion das Wesen Gottes nicht als Begriff, sondern als Vorstellung und in der Gestalt erkennt. Weiter unterscheidet Hegel in der *Phänomenologie* die natürliche Religion (Orient), die Kunstreligion (Griechenland) und die offenbare Religion (Christentum). Wichtig ist, dass Religionen nicht gemacht werden, sondern höchster Ausdruck des menschlichen Geistes auf einer bestimmten Stufe sind, d. h. sie werden gelebt. *In seinen Göttern malt sich der Mensch.*[111]

In der orientalischen natürlichen Religion (Indien, Ägypten) erscheint Gott als Gegenständlichkeit. Das Göttliche wird als Lichtwesen, Pflanzenwesen oder Tierwesen angeschaut. In Griechenland wurde die Religion zur Kunstreligion, die zum Zentrum den Menschen hat; z. B. die Statue, die menschliche Bildsäule. Hier erhebt sich der Geist über die Natürlichkeit und schaut sich in seinem eigenen Tun an. Nun werden nicht mehr Wesen verehrt, die wie z. B. in Ägypten halb Mensch, halb Tier (Sphinx) sind, sondern Götter in künstlerisch wohlgeformten Menschengestalten. Die Opfer, die die Griechen ihren Göttern darbieten, behauptet Hegel, tun dem Volke nicht besonders weh: *Die Wohnungen und Hallen des Gottes sind für den Gebrauch des Menschen, die Schätze, die in jenen aufbewahrt sind, im Notfalle die seinigen; die Ehre, die jener in seinem Schmucke genießt, ist die Ehre des kunstreichen und großmütigen Volkes* (3.524).

In der griechischen Kunstreligion kam es zu einer schönen Einheit des Menschen mit dem Göttlichen. Doch das Gewicht verlagerte sich im Lauf der Zeit immer mehr auf den Menschen. Die Götter verloren im dialektischen (wissenschaftlichen) Denken ihren Nimbus, sind schließlich ... *nur Wolken, ein verschwindender Dunst* (3.543). Den Menschen lehrt die griechische Komödie keine Angst mehr vor den Göttern

---

en handeln im Bewusstsein, dass ihr inneres Gesetz, ihre Autonomie zugleich das Gesetz allen Handelns und das Gesetz der Realität selbst ist. Gethmann-Siefert, Annemarie, Einführung in Hegels Ästhetik, München 2005, S. 215.

110 Ebenda, S. 592.

111 Fischer, Kuno, Geschichte der neueren Philosophie, 8. Bd., Hegels Leben, a.a.O., S. 414.

zu haben, sondern ... *ein Wohlsein und Sichwohlseinlassen des Bewusstseins...* (3.544). Der Spott in der Komödie erinnert an die Lebenseinstellung des Skeptizismus. Unterm Strich führt aber die Selbsterhöhung des Menschen, das Sich-lustig-machen über alles und jedes in den Nihilismus und den Tod der Götter. *Die Bildsäulen sind nun Leichname, denen die belebende Seele ... entflohen ist, die Tische der Götter ohne geistige Speise und Trank, und aus seinen Spielen und Festen kommt dem Bewußtsein nicht die freudige Einheit seiner mit dem Wesen zurück* (3.547). Hegel spricht das *harte Wort über die griechische Religion aus: dass Gott gestorben ist* (3.547).

Die Stufe nach der Kunstreligion ist für Hegel die offenbare Religion. Nachdem die griechische Sittlichkeit in den römischen Rechtszustand mündete, alles Punkte, die die Subjektivität erstarken ließen bzw. Hegel als Folgen einer erstarkten Subjektivität interpretiert – *das Selbst ist das absolute Wesen* – (3.545): lehrt und verkörpert die offenbare Religion die Menschwerdung Gottes in dem religiösen Selbstbewusstsein als Geist einer Gemeinde. *Diese Menschwerdung des göttlichen Wesens, oder daß es wesentlich und unmittelbar die Gestalt des Selbstbewußtseins hat, ist der einfache Inhalt der absoluten Religion* (3.552), nämlich des Christentums. Handelt es sich in der Kunstreligion gewissermaßen um die Gottwerdung des Menschen, so handelt es sich in der offenbaren Religion des Christentums um die Menschwerdung Gottes im vorstellenden Bewusstsein der Gemeinde.

Mit dem Christentum ist Hegel zufolge die höchste Stufe der Religion erreicht. Denn sie ist die Religion der Versöhnung. *Das Wesen der wahrhaften Religion ist die Liebe* (4.66). Aber da wir in der Religion im Vorstellen bleiben, was Hegel nicht kritisiert, sondern für notwendig hält, da nicht alle Gläubigen Philosophen sein können, so bedarf es einer Sprache, die sich von der Vorstellung des Göttlichen löst und zum Begrifflichen übergeht. Gott will nicht nur vorgestellt, sondern begriffen werden. So bleibt es im Bereich der Bildlichkeit (des Vorstellens), wenn man sagt, Gott habe die Welt erschaffen. Begrifflich müsste es heißen, dass die Idee ohne ihr Anderes unvollkommen bzw. unvorstellbar wäre: *Der also nur ewige oder abstrakte Geist wird sich ein Anderes oder tritt in das Dasein und unmittelbar in* das *unmittelbare Dasein. Er erschafft also eine Welt. Dieses Erschaffen ist das Wort der Vorstellung für den Begriff ... (3.561).*

5.7 Das absolute Wissen

Im absoluten Wissen werden, wie erwähnt, die Glaubenssätze der absoluten Religion – des Christentums – aus der Form der Vorstellung (Personifikation Gottes) und des Glaubens in die Form des Begriffs gebracht. Zwar hat die absolute Religion (das Christentum) die wesentlichen religiösen Wahrheiten erkannt, aber eben nur der Vorstellung nach. So heißt es, dass Gott die Welt aus dem Nichts geschaffen hat, dass er in Vater, Sohn, Hl. Geist (Trinität) zu fassen ist. Doch das sind Vorstellungen wie sie für die Gemeinde notwendig sind, schließlich kann man der Gemeinde kaum die entsprechenden philosophischen Begriffe/Ideen vermitteln, z. B. dass sich die Idee logisch notwendig zur Natur entschließt, dass das Absolute ebenso als Substanz wie als Subjekt gedacht werden muss. In der Religion ist anschaulich vom „Flecken der Erbsünde“ die Rede; die Philosophie leitet die Möglichkeit des Bösen von der Erkenntnisfähigkeit des Menschen ab. Tiere können nicht „böse“ sein.

Die Philosophie bzw. das absolute Wissen findet nicht im Raum der formalen Logik statt. Die Philosophie ist sozusagen erfahrungsgesättigt, was Hegel in dem Satz ausdrückt: *dass nichts gewusst wird, was nicht in der Erfahrung ist oder ... was nicht gefühlt Wahrheit ist ...* (3.585). Die Wahrheit bleibt aber nicht bei dem Gefühl oder der Erfahrung stehen, sondern will zu sich selbst, zum Wissen, zur Versöhnung und Ruhe kommen. Das war und ist das Ziel der Phänomenologie. *Was also in der Religion Inhalt oder Form des Vorstellens eines Anderen war, dasselbe ist hier eigenes Tun des Selbsts; der Begriff verbindet es, ... denn dieser Begriff ist, wie wir sehen, das Wissen des Tuns des Selbsts in sich als aller Wesenheit und alles Daseins ...* (3.582). Der Philosophie geht zwar die Religion voraus, aber erstere geht wissensmäßig über letztere hinaus. *Der Inhalt der Religion spricht ... früher in der Zeit als die Wissenschaft es aus, was der Geist ist; aber diese ist allein sein wahres Wissen von ihm selbst* (3.585f).

Erst als Resultat kommt der Selbsterkenntnisprozess – der Geist – an sein Ziel. *Die Bewegung, die Form seines Wissens von sich hervorzutreiben, ist die Arbeit, die er als wirkliche Geschichte vollbringt* (3.586). In der Geschichte leisten die Völker die Hauptarbeit; dem Philosophen kommt es zu, die geistige Organisation und Stufenfolge der Völker und Volksgeister zu erkennen und darzustellen. *Das Geisterreich, das auf diese Weise sich in dem Dasein gebildet, macht eine Aufeinanderfolge aus, worin einer den anderen ablöste und jeder das Reich der Welt von dem vorhergehenden übernahm. Ihr Ziel ist die Offenbarung der Tiefe, und diese ist der absolute Begriff ...* (3.591).

Am Ende der Phänomenologie kommt Hegel auf das in der Vorrede angesprochene Verhältnis von Substanz und Subjekt zu sprechen: *Der Geist aber hat sich uns gezeigt, weder nur das Zurückziehen des Selbstbewußtseins in seine reine Innerlichkeit zu sein noch die bloße Versenkung desselben in die Substanz und das Nichtsein seines Unterschiedes, sondern diese Bewegung des Selbsts, das sich seiner selbst entäußert und sich in seine Substanz versenkt und ebenso als Subjekt aus ihr in sich gegangen ist und sie zum Gegenstande und Inhalte macht, als es diesen Unterschied der Gegenständlichkeit und des Inhalts aufhebt.* (3.587f) Das Subjekt geht nicht in der Substanz auf, zieht sich aber auch nicht in sich zurück, sondern wächst in der tätigen Auseinandersetzung mit der Substanz, wobei auch die Substanz nicht unverändert bleibt.

So kann Hegel zusammenfassen: Das Subjekt hat im absoluten Geist als Er-Innerung – Rücknahme der Entäußerung, Bewahrung der vergangenen und zugleich gegenwärtigen wertvollen Kulturgüter – das ihm Fremde abgestreift und findet sich in seinem Selbstbewusstsein im Geist aufgehoben – *Gleichheit des Selbst mit sich* (3.587) – so dass sich Hegels Leitsatz aus der Vorrede erfüllt, dass *dies Subjekt ... ebensosehr die Substanz* ist (3.587).[112] Der absolute Geist erfreut sich an

[112] Vgl. Biedermann, Georg, Georg, Wilhelm Friedrich Hegel, Köln 1981, S. 104.

den vielen historischen Gestaltungen und den Menschen, die sich zu einem erhabenen Bewusstseinszustand aufgeschwungen haben. Ohne Geschichte wäre der absolute Geist *das leblose Einsame* (3.590), doch nachdem er diese Geschichte durschritten und sie sozusagen als seine *Schädelstätte* (3.590) zurücklässt, kann er sich nun am *erscheinenden Wissen* (3.590) erfreuen: *aus dem Kelche dieses Geisterreiches / schäumt ihm seine Unendlichkeit* (3.590).

Dieses Wissen ist kein wissenschaftliches Expertenwissen. *Mit dem absoluten Wissen will Hegel nicht die Fehlbarkeit menschlicher Erkenntnisbemühungen leugnen, sondern das Bewusstsein zur Einsicht führen, dass Denken und Sein, Bewusstsein und Welt, eine Einheit bilden wie zwei Seiten einer Medaille.*[113]

Das absolute Wissen ist ein philosophisches Wissen, welches Hegel an anderer Stelle wie folgt charakterisiert: *In der Tat ist die Philosophie eben diese Lehre, den Menschen von einer unendlichen Menge endlicher Zwecke und Absichten zu befreien und ihn dagegen gleichgültig zu machen, so dass es ihm allerdings dasselbe sei, ob solche Sachen sind oder nicht sind* (8.189). Das heißt, am Ende der Phänomenologie erhebt sich mit dem höchsten Stand des philosophischen Wissens das Wissen um das Wesentliche. *Mündig und hell vor euch steht der besonnene Mensch.* (Hölderlin, „Stuttgart“) Es – das Wesentliche – ist der Geist bzw. das Geistige. Wie Johannes Flügge formuliert, sind es die *geistgeborenen Zwecke.*[114] Hegel: ... *uns ist die Bewahrung dieses heiligen Lichtes anvertraut, und es ist unser Beruf, es zu pflegen und zu nähren und dafür zu sorgen, daß das Höchste, was der Mensch besitzen kann, das Selbstbewußtsein seines Wesens, nicht erlösche und untergehe* (10.402). Dieses Wesen ist, wie gesagt, Geistwesen und der Geist, das ist, wie Hegel schreibt: *Ich, das Wir, und Wir, das Ich ist* (3.145), mithin die Gemeinschaft der Gläubigen und Wissenden, kurz: der Gemeinde! Es ist der in der Geschichte sich real entwickelnde lebendige Geist, der in der *Phänomenologie des Geistes* in seinen verschiedenen sich verändernden Gestaltungen beschrieben und begriffen wird = begriffene Geschichte. Und es ist nicht von ungefähr, wenn Hegel mit der Vernunft sowohl die Wahrheit als auch die Beruhigung (Versöhnung) in unmittelbare Verbindung bringt: *Ausbildung der Vernunft ist die einzige Quelle der Wahrheit und der Beruhigung ...* [115] Dazu gehört auch – fast schon wie Wittgensteins *Wovon man nicht sprechen kann, darüber muss man schweigen* – Hegels Aphorismus zur Jenaer Zeit: *Die Fragen, welche die Philosophie nicht beantwortet, sind so beantwortet, daß sie nicht so gemacht werden sollen* (2.547).

In Bezug auf die Interpretation der Phänomenologie, deren Zahl Legion ist, sei hier lediglich kurz auf die Kontroverse zwischen Theodor W. Adorno und Martin Heideggers eingegangen. Während Heidegger in *Holzwege* das, was bei Hegel im Erfahrungsprozess des Bewusstseins erscheint, das *Sein des Seienden*, das *anwest*,

---

113 Ostritsch, Sebastian, Hegel der Weltphilosoph, Berlin 2020, 2. Auflage, S. 139.

114 Flügge, Johannes, Die sittlichen Grundlagen des Denkens bei Hegel, Heidelberg 1968, S.68.

115 Nohl, Hermann, Hegels theologische Jugendschriften, Tübingen 1907, S. 75 (Das Leben Jesu).

nennt[116], kritisiert Adorno Heideggers *Supposition von Erfahrung als einer Weise des Seins, als eines vorsubjektiv ‚Ereigneten' oder ‚Gelichteten'* und stellt demgegenüber heraus, dass es bei Hegel kein unmittelbares Sein gibt, sondern alles der Vermittlung durch den Geist und somit des Subjekts unterliegt.[117] Es ist gerade dieser Gegensatz, der im Prinzip jene Spannung aufgreift, die Hegel mit seiner Formulierung, dass die Wahrheit ebenso sehr als Substanz wie als Subjekt zu fassen sei, in der Vorrede ausdrückt. Heidegger scheint das Schwergewicht seiner Hegel-Interpretation eher auf die Seite der Substanz und Adorno eher auf die des Subjekts zu legen.

Zusammenfassung

In der *Phänomenologie* geht es um die Versöhnung im Geist der Wahrheit.[117] Wahrheit lässt sich nicht als sinnliche Gewissheit fixieren. Was im Moment gewiss ist, wird im nächsten Moment zur schalen Sache. Der Wahrnehmung gelingt es zwar, Dinge zu lokalisieren, doch nicht, sie zu ergründen. Das, was die Dinge im Innersten zusammenhält (Kraft), kann nicht durch Wahrnehmung erfasst werden, sondern nur durch den gesetzesergründenden Verstand. Wenn aber der Verstand nach den letzten Ursachen fragt, verwickelt er sich in Widersprüche. An dieser Stelle setzt das höhere Prinzip der Vernunft ein. Hegel: ... *Vernunft ist es, die dem Menschen seine Bestimmung, einen unbedingten Zweck seines Lebens seines Lebens kennen lernt.*[118] Hegel verfolgt die Entwicklung der Vernunft aus ursprünglicher Herr-Knecht-Beziehung über die Sittlichkeit der griechischen Antike, ihrer Bildung von Rom bis hin zu den Freiheitsbestrebungen der Französischen Revolution. Erst im absoluten Geist von Kunst, Religion und Philosophie gelangt das Wissen zur Wahrheit und Versöhnung. Das Selbstbewusstsein hat erfahren bzw. gelernt, die wahren Dinge und Wertigkeiten zu erkennen und alle Wissensbereiche dahin zu stellen, wo sie hingehören, so dass sich an die Phänomenologie die Darstellung von Hegels System anknüpfen kann. In den Worten von Robert Brandom: *Die wesentlich praktische Lektion aus Hegels Analyse ... besagt, dass wir ... neue und bessere Institutionen, Praktiken und selbstbewusste Selbste aufbauen können, die normativ fortgeschrittener sind, insofern sie ein höheres Selbstbewusstsein und ein tieferes Verständnis unseres Wesens verkörpern.*[119]

[116] Heidegger, Martin, Holzwege, Frankfurt/Main 1994, 7. durchgesehene Auflage, S. 180.

[117] Adorno, Theodor W., Drei Studien zu Hegel, a.a.O., S. 69.

[118] Vgl. Küng, S. 259.

[119] Nohl, Hermann, Hegels theologische Jugendschriften, Tübingen 1907, S. 75 (Das Leben Jesu).

[120] Brandom, S. 729f.

6. Das System

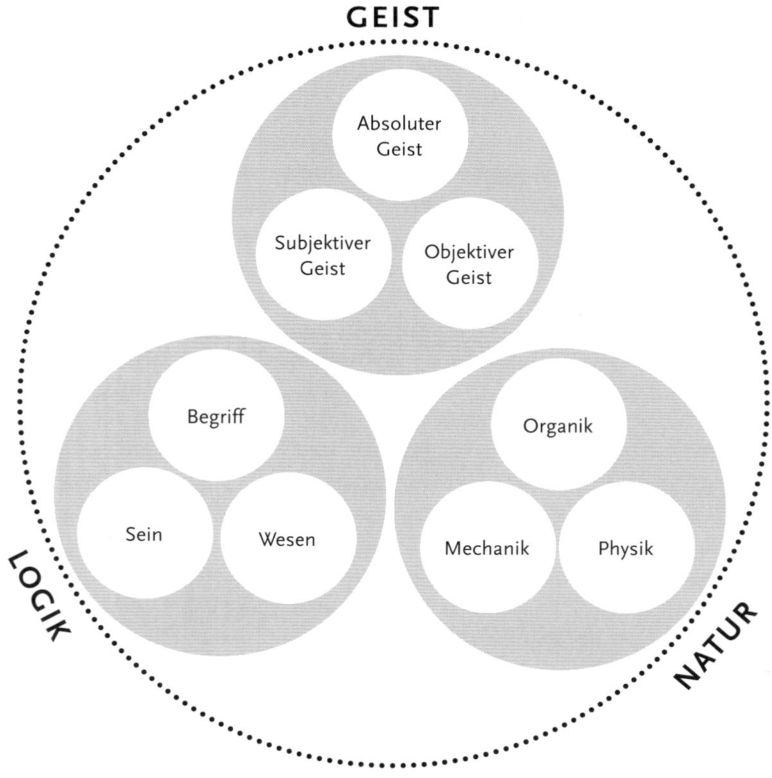

Abbildung 6. Das System

Im Brief vom 2. Nov. 1800 an Schelling schreibt Hegel aus Frankfurt, dass er seine philosophischen Studien in ein philosophisches System überzuführen gedenke. Das heißt, dass er an der Systematik eines umfassenden Gebäudes der theoretischen und praktischen Philosophie arbeiten will. Dieses System stellt Hegel erst 1817 als Professor in Heidelberg in seiner „Enzyklopädie der philosophischen Wissenschaften" mit den drei Teilen Logik (Idee), Naturphilosophie (Idee in ihrem Anderssein) und Philosophie des Geistes (zurückgekehrte Idee) dem Publikum in ausgearbeiteter Form vor. Noch zu seinen Lebzeiten erschien das Werk in drei Auflagen. *System* (griech. Zusammenstellung) bedeutet bei Hegel, dass die einzelnen Teile, Paragraphen, Abschnitte nicht einfach tabellarisch aneinandergereiht sind, sondern einer inneren Logik folgen, sozusagen „flüssig" ineinander übergehen. Friedrich Engels schreibt: *Noch nie, seit ein Mensch überhaupt denken kann, hat es ein so umfassendes philosophisches System wie das Hegelsche gegeben. Logik, Metaphysik, Naturphilosophie, Geistesphilosophie, Rechts-, Religions- und Geschichtsphilosophie sind sämtlich in einem System vereinigt und auf ein Grundprinzip zurückgeführt.*[1] Hegels System versucht nichts Geringeres als die Einheit von Sein und Denken, von Geist und Materie zu denken und unter der Vorherrschaft des Geistes zu einer Versöhnung des Menschen mit sich und seiner Wirklichkeit zu gelangen. In der Enzyklopädie heißt es apodiktisch: *Ein Philosophieren ohne System kann nichts Wissenschaftliches sein* ... (8.59f, § 14 A).

6.1 Logik

Die Erkenntnistheorie nämlich, oder wie es bei Hegel heißt, die Logik, wird im Idealismus insgesamt zur Metaphysik.[2]
Adorno

Im Vorwort zur *Wissenschaft der Logik* spricht Hegel davon, dass Kant den Deutschen die Metaphysik mit *Stumpf und Stiel ausgerottet* (5.13) habe. Er (Hegel) wolle nun mit seiner Logik diese Lücke schließen. Die Logik sei *das Reich der Wahrheit, wie sie ohne Hülle an und für sich selbst ist... die Darstellung Gottes ... wie er in seinem ewigen Wesen vor der Erschaffung der Natur und des endlichen Geistes ist* (5.44).[3] Sie sei die Wissenschaft *des Denkens des Denkens* (8.68, § 19 A). Die Logik zeichne wie ein Schattenriss die reine bzw. notwendige Denkbewegung nach, die die Welt im Innersten wie ein *innere(s), einfache(s) Gerüst* (6.257) zusammenhält: *Das System der Logik ist das Reich der Schatten, die Welt der einfachen Wesenheiten, von aller sinnlichen Konkretion befreit* (5.55). Hegel nennt die allgemeinen Denkbestimmungen *gleichsam das diamantene Netz, in das wir allen Stoff bringen und dadurch erst verständlich machen* (Enz. 9.20, § 246 Z). Man habe – so Georg Lasson – Hegel zu Unrecht vorgeworfen, ... *die ganze Wirklichkeit auf ein Gespinst logischer Fäden reduziert zu haben. So wenig der Körper, obwohl durch das Skelett wesentlich bestimmt, mit seinem Knochengerüst identisch ist, so wenig ist es Hegel beigekommen, die Wirklichkeit, obwohl er sie als vernünftig begreifen lehrt, mit der Logik zu identifizieren.*[4] Kurz: Die Logik gerät bei Hegel zur neuen Fundamentaldisziplin der Philosophie.[5]

---

1 Engels, Friedrich, Fortschritte der Sozialreform auf dem Kontinent, in: MEW. Bd. 1, S. 492.

2 Adorno, Philosophische Terminologie, Bd. 2, Frankfurt/Main 1974, S. 90.

3 Es ist interessant, was Goethe in ähnlichen Worten zur Orgelmusik von J. S. Bach sagte: ... *als wenn die ewige Harmonie sich mit sich selbst unterhielte, wie sich's etwa in Gottes Busen, kurz vor der Weltschöpfung, möchte zugetragen haben.* Zit. Gunter Scholtz in: Hegel in Berlin a.a.O. S. 94.

4 Lasson, Georg, Hegel, Ein Überblick über seine Gedankenwelt, Stuttgart o. J., S. 36.

5 Vgl. Schnädelbach, Herbert, Hegels praktische Philosophie, a.a.O, S. 144.

Im Allgemeinen arbeitet die Logik mit mengentheoretischen, d. h. quantifizierbaren, formalen Kriterien. Solch Zugang zur Logik wird von Hegel verworfen. *Dadurch, daß bei den Urteilen und Schlüssen die Operationen vornehmlich auf das Quantitative der Bestimmungen zurückgeführt und gegründet werden, beruht alles auf einem äußerlichen Unterschiede, auf bloßer Vergleichung, wird ein völlig analytisches Verfahren und begriffloses Kalkulieren* (5.47). In einer eindrucksvollen Metapher bezeichnet Hegel die traditionelle formale Logik als *tote(s) Gebein* (5.48). Wenn daher Hegel sich mit den reinen Gedanken der Logik beschäftigt, so meint das etwas anderes als die üblichen logischen Formalisierungen wie „Aus A folgt B" oder „Alle F, die H sind, sind G ...".

Die Mathematik kann Hegel zufolge für die Logik bzw. Philosophie kein Vorbild sein. Ein philosophischer Begriff sei etwas anderes als eine Zahl. *Die Zahl ist die toteste, begrifflose, gleichgültige, unentgegengesetzte Kontinuität. Wir zählen fort 1, 2, und fügen zu jedem Eins eins hinzu, – ganz ein äußerlicher, gleichgültiger Fortgang (und Zusammenfügen), der ohne Notwendigkeit ist, wo er abgebrochen werden soll, und ohne Verhältnis. Die Zahl ist so nicht unmittelbar Begriff, – das Extrem des Gedankens, des Begriffs in seiner höchsten Äußerlichkeit, in der Weise des Quantitativen, des gleichgültigen Unterschiedes* (18.237). *Das Zählen ist das Gedankenloste ...* (17.231) Annemarie Gethmann-Siefert schreibt daher: ... *im Unterschied zu Descartes, Spinoza, Leibniz (lehnte Hegel) jeden Einfluss der Mathematik auf die philosophische Methodenlehre ab.*[6]

Während in der traditionellen-formalen Logik die Widerspruchsfreiheit (Identität, Satz vom ausgeschlossenen Dritten) das höchste ist, bestimmt Hegel den Widerspruch als das Herz seiner Logik. Dies sei anhand eines etwas längeren Zitats verdeutlicht, das zugleich Hegels Vorgehensweise in der Logik erläutert.

Das Einzige, um den wissenschaftlichen Fortgang zu gewinnen – *und um dessen ganz einfache Einsicht sich wesentlich zu bemühen ist –, ist die Erkenntnis des logischen Satzes, daß das Negative ebensosehr positiv ist oder daß das sich Widersprechende sich nicht in Null, in das abstrakte Nichts auflöst, sondern wesentlich nur in die Negation seines besonderen Inhalts, oder daß eine solche Negation nicht alle Negation, sondern die* Negation *der bestimmten Sache, die sich auflöst, somit bestimmte Negation ist; daß also im Resultate wesentlich das enthalten ist, woraus es resultiert, – was eigentlich eine Tautologie ist, denn sonst wäre es ein Unmittelbares, nicht ein Resultat. Indem das Resultierende, die Negation,* bestimmte *Negation ist, hat sie einen* Inhalt. *Sie ist ein neuer Begriff, aber der höhere, reichere Begriff als der vorhergehende; denn sie ist um dessen Negation oder Entgegengesetztes reicher geworden, enthält ihn also, aber auch mehr als ihn, und ist die Einheit seiner und seines Entgegengesetzten. – In diesem Wege hat sich das System der Begriffe überhaupt zu bilden und in unaufhaltsamem, reinem, von außen nichts hereinnehmendem Gange sich zu vollenden* (5.49).

6 Gethmann-Siefert, Annemarie, in: Hegel in Berlin, a.a.O., S. 175.

Hier taucht der Begriff der *bestimmten Negation* auf. Dazu Christa Hackenesch: *Hegel wendet das einschränkende Prinzip Spinozas omnis determinatio est negatio zur positiven Grundformel seines Systems. Jede Bestimmung ist Negation, weil zu sagen, was etwas ist, zugleich bedeutet zu sagen, was es nicht ist. Bestimmung setzt Differenz voraus, die Identität eines Etwas verdankt sich der Negation. ... Was etwas ist, ist es nur in seinem Gegensatz zu anderem, also in der Beziehung auf anderes.*[7] Aus gegensätzlichen Positionen resultiere nicht Null, kein Nihilismus, sondern der Begriff der bestimmten Negation besagt, dass aus Negationen, Bewegung und Fortschritt (Aufhebung) entspringt.

Hegel ... *(legt) die logische Dynamik konkurrierender Konzepte (‚spekulative Dialektik') zusätzlich steigernd an, so dass die Gegensätze produktiv werden (‚bestimmte Negation') und zu einer höheren Stufe von Einheitsbildung führen (‚Aufhebung'). Als den Motor hinter der progressiven dialektischen Bewegung ... macht Hegel den Geist aus.*[8]

In der Logik denkt der Begriff, der Geist sich selbst, „brütet" sich gleichsam selbst aus. Man kann von einer Autopoiesis des Logischen sprechen. Es handelt sich bei der Logik um den Nachvollzug reiner Formen (Gedanken), wie sie sich selbst bewegen. *Tatsächlich sollen die Strukturen dieser Logik die der Wirklichkeit beschreiben – aber sie tun dies, ihrem Anspruch nach, vor aller kontingenten Erfahrung von Welt, weisen dieser den Weg, statt von ihr gewonnen zu sein.*[9] Die Logik handelt anders als die *Phänomenologie* nicht vom Gegensatz von Sein und Bewusstsein, Subjekt und Objekt. Das Denken entwickelt sich vielmehr dialektisch (bestimmte Negation) aus sich selbst heraus, vom Abstrakten zum Konkreten in Form vom abstrakten zum erfüllten Kreis: ... *dieser Weg verliert sich nicht in einem Unvordenklichen, sondern er ist die ‚Rückkehr zu seinem Anfang'.*[10] Hegel spricht von einem Kreis, ... *in dessen Anfang, den einfachen Grund, die Vermittlung das Ende zurückschlingt* (6.571). So erscheint Hegels Logik als ein großangelegtes folgerichtiges Beziehungssystem von Begriffen: *Die gesamte Logik gründet Hegel auf die Hypothese, dass alles, was ist, nur in der Beziehung und letztlich nur als Beziehung auf sein ‚Anderes' es selbst sein könnte.*[11]

In einem berühmten Satz behauptet Hegel eine Parallele von Logik und Philosophiegeschichte: *Nach dieser Idee behaupte ich nun, daß die Aufeinanderfolge der*

---

7 Hackenesch, Christa, Die Wissenschaft der Logik in, Drüe, Hermann, u.a., Hegels „Enzyklopädie der philosophischen Wissenschaften", a.a.O., S. 93.

8 Zöller, Günter, Philosophie des 19. Jahrhunderts. Von Kant bis Nietzsche, München 2018, S. 43

9 Hackenesch, Christa: „Es kommt darauf an, Hegel zu begreifen, statt ihn immer wieder die paraphrasieren", Neuere Literatur zur Philosophie Hegels in: Philosophische Rundschau, Bd. 43 Heft 2 Juni 1996, Tübingen 1996, S. 146f.

10 Hackenesch, Christa, Die Wissenschaft der Logik in: Drüe, Hermann u.a., Hegels „Enzyklopädie der philosophischen Wissenschaften" (1830) Ein Kommentar zum Systemgrundriss, a.a.O., S. 101.

11 Theunissen, S. 29.

Systeme der Philosophie in der Geschichte dieselbe ist als *die Aufeinanderfolge in der logischen Ableitung der Begriffsbestimmungen der Idee* (20.478, vgl. auch 18.49).

Exkurs: Parallele von Logik und Philosophiegeschichte

Für die Logik lässt sich folgende Parallele zur Philosophiegeschichte feststellen. *Hegel gliedert in ‚a) Sein, b) Werden, c) Fürsichsein (Atome), d) Maß (Notwendigkeit), dann Begriff als Denken überhaupt' (18.517), – die Idee wäre als letztes zu ergänzen. Dem entspricht die Folge Parmenides, Heraklit, Leukipp. Anaxagoras, Platon und Aristoteles und Neuplatonismus.*[12] (Zu beachten ist allerdings, dass in der realen Philosophiegeschichte Heraklit vor Parmenides rangiert.) Carl Ludwig Michelet stellt zwischen den Anfangsbegriffen von Hegels Logik und der Philosophiegeschichte folgenden Bezug her: *In der Geschichte hat Heraklit die Gedanken des Parmenides und des Zeno zusammengebracht, und das Werden oder Fließen aller Dinge ausgesprochen, indem er Sein und Nichtsein als gleich berechtigt und identisch behauptete.*[13] Zum historischen Bezugspunkt der Hegelschen Kategorien schreibt Roger Garaudy: *Vom Sein des Parmenides bis zum Werden des Heraklit und vom Descartesschen Mechanismus bis zum Leibnizschen Vitalismus könnte man überall den historischen Berührungspunkt mit den Kategorien der Hegelschen Logik feststellen: Sein, Werden, Mechanismus, Leben usw. Die Dialektik der im Hegelschen System vollendeten Wissenschaft ist die wirkliche Geschichte – abzüglich ihrer Zufälligkeiten und Zickzackwendungen. Die ideelle Genesis der Wahrheit in der ‚Logik' ist die stilisierte Reproduktion ihrer effektiven Genesis in der Geschichte.*[14] Auch Ernst Bloch stellt die Parallele fest: *Hegel hat schließlich jeden wichtigen Philosophen mit einer logischen Kategorie verbunden, ... Parmenides steht für die Kategorie Sein, Heraklit für das Werden, die Atomistik für das noch ausschließende Fürsichsein. Die Sophisten repräsentieren die Kategorie Schein, Sokrates die des Guten, Aristoteles die des Zwecks (Teleologie), Spinoza die der Substanz, Kant die der Subjektivität ...*[15] Bloch zufolge kann Hegel dieses Programm allerdings nicht durchhalten: *Doch nur am Anfang war dieser extrem-idealistische Plan einhaltbar: Parmenides, Heraklit, die Atomistiker folgen zwar einander noch wie Sein, Werden, ausschließendes Fürsichsein. Gleich danach jedoch hört die logisch-kategoriale Reihenfolge auf: Anaxagoras oder die zweckmäßig handelnde Vernunft betrifft bereits eine sehr viel spätere Kategorie. Nach den Atomistikern hätte Pythagoras*

---

12 Falke, Gustav- Hans H., Begriffne Geschichte. Das historische Substrat und die systematische Anordnung der Bewusstseinsgestalten in Hegels Phänomenologie des Geistes, a.a.O., S. 62.

13 Michelet, Carl Ludwig, Geschichte der letzten System der Philosophie in Deutschland von Kant bis Hegel, Zweiter Teil, Berlin 1838, S. 722f.

14 Garaudy, S. 313.

15 Bloch, Ernst, Subjekt-Objekt a.a.O., S. 353.

oder die Kategorie der Quantität folgen müssen und so fort ...[16] Eine eingehende Erörterung der These, dass die Philosophiegeschichte Hegels Logik widerspiegelt, bietet der Band „Hegel und die Geschichte der Philosophie".[17]

Indem die Logik von sinnlichen Inhalten abstrahiert – dem Philosophierenden vergeht hier das Hören und Sehen[18] –, um ganz der Sache und der Selbstbewegung des Begriffs die dialektische Grundkonzeption des Logos zu entwickeln, besteht bei Hegel der Anspruch, wie es Theodor Litt formuliert, ... *ohne unser Zutun ... von Gedankenbestimmung zu Gedankenbestimmung*[19] fortzuschreiten.

Das bedeutet aber nicht, dass sich Hegels Logik über die Ergebnisse der empirischen Wissenschaft hinwegsetzt. Im Gegenteil wirft er dies der traditionellen formalen Logik vor. Hegels Logik bleibt nicht unabhängig von der Wissenschaftsentwicklung, wie er in der Vorrede zur *Logik* ausführt: *Das Fortschreiten der Bildung überhaupt und insbesondere der Wissenschaften, selbst der empirischen ... fördert nach und nach auch höhere Denkverhältnisse zutage ... Wenn z. B. in der Physik die Denkbestimmung der Kraft vorherrschend geworden ist, so spielt in neuerer Zeit die Kategorie der Polarität, die übrigens zu sehr* à tort et à travers *in alles, selbst in das Licht eingedrängt wird, die bedeutendste Rolle ...* (5.21).

Die Logik ist in die drei Bücher: Lehre vom Sein, Lehre vom Wesen, Lehre vom Begriff eingeteilt. Der Gedanke entwickelt sich vom Abstrakten zum konkreteren und reicheren Inhalt bis hin zum Begriff und der alles durchformenden Idee. Die ersten beiden Bücher bezeichnet Hegel auch als objektive Logik. Sie decken etwa das Spektrum der Metaphysik und Ontologie ab, das dritte Buch sei – so Hegel – auch als subjektive Logik zu bezeichnen. *Die subjektive Logik ist die Logik des Begriffs, – des Wesens, das seine Beziehung auf das Sein oder seinen Schein aufgehoben hat und in seiner Bestimmung nicht äußerlich mehr, sondern das freie selbständige, sich in sich bestimmende Subjektive oder vielmehr das Subjekt selbst ist* (5.62). Der Logik des Seins entspricht nach Theodor Litt die Methode der Mathematik ... *als die Wissenschaft der Extensität, der im Außereinander verharrenden Gegenstände, der nur durch äußerliche Beziehungen verknüpften Gegenstände...*[20] Hier herrscht Gleichgültigkeit der Dinge gegeneinander.[21] Die Wesenslogik mit Begriffen wie Kraft, Ursache, Wirkung entspreche der Methode der mathematischen Naturwissenschaften, die mittels Gesetzen – *dies bleibende Bestehen* (6.152) – den Wechsel der Erscheinungen zu fassen versucht. Die Begriffslogik mit Begriffen wie Subjekt, Ich, Persönlichkeit, Geist entspreche – so Litt – der Methode der Geisteswissen-

16 Ebenda, S. 356.

17 Heidemann, Dietmar H./Krijnen, Christian (Hg.), Hegel und die Geschichte der Philosophie, Darmstadt 2007.

18 Vgl. Fetscher, S. 234.

19 Litt, Theodor, S. 254.

20 Ebenda, S. 273.

21 Vgl. Theunissen, S. 74.

schaften.[22] Die Entwicklung geht hin zur Freiheit: *Der Übergang vom ‚Wesen' zum ‚Begriff' ist der Übergang von der ‚Substanz' zum ‚Subjekt' und damit der Übergang von der ‚Notwendigkeit' zur Freiheit.*[23]

Marxistisch-leninistische Interpretation des Aufbaus der Logik

Man kann mit B. M. Kedrov den Aufbau von Hegels „Logik" ... *auch so interpretieren, dass die menschliche Erkenntnis (‚Begriff') in den unmittelbaren Erscheinungen (‚Sein') das ‚Wesen' aufdeckt.*[24] Kedrov bezieht sich auf Lenin, der zu Hegels Logik notiert: *Der Begriff (die Erkenntnis) enthüllt im Sein (in den unmittelbaren Erscheinungen) das Wesen (Satz des Grundes, der Identität, des Unterschieds etc.) — dies ist wirklich der allgemeine Gang aller menschlichen Erkenntnis (aller Wissenschaft) überhaupt. Dies ist der Gang sowohl der Naturwissenschaft als auch der politischen Ökonomie (und der Geschichte).*[25] Hegel selbst formuliert den allgemeinen Gang des Begriffs (Wissen) wie folgt: *Erst indem das Wissen sich aus dem unmittelbaren Sein erinnert, durch diese Vermittlung findet es das Wesen* (6.13). In der *Phänomenologie* fasst Hegel Erinnerung als *das Innere und die in der Tat höhere Form der Substanz* (3.591).

Da es die Logik mit dem reinen Gedanken zu tun hat, darf ihr Anfang *nichts voraussetzen* (5.69). Sie beginnt daher mit dem abstraktesten und unmittelbarsten aller Begriffe: dem reinen Sein. Ein Beginn mit dem „reinen Ich" Fichtes wird von Hegel verworfen, da solcher Anfang die *fortdauernde Rückerinnerung an das subjektive Ich mit sich (führt.), dessen Schranken vergessen werden sollen* (5.77). Auch ein Anfang mit der *intellektuellen Anschauung* oder mit *Gott* wird von Hegel abgelehnt, da solche Begriffe schon zu viel Bestimmung voraussetzten bzw. enthielten (vgl. 5.78). Ebenso wenig eigneten sich Anfänge wie *das Wasser, das Eine, Nus, Idee, Substanz, Monade usf.* ... (5.65). Auch dass man, wie der Kant-Interpret Karl Leopold Reinhold vorschlug, einfach mit einer Hypothese anfangen solle, um dann zu sehen, wie weit sie im weiteren Prozess der Ausarbeitung der Logik trägt – dieser sozusagen heuristische Zugang – wird von Hegel verworfen. Dies sei für empirische Wissenschaften, nicht aber dem Wahrheitsanspruch einer Logik adäquat. Hegel ist der Auffassung, dass das reine Sein notwendig den Anfang der Logik bildet, da damit nichts vorausgesetzt wird, was ja auch im Begriff des Anfangs stecke. *Der Anfang ist also das reine Sein* (5.69). Das reine Sein *ohne alle*

---

22 Vgl. Litt, S. 273ff.

23 Ebenda, S. 288f.

24 Kedrov, B. M., Die Hegelsche „Wissenschaft der Logik" und die Naturwissenschaft, in: Buhr, Oiserman (Hg.), Vom Mute des Erkennens, a.a.O., S. 165.

25 Lenin, W. I., Plan der Dialektik (Logik) Hegels, in W.I. Lenin Werke, Berlin 1965, Bd. 38, S. 315.

weitere Bestimmung (5.82). Doch gerade wegen seiner Unbestimmtheit sei das Sein *in der Tat Nichts ...* (5.83). *Das reine Sein und das reine Nichts sind also dasselbe* (5.83).

Sein und Nichts stehen sich also nicht umstandslos gegenüber, sondern beziehen sich aufeinander, fließen ineinander über. Logisch betrachtet mündet die Bestimmung des reinen Seins (Unbestimmtheit, Leere) in den Begriff des Nichts. Und umgekehrt ist ein leeres Anschauen (Nichts) ein Sein. Beide Begriffe oszillieren miteinander. Man kann sagen, sie seien eine Einheit, doch ebenso ist klar, dass sie sich auch voneinander unterscheiden. Sie stellen in diesem Ineinander von Oszillieren und Überfließen, ohne ihre Momente des Getrenntseins zu verlieren, die für Hegel so wichtige Kategorie des Werdens dar. Sein und Nichts oszillieren also zum Werden. „Sein" steht für Entstehen und „Nichts" für Vergehen. Im gleichen Moment entsteht und vergeht etwas: ... *das Sein der endlichen Dinge als solches ist, den Keim des Vergehens als ihr Insichsein zu haben; die Stunde ihrer Geburt ist die Stunde ihres Todes* (5.140).

Schon in seinen Jugendschriften formuliert Hegel: ... *das Werden des Seins ist das Geheimnis der Natur...* (1.316). Hegel erläutert den Gedanken des Werdens an verschiedenen Stellen der Seinslogik.

Die populären, besonders orientalischen Sprüche, daß alles, was ist, den Keim seines Vergehens in seiner Geburt selbst habe, der Tod umgekehrt der Eingang in neues Leben sei, drücken im Grunde dieselbe Einigung des Seins und Nichts aus (5.84). *Das Endliche verändert sich nicht nur, wie Etwas überhaupt, sondern es vergeht, und es ist nicht bloß möglich, daß es vergeht, so daß es sein könnte, ohne zu vergehen. Sondern das Sein der endlichen Dinge als solches ist, den Keim des Vergehens als ihr Insichsein zu haben; die Stunde ihrer Geburt ist die Stunde ihres Todes* (5.139f). Sein und Nichts prägen alle Dinge. Das eine treibt das andere hervor. Es gibt nichts ... *im Himmel und auf Erden ..., was nicht beides, Sein und Nichts, in sich enthielte* (5.86); was ohne diese Vermittlung ist. *Das Werden* so Hegel *ist der erste konkrete Gedanke und damit der erste Begriff, wohingegen Sein und Nichts leere Abstraktionen sind* (8.192). Im Werden sind die Momente von Sein und Nichts aufgehoben. Die Wahrheit des Seins und des Nichts ist das Werden. *Ihre Wahrheit ist also diese Bewegung des unmittelbaren Verschwindens des einen in dem anderen: das Werden ...* (5.83). Es ist kein sinnloses Werden und Vergehen, sondern mit dem Werden entsteht etwas: ein Seiendes oder Dasein.

Aus dem Übergang vom Sein zum Werden entwickelt sich die Kategorie des Daseins als erster Bestimmung des Seins. Im Dasein wird das Sein erfahrbar. Dasein ist *Sein an einem gewissen Orte* (5.116) und durch Nichtsein an einem anderen Ort, also als *Sein mit einem Nichts* (5.116) gekennzeichnet. Hier greift Spinozas *unendlich wichtiger* Satz: *Omnis determinatio est negatio* (5.121) – Jede Bestimmung ist eine Verneinung. Diese einfache Bestimmung des Daseins, an einem bestimmten Ort – ein Da – zu sein, wird aufgehoben im Begriff des Etwas. *Dasein ist Daseiendes Etwas* (5.123). Mit dem Etwas kommen die Begriffe des dem

Etwas entgegengesetzten Anderen und der Grenze zwischen dem Etwas und dem Andern sowie der Schranke ins Spiel. Das Etwas hat eine bestimmte Beschaffenheit (Qualität). *Die Bestimmtheit ist so Beschaffenheit* (5.133). *Etwas hat ohne Grenze keine Bedeutung* (4.168).[26] Wirkliches ist einerseits ein Etwas mit einer Grenze, andererseits trägt jedes Etwas sein *Anderes* in sich und weist so über sich hinaus, *es steht als gefügte Gestalt immer im Prozess, im Werden der Idee, es ist ‚Stufe' im dialektischen Gang des lebendigen Geistes. Es ist Besonderes im Allgemeinen*[27], so Theodor Steinbüchel.

Dieses Etwas ist umgrenzt hat ein Maß und eine Gestalt. *Der Mensch, insofern er wirklich sein will, muss dasein, und zu dem Ende muss er sich begrenzen. Wer gegen das Endliche zu ekel ist, der kommt zu gar keiner Wirklichkeit, sondern er verbleibt im Abstrakten und verglimmt in sich selbst* (8.197).[28] Ausführlich geht Hegel auf die Dialektik der Grenze ein. So ist *Etwas, das ist, nur in seiner Grenze ...* (5.138). Andererseits bedeutet für Hegel eine Grenze setzen, über sie hinauszugehen, wie Christa Hackenesch erläutert: *Eine Grenze zu ziehen, heißt immer schon über sie hinauszugehen; in der Bestimmung der Grenze von Etwas habe ich zugleich sein Anderes, das Jenseits der Grenze bestimmt. Hegel wendet das einschränkende Prinzip Spinozas ‚omnis determinatio est negatio' zur positiven Grundformel seines Systems. Jede Bestimmung ist Negation, weil zu sagen, was etwas ist, zugleich bedeutet zu sagen, was es nicht ist. Bestimmung setzt Differenz voraus, die Identität von Etwas verdankt sich der Negation. ... Was etwas ist, ist nur in seinem Gegensatz zu anderem, also in der Beziehung auf anderes.*[29] Wenn wir etwas als einen Tisch bestimmen, impliziert das zugleich, dass es sich *nicht* um einen Stuhl, eine Lampe, einen Bleistift usw. handelt. ... *gerade der Unterschied hält die beiden Momente zusammen, oder genauer, im Unterschied ist Etwas und sein Anderes identisch. Deshalb spricht Hegel auch an Stelle von Dialektik von ‚negativer Identität', was so viel heißt wie die Identität von der Seite ihres Unterschieds betrachtet.*[30]

Dieses ständige Über-sich-Hinausgehen birgt die Gefahr der schlechten Unendlichkeit – des kontinuierlichen Progresses ins Nirgendwo. Hegel bekämpft,

---

[26] Über Hegels Grenzbegriff vgl. Kwade, Anne-Kristina, Grenze Hegel „Grenz" –Begriff 1804/5 als Keimzelle der Dialektik, Würzburg 2000.

[27] Steinbüchel, S. 217.

[28] Hegel wendet sich gegen die Schwärmerei, fordert das *Opfer des Nurpersönlichen*. Schwarz, Justus, Hegels philosophische Entwicklung, Frankfurt/Main 1938, S. 115. Objektive Beschränkungen müssen keine Einschränkung bedeuten, im Gegenteil sind sie Anlass zur Entwicklung. Ideelles erscheint immer in einer bestimmten Modifikation, in der Endliches und Unendliches miteinander verknüpft sind; ein Geheimnis, welches Hegel im Systemfragment von 1800 anhand des Verses *Den aller Himmel Himmel nicht umschloss, der liegt nun in Mariä Schoß* 1.424 aus einem Kirchenlied Luthers veranschaulicht. In Luthers Lied *Gelobet heißt du Jesus Christ* heißt es: *Den aller Welt Kreis nie beschloss, der liegt nun in Marias Schoß*.

[29] Hackenesch, Christa, Die Wissenschaft der Logik, in: Drüe, Hermann u.a., Hegels „Enzyklopädie der philosophischen Wissenschaften" (1830), a.a.O., S. 92f.

[30] Hochkeppel, Willy, Dialektik als Mystik in Kaltenbrunner, Gerd-Klaus (Hg.), Hegel und die Folgen, Freiburg 1970, S. 79.

wo es nur geht, diese Konsequenz in den weiteren Kapiteln über das Fürsichsein und das Maß. *Alles, was da ist, hat ein Maß* (5.395). Die wahre Unendlichkeit ist im Hier und Jetzt angelegt und durch gute Taten zu erringen; hierin waren sich Goethe (vgl. Faust I: „Im Anfang war die Tat" sowie der Schluss von Faust II, wo es um die Urbarmachung eines Sumpfes geht) und Hegel einig.

Mit dem Begriff des Maßes kommt die Logik des Seins an ihr Ende, denn am Maß *ist an sich schon das Wesen* (Enz. § 11 Z, 8.229). Die endlichen Dinge stehen mit dem Maßbegriff und dem Quantum – über ein bestimmte Quantum hinaus, verändert sich eine Sache (vgl. 5.395) – nun sowohl in einem universellen Zusammenhang, als dass sie auch über sich als ihrer Schranke hinaus wachsen. Diesen wichtigen Punkt seiner gesamten Philosophie erläutert Hegel wie folgt:

... selbst der Stein ist als Etwas in seine Bestimmung oder sein Ansichsein und sein Dasein unterschieden, und insofern geht auch er über seine Schranke hinaus; der Begriff, der er an sich ist, enthält die Identität mit seinem Anderen ... Enthält aber eine Existenz den Begriff nicht bloß als abstraktes Ansichsein, sondern als für sich seiende Totalität, als Trieb, als Leben, Empfindung, Vorstellen usf., so vollbringt sie selbst aus ihr dies, über die Schranke hinaus zu sein und hinauszugehen. Die Pflanze geht über die Schranke, als Keim zu sein, ebenso über die, als Blüte, als Frucht, als Blatt zu sein, hinaus; der Keim wird entfaltete Pflanze, die Blüte verblüht usf. Das Empfindende in der Schranke des Hungers, Durstes usf. ist der Trieb, über diese Schranke hinauszugehen, und vollführt dies Hinausgehen. Es empfindet Schmerz, und das Vorrecht empfindender Natur ist, Schmerz zu empfinden; es ist eine Negation in seinem Selbst, und sie ist als eine Schranke in seinem Gefühle bestimmt, eben weil das Empfindende das Gefühl seiner Selbst hat, welches die Totalität ist, die über jene Bestimmtheit hinaus ist. Wäre es nicht darüber hinaus, so empfände es dieselbe nicht als seine Negation und hätte keinen Schmerz (5.145f).

Hegel nutzt diese Beispiele, um – gegen Kant – darauf hinzuweisen, dass auch und gerade die Vernunft die Fähigkeit habe, über das Begrenzte und Endliche hinauszugehen und zur Wahrheit vorzustoßen und fragt rhetorisch. *Die Vernunft aber, das Denken, sollte nicht über die Schranke hinausgehen können, – sie, die das Allgemeine [ist], das für sich über die, d. i. über alle Besonderheit hinaus ist, nur das Hinausgehen über die Schranke ist* (5.146).

Innerhalb der Seinslogik spielt neben dem *Werden* die Lehre vom qualitativen Sprung eine Hauptrolle. Es mag überraschen, dass Hegel in der „Logik" die Qualität vor der Quantität behandelt, aber das Dasein als Gestalt besitzt zunächst Qualität und ist nicht in Quantität (Zahlenverhältnisse) restlos aufzulösen. Berühmt ist Hegels These vom qualitativen Sprung. *Alle Geburt und Tod sind, statt eine fortgesetzte Allmählichkeit zu sein, vielmehr ein Abbrechen derselben und der Sprung aus quantitativer Veränderung in qualitative* (5.440). Das Verstandesdenken glaubt, dass der Übergang von der Quantität zur Qualität ein mosaikartig allmählicher ist – der Reichtum des Werdens wird auf ein Mosaik von identischen Elementen zurückgeführt[31]– während Hegel darlegt, dass es sich dabei um einen sprunghaften Übergang handelt: ... *das Wasser wird durch die Erkältung nicht nach und nach hart, so dass es breiig würde, sondern ist auf einmal hart* (5.440). *Wie die Bombe zu ihrer Kulmination einen Ruck tut und dann in ihr einen Moment ruht, oder wie das erhitzte Metall nicht wie Wachs erweicht, sondern auf einmal in den Fluß springt* ... (2.529). Wenn dieser „Sprung" zugunsten der Allmählichkeit übersehen wird, wird – so Hegel – überhaupt das schöpferisch Neue übersehen. *Bei der Allmählichkeit des Entstehens liegt die Vorstellung zu Grunde, dass das Entstehende schon sinnlich oder überhaupt wirklich vorhanden, nur wegen seiner Kleinheit noch nicht wahrnehmbar, so wie bei der Allmählichkeit des Verschwindens, dass das Nichtsein oder das Andere an seine Stelle Tretende gleichfalls vorhanden, nur noch nicht bemerkbar sei ... Es wird damit das Entstehen und Vergehen überhaupt aufgehoben* (5.440f). Auch auf dem Gebiet des Rechts oder der Moral lässt sich die Bedeutung der Kategorie des qualitativen Sprungs erläutern. *Es ist ein Mehr oder Weniger, wodurch das Maß des Leichtsinns überschritten wird, und etwas ganz anderes, Verbrechen, hervortritt, wodurch Recht in Unrecht, Tugend in Laster übergeht* (5.441). Den Übergang bezeichnet Hegel auch als Knoten. In der *Phänomenologie* bedient sich Hegel der Denkfigur des Übergangs von der Quantität zur Qualität auch für geschichtliche Ereignisse wie die Französische Revolution.

Die Französische Revolution als Beispiel eines qualitativen Sprungs

Es ist übrigens nicht schwer zu sehen, daß unsere Zeit eine Zeit der Geburt und des Übergangs zu einer neuen Periode ist. Der Geist hat mit der bisherigen Welt seines Daseins und Vorstellens gebrochen und steht im Begriffe, es in die Vergangenheit hinab zu versenken, und in der Arbeit seiner Umgestaltung. Zwar ist er nie in Ruhe, sondern in immer fortschreitender Bewegung begriffen. Aber wie beim Kinde nach langer stiller Ernährung der erste Atemzug jene Allmählichkeit des nur vermehrenden Fortgangs abbricht – ein qualitativer Sprung – und jetzt das Kind geboren ist, so reift der sich bildende Geist langsam und stille der neuen Gestalt entgegen, löst ein Teilchen des Baues seiner vorhergehenden Welt nach dem andern auf, ihr Wanken wird nur durch einzelne Symptome angedeutet; der Leichtsinn wie die Langeweile, die im Bestehenden einreißen, die unbestimmte Ahnung eines Unbekannten sind Vorboten, daß etwas anderes im Anzuge ist. Dies allmähliche Zerbröckeln, das die Physiognomie des Ganzen nicht veränderte, wird durch den Aufgang unterbrochen, der, ein Blitz, in einem Male das Gebilde der neuen Welt hinstellt (3.18f).

[31] Vgl. Garaudy, S. 386.

Im zweiten Teil der Logik – der Wesenslogik – wird nicht die Bewegung des Veränderns und Vergehens von Dingen, sondern die zwischen Innen und Außen, das was von Innen nach Außen wirkt, untersucht, und was sich zwischen den Dingen an Wesensmerkmalen (Identität, Unterschied, Substanzialität, entgegengesetzte Größen, Kraft, Möglichkeit, Kausalität, Notwendigkeit) erkennen lässt. Das Wesen ist die ... *Wahrheit des Seins* (6.13). Dabei gilt es zu berücksichtigen, dass Hegel im Gegensatz zu Platon keine Zwei-Welten-Lehre vertritt, wonach es hinter der irdischen Welt eine Welt der ewigen Ideen gibt. Hegels diesbezüglicher Standpunkt ließe sich mit Goethe: *Natur hat weder Kern / noch Schale, / Alles ist sie mit einemale*[32] ausdrücken.

Der Beginn der Wesenslogik entspricht nach Iring Fetscher[33] dem zweiten Abschnitt der Naturphilosophie, der mit dem Licht beginnt, während die Wesenslogik mit dem Scheinen einsetzt. Das Wesen muss erscheinen und hebt damit das Sein auf eine höhere Stufe. Roger Garaudy erläutert: *Wir kommen ... von den Dingen zu den Verhältnissen. Das unmittelbare Sein verschwindet.*[34] Die Wesenslogik handelt also von Verhältnissen. Wenn Parmenides das Sein bestimmt: Sein ist, Nichtsein ist nicht, dann schließt er das Nicht-Sein aus.[35] In der Wesenslogik geht es aber nicht um Ausschluss, sondern um Beziehung. Nichts ist ausschließlich selbstständig, nichts ist einfach nur da, alles steht in Beziehungen. Eine Unmittelbarkeit schlechthin gibt es nicht. Alles ist vermittelt. Das unterscheidet Hegel von Schellings Identitätsphilosophie, wonach es eine allem vorausliegende Sphäre oder Entität der Indifferenz zwischen Natur und Geist gibt. Hegel: *Es gibt in der Tat nirgends, weder im Himmel noch auf Erden, weder in der geistigen noch in der natürlichen Welt, ein so abstraktes Entweder – Oder, wie der Verstand solches behauptet* (Enz. 8.246, § 119 Z 2). Reine Identität gibt es für Hegel nicht. Auch das Absolute – so Zizek – befindet sich *‚im Krieg mit sich selbst'* ... und ist erst als *‚Resultat seiner selbst'*.[36] Hegel: *So ist auch Gott in seinem unmittelbaren Begriffe nicht Geist; der Geist ist nicht das Unmittelbare, der Vermittlung Entgegengesetzte, sondern vielmehr das seine Unmittelbarkeit ewig setzende und ewig aus ihr in sich zurückkehrende Wesen.* (6.184)

Merksatz

Es kommt Hegel nicht darauf an, eine Identität hinter den Dingen zu finden, sondern letztere ins rechte Licht, d. h. die richtige Anordnung zu stellen. Hier gilt das gleiche, was Hegel über die Tugenden und Lehrsätze der Moral sagt: ... *die Hauptsache ist, in welchem Licht, in welcher Verbindung, in welchem Rang sie aufgestellt sind* (1.85).

---

32 Goethe, Zur Morphologie, zit. Hackenesch, Christa, Die Wissenschaft der Logik, a.a.O., S. 137.

33 Vgl. Fetscher, S. 55.

34 Garaudy, S. 331.

35 Vgl. Hackenesch, Christa, Die Wissenschaft der Logik a.a.O., S. 107.

36 Zizek, S. 401.

Das Wesen muss erscheinen (6.124) und das *Erscheinende zeigt das Wesentliche ... die vollkommene Durchdringung beider ist die Wirklichkeit (6.125)* richtet sich u.a. gegen Kants Fixierung auf das Innere, z. B. seine Gesinnungsethik, wonach in der Moral die Absichten zählen, nicht das Resultat. Dazu schreibt Hegel: *Der Mensch ... wenn er nur innerlich; d. i. nur in Absichten, Gesinnungen tugendhaft, moralisch u.s.f. und sein Äußeres* [gemeint sind seine Handlungen] *damit nicht identisch ist, so ist eins so hohl und leer als das andere* (Enz. 8.275, §140 A).

Das Sein entäußert sich, offenbart sich, spiegelt sich wider. In diesem Sinn kann von der Wesenslogik als von der Reflexionslogik (Widerspiegelung = Reflexion) und Selbstverhältnis gesprochen werden. Hegel beschreibt die Sphäre des Wesens *durch das Wortfeld ‚erinnern', Erinnerung ... (als) eine Sphäre, die tiefer liegt als die äußerliche Unmittelbarkeit des Seins; dessen Oberfläche muss erst durchstoßen werden, um zum Wesen zu gelangen.*[37] Was bleibt, ist das Wesentliche; das Unwesentliche am Sein kann übergangen werden. ... *das Unwesentliche (ist) ... das Moment des gleichgültigen Daseins* (4.17). Über das Unwichtige bei Hegel schreibt Bloch: *Dahin gehören bei ihm alle vereinzelten, auch anekdotischen Elemente des ‚zufälligen Beiherspielens' in der Geschichte ...*[38]

Die Bestimmungen der Wesenslogik treten ... *vornehmlich paarweise auf – Wesentliches und Unwesentliches, Identität und Unterschied, Positives und Negatives, Grund und Begründetes, Form und Materie, Form und Inhalt, Bedingtes und Unbedingtes usf.*[39] Die Wesenslogik orientiert sich am empfindenden Organismus eines Lebewesens, der von der Seele zusammengehalten wird. Was wäre die Seele (das Wesen) ohne den Körper (Erscheinung)? Beide bilden eine dialektische Einheit. Die Wesenslogik treibt weiter vor bis zur Kategorie des Grundes. Das Wesen erscheint aufgrund von Gründen. *Das Wesen bestimmt sich selbst als Grund* (6.80). *Hegel wäre nicht Hegel, wenn er nicht auch auf die Widersprüchlichkeit eines festen Grundes einginge: ... man sagt, das Wesen Gottes sei der Abgrund für die endliche Vernunft* (6.128). Doch Hegel wäre wiederum nicht Hegel, wenn daraus nicht Positives hervorginge: ... *aber dieser Abgrund, der negative Grund, ist zugleich der positive des Hervorgehens des Seienden ...* (6.128).

Im letzten Teil der Logik – Begriffslogik = subjektive Logik – wird der Gedanke der Subjektivität und der Freiheit ausgeführt. *Der Begriff ist ... die Wahrheit des Seins und des Wesens.* (8.304, § 159). Dazu notiert Christian Spahn: *In dieser Hinsicht ist er die höchste Kategorie der hegelschen Logik.*[40] Zum Unterschied zwischen Seins- und Wesenslogik auf der einen und Begriffslogik auf anderen führt Michael Theunissen aus: *Die Denkbestimmungen sowohl der Seins- wie auch der Wesenslogik haben ... unmittelbare Gültigkeit ausschließlich für die Welt der rein körperlichen, unorganischen Dinge und die Tiefendimension dieser Welt, während Leben und*

[37] Jaeschke, Walter, Hegel. Handbuch Leben-Werk-Schule, Stuttgart 2016, 3. Auflage, S. 219.

[38] Bloch. Ernst, Subjekt-Objekt, a.a.O., S. 170.

[39] Jaeschke, Walter, Hegel, Handbuch, a.a.O., S. 219.

[40] Spahn, Christian, Lebendiger Begriff – Begriffenes Leben. Zur Grundlegung der Philosophie des Organischen bei G.W.F. Hegel, Würzburg 2007, S. 137.

Geist erst in begriffslogischen Kategorien angemessen fassbar werden.[41] Der Übergang vom Reich der Notwendigkeit (Determination) der Seins- und Wesenslogik hin zum Reich der Freiheit (Begriffslogik) bildet die Untersuchung der Wechselwirkung. Die Wechselwirkung unterläuft das einfache Ursache-Wirkung-Schema der Kausalität und lässt Freiheit aufscheinen. Als Beispiel führt Hegel in der „Kleinen Logik“ die Wechselwirkung zwischen dem Charakter und den Sitten eines Volkes einerseits und den Gesetzen und der Verfassung andererseits an. Beide stehen in Wechselwirkung. Ebenso stehen die Organe eines lebendigen Organismus in Wechselwirkung. Die Kategorie der Wechselwirkung, da man hier Ursache und Wirkung nicht säuberlich trennen kann, ... *steht ... sozusagen an der Schwelle des Begriffs* (8.302, § 156 Z). Damit wird klar, dass Hegel im Unterschied zu Kant das Reich der Notwendigkeit (Determination) und das Reich der Freiheit zwar einerseits unterscheidet – der Begriff erst ist das Reich der Freiheit – aber gegen eine strikte Trennung auf Übergänge bedacht ist. Was der Wechselwirkung noch fehlt, ist die Identität hinter die Wechselwirkung, die erst die Begriffslogik erfasst.

Die Entwicklung von der Seins- über die Wesens- zur Begriffslogik fasst Hegel wie folgt zusammen. *In der Sphäre des Seins verändert sich das Endliche, es wird zu einem Anderen; in der Sphäre des Wesens ist es Erscheinung und gesetzt, daß sein Sein darin besteht, daß ein Anderes an ihm scheint, und die Notwendigkeit ist die innere, noch nicht als solche gesetzte, Beziehung. Der Begriff aber ist dies, daß diese Identität gesetzt ist und daß das Seiende nicht die abstrakte Identität mit sich, sondern die konkrete ist und unmittelbar an ihm selbst das Sein eines Anderen* (6.337f). Am Beispiel der Pflanze lässt sich dies so erläutern: In der Seinslogik haben wir es mit Veränderungen derart zu tun, dass das eine – die Blüte – das andere – die Knospe – ablöst. In der Wesenslogik geht es um das Verhältnis des Wesens der Pflanze zu ihren Erscheinungen, aber so, dass die Erscheinung (Knospe, Blüte, Samen) notwendig vom Wesen bedingt (determiniert) ist. Erst in der Begriffslogik kommt es zur wahrhaften Erfassung der Pflanze als vom Geist gesetzte Identität im Rahmen des Ganzen (Sein eines Anderen).

Die Logik des Begriffs ist das Reich der Freiheit. *Im Begriffe hat sich ... das Reich der Freiheit eröffnet* (6.251). Es ist der Teil, in welchem sich Hegel von der Metaphysik Spinozas am stärksten unterscheidet. Die von Hegel gesuchte lebendige logische Einheit ist weder durch das Sein, noch durch das Wesen gegeben, sondern erfüllt sich erst im Subjekt.[42] Subjekt und Begriff sind für Hegel ähnlich, ja identisch, da Hegel das Ich geradezu mit dem Begriff identifiziert: *Ich habe wohl Begriffe, d. h. bestimmte Begriffe; aber Ich ist der reine Begriff selbst, der als Begriff zum Dasein gekommen ist* (6.253). Dazu erläutert Michael Theunissen: ... *der Zusammenhang der Denkbestimmungen ist zugleich die Genese des Subjekts. Entsteht doch in der Abfolge der Denkbestimmungen, der ‚bestimmten Begriffe‘, nach Hegel die Totalität*

41 Theunissen, S. 47.

42 Garaudy, S. 345.

,des Begriffes selbst' ... der nichts anderes ist als ,das Subjekt selbst' ....[43] Der Begriff ist für Hegel somit kein abstraktes Gedankending, sondern der *lebendige Geist der Wirklichkeit* selbst, er ist der tätige *Sog*[44], der alles zu Gott hin zieht. Die Wirklichkeit selbst ist begrifflicher Natur. *Das Wesen ist die erste Negation des Seins, das dadurch zum Schein geworden ist; der Begriff ist die zweite oder die Negation dieser Negation, also das wiederhergestellte Sein, aber als die unendliche Vermittlung und Negativität desselben in sich selbst* (6.269). In diesem letzten Teil seiner Logik behandelt Hegel u. a. das, was normalerweise unter Logik verstanden wird: Lehre vom Begriff, Urteil und dem Schluss.

Begriffe werden in Urteilen ausgeführt. Mit dem Urteil befinden wir uns auf der Satzebene. Im Urteil „Die Rose ist eine Pflanze" wird ein Einzelnes unter Allgemeines subsumiert. Das Urteil begreift Hegel zunächst wie Hölderlin („Urteil und Sein") als *ursprüngliche Teilung*. Im Unterschied zu Hölderlin, der von einer *Einheit* ausgeht, die dann immer weiter zerfällt, ist für Hegel das Urteil jedoch selbst der Ausgangspunkt. Über den „Schluss" den Hegel im Anschluss an das „Urteil" behandelt, sagt Hegel, dass er *das Vernünftige und alles Vernünftige* sei (Enz. 8.331, § 181). *Alle Dinge sind der Schluss, ein Allgemeines, das durch die Besonderheit mit der Einzelheit zusammengeschlossen ist ...* (6.359). Wenn Hegel hinzufügt: *... aber freilich sind sie nicht aus drei Sätzen bestehende Ganze* (6.359), so meint dies, dass Hegel den „Schluss" als logischen Aufbau in einem umfassenderen Sinn versteht, nämlich, *... dass der Mittelsatz oder der Obersatz des Schlusses wie auch seine Konklusion sich auf Grund der großen Mannigfaltigkeit der Arten, Unterarten, Spezies, Formen wie z. B. im Tier- und Pflanzenreich aus mehreren Sachverhalten (Sätzen) aufbauen kann und aufbauen muss.*[45] Der Schluss ist Teil der Teleologie als letzter ... *Durchgangsstufe des objektiven Begriffs ... bevor dieser sich in der ,Idee', seine letzte und vollendete Form auflöst.*[46]

Auf dem Weg zur höchsten Stufe der Logik – der Idee als *Einheit des Begriffs und der Objektivität* (6.464) – schaltet Hegel einen Abschnitt über das Mittel und das Werkzeug als vorzügliche Versicherung von Objektivität ein. Das (objektive) Mittel sei höher als der (subjektive) Zweck anzusehen (vgl. Hegel über Arbeit und Werkzeug, S. 36). Dazu schreibt Georg Biedermann: *Das ist einer der fruchtbarsten Gedanken zur tätigen Seite des Menschen, deren Hauptinhalt die Arbeit ... ist.*[47]

Das logische Ganze als das Vollkommene schließlich ist die „Idee", zu der Hegel nun übergeht. Den Inhalt des Begriffs der Idee erläutert er in einem Brief (30. Juli 1822) an den Hamburger Hutfabrikaten Edouard Casimir Benjamin Duboc: *Meine Ansicht ist insofern, dass die Idee nur als Prozess in ihr (wie Werden ein*

---

43 Theunissen, S. 52f.

44 vgl. Hackenesch, Christa, Die Wissenschaft der Logik, a.a.O., S. 117.

45 Biedermann, Georg, Georg Wilhelm Friedrich Hegel und sein System der Philosophie, Neustadt am Rübenberge 2002, S. 72.

46 Eiden-Offe, S. 139.

47 Biedermann, Georg, Georg Wilhelm Friedrich Hegel und sein System der Philosophie, a.a.O., S. 73

Beispiel ist), als Bewegung ausgedrückt und gefasst werden muss. Denn das Wahre ist nicht ein nur Ruhendes, Seiendes, sondern nur als sich selbst bewegend, als lebendig ...[48] Bemerkenswert ist das zweite „nur" im Satz; Hegels „Idee" hat also auch den ruhenden Charakter der Ewigkeit, ein Aspekt, den insbesondere Iwan Iljin in seinem Werk „Die Philosophie Hegels als kontemplative Gotteslehre"[49] herausgearbeitet hat, auf den aber auch Ernst Bloch hinweist: ... *sicher hat er* [Hegel] *die Zeit des Werdens insgeheim mit der Zeit des himmlischen Unbewegtheit-Flusses verbunden ...*[50] Hegel: *Indem wir es also nur mit der Idee des Geistes zu tun haben und in der Weltgeschichte alles nur als seine Erscheinung betrachten, so haben wir, wenn wir die Vergangenheit, wie groß sie auch immer sei, durchlaufen, es nur mit Gegenwärtigem zu tun; denn die Philosophie, als sich mit dem Wahren beschäftigend, hat es mit ewig Gegenwärtigem zu tun* (12.105).

Die Idee ist die gesuchte logische Instanz, die die Ordnung – eine Einheit der gesamten Welt – gewährleistet. Es erhellt, dass dies nichts mit dem landläufigen Sprachgebrauch zu tun hat, dass jemand eine Idee habe. Sie ist vielmehr Vernunft, Einheit von Subjekt und Objekt, Einheit des Ideellen und Reellen, Einheit der Seele und des Leibes. Sie reißt in der Art eines „leuchtenden Stromes" [51] alles mit sich hin zur Einheit des Ganzen fort. Die Idee ist schöpferischer Natur, ist Persönlichkeit. Die Begriffslogik endet mit dem Begriff der Persönlichkeit, die nicht in Partikularität verbleibt, sondern sich als welthaltige zum wahren Ganzen emporarbeitet. *Der Begriff ist nicht nur Seele, sondern freier subjektiver Begriff, der für sich ist und daher die Persönlichkeit hat ...* (6.549).

Schließlich lehrt Hegel am Ende der Logik den berühmten Umschlag der absoluten Idee in die Natur. „Idee" impliziert für Hegel stets den Begriff als auch dessen Verwirklichung.[52] Hegel spricht von einem *Trieb* der Idee ihre *Subjektivität ... aufzuheben*, so dass *die reine Wahrheit auch der Anfang einer anderen Sphäre und Wissenschaft (wird)* (6.572f). Am Ende des Logikteils der „Enzyklopädie" heißt es, dass sich die Idee zur Natur „entschließe": *Die absolute Freiheit der Idee aber ist, daß sie nicht bloß ins Leben übergeht, noch als endliches Erkennen dasselbe in sich scheinen* läßt, sondern in der absoluten Wahrheit ihrer selbst sich *entschließt, das Moment ihrer Besonderheit oder des ersten Bestimmens und Andersseins, die unmittelbare Idee als ihren Widerschein, sich als Natur frei aus sich zu entlassen.*(8.393, § 244). Dazu notiert Helmut Korch: *Zu beachten ist, dass die Natur aus der absoluten Idee nicht im Sinne einer zeitlichen Schöpfung entsteht, sondern die Natur ist die Idee,*[53] in ihrem Anderssein, wie hinzuzufügen wäre. Was motiviert die Idee (Gott) zu diesem „Entschluss".

---

48 Briefe von und an Hegel a.a.O., Bd.2, S. 329.

49 Iljin, Iwan, Die Philosophie Hegels als kontemplative Gotteslehre, Bern 1946, vgl. auch Fetscher, S. 197

50 Bloch, Subjekt – Objekt, a.a.O., S. 231.

51 Die Metapher des *leuchtenden Stromes* befindet sich in Garaudy, S. 361.

52 Vgl. Henkel, Michael, Hegels Konzept der bürgerlichen Gesellschaft, in: Pauly, Walter (Hg.), Der Staat – eine Hieroglyphe der Vernunft, a.a.O., S. 100, Anm. 19.

53 Korch, Helmut, Hegels Naturphilosophie, in Lange, Erhard (Hg.), Hegel und wir, a.a.O., S. 181.

Hegels Antwort: *Die göttliche Idee ist eben dies, sich zu entschließen, dieses Andere aus sich herauszusetzen und wieder in sich zurückzunehmen, um Subjektivität und Geist zu sein* (Enz. 9.24, § 247 Z). Ohne Natur wüsste Gott nicht von sich selbst. Er wäre zwar *Allgenügend, Unbedürftig* (Ebd.), aber eben nicht von sich wissend.

Wie ist dieser ebenso zentrale wie umstrittene Schritt in der Hegelschen Philosophie weiterhin zu verstehen? Hegel selbst gibt keine klare Auskunft, wenn er vom „Entschluss" der reinen Idee spricht, sich als äußerliche Idee zu bestimmen. Ein früher Kritiker dieser These war Schelling. Wenn Hegel formuliere, dass sich die „Idee" dazu „entschließt", *sich als Natur frei aus sich zu entlassen* (8.393), so wendet Schelling ein, ... *was sich frei entschließen soll, muss ein wirklich Existierendes sein, ein bloßer Begriff kann sich nicht entschließen. Es ist ein böser Punkt, bei welchem die Hegelsche Philosophie hier angelangt ist, und der beim Anfang der Logik nicht vorgesehen war, ein gar garstiger breiter Graben...*[54] Hegel vertrete eine im Begrifflichen verbleibende *negative Philosophie,* die zwar in der Lage sei, die Wirklichkeit in das Netz von Begriffen einzufangen, aber übersehe, dass die ... *Welt offenbar noch etwas anderes und etwas mehr als bloße Vernunft ist, ja sogar etwas über diese Schranken Hinausstrebendes.*[55]

Jürgen Habermas meint zum Problem des Umschlags der Logik in die Natur, dass er für Hegel insofern kein weiter zu begründendes Problem ist, als in seiner Philosophie immer am höchsten Entwicklungspunkt einer Phase der dialektische Umschlag erfolgt. ... *besteht diese Gewissheit doch darin, zu wissen, dass die höchste Stufe, die irgendetwas je erreichen kann, diejenige ist, in welcher sein Untergang beginnt ... Insofern bedarf also auch jenes freie Entlassen der absoluten Idee in die Unmittelbarkeit der Natur keiner besonderen Begründung.*[56] Das heißt, dass aus der dialektischen Natur der Sache heraus, die Logik mit der absoluten Idee an ihrem höchsten Punkt in ihr Gegenteil umschlägt und sich in die Wirklichkeit übersetzt. Mit Hegel formuliert: ... *die Vernunft (ist) nicht so ohnmächtig ... , es nur bis zum Ideal, bis zum Sollen zu bringen und nur außerhalb der Wirklichkeit, wer weiß wo, als etwas Besonderes in den Köpfen einiger Menschen vorhanden zu sein* (12.21). Die Natur ist jedoch nur eine inadäquate Entäußerung der Idee, die erst im Geist bei sich selbst ist. Am Ende seiner *Vorlesungen über die Geschichte der Philosophie* erläutert Hegel: *Hiernach ist nun unser Standpunkt das Erkennen der Idee als Geist ...* (20.461).

Dass die Idee erst wirklich zu sich kommt, wenn sie sich an ihrem Anderen (Natur) reibt, erinnert an Fichtes Gedanken, wie ihn Bernhard Dinkel formuliert, dass *erst im Widerstand und in der Fessel unser Geist ... seiner Kraft sich gewiss wird.*[57] Es erinnert an Fichtes Ich, welches erst am Widerstand des Nicht-Ich zu seiner eigentlichen Bestimmung finden kann. Ohne ihr Gegenüber und ihre erfahrungsgesättigte Verwirklichung hätte die reine Idee etwas von Hermann Hesses welt-

---

[54] Schelling, Friedrich Wilhelm, Joseph, Zur Geschichte der neueren Philosophie, Münchener Vorlesungen, Berliner Ausgabe 2016, 4. Auflage, S. 125.

[55] Ebenda, S. 117.

[56] Habermas, Jürgen, Theorie und Praxis, Frankfurt 1978, S. 180.

[57] Dinkel, S. 228.

abgewandtem „Glasperlenspiel“. Hegels Entschluss der Idee, sich in die Natur zu objektivieren, erinnert auch an Hölderlins Wort „Wer das Tiefste gedacht, liebt das Lebendigste.“ Was wäre Gott, wenn er Leben nicht an sich selbst erfahren hätte? Deshalb muss von der Durchdringung des Göttlichen mit dem Irdischen ausgegangen werden. ... *die denkende Vernunft ist als Wille dies, sich zur Endlichkeit zu entschließen* (7.64, §13).

Auch schwingt etwas von der Tradition des ontologischen Gottesbeweises mit, wonach der Begriff der höchsten Vollkommenheit = Gott, die Existenz notwendig mit bedingt.[58] Zwei Extreme müssen dabei vermieden werden. Gott darf nicht im Endlichen aufgehen. Dies wäre schlechter Pantheismus, in dessen Naturvergötterung schier alles, jede Einzelheit, göttlich ist. Aber auch umgekehrt, darf das Weltliche nicht nur als Illustration des Göttlichen dienen wie bei Spinoza, wo allein die Substanz zählt und alles andere nur Modi sind. Bei Hegel zählt das, was Spinoza Modus nennt, die Individualität, ungleich viel mehr als bei Spinoza. *Die wahrhafte Einzelheit, Individualität, wahrhafte Subjektivität ist nicht nur Entfernung vom Allgemeinen, das schlechthin Bestimmte; sondern es ist, als schlechthin bestimmt, das Fürsichseiende, nur sich selbst Bestimmende* (20.170). Dazu Karl Rosenkranz: *Keineswegs war er* [Hegel] *ein Feind der Individualität da, wo sie berechtigt ist ... Im Gegenteil erkannte er sie ... auf das Bestimmteste an und verteidigte sie auf das Lebhafteste ...*[59]

Exkurs: Kritik an Hegels „Wissenschaft der Logik“

Zu Hegels Zeit hat der Erlanger Mathematikprofessor Johann Friedrich Pfaff gegen Hegels Logik argumentiert, dass Abfolgen wie Sein, Nichts, Werden willkürlich seien Es handle sich dabei nicht um die immanente Fortbewegung der Begriffe selbst, sondern lediglich um Hegels Konstruktion.[60] Die gleiche Kritik stammt von Adolf Trendelenburg, der vom Hörer Hegels zu dessen entschiedenem Gegner wurde.[61] Hegel nehme folgendes für sich in Anspruch: *Es ist der Grundgedanke der hegelschen Dialektik, dass das reine Denken, voraussetzungslos aus der eigenen Nothwendigkeit die Momente des Seins erzeuge und erkenne ...*[62] Doch in der Entwicklung unterschiebe Hegel dem Lauf der Kategorien Elemente aus der Anschauung. *Aus dem reinen Sein, einer zugestandenen Abstraktion, und aus dem Nichts, ebenfalls einer zugestandenen Abstraktion,*

[58] Schopenhauer sagt über Hegel, dass seine *ganze Philosophasterei eigentlich eine Amplifikation des ontologischen Beweises war.* Über die vierfache Wurzel des Satzes vom Grund, Hamburg 1957, §7, 20, hier zitiert n. Guzzoni, Hegels Denken als Vollendung der Metaphysik, a.a.O., S. 66f.

[59] Rosenkranz, Hegels Leben, S. 174.

[60] Vgl. Rosenkranz, Hegels Leben, S. 294.

[61] vgl. Nicolin, Günther (Hg.), Hegel in Berichten seiner Zeitgenossen, a.a.O., S. 633.

[62] Trendelenburg, Adolf, Logische Untersuchungen, Erster Bd., Leipzig 1870, Dritte vermehrte Auflage, S. 36.

kann nicht urplötzlich das Werden entstehen, diese concrete, Leben und Tod beherrschende Anschauung.[63] Ins gleiche Horn stieß Otto Liebmann, der es in seinem Werk „Kant und die Epigonen" (1865) als Unding empfand, dass Hegel Raum und Zeit aus dem Begriff ableitet, während in Wirklichkeit Raum und Zeit allen Gedanken vorausgehen. Hegel wolle ... *in der Dialektik jene formalen Grundbedingungen alles Vorstellens und Denkens, Raum und Zeit, erst als Resultat einer langen, vorhergehenden Gedankenreihe erscheinen lassen, während sie doch allen Gedanken vorausgehen. Ja sie erscheinen nicht einmal in der Logik, sondern erst in der Naturphilosophie. – Wie, frage ich, kann man von ‚Sein' von ‚Qualität und Quantität', von ‚Innerem und Äußerem' sprechen, ehe Raum und Zeit da sind, ohne dass sie vorausgesetzt sind?*[64]

6.2 Naturphilosophie

Des Herzens Woge schäumte nicht so schön empor, und würde Geist, wenn nicht der alte stumme Fels, das Schicksal, ihr entgegenstände.
Hölderlin, Hyperon

Die Natur definiert Hegel als ... *die Idee in der Form des Andersseins* (9.24, § 247). Die Natur ist zwar der Form nach anders als die Idee, wird aber gleichwohl von der Idee getragen: *Die Natur ist an sich ein lebendiges Ganzes* ..., deren Telos es ist, ... *sich zur Existenz des Geistes hervor(zu)bringe(n), der die Wahrheit und der Endzweck der Natur und die wahre Wirklichkeit der Idee ist* (Enz. 9.36, § 251). Die Natur ist für Hegel nicht der Stoff, dem der Geist seinen Stempel aufdrückt (Kant), sondern sie ist das Andere, ... *aus dem sich der Geist erst herauszuarbeiten hat* ...[65] Hegel wendet sich gegen eine gewisse *neuere(n) Betrachtungsweise der Natur*, die nur noch *Druck, Stoß, chemische Verhältnisse, überhaupt äußerliche Verhältnisse zugrunde legt* (19.177) und behauptet demgegenüber: *Das Natürliche muss als Selbstzweck in sich selbst betrachtet werden* ... (19.176).

Er gelangt zu folgendem Bild:

Die Natur ist aber nur an sich die Idee, daher sie Schelling eine versteinerte, andere sogar die gefrorene Intelligenz nannten; der Gott bleibt aber nicht versteinert und verstorben, sondern die Steine schreien und heben sich zum Geiste auf (9.25, § 247).

[63] Ebenda, S. 38.
[64] Liebmann, Otto, Kant und die Epigonen, Berlin 1912, S. 106.
[65] Litt, S. 237.

Hegel unterscheidet zwar zwischen Natur und Geist, man kann aber auch nicht sagen, dass die Natur völlig geistlos sei. Stefan Büttner spricht deshalb von einer *Geist-Latenz*[66] in der Natur.

Ausführlich widmet sich Hegel der Unterscheidung von Naturphilosophie und Naturwissenschaft. Man kann das Ergebnis seiner Erörterungen vielleicht so zusammenfassen, dass er nicht die Existenzberechtigung der Naturwissenschaft bestreitet, dass aber letztere, wenn es um die Frage der Klärung und Einordnung ihrer Grundbegriffe wie Natur, Leben, Raum, Zeit, Kraft etc. geht, der ergänzenden Betrachtung durch die Naturphilosophie bedarf. Eine Naturwissenschaft, die ganz auf Wahrnehmung und Erfahrung setze, *übersehe, dass in ihr viel mehr Gedanke ist, als sie zugibt* ... (9.11). Auf der anderen Seite stünde die Naturphilosophie in keinem guten Ruf, weil die Naturphilosophen dazu neigten, mit ihren Spekulationen die Bodenhaftung – sprich Kontakt zu den Naturwissenschaften – zu verlieren, was Hegel in seiner Naturphilosophie vermeiden will.

Als das „Andere" der Idee ist die Natur Außeinandersein bzw. Außersichsein. Das bedeutet u.a., dass der Zufälligkeit und der Abhängigkeit von äußeren Anstößen und Faktoren in der Natur ein großes Gewicht zukommt. *Die Zufälligkeit und Bestimmbarkeit von außen hat in der Sphäre der Natur ihr Recht* (9.34, § 250). Karl Rosenkranz spricht bei Hegel von der *Zufälligkeit der in Raum und Zeit vereinzelten Existenz.*[67] In der Rechtsphilosophie schreibt Hegel über die *Naturobjekte,* dass sie ... *nur auf die ganz äußerliche und vereinzelte Weise die Vernünftigkeit darstellen und sie unter die Gestalt der Zufälligkeit verbergen* (7.295, § 146 A). Notwendigkeit und Zufälligkeit prägen die Natur. Sie ist nicht die Sphäre der Freiheit, die eine Domäne des Denkens und des Begriffs ist.

Hegel legt keine eigentliche Naturgeschichte vor,[68] sondern stellt die Natur logisch nach ihren Stufungen dar. In den *Vorlesungen über die Philosophie der Geschichte* erläutert er den Unterschied zwischen den Veränderungen in der Natur und der Geschichte anhand des Begriffs des Neuen. *Die Veränderungen in der Natur, so unendlich mannigfach sie sind, zeigen nur einen Kreislauf, der sich immer wiederholt; in der Natur geschieht nichts Neues unter der Sonne ... Nur in den Veränderungen, die auf dem geistigen Boden vorgehen, kommt Neues hervor. Diese Erscheinung am Geistigen ließ in dem Menschen eine andere Bestimmung überhaupt sehen als in den bloß natürlichen Dingen – in welchen sich immer ein und derselbe stabile Charakter kundgibt, in den alle Veränderung zurückgeht –, nämlich eine wirkliche Veränderungsfähigkeit, und zwar zum Besseren – ein Trieb der Perfektibilität* (12.74).

Die Stufen der Natur stellen also für Hegel keine reale Evolution im genetisch-zeitlichen Sinn dar. Die eine Stufe wird nicht aus der anderen natürlich erzeugt, also das Tier stammt naturphilosophisch betrachtet nicht aus der Pflanze und der

---

66 Büttner, Stefan, Von der ‚Chora' zum ‚Äther', Rezeption und Transformation des platonischen Chorakonzepts in Hegels Jenenser Naturphilosophie, in: Vieweg, Klaus (Hg.) Hegels Jenaer Naturphilosophie München 1998, S. 113.

67 Rosenkranz, Hegels Leben, S. 214.

68 Vgl. Biedermann, Georg, Georg Wilhelm Friedrich Hegel, a.a.O., S. 122.

Mensch nicht vom Tier ab, sondern die Stufenentwicklung versteht Hegel allein begrifflich aus der Idee.

Merksatz

Hegel behauptet Stein, Pflanze, Tier, Mensch sind „auf einmal", was sie sind.[69]

In den Worten Hegels: *Der Mensch hat sich nicht aus dem Tiere herausgebildet, noch das Tier aus der Pflanze; jedes ist auf einmal ganz, was es ist* (9.349, § 339 Z). Den Begriff der Metamorphose *möchte Hegel ... auf die Entwicklung des lebendigen Individuums beschränkt sehen,*[70] d. h. auf die Metamorphose eines Schmetterlings und nicht von der einen Art auf die andere, wie es Lamarck tat. Eine Evolution der Arten ist bei Hegel ausgeschlossen. Das System der Natur ist zwar ein System von Stufen; aufhebende Veränderung aber erfährt bei Hegel nur der Begriff (vgl. 9.31, §249).

Hegel unterscheidet drei Naturstufen: erstens die Mechanik (Raum, Zeit, Materie, Bewegung, Fall, Wurf, Waage, Hebel), wo sich Vereinzeltes gegenübersteht; zweitens die Physik[71] (Licht, Feuer, Wasser, Luft, Erde, Sauerstoffgas, Wasserstoffgas, Stickgas, Kohlengas, Klang, Wärme, Magnetismus, Elektrizität, chemischer Prozess), wo sich die Elemente schon in Form der Individualität gegenüberstehen – *Magnetismus zum Beispiel beschreibt die Beziehung zwischen magnetischen Polen als Individuen*[72] – und drittens die Organik, wo der einzelne Teil seine Bestimmung im Ganzen findet.[73] Hier fällt die Analogie zum Systemschema der Logik auf: Logik des Seins, des Wesens und des Begriffs.[74]

Was das Universum betrifft, wendet sich Hegel gegen eine „schlechte" Unendlichkeit. Das Universum ist ihm vielmehr ein Kosmos; eine schmuckhafte Totalität, eine lebendige Idee. Der Äther – Hegels früher Äquivalentbegriff für den Geist in der Natur – realisiert sich in Raum und Zeit und der Bewegung sowie dem Sonnensystem als dem Totalitätssystem der Sterne. *Die Welt ist eine Blume, die aus einem Samenkorn ewig hervorgeht* (20.390), wie Hegel den Idealcharakter der Natur sinnbildlich umschreibt. Raum und Zeit sind keine reinen Anschauungsformen (Kant), sondern Hegel leitet sie aus der Idee selbst ab, sie gehören zur realen Welt.[75] Das reine Ausgedehntsein ist zunächst der Raum. Zur Frage, ob der Raum

---

69 Vgl. Kaltenbrunner, Gerd-Klaus (Hg,), Hegel und die Folgen, Freiburg 1970, S. 13.

70 Drüe, Hermann u.a., Hegels Enzyklopädie der philosophischen Wissenschaften (1830). Ein Kommentar zum Systemgrundriss, a.a.O., Stellenkommentar, S. 513.

71 *Unter Physik versteht man in der Hegel-Zeit den gesamten Gegenstandsbereich, der nicht Organik ist und nicht vollständig mit mechanischen Gesetzen beschrieben werden kann.* Neuser, Wolfgang, Naturphilosophie, in: Drüe, Hermann u.a., a.a.O., S. 151.

72 Neuser, Wolfgang, Naturphilosophie, in: Drüe, Hermann u.a., a.a.O., S. 151.

73 Vgl. ebenda, S.150f.

74 Vgl. Biedermann, Georg, Georg, Wilhelm Friedrich Hegel, Köln 1981, S. 121f.

75 Vgl. Neuser, Wolfgang, Naturphilosophie, in: Drüe, Hermann u.a., a.a.O., S. 157.

begrenzt ist oder nicht schreibt Hegel: ... *die Welt ist nirgends mit Brettern zugenagelt* und ... *Man kann keinen Raum aufzeigen, der Raum für sich sei; sondern er ist immer erfüllter Raum und nie unterschieden von seiner Erfüllung* (9.43). Über die philosophische Kennzeichnung des Raumes gelangt Hegel zur Bestimmung der Zeit als der Negation des Raumes. Dabei spielt der *Punkt* eine Hauptrolle. Der *Punkt* im Raum ist nicht wirklich, sondern immer nur Linie oder Fläche, anders der „Zeitpunkt": *in der Zeit hat der Punkt ... Wirklichkeit* (9.48, § 257 Z). Der Raum geht in die Zeit über. *Die Wahrheit des Raumes ist die Zeit ...* (9.48, § 257 Z). Für Heidegger reicht Hegels Hervorhebung der Zeit gegenüber dem Raum nicht aus, da sie auf das Naturgeschehen beschränkt sei, während nach Heidegger die Zeit *das ursprüngliche Wesen des Seins* [76] überhaupt ist. *Es muss mit aller Schärfe betont werden: Zeit und Raum sind für Hegel von Anfang an ... primär Probleme der Naturphilosophie, das entspricht ganz der Tradition.*[77]

Die Zeit ist für Hegel ... *keine Form der Anschauung* [im Sinne eines A–Priori der reinen Anschauung], *ebenso wenig wie der Raum, sondern sie ist das objektive Werden selbst.*[78] Hegels Zeitbegriff verdeutlicht wohl am eindringlichsten die Dialektik als Prozess der aufgehobenen Momente. Vergangenheit, Gegenwart und Zukunft müssen bei der Zeit zusammengedacht werden, will man zu ihrem wahren Begriff gelangen. Vergangenheit, Gegenwart und Zukunft lassen sich nicht voneinander isolieren, gehen ewig ineinander über, bilden zusammengenommen den Begriff der Zeit. Das folgende Zitat aus dem von Hans Ehrenberg und Herbert Link aus Manuskripten zusammengestellten und herausgegebenen „Hegels erstes System" zeigt, wie akribisch gerade der frühe Hegel diesem Ineinander sprachlich nachzuspüren suchte. Die Vergangenheit, ... *das Ehmals ist selbst nicht für sich, es ist ebenso das durch Zukunft zum Gegenteil seiner selbst werdende Jetzt, und es also nicht abgesondert von diesen; es ist an sich selbst nur dieser ganze Kreislauf, die reale Zeit, die durch Jetzt und Zukunft Ehmals wird ...*[79]

Hegel gelangt zu einer Bestimmung der Zeit, die als Grundlage seiner gesamten Philosophie gelten könnte und die deswegen hervorgehoben sei: *Sie* [die Zeit] *ist das Sein, das, indem es ist, nicht ist, und indem es nicht ist, ist; das angeschaute Werden* (9.48, § 258). Die Zeit ist das Werden. *Aber nicht in der Zeit entsteht und vergeht alles, sondern die Zeit selbst ist dies Werden ...* (9.49, § 258 A). *Dies Vergehen und Sichwiedererzeugen des Raums in Zeit und der Zeit in Raum ... ist die Bewegung* (9.56, § 261), woraus (aus der Bewegung) für Hegel die Materie folgt. Zu Hegels Ableitung der Übergänge des Raums in die Zeit und in die Materie schreibt Wolfgang Neuser: *Den Übergang vom Raum zur Zeit, vom Ort zur Materie, fasst Hegel ... nicht als einen Übergang der realen Gegenstände auf, sondern als einen Übergang*

---

76 Heidegger, Martin, Hegels Phänomenologie des Geistes, Frankfurt am Main, in: Gesamtausgabe, Bd. 32, 1997, 3. Auflage, S. 211.

77 Ebenda S. 208.

78 Bloch, Ernst, Subjekt-Objekt a.a.O., S. 219.

79 Hegels Erstes System, hg. v. Hans Ehrenberg und Herbert Link, Heidelberg 1915, S. 176.

zwischen Begriffen von realen Gegenständen.[80] Es ist bei Hegel stets die Idee, die den Grund der Natur ausmacht (Vgl. 9.31, § 249).[81]

Wolfgang Neuser referiert Teile von Hegels Kosmologie wie folgt: Die *Sonne ist ein ‚Lichtkörper', aber kein sich verzehrendes Feuer.*[82] *Die Sonne strahlt ... das Licht ab, die Kometen und der Mond reflektieren es, und die Planeten absorbieren es, um ihre eigene Existenz im Licht zu begründen.*[83] Das Licht ist für Hegel zwar materiell, wird aber von ihm als Nicht-Körper charakterisiert und besitzt somit eine ontologische Sonderstellung. Hegel fasst es als Gegenpol zur Materie bzw. als das der Materie zugrunde liegende Ideelle, gleichsam als *Selbst der Materie* (9.111, § 275). *Farbeffekte entstehen durch graduelle Abwesenheit von Licht oder von Überblendungen.*[84] In der Farbenlehre orientiert sich Hegel an Goethe: *Wir sehen auf der einen Seite das Licht, das Helle, auf der anderen die Finsternis, das Dunkle, wir bringen die Trübe zwischen beide, und aus diesen Gegensätzen, mit Hilfe gedachter Vermittlung, entwickeln sich gleichfalls in einem Gegensatz, die Farben ...*[85] Im Gespräch mit Eckermann (Dritter Teil, 6. Mai 1823) erläutert Goethe seine Farbenlehre: *Das Licht, sagte er* [Goethe], *sei keineswegs eine Zusammensetzung verschiedenen Farben; auch könne das Licht allein keine Farben hervorbringen, vielmehr gehöre immer dazu eine gewisse Modifikation und Mischung von Licht und Schatten.* Bei Hegel heißt es: *So gibt dann ein auch für sich existierenden Finsteres und für sich vorhandenes Helles, vermittels der Durchsichtigkeit zugleich in konkrete und individualisierte Einheit gesetzt, die Erscheinung der Farbe* (9.242, §320).

Die Organik – Hegel lässt sie als unlebendig schon mit der Geologie beginnen – findet im Organismus und hier speziell des Menschen den Höhepunkt. ... *an diesem höchsten Organismus ist also überhaupt ein allgemeiner Typus vorhanden, in dem und aus dem die Bedeutung des unentwickelten Organismus erst erkennbar ist und an ihm entwickelt werden kann* (9.436, §352 Z). Der Organismus besitzt nach Hegel die Struktur des Begriffs. Ein Begriff ist in der Lage, Besonderheiten aufzunehmen und dabei dennoch nicht seine Identität zu verlieren, wie ein Organismus, der in seinen Wechselprozessen sich am Leben erhält. *Die Fliege ist danach so etwas wie ein tätig gewordener Begriff, eben Subjekt.*[86] Mit dem Leben ist eine neue Stufe in der Natur erreicht. ... *was bisher nur unser Erkennen war, ist jetzt in die Existenz getreten* (9.340, § 337 Z). *Hier hat die Natur also das Dasein des Begriffs erreicht...* (9.336, § 336 Z). *Das animalische Leben ist also der sich in Raum und Zeit auslegende Begriff* (9.342, § 337 Z).

Das organische Leben sei, weil es unmittelbar auf seine Umgebung verweise, stets gefährdeter als z.B. die Balance des Sonnensystems. *Die Umgebung der äu-*

---

80 Neuser, Wolfgang, Naturphilosophie a.a.O., S. 161.

81 Vgl. Vorländer, Karl, Geschichte der Philosophie, Bd. III, 1. Teilband, Die Philosophie in der ersten Hälfte des 19. Jahrhunderts Neubearbeitung von Lutz Geldsetzer, Hamburg 1975, S. 118.

82 Neuser, Wolfgang, Naturphilosophie a.a.O., S. 173.

83 Ebenda, S. 175.

84 Ebenda, S. 170.

85 Goethe, Farbenlehre zit. nach Neuser, Wolfgang, Naturphilosophie a.a.O., S. 174.

86 Wandschneider, Dieter, Die Bedeutung Hegels für eine zeitgemäße Naturphilosophie, in: Heidemann, Dietmar H./Krijnen Christian, Hegel und die Geschichte der Philosophie, a.a.O., S. 277.

ßeren Zufälligkeit enthält fast nur Fremdartiges; sie übt eine fortdauernde Gewaltsamkeit und Drohung von Gefahren auf sein Gefühl aus, das ein unsicheres, angstvolles, unglückliches ist (9.502, §368 A). Aber deswegen sei es auch in ungleich höherem Maß kreativer als das massenhaft Unorganische. ... *in Wahrheit ist das Prinzip des Lebens höher als das der Sonne* (16.293). Auf die Kritik, er würde die Erhabenheit des Sonnensystems herabwürdigen, antwortet Hegel: *In der Tat mache ich aus einem Konkreten mehr als aus einem Abstrakten, aus einer auch nur Gallerte bringenden Animalität mehr als aus dem Sternenheer* (9.365, §341 Z). Und um diesen Aspekt, für den es noch weiter Zeugnisse gibt[87], zu vervollständigen, berichtet Felix Mendelssohn-Bartholdy, dass Hegel während eines Spaziergang behauptet haben soll, dass *jeder menschliche Gedanke ... erhabener (sei), als die ganze Natur...*[88]

Den Organismus kennzeichnen die Grundkräfte des Lebens: *Sensibilität* (Empfindungsfähigkeit, Nerven, Fähigkeit der Nerven Eindrücke zu erhalten) und *Irritabilität* (Reizbarkeit und die Fähigkeit auf Reize hin Bewegungen hervorzubringen, organische Aktivität auf empfangene Reize, Herzschlag, Kreislauf des Blutes) und *Reproduktion* (Wiederhervorbringung des Individuums und der Gattung, Ernährung, Wachstum, Zeugung). Diesen Kräften entsprechen kurz gefasst: Nerven, Muskeln und Eingeweide.

Ein Organismus kann krank oder gesund sein. Die *Krankheit versteht Hegel als Organismus im Organismus, der sich gegen seinen Wirt richtet,*[89] ihn vielleicht tötet. Doch: *Der Tod des Individuums ist ... nicht das Ende. In der Gattung bleibt das Allgemeine in seiner allgemeinen Form erhalten.*[90]... *die Gattung ist Zweck ...* (18.381).

Exkurs: Stein, Pflanze, Tier, Mensch

Während der geologische Organismus das bloße System des Gestaltens ohne Idealität ist, so tritt diese mit der Subjektivität des Pflanzenlebens nun hinein (9.372, § 343 Z). Der Stein hat also keine Subjektivität, die in Hegels stufenförmiger Naturphilosophie erst dem Leben, z. B. der Pflanze zukommt. Das Leben entspricht, wie erwähnt, dem Begriff. Zwischen vegetativem und animalischem Organismus ist qualitativ zu unterscheiden. Bei der Pflanze kann im Gegensatz zum Tier im Prinzip aus jedem Teil (Wurzel, Blatt) wieder eine ganze Pflanze werden. Sie verwertet direkt die anorganischen Stoffe für sich. Sie besitzt schon ein Selbst im Sinne der Selbsterhaltung (natürliche Subjektivität). *Die Pflanze* bezeichnet Hegel ... *als das erste für sich seiende Subjekt(e)*

87 Vgl. Losurdo, S. 349, laut Heinrich Heine (Geständnisse) soll Hegel gesagt haben: „Die Sterne sind nur ein leuchtender Aussatz am Himmel“, Nicolin, Günther (Hg.), Hegel in Berichten seiner Zeitgenossen, a.a.O., S. 234.

88 Nicolin, Günther (Hg.) Hegel in Berichten seiner Zeitgenossen, a.a.O., S. 432.

89 Neuser, Wolfgang, Naturphilosophie a.a.O., S. 192.

90 Ebenda, S. 193.

(9.372, § 343 Z). Sie ist *die erste Stufe des Fürsichseins,* allerdings ohne Selbstgefühl und ohne Nervensystem. Demgegenüber besitzt das Tier Selbstgefühl. *Das Tier ist ... empfindend* (9.374, § 344 Z). *Das Belebende, was beim Tier die Seele ist, ist daher bei der Pflanze noch ins prozessualische Auseinander versenkt* (9.374, § 344 Z). Erst der Mensch gelangt zur Selbstreflexion seiner Subjektivität. Das Tier ernährt sich aus ins Organische verwandelten Stoffen. Die Pflanze ist direkter mit der Erde verkoppelt, während das Tier seine Subjektstruktur erweitert und über *freiwillige Bewegung* (9.377, § 344 Z) verfügt. Die Pflanze hat kein Selbstgefühl und ist nicht empfindend, hat folglich keine eigenen Gefühle. Doch ... *das Tier ist ... empfindend. Die Pflanze aber geht noch nicht zu diesem Unterschiede in sich fort* (9.374, § 344 Z). Hegel spricht vom *unglücklichen* Dasein der Tiere. *Die Umgebung der äußerlichen Zufälligkeit enthält fast nur Fremdartiges; sie übt eine fortdauernde Gewaltsamkeit und Drohung von Gefahren auf sein Gefühl aus, das ein unsicheres, angstvolles, unglückliches ist* (9.502, § 368). Selbstgefühl, Selbstbewegung, Nervensystem kommen dem Tier zu, das aber über kein Bewusstsein verfügt, sondern *bewusstlos nach Zwecken* (9.473, § 360 Z), d. h. punktuell handelt. Erst der Mensch verfügt über ein übergreifendes Bewusstsein/Selbstbewusstsein – *Der Geist ist so aus der Natur hervorgegangen* (9.538, § 376 Z) –, das ihn denkend mit der Ewigkeit des Geistes verbindet.

Eine schöne Stelle aus der Naturphilosophie sei hier noch erwähnt. Sie ist dem Bildungstrieb der Tiere (Nestbau, Netzbau ...) und speziell dem Gesang der Vögel gewidmet, der schon auf die Welt des Geistes hinweist.

Zum Kunsttrieb gehört auch die Stimme, sich in die Luft, diese ideelle Subjektivität, hineinzubilden, sich in der Außenwelt zu vernehmen. Die Vögel vorzüglich bringen es zu diesem fröhlichen Selbstgenuss; die Stimme ist bei ihnen nicht bloßes Kundtun des Bedürfnisses, kein bloßer Schrei, sondern der Gesang ist die begierdelose Äußerung, deren letzte Bestimmung der unmittelbare Genuss seiner selbst ist (9.497, § 365 Z).

6.3 Philosophie des Geistes

Für Hegel ist der Geist die Grundlage der Welt, ja, ohne Geist gäbe es gar keine Welt. *Das Geistige allein ist das Wirkliche ...* (3.28). *Der Geist ist die existierende Wahrheit der Materie, dass die Materie selbst keine Wahrheit hat* (10.44). Der Geist ist kein Knochen (auch nicht auf Neuronen reduzierbar, vgl. 3.248ff), kein Ding, sondern Beziehung, zielgerichtete Bewegung. *Die ‚Phänomenologie des Geistes' hat uns von dem Wahn (befreit), das Absolute in einer festen Gestalt zu ergreifen.*[91]

[91] Jung, Erich, Entzweiung und Versöhnung in Hegels Phänomenologie des Geistes, Leipzig 1940, S. 12.

Der Geist ist Freiheit. *Wie die Substanz der Materie die Schwere ist, so, müssen wir sagen, ist die Substanz, das Wesen des Geistes die Freiheit* (12.30). Zwar hätte der Geist ohne die Natur als das Andere des Geistes keine Wirklichkeit, das heißt aber nicht, dass er nicht frei wäre. *Der Geist ist nicht natürlich, er ist nur das, wozu er sich macht* ... (19.494). *Der Geist ist nicht ein Ruhendes, sondern vielmehr das absolut Unruhige ... nicht ... ein ... Seelending* ... (10.12). Hierzu notiert Manfred Riedel: *Der Hegelsche ‚Geist' ist nicht, sondern er stellt sich her.*[92] Das ist eine ziemliche andere Diktion, wie wir sie heute als Philosophy of mind (Philosophie des Geistes), die sich mit der Natur mentaler Zustände beschäftigt, vorfinden. So verwundert es nicht, dass in einer – im Übrigen sehr lesenswerten – neueren Einführung in die Philosophie des Geistes[93]die Namen Fichte, Hegel, Schelling gar nicht erst vorkommen und Kant nur an zwei Stellen zum Problem der Willensfreiheit kurz gestreift wird.

Hegel unterscheidet zwischen dem subjektiven, objektiven und absoluten Geist.

Die Philosophie des subjektiven Geistes enthält Hegels philosophische Psychologie, die des objektiven Geistes seine Rechts- und Staatslehre sowie seine Konzeption der Weltgeschichte, und die Philosophie des absoluten Geistes stellt seine Theorie der Kunst, der Religion und der Philosophie dar.[94]

6.3.1 Subjektiver Geist

Die Grundbestimmung ist, dass der Mensch kein Naturwesen als solches, kein Tier ist, sondern Geist
Hegel (16.263)

Mit dem subjektiven Geist kommt es zur Ablösung von der Natur und von der Vorherrschaft des Kausalitätsprinzips. *Im Psychischen haben wir eine Wirklichkeit vor uns, die der kausalen Erkenntnis prinzipiell Widerstand entgegensetzt* ...[95] Immer wichtiger werden nun Kategorien der Wechselwirkung und der Dialektik, der Geist lässt sich nicht so einfach auf den Körper reduzieren, sondern bildet eine Einheit mit ihm.

---

[92] Riedel, Manfred, Theorie und Praxis im Denken Hegels, Frankfurt, Berlin, Wien 1976, S. 52.
[93] Schröder, Jürgen, Einführung in die Philosophie des Geistes, Frankfurt/Main 2004.
[94] Emundts, Dina, Horstmann, Rolf-Peter, G.W.F. Hegel, a.a.O., S. 94.
[95] Dürck, Johanna Die Psychologie Hegels, Bern 1927, S. 1.

Exkurs: Hegel zum Leib-Seele-Problem

Hegel wendet sich gegen Theorien, die den Geist naturalistisch, biologistisch oder reduktionistisch auf den Körper herunterbrechen oder anderseits idealistisch wie Berkeley und Fichte ganz vom Geist bzw. Subjekt ausgehen und die Natur zu einem Appendix reduzieren. Gegen die These, dass es so etwas wie Geist n i c h t gibt, gilt das Argument von Descartes, dass es offenkundig zwei Substanzen gibt, die res extensia und die res cogitans. Die res existensia = Materie hat zum Merkmal die Ausdehnung, der Geist hingegen kennt keine Ausdehnung im Raum. Es ist absurd zu sagen, ein Gedanke sei 1 cm oder ein Meter lang. Offenkundig bewegen wir uns im Denken und überhaupt im Mentalen in einer anderen Sphäre als in der Natur. Descartes scheiterte allerdings daran, das Verhältnis von Körper und Geist näher zu bestimmen. Seine Annahme, ein bestimmtes Körperorgan – die Zirbeldrüse –, sei für den Austausch verantwortlich, hatte keinen Bestand. Hegel unternimmt es, Körper und Geist, Natur und Geist dialektisch aufeinander zu beziehen. In § 381 der Enzyklopädie heißt es: *Der Geist hat für uns die Natur zur Voraussetzung, deren Wahrheit und damit deren absolut Erstes er ist* (10.17, § 381). In § 384 heißt es: *Das Absolute ist der Geist ...* (10.29, § 384 A). Doch damit ist die Materie nicht etwa überflüssig, sondern der Geist bringt das Licht der Wahrheit in die Natur. Hegel ist gegen jeden Dualismus. Am Materialismus, der das Denken auf die Materie zurückführt, lobt er, dass er immerhin ein Monismus sei, der allerdings falsch an die Sache herangehe. *Es gibt nichts Ungenügenderes als die in den materialistischen Schriften gemachten Auseinandersetzungen der mancherlei Verhältnisse und Verbindungen, durch welche ein solches Resultat wie das Denken hervorgebracht werden soll. Dabei ist gänzlich übersehen, dass, ... der Geist als solcher nicht durch ein Anderes hervorgebracht wird, sondern sich selber aus seinem Ansichsein zum Fürsichsein, aus seinem Begriff zur Wirklichkeit bringt und dasjenige, von welchem er gesetzt sein soll, zu einem von ihm Gesetzten macht* (10.49, § 389 Z). Mit anderen Worten: Hegel denkt Geist und Materie, Leib und Seele zusammen; allerdings unter dem Primat des Geistes. Dazu heißt es im Jugendlexikon Philosophie im Artikel „Leib-Seele" über Hegels Ansatz: *Die Seele muss das Leibliche in Besitz nehmen, es muss ihr Eigentum werden.*[96]

Den subjektiven Geist teilt Hegel in die Bereiche 1. Anthropologie, 2. Phänomenologie und 3. Psychologie ein. Die „Anthropologie" mit dem Hauptthema der Seele als *Schlaf des Geistes* (10.43, § 389) schildert den Menschen als weitestgehend in eine natürliche, planetarische und kosmischen Umgebung eingebunden; ab-

96 Delf, Hanna, Georg-Lauer, Jutta, Hackenesch, Christa, Lemcke, Mechthild (Hg.), Jugendlexikon Philosophie, Geschichte, Begriffe und Probleme der Philosophie, Reinbek bei Hamburg 1988, S. 177.

hängig von Klima, Vorfahren, Rasse, Lebensalter, Geschlechtsverhältnis, Körperbau usw. In Bezug auf die Rassenunterschiede sagt Hegel, dass man sie nicht als Wesensmerkmale des Menschen begreifen darf, da der Mensch als Geistwesen sich aus seinen natürlichen Bedingungen emporarbeiten kann. Aus der natürlichen Abstammung der Menschen könnten jedenfalls keine Unterschiede in Bezug auf die allgemeine Vernunftfähigkeit und die Rechtsansprüche abgeleitet werden.[97] *Der Mensch ist an sich vernünftig; darin liegt die Möglichkeit der Gleichheit des Rechtes aller Menschen, – die Nichtigkeit einer starren Unterscheidung in berechtigte und rechtlose Menschengattungen* (10.57f, §393 Z). Hegel stellt sich ganz auf den Standpunkt des Christentums: *... jedes Subjekt, der Mensch als Mensch hat einen unendlichen Wert, ist dazu bestimmt, daß der göttliche Geist in ihm wohne, daß sein Geist vereinigt sei mit dem göttlichen Geist; und dieser ist Gott. Der Mensch ist zur Freiheit bestimmt, er ist hier anerkannt als an sich frei ...* (19.500).

Was den Europäer von den Afrikanern oder Asiaten unterscheide, sei seine Weltzugewandtheit. In Hegels logischen Kategorien von Einzelheit, Besonderheit, Allgemeinheit bedeutet dies, dass der Europäer die Besonderheit hervorhebt, was auch dazu führt, dass es in Europa zur Ausbildung zahlreicher – besonderer – Nationalcharaktere gekommen sei. Diese Nationalcharaktere unterliegen einer Weiterentwicklung durch den Geist: der heutige Franzose kann nicht mit seinen keltischen Vorfahren und der heutige Deutsche nicht mit den alten Germanen verglichen werden.

Die Seele, die Hegel wie die moderne Psychologie nicht dinglich fasst, führt einen ... *Befreiungskampf gegen die Unmittelbarkeit ihres substantiellen Inhalts* (10.121), kommt zu sich selbst und erwacht zum Ich. Die seelische Subjektivität, die noch nicht über ein klares Subjekt-Objekt-Bewusstsein verfügt, fasst Hegel als inneres Daimonion, also durchaus idiosynkratisch, was denjenigen Interpreten Hegels widerspricht, die ihm vorwerfen, den Menschen lediglich als gesellschaftliches Wesen zeit- und milieubestimmt zu fassen. *Zu den nämlichen Umständen verhält dies bestimmte Individuum sich anders als hundert andere Individuen ... Die Umstände vermischen sich ... auf eine zufällige, besondere Weise mit dem Inneren der Individuen, so dass diese teils durch die Umstände und durch das Allgemeingültige, teils durch ihre eigene besondere innere Bestimmung (herv. v. Verf.) zu demjenigen werden, was aus ihnen wird* (10.132, § 405 Z).

Der Umschlag zum Ich – Fichtes „Tathandlung" – erfolgt als Umschlag von der Quantität zur Qualität als „Blitz": *denn das Ich ist der durch die Naturseele schlagende und ihre Natürlichkeit verzehrende Blitz* (10.198). Im ältesten Systemfragment des deutschen Idealismus heißt es *Mit dem freien, selbstbewussten Wesen tritt zu-*

97 Vgl. Drüe, Hermann, Die Philosophie des Geistes in: Drüe, Hermann u.a., Hegels Enzyklopädie der philosophischen Wissenschaften (1830) a.a.O., S. 218.

gleich eine ganze Welt – aus dem Nichts hervor – die einzig wahre und gedenkbare Schöpfung aus Nichts.[98]

Mit dem Ich-Bewusstsein entsteht eine neue Welt: *Dies Erfassen seiner Ichheit ist ein höchst wichtiger Punkt in der geistigen Entwicklung des Kindes; mit diesem Punkt beginnt dasselbe, aus seinem Versenktsein in die Außenwelt sich in sich zu reflektieren. Zunächst äußert sich diese beginnende Selbständigkeit dadurch, daß das Kind mit den sinnlichen Dingen spielen lernt. Das Vernünftigste aber, was die Kinder mit ihrem Spielzeug machen können, ist, daß sie dasselbe zerbrechen* (10.80, § 396 Z). Schon im angesprochenen Kindesverhalten lobt also Hegel die Macht der Negativität.

Was die Sinnenstruktur des Menschen betrifft, so unterscheidet Hegel drei Kategorien: 1. Sehen und Hören, 2. Geruch und Geschmack und 3. Tastsinn und Gefühl. Der Tastsinn sei der *vollkommenste Sinn,* was Iring Fetscher damit erklärt, dass bei Hegel womöglich das Wort „Begriff" – von greifen – als höchster gedanklicher Leistung des Menschen mitschwingt.[99] Hegels Unterordnung der fünf Sinne in drei Kategorien hat ihm schon früh Kritik eingebracht. Sie sei ein Beispiel dafür, wie die Erfahrung in das Prokrustesbett der dreischrittigen Dialektik gezwängt werde. So schreibt Franz Exner in *Die Psychologie der Hegelschen Schule* (1842): *Wo die Erfahrung den Trichotomien nicht zusagt, da wird abgeholfen; die fünf Sinne, die vier Temperamente werden mit Leichtigkeit in drei umgewandelt.*[100]

Interessant ist, was Hegel über die Scham sagt: *Die mit dem Zorn nahverwandte Scham ... ist ein beginnender, ein bescheidener Zorn des Menschen über sich selber* (10.113, § 401 Z). Das Lachen, Weinen und Wehklagen fasst Hegel als Objektivierung, ja als Befreiung von etwas bloß Innerlichem. Man sagt ja auch, dass Lachen befreit.

Der Traum spielt Hegel zufolge mit den Vorstellungen. Sie dissoziieren in ihm frei. Im Wachsein hingegen sorgen die Kantischen Kategorien (Bewusstsein) für die Notwendigkeit des Weltaufbaus, wobei nach Hegel auch im Traum durchaus – wenn auch nicht im eigentlich (wachen) Sinn – gedacht wird. *Denn das Denken überhaupt gehört so sehr zur Natur des Menschen, dass derselbe immer, auch im Schlafe, denkt* (10.93, § 398 Z). Es überrascht, wenn der Geistphilosoph Hegel gerade im Traum eine Gegenkraft zu den Zerstreuungen der Seele im wachen Zustand sieht. *... im Zustande des Träumens (wird) die menschliche Seele nicht bloß von vereinzelten Affektionen erfüllt ..., sondern (gelangt) mehr, als in den Zerstreuungen der wachen Seele gewöhnlich der Fall ist, zu einem tiefen, mächtigen Gefühle ihrer ganzen individuellen Natur, des gesamten Umkreises ihrer Vergangenheit, Gegenwart und Zukunft ... und ... dieses Empfundenwerden der individuellen Totalität der Seele (ist) eben der Grund ..., weshalb das Träumen bei Betrachtung der sich selbst fühlenden Seele zur Sprache kommen muß* (10.130, § 405 Z). Das klingt fast so, als hätte Hegel Sigmund

---

98 Jamme, Christoph, Schneider, Helmut, (Hg.), Mythologie der Vernunft, Hegels ‚ältestes Systemprogramm' des deutschen Idealismus, Frankfurt/Main 1984, S. 11.

99 Vgl. Fetscher, S. 57f.

100 Zit. Drüe, Hermann, Die Philosophie des Geistes, in: Drüe, Hermann u.a. Hegels „Enzyklopädie der philosophischen Wissenschaften" a. a. O., S. 285.

Freuds These vom absolut egoistischen Charakter des Traums vorweggenommen.[101] Im Unterschied zum Traum komme es bei seelischen Krankheiten dazu, dass Unbewusstes die Oberherrschaft übernimmt. „Geisteskrankheiten" kennt übrigens Hegel nicht; er spricht von Verrücktheit, der Geist selbst könne nicht „verrückt" werden.

Bei der Behandlung seelischer Krankheiten zieht Hegel psychische Verfahren somatischen vor.[102] Er setzt dabei ganz auf die Zuwendung. Der Arzt müsse das Vertrauen des Patienten gewinnen, um dann mittels derart aufgebauter Autorität auf den Kranken einzuwirken, damit er seine Neurosen/Depressionen usw. überwinde. *Nachdem man das Vertrauen der Irren sich erworben hat, muß man über sie eine gerechte Autorität zu gewinnen und in ihnen das Gefühl zu erwecken suchen, daß es überhaupt etwas Wichtiges und Würdiges gibt* (10.179, § 408 Z).

Ein probates Mittel, den Kranken aus seiner Lethargie herauszureißen, sei die Arbeit. *Dies Flüssigwerden der fixen Vorstellung wird besonders dadurch erreicht, daß man die Irren nötigt, sich geistig und vornehmlich körperlich zu beschäftigen; durch die Arbeit werden sie aus ihrer kranken Subjektivität herausgerissen und zu dem Wirklichen hingetrieben* (10.181, § 408 Z).

Es ist bemerkenswert, wie viel Aufmerksamkeit Hegel – der Denker vernünftiger Rationalität – den Tiefenphänomenen der Seele und dem damaligen Mesmerismus zuwendet. *Den Mesmerischen Magnetismus nimmt er ernst.*[103] Wunderheilungen, von denen aus früherer Zeit berichtet wird, erklärt sich Hegel als Folge magnetischer Kräfte (Handauflegen etc.). Demgegenüber wird die Astrologie von Hegel verworfen.[104] Die Sternenkonstellationen hätten keine Macht über den Menschen, allenfalls über die Tiere.[105]

Exkurs: Mesmerismus

In seinem Werk *Abhandlung über die Entdeckung des tierischen Magnetismus, Karlsruhe 1781* entwickelte F. A. Mesmer seine Lehre vom animalischen und tierischen Magnetismus. Ein kurze Zusammenfassung des Mesmerismus aus Georg Korn, Handbuch der Geschichte der Medizin, Jena 1903, Bd. II, S. 723 findet sich bei Iring Fetscher: *Von der Heilkraft der Magnete ausgehend erklärt er* [Mesmer] *die magnetische Kraft für eine allgemeine Eigenschaft aller*

---

101 *Sie* [die Träume] *sind sämtlich absolut egoistisch.* Freud, Sigmund, Die Traumdeutung, Frankfurt/Main 1977, S. 227.

102 vgl. Drüe, Hermann, Die Philosophie des Geistes, a.a.O., S. 244.

103 Ebenda, S. 215, auch Goethe im Gespräch mit Eckermann vom 7. Oktober 1827 spricht von elektrischen und magnetischen Kräften in uns, die auf andere Seelen wirken könnten.

104 Vgl. ebenda, S. 217.

105 Vgl. Stellenkommentar in Drüe, Hermann u.a., Hegels Enzyklopädie der philosophischen Wissenschaften (1830) a.a.O., S. 517.

Körper und das magnetische ‚Fluidum' für das die ganze Schöpfung verbindende Band. Er fand, dass sogar ein bloßer, auf den kranken gerichteter Wille (die heutige Suggestion) sich heilkräftig erwies. Durch Manipulationen, wie Anfassen, Streichen, Ansehen, die Mesmer nach alten Vorbildern, aber unmethodisch anwandte, führte er zweifellos echte Hypnosen herbei.[106]

Die gegenseitige Beeinflussung der Seelen durch Berührung oder Hypnose entspricht dem Hegelschen Ansatz dasjenige, was die Welt im Innersten zusammenhält, als Beziehung und weniger über die Substanz zu begreifen. Man denke dabei an die Logik und Geistphilosophie, wo die Begriffe nur aus ihren Gegensätzen heraus zu begreifen sind. Es ist jedoch festzuhalten, dass Hegel im Gegensatz zur Romantik die Seelensphäre als *Schlummer des Geistes* (16.270) nicht überbewertet sehen will und gegenüber einem möglichen *unmittelbaren* Wissen wie Metall- und Wasserfühlen oder dem Hellsehen das viel höhere bewusste Wissen als dem Menschen allein würdig hervorhebt.[107] Ganz nebenbei streift Hegel im Kapitel eine wichtige These Freuds, wonach nichts Erlebtes dem Bewusstsein verloren geht; sondern im *nächtlichen Schacht* (10.260, § 453 A) der Intelligenz aufbewahrt bleibe und unter bestimmten Umständen wieder zum Vorschein kommen könne.

Wie Aristoteles betont Hegel am Ende des Anthropologie-Kapitels die große Rolle der Gewohnheit bei der Gestaltwerdung der Seele; der Beachtung von Regeln, die sich dann auch auf den Körper in Form eines bestimmten Ganges, einer bestimmten Physiognomie auswirken könne. Ein weiteres Beispiel sei die Sprache, die man durch Eingewöhnung irgendwann fließend spricht. Die Gewohnheit als *zweite Natur* gibt dem Individuum die Festigkeit sich von der Herrschaft einzelner Empfindungen oder den Anfechtungen übertriebener Bedürfnisbefriedigung zu befreien und sich dem Allgemeinen zuzuwenden.[108] Kurzum: Ohne Gewohnheit, keine Freiheit.[109] Durch einübende Gewohnheit formt sich der Leib – Hegel hebt die Bedeutung der Geschicklichkeit der Hand hervor, sie sei der *beseelte Werkmeister* des Glücks der Menschen (3.237). Durchforme die Seele den Leib, ergebe sich eine geistige Prägung des jeweiligen Menschen, bilde sich ein Charakter heraus. *Ohne Charakter kommt der Mensch nicht aus seiner Unbestimmtheit heraus oder fällt aus einer Richtung in die entgegengesetzte* (10.73, § 395 Z), wobei sich Charakter (griech. Charaktér = Prägung. Merkmal, Brand und Schriftzeichen[110]) von Eigensinn dadurch unterscheide, dass ersterer einen *gehaltvolle(n), allgemeine(n) Inhalt des Willens* (10.73, § 395 Z) vorweise. Zwar habe der Charakter eine natürliche Grundlage, aber *seine volle Entfaltung* erhalte er *erst in der Sphäre des freien Geistes ...* (10.74, § 395 Z). Auch die Gewohnheit als zweite Natur erweist sich doppeldeutig.

106 Fetscher, S. 77.
107 Ebenda, S. 79.
108 Vgl. ebenda, S. 89.
109 Vgl. Zizek, S. 470ff.
110 Gurjewitsch, Aaron J, Das Individuum im europäischen Mittelalter, München 1994, S. 118.

Einerseits ist sie die unhintergehbare Basis für den freien Geist. Wenn sie sich jedoch zur Positivität verhärtet, eignet ihr Regressives an. *Der Mensch stirbt auch aus Gewohnheit ...* (7.302, §151 Z).

Charakterzüge werden sichtbar, am Gang, an der Physiognomie, an der Art des Sprechens. Allerdings warnt Hegel vor voreiligen Schlüssen. So habe Johann Caspar Lavater in die Gesichtszüge zu viel hineininterpretiert. Die Herausarbeitung der Seele aus ihrer unmittelbaren Natürlichkeit hin zur Freiheit des Geistes erfolge nicht kontinuierlich-organisch. Sie gleiche eher einem Kampfgeschehen. Die Natur ist ja bei Hegel die Alterität des Geistes. Es braucht Anstrengung, Kraft, Mühe, sich geistig zu entwickeln. Dazu schreibt Hermann Drüe: *Die Seele unterwirft sich den Leib, befreit sich von ihm, bricht mit ihm, ist die Macht, die den Leib in Besitz nimmt, schafft sich ihn zu ihrem Werkzeug um usw.*[111]

Die „Phänomenologie" – (zweiter Teil des subjektiven Geistes) mit dem Thema Bewusstsein gegenüber dem Thema Seele in der Anthropologie – *schildert das Individuum in seinem ‚Verhalten' zur Umwelt und zu Seinesgleichen.*[112] Der Mensch arbeitet sich aufgrund seines theoretischen (Erfahrung, Verstand) und seines praktischen Bewusstseins (Begierde, Kampf um Anerkennung) aus seiner Naturverbundenheit (Substanz) heraus zur freien Subjektivität (Subjekt). Dem Ich kommt die Kraft der Negation zu. Seine erste Tat ist – wie bei Fichte – die Trennung vom Nicht-Ich, also die Bewusstwerdung. Dieses Ereignis beschreibt Hegel mit der Metapher des Blitzes. Wie ein Blitz schlägt das Ichbewusstsein in die Naturseele ein. Auf einmal – nach einer Entwicklung der Loslösung aus der natürlichen Substanz – ist das Ich erwacht und befähigt, zwischen sich und seiner Umwelt, zwischen Subjekt und Objekt, zu unterscheiden. Hegel fasst die Ergebnisse der *Phänomenologie des Geistes* gerafft zusammen. Zunächst erscheinen dem Bewusstsein die Dinge im Blitzlicht des unmittelbar sinnlichen Hinnehmens. Mittels der Wahrnehmung – sie stellt schon die Stufe der Erfahrung dar – reflektiert das Ich über die Dinge und sucht sie auf ein Allgemeines (ihre Eigenschaften) zu beziehen. Die Wahrnehmung leitet über zum verstandesmäßigen Verstehen, das heißt die Dinge werden unter Gesetzmäßigkeiten zusammengefasst. Dieses quantifizierende Verfahren findet am Lebendigen seine Grenze, denn das Lebendige lässt sich nicht wie die anorganische Natur unter zahlenmäßige mechanische Gesetzmäßigkeiten zwingen, sondern ist eine *dialektische Einheit der Vielfalt.*[113]

Der Organismus erfordert eine andere – nämlich dialektische – Zugangsweise des Erkennens. Beim Organismus sind Ursache und Wirkung nicht klar zu unterscheiden. Das Gehirn ist nicht die Ursache der Hand und umgekehrt, beide stehen in einem Wechselverhältnis. In der *Phänomenologie des Geistes* widmete Hegel (siehe Kap. 5.2.4) diesen Vertauschungen noch ein eigenes Kapitel über die „verkehrte Welt". Das Leben definierte Hegel im Systemfragment von 1800 als die

[111] Drüe, Hermann, Die Philosophie des Geistes, a.a.O., S. 250.

[112] Fetscher, S. 27.

[113] Fetscher, S. 125.

Verbindung der Verbindung und der Nichtverbindung (1.422). Später heißt die Formel: „Identität der Identität und Nichtidentität" (2.96, 5.74) und bezeichnet das Absolute als *Einheit des Seins und des Nichtseins* (5.74), also als Einheit von etwas, das ungleich mit sich selbst ist. Leben ist Bewegung und lässt sich wie das Sein und die Wahrheit nicht festnageln. Der Organismus entwickelt sich aus dem Zusammenspiel seiner Glieder. Das Ganze ist hier stets mehr als die Teile. An diesem Punkt der Erkenntnis angelangt, dass die organische Natur und – letztlich nicht nur die organische, sondern die gesamte Natur – ein lebendiges Ganzes darstellt, geht die Erkenntnis von der theoretischen zur praktischen über. Denn jetzt kommt es darauf an, wie ich mich selbst im Verhältnis zu diesem Ganzen begreife und dementsprechend verhalte (Praxis).

Eine erste Stufe dieses praktischen Weltverhältnisses ist die selbstsüchtige Begierde, (unter Vorherrschaft des Nahrungs- und Sexualtriebes) mir alles gleich zu machen und einzuverleiben, woran sich wiederum die Gedanken aus dem Anerkennungskapitel der *Phänomenologie des Geistes* anschließen: Wer dem Ich in die Quere kommt, wird bekämpft und vernichtet. Gegenüber anderen Selbstbewusstseinen kommt es zum Kampf um Anerkennung als Kampf um Leben und Tod *um die (geistige) Satisfaktion.*[114] Beide Subjekte sehen nur sich selbst, wollen sich gegenseitig vernichten. Die physische Vernichtung des Besiegten würde den Sieger jedoch um die gewünschte dauerhafte Anerkennung bringen. Deswegen lässt der Sieger den Besiegten leben unter der Bedingung, dass er ihm zum dienenden Knecht wird und ihn dadurch dauerhaft anerkennt. Die Entwicklung wird nun weiter vom Knecht getrieben. Er hat Todesfurcht verspürt; der Herr hätte ihn töten können. Was unterscheidet diese Todesfurcht aus dem Kampf um Anerkennung von der Todesfurcht gegenüber natürlichen Gefahren durch wilde Tiere, Unwetter usw. Die Furcht vor dem Tod durch Naturereignisse hat keine Entwicklung. Hier bleibt die Furcht *innerlich und stumm* (3.154). Anders ist es, wenn die Furcht in eine dauerhafte gesellschaftliche Relation als Dienst für den Herrn überführt wird. Jetzt bildet sich der Knecht über die Arbeit weiter. Im Gehorsam gegenüber dem Herrn lernt er Verzicht zu üben und entwickelt sich dadurch – und durch seine Fähigkeiten und Kenntnisse im Umgang mit den Dingen – geistig weiter. Hegel ist der Meinung, dass jedes Individuum eine Schule des Gehorsams und der Anstrengungen durchmachen muss, ehe es zur Freiheit befähig ist. Diese Freiheit wirkt sich zunächst als bloße Freiheit im Denken aus. Im Stoizismus, Skeptizismus und dem unglücklichen Bewusstsein (der mittelalterlichen Form des Christentums) handelt es sich um noch introvertierte Freiheitsprogramme. Etwas anderes ist es, wenn sich in der erscheinenden Sittlichkeit – *besonders in der Familie, ... Liebe der Paare und der zum Vaterland und der Zuwendung zu hohen Werten*[115] – Menschen gegenseitig anerkennen. Dann ist eine neue Stufe der Freiheit erreicht.

---

[114] Ebenda, S. 126.

[115] Drüe, Hermann, Die Philosophie des Geistes, a.a.O., S. 257.

Die „Anthropologie" hatte die Entwicklung der Seele zum Thema, die „Phänomenologie" das Bewusstsein. Im dritten Teil, der „Psychologie", betätigt sich der Mensch ... *als ‚Intelligenz' und ‚Wille' schöpferisch im Sinne des von ihm erkannten ‚Geistes'.*[116] Thema ist nun der erscheinende Geist. *An sich* ist der Mensch immer schon Geist, doch es gilt für ihn, sich dessen durch Tätigkeit und Arbeit auch *für sich* bewusst zu werden. Der Mensch ist als Denkender und Erkennender Geist. Der Wille ist bei Hegel kein Gegensatz zum Denken; im Gegenteil: ohne Denken kein Wille! Den Geist begreift er nicht im Sinne Arnold Gehlens als Kompensation für fehlende Naturanlagen, sondern als Selbstzweck. Des Menschen Bestimmung ist sich im Geist zu vervollkommnen. Der Geist ist das, wohin alles *tendiert(e).*[117] Er ist im Menschen als Entelechie (griech. die Vollendung in sich habend).[118] In der „Psychologie" *erkennt* der Mensch dieses, sein Wesen. Die Natur als das Andere ist nur bewusstloses Medium für den Geist, erst im Menschen kommt der Geist im freien Denken und schöpferischen Erkennen zu sich selbst. Wenn Hegel in der Berliner Antrittsrede (vgl. 10.404, auch 18.14) davon spricht, dass sich dem Erkenntniswillen sogar das Universum beugen muss, so ist dies weniger im naturwissenschaftlichen Sinn gemeint, als im geistigen. Der Mensch braucht geistig nicht vor der Größe des Universums zu kapitulieren, sondern lernt zu verstehen, dass der Geist höher steht als die gesamte Natur. Gott – so Hegel – hat, ... *mehr Ehre von dem, was der Geist macht, als vom Naturprodukt.*[119]

Hegel unterscheidet in diesem Kapitel Anschauung, Vorstellung und Denken. Die Anschauung bezeichnet die unmittelbare sinnliche Wahrnehmung. Die Vorstellung ist die Verinnerlichung dieser Wahrnehmung im Gedächtnis als Bild, mit dem die produktive Einbildungskraft arbeiten kann. Diese Bild wird im *nächtlichen Schacht* (10.260, § 454 A) der Intelligenz aufbewahrt. *Niemand weiß, welche unendliche Menge von Bildern der Vergangenheit in ihm schlummert; zufälligerweise erwachen sie wohl dann und wann, aber man kann sich, wie man sagt, nicht auf sie besinnen* (10.261, § 454 Z). Die Einbildungskraft kann über einen, den bewussten Teil dieser Bilder aus dem Gedächtnis frei verfügen, sie aufrufen, mit neuen Anschauungen vergleichen oder neu bzw. anders zusammenstellen (Einbildungskraft, Phantasie). Die Grundformen der Einbildungskraft umfassen stufenförmig die reproduktive Einbildungskraft, die assoziierende Einbildungskraft, das Subsumieren unter einer Vorstellung, die symbolisierende oder dichterische Einbildungskraft und die zeichenmachende Phantasie. Die Sprache wird als namengebende Kraft verstanden. *Es ist in Namen, dass wir denken* (10.278, § 462 A). ... *der Name, indem wir ihn verstehen, ist die bildlose einfache Vorstellung* (10.278), § 462 A). Sprache ist für Hegel kein mechanischer Vorgang. Zur Sprache gehören Verstehen und Bedeutung. Ein Computer kann im eigentlichen Sinn nicht sprechen. Nachgeäffte

116 Fetscher, S. 27.

117 Ebenda, S. 139.

118 Metzler Philosophie Lexikon, S. 125.

119 G.W.F. Hegel, Vorlesungen über die Philosophie der Kunst, hg. v. Annemarie Gethmann-Siefert, Hamburg 2003, S. 12.

Sprachlaute, Wörter oder Sätze sind keine Sprache.[120] Zur Sprache gehört, wie Iring Fetscher feststellt, ein Vernehmender, der das *Gesprochene nicht hin-nehmen, sondern es verstehen, das heißt aber denkend nachvollziehen (soll)*.[121] Hegel spricht von der göttlichen Natur des Sprechens (3.92). Die Sprache bezeichnet er *gleichsam* als *Leib des Denkens* (8.286, § 145 Z) und als *Dasein des Geistes* (3.478; 3.490).

Höchste Stufe der Intelligenz ist das Denken; nicht etwa eine intellektuelle Anschauung (Schelling), Schau (Mystik) oder Intuition (Romantik).

Exkurs: Schellings intellektuelle Anschauung

Schelling leitete die *intellektuelle Anschauung* aus dem Ich her. Das Ich könne durch keinen Begriff bestimmt werden. *Wäre das Ich ein Begriff, so müßt' es etwas Höheres geben, in dem es seine Einheit – etwas Niedereres, in dem es seine Vielheit erhalten hätte, kurz: das Ich wäre durchgängig bedingt. Mithin kann das Ich nur in einer Anschauung bestimmt sein. Aber das Ich ist nur dadurch Ich, dass es niemals Objekt werden kann, mithin kann es in keiner sinnlichen Anschauung, also nur in einer solchen, die gar kein Objekt anschaut, gar nicht sinnlich ist, d. h. in einer intellektualen Anschauung bestimmbar sein.*[122]

Für Hegel hingegen gibt es in der Erkenntnis nichts Unvermitteltes, sondern nur Denken. Auch das Ich ist vermittelt. Hegel zufolge kann man gar nicht genügend hoch vom Denken denken, denn das Denken ist nicht menschlicher, sondern göttlicher Abkunft. Ohne Gott, kein Denken. Im Denken bewege sich der Mensch frei in der Sphäre des Geistes. Zwar seien im Gedanken sinnliche Potentiale eingeflossen, doch als verinnerlicht seien sie nun freigelassen und somit loslösbar von der Materie. *Die Gedanken sind frei*, wie es in dem berühmten Lied heißt. ... *das höchste Bedürfnis des menschlichen Geistes ist das Denken* ... (17.198). Denken stecke in jeder menschlichen Tätigkeit. *Das Denken ist in allem enthalten, man mag sich noch so konkret verhalten. Denken und Glauben sind als Teile eines lebendigen Ganzen anzusehen* (11.388). Denken ist förmlich ein Trieb: Trieb nach Wissen, nach Erkenntnis.[123] In der *Enzyklopädie* wird der ... *Geist als Trieb gefasst, weil er*

---

120 Vgl. Fetscher, S. 173.

121 Ebenda, Vgl. hierzu John Searles Gedankenexperiment des Chinesischen Zimmers in: Ruffing, Reiner, Einführung in die Philosophie der Gegenwart, a.a.O., S. 263, 271.

122 Schelling, Friedrich Wilhelm Joseph von, Das Ich als Prinzip der Philosophie oder über das Unbedingte im menschlichen Wissen (1795) in: Schellings Werke, nach der Originalausgabe in neuer Anordnung hg. v. Manfred Schröter, Erster Hauptband, Jugendschriften 1793 bis 1798, München 1958, S. 105 (§ 8).

123 Vgl. *Alle Menschen streben von Natur (phýsei) nach Wissen (eidénei)* ... Aristoteles, Metaphysik, Reinbek bei Hamburg 1994 Neuausgabe, S. 37.

wesentlich Tätigkeit ... ist ... (10.237, § 443 Z).[124] Hegel unterscheidet a) Verstandesdenken, b) urteilendes Denken und c) begreifendes Denken, bevor er übergeht zur praktischen Philosophie, d. h. zum Willen.

Der Wille beginne als praktisches Gefühl, einem Mangelgefühl, das als Trieb nach Aufhebung dränge und entwickele sich zum freien Geist als *freier Wille* (10.300, § 481). Der wirklich freie Wille sei *die Einheit des theoretischen und praktischen Geistes* (10.300, § 481). Hier sind wir am Höhepunkt von Hegels Lehre vom Einzelmenschen angelangt.[125] Es ist *die Wirklichkeit, in der das Individuum seine Freiheit hat und genießt ...*[126], denn bei Hegel – wie Iring Fetscher richtig sieht – *durchdringen sich ... Einzelwesen und Gemeinschaft... unentwirrbar.*[127]

6.3.2 Objektiver Geist

Keiner aber fasset. Allein Gott.
Hölderlin, Patmos

Die Ausführungen *über den objektiven und absoluten Geist in der Enzyklopädie* können hier recht kurz gehalten werden, da sie in den Kapiteln zur Politischen Philosophie und den Vorlesungen behandelt werden. Der objektive Geist ist der *auf dem Boden der Endlichkeit* (10.303, § 483) angesiedelte *zur Wirklichkeit einer Welt gestaltet(e)* (10.303, § 484) Geist. In den Paragraphen der Enzyklopädie, die ihm gewidmet sind, behandelt Hegel die Themen, die normalerweise der praktischen Philosophie zugeordnet werden: Ethik, Moral, Recht, Ökonomie, Staat, Politische Philosophie, Soziologie, Geschichte. Auch hier steht alles unter dem Primat des Geistes und dem Trieb nach Freiheit, wozu auch der Wille gehört. Personen mit einem freien Willen wollen sich im *Gefüge der menschlichen Gemeinschaft*[128] verwirklichen. Der erste Schritt dazu ist die Eigentumsbildung. Frei sein kann man nach Hegel nur, wenn man Eigentum hat. Nur dann kann man sich verwirklichen. Das Eigentum ist wiederum erst dann gesichert, wenn es im allgemeinen Recht gesellschaftlich anerkannt und verankert ist.

Das Recht entsteht Hegel zufolge nicht aus der Natur – insofern ist der Begriff Naturrecht irreführend –, sondern Recht ist Teil der geistigen Sphäre. Gerade aus der Negation der Natur entsteht Recht. Im Naturzustand gibt es kein Recht. Hier folgt Hegel Hobbes und nicht Locke. Die Moralität, die Hegel dem Abschnitt über das Recht folgen lässt, beinhaltet die Verinnerlichung von Rechtsfragen. Hier wird gefordert, dass der Einzelne sich nicht äußerlich an das Recht hält, sondern das

---

[124] Vgl. Drüe, Hermann, Die Philosophie des Geistes, a.a.O., S. 275.

[125] Vgl. Fetscher, S. 203.

[126] Hegel, Georg Wilhelm Friedrich, Philosophie der Weltgeschichte, Erster Halbband, in Hegels sämtliche Werke, Bd. VIII, hg. v. Georg Lasson, Leipzig 1920, S.89f.

[127] Fetscher S. 225.

[128] Litt, S. 97.

Ringen um Gut und Böse internalisiert, was eine Fortentwicklung des Rechtsbewusstseins bedeutet. Diese Verinnerlichung enthält aber auch die Möglichkeit des Missbrauches, dann nämlich, wenn sich das Subjekt auf den Standpunkt stellt, alles besser zu wissen und glaubt, die äußerlichen Regelungen nicht beachten zu müssen. In der Geschichte gab es immer wieder Bewegungen wie die Münsteraner Wiedertäufer oder die französischen Jakobiner (Robespierre der Unbestechliche), die auf der Grundlage von „Gewissensentscheidungen" einen Tugendterror errichteten.[129] Gegenüber der Moralität wertet Hegel die Sittlichkeit als Geist eines Volkes auf. Die unmittelbare Form der Sittlichkeit als konkretes Bei-sich-sein-im-Anderen repräsentiert die Familie, die für Hegel kein Vertragsverhältnis ist. Im Staat sind die Substanzialität der Familie und die Subjektivität der bürgerlichen Gesellschaft auf höherer Ebene versöhnt. Hegels sittlicher Staat ist Rechts- und bis zu einem gewissen Grad Sozialstaat zugleich und entspricht hiermit dem Teil von Art. 20.1 des GG, wonach Deutschland ein sozialer Bundesstaat ist.[130] Wenn Hegel von Verfassung spricht, so meint er vor allem die aufgrund eines bestimmten Volksgeistes und seiner geschichtlichen Entwicklung gelebte Verfassungswirklichkeit eines Landes, die – siehe Großbritannien[131] – nicht unbedingt kodifiziert sein muss. Ein Volk kann jedenfalls eine Verfassung nicht einfach machen (konstruieren), sondern sie stellt sich als Produkt der Geschichte dar. *Jedes Volk hat eine eigene Verfassung, die englische Verfassung ist die der Engländer, und wenn man diese den Preußen geben wollte, so wäre dies gerade so absurd, als wenn die preußische Verfassung den Türken gegeben werden sollte.*[132] Verfassungen lassen sich Schritt für Schritt verbessern. Revolutionen erfolgen, wenn notwenige Reformen versäumt wurden.

Exkurs: Volksgeist

Der Begriff des Volksgeistes erscheint expressiv verbis ... erst bei Hegel ...[133] Montesquieu sprach vom *esprit général*, welcher eine von vielen Faktoren (Klima, Religion, Sitten) bestimmte geistige nationale Eigenart eines Volkes kennzeichnet; Herder vom *Geist des Volkes, Charakter des Volks, National-Charakter, Nationalgeist, Seele des Volkes, Genius eines Volkes.*[134] Bei Hegel heißt es: *Sitten,*

---

[129] Vgl. Sieburg, Friedrich, Robespierre, Frankfurt/M, Berlin 1989, S. 137ff.

[130] Vgl. Schnädelbach, Herbert, Der objektive Geist, in Drüe, Hermann u.a., Hegels Enzyklopädie der philosophischen Wissenschaften (1830). Ein Kommentar zum Systemgrundriss, a.a.O., S. 309.

[131] Vgl. Ebenda.

[132] Hegel, Vorlesungen über Rechtsphilosophie, hg. v. K. H. Ilting (Wannemann-Nachschrift) zit. n. Lossurdo S. 222.

[133] Emmerich, Wolfgang, Zur Kritik der Volkstumsideologie, Frankfurt/Main 1971, 1. Auflage, S. 40.

[134] Vgl. Großmann, Andreas, Volksgeist – Grund einer praktischen Welt oder metaphysische Spukgestalt, in: Großmann, Andreas, Jamme, Christoph (Hg.), Metaphysik der praktischen Welt, Amsterdam 2000, S. 62.

Gesetze und Verfassung machen das organisierte innere Leben eines Volksgeistes aus (4.64). Im Vergleich zu Montesquieu ist Hegels „Volksgeist" aktiver, lebendiger, nicht nur von äußeren Faktoren bestimmt, sondern im Kern die allgemeine Vernunft verwirklichend.[135] Sitten und Gebräuche prägen einerseits den Volkgeist, werden aber umgekehrt von ihm weiterentwickelt. *Der Geist eines Volkes muss sich ewig zum Werke werden, oder er ist nur ein ewiges Werden zum Geiste.*[136] Eine Staatsverfassung muss, wenn sie nicht ein Gedankending bleiben will, aus dem Geist eines Volkes hervorgehen.[137]

Da sich Staaten als Individuen gegenüberstehen und Hegel im Gegensatz zu Kant an keine höhere Instanz (Völkerbund mit Gewaltmonopol) glaubt[138] – „die Weltgeschichte ist das Weltgericht" (Schiller), vgl. Hegel (Enz. 10.347, § 548) –, kann es im Konfliktfall zum Krieg kommen, dem Hegel – übrigens vergleichbar mit Kant, der in § 28 der „Kritik der Urteilskraft" von der Erhabenheit des Krieges spricht – das „Positive" abgewinnen kann, dass die Individuen aus ihrer Selbstsucht herausgerissen werden und der Gemeinsinn gestärkt wird. Der Krieg erhalte ... *die sittliche Gesundheit der Völker in ihrer Indifferenz gegen das Festwerden der endlichen Bestimmtheiten* ...(7.492f, § 324). Im Zusatz zu diesem Paragraphen heißt es: *Im Frieden dehnt sich das bürgerliche Leben mehr aus, alle Sphären hausen sich ein, und es ist auf die Länge ein Versumpfen der Menschen* ... (7.493, § 324 Z). Auch wenn Hegel von den Kriegsparteien fordert, dass sie Handlungen vermeiden sollen, die den zukünftigen Friedenschluss verunmöglichen (7.502, § 338), dürften diese Passagen angesichts moderner Kriegstechnologie überholt sein. Als Warnung, ... *in welcher Aporie sich eine freiheitliche Gesellschaft befindet, in der die Angst, das Leben, die Gesundheit und den Wohlstand zu riskieren zur alles dominierenden Angst geworden ist* [139], mögen sie freilich weiterhin gelten.

Den objektiven Geist abschließend behandelt Hegel die Weltgeschichte, die insofern noch zum objektiven Geist gehört, als in ihr die wahre Versöhnung des Geistes im absoluten Geist nicht möglich ist, wenngleich sie Fortschritt im Bewusstsein der Freiheit bedeutet. Absolute Versöhnung bieten nur die Geistsphären von Kunst, Religion und Philosophie. Es ist immer nur ein bestimmtes Volk, welches nach Hegel zum obersten Träger der Freiheitsfackel wird. Wenn seine Mission erfüllt ist, reicht es den Stab an das nächste Volk weiter. Die Weltgeschichte ist kein wirrer Haufen von Kriegen und Kämpfen, sondern sie durchweht

135 Vgl. Rosenzweig, Franz, Hegel und der Staat, München und Berlin 1920, Bd. 1, S. 25.

136 Jenaer Systementwürfe I, hg. v. K. Düsing und H. Kimmerle, Hamburg 1986, S. 224.

137 Vgl. Brie, Siegfried, Der Volksgeist bei Hegel und in der Historischen Rechtsschule, Berlin, Leipzig 1909, S. 19.

138 Eine konzise Darstellung von Kants Völkerrechtstheorie liefert: Thiele, Ulrich, Verfassung, Volksgeist und Religion, Hegels Überlegungen zur Weltgeschichte des Strafrechts, Berlin 2008, S. 18ff.

139 Dorn, Thea, Warum Hegel lesen? in: philosophie Magazin, Thema Hegel, Sonderausgabe Nr. 24, Berlin 2023, S. 13.

Vernunft, da sich über kurz oder lang Vernunft und Freiheit durchsetze: *Es geht vernünftig zu. Mit diesem Glauben an den Weltgeist müssen wir an die Geschichte ... gehen* (18.38), selbst wenn sich der Fortschritt erst über längere Zeiträume herstellt und erkennbar wird ... *die Geschichte ist das ... Werden. Dies Werden stellt eine träge Bewegung und Aufeinanderfolge von Geistern dar, eine Galerie von Bildern deren jedes, mit dem vollständigen Reichtume des Geistes ausgestattet, eben darum sich so träge bewegt, weil das Selbst diesen ganzen Reichtum seiner Substanz zu durchdringen und zu verdauen hat* (3.590).

Exkurs: Weltgeist

Hegels „Weltgeist" bildet die Nahtstelle zwischen dem objektiven und absoluten Geist. Man darf das Wort „Welt" in „Weltgeist" nicht einfach mit „global" verwechseln, sondern „Welt" bezieht sich ebenso auf das Diesseits im Gegensatz zum Jenseits. *Welt begreift die physische und psychische Natur in sich* (12.29). Der Weltgeist ist der im Diesseits wirkende Geist der Freiheit. *Im Gegensatz zu Fichte hat Hegel ... ein Weltvertrauen.*[140] Hegel verbindet mit Welt nichts Negatives. Der Weltgeist darf nach Herbert Scheit nicht mit Gott verwechselt werden. Scheit zitiert Hegel, dass der Weltgeist nicht *gleichbedeutend mit Gott* sei.[141] Das Verhältnis von Volksgeist und Weltgeist fasst Scheit wie folgt: *In der Tat muss über den bestehenden Staat hinausgegangen werden, indem die Beschränktheiten der einzelnen Staaten als ‚die Auslegung und Verwirklichung des allgemeinen Geistes', als die jeweilige Konkretisierung des ‚Weltgeistes' erkannt werden. Aber dadurch entsteht nicht ein universaler Staat, ein Weltstaat dieses Weltgeistes oder ‚eine staatliche Utopie jenseits der Wirklichkeit' der bestehenden Staaten: diese Utopie als einen Staat der Zukunft gibt es bei Hegel nicht ...*[142] Der Weltgeist gibt die allgemeine Richtung des Fortschritts an; die welthistorischen Individuen und Völker müssen nicht jedes Mal von vorne anfangen. *Ich halte mich daran, dass der Weltgeist der Zeit das Kommandowort zu avancieren gegeben. Solchem Kommando wird pariert; dies Wesen schreitet wie eine gepanzerte, festgeschlossene Phalanx unwiderstehlich und mit so unmerklicher Bewegung, als die Sonne schreitet, vorwärts durch dick und dünne.*[143]

[140] Han, Byung-Chul, Hegel und die Macht. Ein Versuch über die Freundlichkeit, München 2005, S. 52.

[141] Scheit, Herbert, Geist und Gemeinde, a.a.O., S. 260 Scheit zitiert Hegel aus Vorlesungen über die Philosophie der Weltgeschichte, 1. Teilband: Einleitung. Die Vernunft in der Geschichte, hg. v. Johannes Hoffmeister, Hamburg 1955, S. 262.

[142] Ebenda, S. 264 Das Hegel-Zitat befindet sich in 7.504 § 342.

[143] Brief an Niethammer vom 5. Juli 1816, in: Briefe von und an Hegel a.a.O., S. 85f.

6.3.3 Absoluter Geist

Im absoluten Geist fallen die endlichen Beschränkungen des objektiven Geistes weg. Es ist der Geist der ewigen Wahrheit, wie er sich als *Sonntag des Lebens* (15.130) in Kunst, Religion und wissenschaftlicher Philosophie äußert. Hier ist der Geist erst wahrhaft bei-sich-selbst, hat es nur noch mit sich selbst zu tun (Selbsterkenntnis): *... frei will ich sein im Denken und im Dichten, im Handeln schränkt die Welt uns ein.*[144] Im absoluten Geist trifft sich der göttliche Geist mit dem Geist des Menschen. *Der Vater ist eben dies, was nur ist, insofern es sich preisgibt, aber was erst als realer Geist ist im Selbstbewusstsein.*[145] In § 554 der Enzyklopädie benutzt Hegel für den absoluten Geist das Wort Religion: *Die Religion, wie diese höchste Sphäre* [der absolute Geist] *im allgemeinen bezeichnet werden kann ...* (10.366, § 554). Über den absoluten Geist bei Hegel schreibt Hans Friedrich Fulda: *Im Unterschied zu einem subjektiven oder objektiven, also ... endlichen Geist ist ein absoluter Geist nicht mehr relativ zu einer ihm vorausgesetzten Natur, sondern davon abgelöst ...*[146]

Der Staat gehört zum objektiven Geist. Indem Hegel vom objektiven Geist noch den absoluten Geist abhebt, macht er deutlich, dass die vollkommene Versöhnung nicht im Staat zu erreichen ist, sondern sich letztlich im Medium von Kunst, Religion und Philosophie ereignet.[147] Dazu vermerkt Kervégan: *In Wirklichkeit ist der subjektive wie objektive endliche Geist gewissermaßen unfähig zur Versöhnung mit sich selbst; diese geschieht nur in der Sphäre des absoluten Geistes, mit der manifesten Religion und dann der Philosophie, dieser ‚freie(n) begriffene(n) Erkenntnis (der) Wahrheit', die der Staat sich frei in seiner Mitte entfalten lässt.*[148]Auch der „Weltgeist" – er ist *kein Megageist*[149], sondern meint die immanente Logik der Freiheitsentfaltung – gehört noch zum objektiven Geist. Hegel hat *ausdrücklich zwischen dem ‚Weltgeist' und dem absoluten Geist unterschieden* (vgl. GPR § 340ff).[150] Der absolute Geist von Kunst, Religion und Philosophie konstituiert gleichsam eine *andre Welt.*[151] Den absoluten Geist siedelt Hegel also über den Staat an, wie auch Karl Rosenkranz erläutert: *Der Staat, wie hoch er stehe, kann dem Menschen keine absolute Versöhnung gewähren, die nur im persönlichen Zusammenschluss des Geistes mit dem Geiste möglich ist.*[152] Widersprüchliches sieht allerdings Emil Hammacher:

---

144 Goethe, Torquato Tasso, vgl. Vieweg, Klaus, Der Philosoph der Freiheit, a.a.O., S. 612.

145 Hegel in: Walter Jaeschke (Hg.), Hegel Vorlesungen. Ausgewählte Nachschriften und Manuskripte/Vorlesungen über die Philosophie der Religion, Bd. 5, Teil 3: Die vollendete Religion Hamburg 1983, S. 166.

146 Fulda, Hans Friedrich, Hegels Begriff des absoluten Geistes in: Objektiver und absoluter Geist nach Hegel: Kunst, Religion und Philosophie, hg. v. Thomas Oehl, Arthur Kok, Leiden 2018, S. 34.

147 Vgl. Schnädelbach, Herbert, Hegels Praktische Philosophie, a.a.O., S. 31l.

148 Kervégan, S. 400, Hegel-Zitat: 7.512, § 360.

149 Vieweg, Klaus, Der Philosoph der Freiheit, a.a.O., S. 602.

150 Schnädelbach, Herbert, Hegels Praktische Philosophie, a.a.O., S. 60.

151 Vgl. Riedel, Manfred, Studien zu Hegels Rechtsphilosophie, a.a.O., S. 35, Riedel verweist als Quelle auf Hegel, Jenenser Realphilosophie, hg. v. J. Hoffmeister, Bd, 2. Leipzig 1932, S. 263ff.

152 Rosenkranz, Karl, Hegel als deutscher Nationalphilosoph, Leipzig 1870, S. 189.

Einmal soll der Staat das Höchste sein, die an und für sich seiende Vernunft, und doch wird beim Übergang zum absoluten Geist diese Verherrlichung geleugnet.[153]

6.3.3.1 Kunst

Das erste Kind der göttlichen Schönheit ist die Kunst.
Hölderlin, Hyperion

Die Kunst widmet sich – wie die Religion und die Philosophie – den Endzwecken des Lebens und ist Weltinterpretation, d. h. auch, dass sie keine Widerspiegelung der Natur ist, sondern in ihrer Gestaltung über die Natur hinaus geht. Hegels Ästhetik ist Inhaltsästhetik. Die Kunst nimmt innerhalb des absoluten Geistes eine Zwitterstellung ein. Einerseits ist sie in die Materialität des objektiven Geistes verwoben, weist aber dadurch über ihn hinaus, dass ihr wahrer Sinn nicht in Nützlichkeitserwägungen liegt, sondern es in ihr um die Selbstvergewisserung des Geistes und um Weltdeutung geht.

Das Schöne definiert Hegel als das *sinnliche Scheinen der Idee* (13.151). Das Medium der Kunst ist die Anschauung. Die Kunst verklärt die harte Realität der Welt oder der Natur, die es dem Geiste mitunter *sauer macht,*[154] sich ihn ihr zu erkennen. Im Schein der Kunst fällt das leichter. Schönheit ist für Hegel nicht nur die ideale Harmonie, also Formsache, sondern korrespondiert mit der Wahrheit auf ihrem jeweiligen historischen Stand. In der modernen romantischen Kunstform wird der Mensch zum *neuen Heiligen der Kunst.*[155] Diese Kunst ist nicht mehr in der Lage – darin liegt ein Gegensatz zu Schelling – dem Volk seinen Mythos zu geben. Es kommt in ihr zwar zu einem Aufglänzen der Idee in der schönen Gestalt, aber die Gegenstände der modernen Kunst werden immer zufälliger; man beugt nicht mehr die Knie vor einem Kunstwerk.

Es war schon ein Zeichen der griechischen Tragödie, dass in ihr zwei verschiedenen Göttern gehuldigt wurde – Antigone huldigte den Erdgöttern und Kreon dem Staatsgott. In der modernen Kunst potenziert sich dieser Polytheismus, denn je nach Perspektive scheinen verschiedene mögliche sittliche Wertungen auf. Die moderne Kunst kann deshalb zur Begründung der sittlichen Gemeinschaft weniger beitragen, aber sie wird dadurch vielfältiger. Das ist es auch, was Hegel mit seinem berühmten Diktum vom „Ende der Kunst“ meint. *Anders als die symbolische und die klassische Kunstform kann die romantische Kunstform nicht mehr die Einheit von Kult und Kultur bewirken.*[156] Die Kunst kann daher – im Unterschied zur griechischen Antike – keinen Staat und auch keine kohärente Sittlichkeit stiften. Sie

---

[153] Hammacher, Emil, Die Bedeutung der Philosophie Hegels für die Gegenwart, Leipzig 1911, S. 48.
[154] Gethmann-Siefert, Annemarie, Kunst, in: Drüe, Hermann u.a., Hegels Enzyklopädie der philosophischen Wissenschaften (1830) Ein Kommentar zum Systemgrundriss, a.a.O., S. 337.
[155] Ebenda, S. 341.
[156] Ebenda, S. 359.

ist aber wichtig für die „formelle Bildung“, d. h. sie eröffnet Sichtweisen, Perspektiven, stimuliert den Geist, bringt *Möglichkeiten humaner Lebensformen zur Anschauung.*[157] Dem Staat kommt die Aufgabe zu, *diese Institution kritischer Reflexion zu pflegen …*[158], die Künste zu unterstützen und das kulturelle Erbe zu erhalten.

6.3.3.2 Religion

Aber was hilft die Mauer um den Garten, wo der Boden dürre liegt? Da hilft der Regen vom Himmel allein.
Hölderlin, Hyperion

Dominiert in der Kunst die „Anschauung“, so verschafft sich in der Religion der Geist in „Vorstellungen“ sein Selbstbewusstsein. Unter Vorstellungen sind hier auch die Erzählungen und Berichte über die Götter und die Schöpfungsmythen zu verstehen. In ihnen allen sieht Hegel göttliche Vernunft walten. Scharf lehnt er den *kleinliche(n), niederträchtige(n)*[159] Versuch der Aufklärung ab, der Religion Aberglauben oder noch schlichter Priesterbetrug zu unterstellen. Demgegenüber bilden für Hegel *Alle Religionen … Gestalten des absoluten Geistes, d. h. des auf sich selbstbeziehenden und sich erkennenden Geistes … auch wenn das Selbstverständnis der Religionen eine derartige Deutung weit von sich weisen mag.*[160] *Es sind Menschen, die auf … Religionen verfallen sind; es muss also Vernunft darin … sein* (16.82). *Ein solcher Versuch* [der Aufklärung] *setzte den Glauben voraus, daß die Überzeugung vieler Jahrhunderte, das, was die Millionen, die in diesen Jahrhunderten darauf lebten und starben, für Pflicht und heilige Wahrheit hielten, – daß dies nicht barer Unsinn und gar Immoralität, wenigstens den Meinungen nach, gewesen ist* (1.221). Religionen sind wie Kunstwerke und Philosophien nicht umstandslos in wahre oder falsche zu scheiden, *auch wenn Hegel die christliche Religion schließlich als die ‚vollendete‘ auszeichnet.*[161]

Hegel unterscheidet in der *Enzyklopädie* die auf Magie und Zauberei beruhende unmittelbare Religion oder Naturreligion (Eskimos, Afrika), die auf Schönheit und Erhabenheit beruhende Religion der Griechen und Juden, die römische Religion der Zweckmäßigkeit von der christlichen Religion, in der es zur Übereinstimmung des Selbstbewusstseins mit dem Begriff des Göttlichen komme. Denn das Göttliche ist trinitarisch und dies wird – abgesehen von Vorformen der indi-

---

157 Ebenda, S. 370.

158 Ebenda, S. 371.

159 Vgl. Brandom, S. 848.

160 Jaeschke, Walter, Religion, in: Drüe, Hermann u.a., Hegels Enzyklopädie der philosophischen Wissenschaften (1830). Ein Kommentar zum Systemgrundriss, Frankfurt/Main 2016, 3. Auflage, S. 417.

161 Ebenda, S. 416.

schen Trimuri und Theologemen des Gnostizismus[162] – erst im Christentum gewusst. In diesem Sinn spricht Hegel vom Christentum als der offenbaren Religion, in der sich Gott als der offenbart, der er ist. *Gott (ist) nicht neidisch* (17.383f.), wie schon Platon und Aristoteles wussten (Phaidros, 247a, Timaios, 29d-e und Met. I 2, 982b 32–983a 5),[163] sondern manifestiert sich nach der Logik (Allgemeinheit, Besonderheit, Einzelheit) letztlich im Geist des Menschen: *Der Geist des Menschen, von Gott zu wissen, ist der Geist Gottes selbst.*[164]

Die Allgemeinheit wird von Gott repräsentiert, der sich in Natur und Welt zur Besonderheit (Sohn) und schließlich in der Person Jesus Christi zur Einzelheit bzw. der konkreten Allgemeinheit begrifflich ausdifferenziert, ohne dabei seine Identität zu verlieren. Das Problem des Bösen beantwortet Hegel nach einer metphysischen und moralischen Seite hin. Metaphysisch ist die Möglichkeit des Bösen, durch den Entschluss Gottes bzw. der absoluten Idee, *ins Leben (überzugehen)* (8.393, § 244), eröffnet. Doch erst wirklich wird das Böse durch den moralischen Willensentscheid endlicher Wesen (Menschen), sich ihrer Bestimmung zur Teilhabe an der göttlichen Geistigkeit dadurch zu entziehen, dass sie ihr selbstsüchtiges Ich über alles andere stellen und in ihren Natürlichkeit und Endlichkeit verharren, anstatt an sich zu arbeiten und den Geist triumphieren zu lassen. *Aber Schuld hat der Mensch nur, indem er bei seiner Natürlichkeit stehenbleibt* (16.233). Die christliche Religion zeichnet Hegel insbesondere deswegen aus, weil in ihr die äußerste Spitze der Endlichkeit – der Tod – überwunden und besiegt ist. Gott ist Mensch geworden heiße, dass er in Jesus sogar den qualvollsten aller Tode auf sich genommen habe, um ihn durch Auferstehung und Himmelfahrt zu überwinden.

Exkurs: Der Tod Gottes und der spekulative Karfreitag

Mit dem „spekulativen Karfreitag“ (2.432) meint Hegel, dass die Philosophie den Tod Gottes – also Atheismus und Nihilismus – in ihre dialektischen Überlegungen mit einzubeziehen hat. *Gott selbst ist tot* (2.432) sei jedoch nur ein *Moment der höchsten Idee* (2.432), dem die Auferstehung als *höchste Totalität* folgen *kann und muss* (2.432f). Dazu schreibt der Theologe Hans Küng: *Von Hegel her kann der Tod Gottes nicht anders denn als Durchgang ... gesehen werden ...* [165]

---

[162] Vgl. ebenda, S. 442.

[163] Vgl. ebenda, S. 428.

[164] Georg Wilhelm Friedrich Hegel, Vorlesungsmanuskripte II (1816–1831) in: Gesammelte Werke, Bd. 18, hg. v. Walter Jaeschke Hamburg 1995, S. 302 vgl. auch Groos, Helmut, Der deutsche Idealismus und das Christentum, München 1927, S. 126.

[165] Küng, S. 218.

Als Inspiration habe der Geist von diesem Einzigen (Jesus Christus) auf die Jünger und die Gemeinde übergestrahlt. In der Andacht des christlichen Kultus werde das Böse als Versteinerung in der Partikularität überwunden. *Denn Hegel geht es stets darum, dass die Gemeinde an diesem Einen die Vorstellung von der Natur des Geistes gewinnt.*[166] Das Subjekt erkennt *sich in seiner Unmittelbarkeit ‚als das Nichtige und Böse' … und (gewinnt) in der kultischen Praxis die Versöhnung und Wirklichkeit des Geistes …*[167] Wohlgemerkt nur in seiner Unmittelbarkeit!

Der Gott der Christen offenbare sich, er teile sich der Vernunft der Menschen mit, nicht nur ihrem Gefühl. *Gott ist wesentlich im Denken* (16.129). Erschließe sich uns Gott nur über das Gefühl – Schleiermacher spricht von einem Gefühl der schlechthinnigen Abhängigkeit von Gott, in dem die Religion wurzele[168] –, ohne dass wir wüssten, wer dieser Gott sei, dann, so Hegel, wären die Hunde mit ihrem Treuegefühl die besten Vorbilder für die Christen. *Gründet sich die Religion im Menschen nur auf ein Gefühl, so hat solches richtig keine weitere Bestimmung, als das Gefühl seiner Abhängigkeit zu sein, und so wäre der Hund der beste Christ, denn er trägt dieses am stärksten in sich und lebt vornehmlich in diesem Gefühle. Auch Erlösungsgefühle hat der Hund, wenn seinem Hunger durch einen Knochen Befriedigung wird* (11.58). Nicht, dass Hegel etwas gegen religiöse Gefühle gehabt hätte, aber Gott erschließe sich dem Menschen vorrangig über das Denken und Erkennen, wozu wir in den *Vorlesungen über die Philosophie der Geschichte* lesen: *Gott will nicht engherzige Gemüter und leere Köpfe zu seinen Kindern, sondern solche, deren Geist von sich selbst arm, aber reich an Erkenntnis seiner ist und die in diese Erkenntnis Gottes allein allen Wert setzen* (12.27). In einem Brief an Schelling vom 30. August 1995 schreibt Hegel: *Ich war einmal im Begriff, es mir in einem Aufsatz deutlich zu machen, was es heißen könne, sich Gott zu nähern.*[169] Hegel kommt zu der Überzeugung, dass wir Gott erkennen können: *Und was, müssen wir weiter fragen, was wäre denn sonst der Mühe wert zu begreifen, wenn Gott unbegreiflich ist?* (16.43) Ein Standpunkt, wonach Gott unbegreiflich ist, ist laut Hegel: … *schnurstracks der großen Natur der christlichen Religion entgegen …, denn nach dieser sollen wir Gott, seine Natur und sein Wesen erkennen und diese Erkenntnis als das Allerhöchste achten …* (16.44). Kurz: Hegel war kein Agnostiker.

6.3.3.3 Philosophie

Die Philosophie bildet die letzte Gestalt des absoluten Geistes. Sie beruht auf dem Begriff im Unterschied zur sinnlichen Anschauung der Kunst und der Vorstellung in der Religion. Eine Formel wie die *Identität der Identität und Nichtidentität* (2.96,

---

166 Jaeschke, Walter, Religion, a.a.O., S. 453.

167 Ebenda, S. 454.

168 Vgl. Ostritsch S. 257.

169 Georg Wilhelm Friedrich, Weltgeist zwischen Jena und Berlin, a.a.O., S. 22.

5.74) lässt sich nur begreifen, nicht sinnlich anschauen. Der Begriff sei ... *das wahrhaft schöne Band ..., welches sich selbst und die Verbundenen eins macht,* wie Hegel in einer Anmerkung (2.97) Platons Timaios 31–32 zitiert. Für Hegel ist die Philosophie auf das Innigste verbunden mit der Geschichte der Philosophie (vgl. Kap. 8.4). Denn die Vernunft, um die es Hegel geht, ist keine transzendentale wie bei Kant, Fichte und Schelling, sondern inhaltlich diejenige Vernunft, wie sie sich geschichtlich entwickelt und entfaltet hat. Die *Geschichte der Philosophie – Höchste Weise des sich selbst wissenden Geistes,* wie Hegel in seinen *Notizen zum absoluten Geist* schreibt.[170] Die Geschichte der Philosophie ist für Hegel nicht ein einfaches Aufzählen der historisch entstandenen Philosophien, sondern *das Medium der Entwicklung des Geistes selbst.*[171]

Zusammenfassung

Die Logik ist das „Allerheiligste" in Hegels System – das Reich der reinen Gedanken und wie sie sich aus sich selbst dialektisch vom Sein über das Wesen zum Begriff und zur Idee entwickeln. Ein Reich der reinen Ideen käme für sich genommen einem Luftschloss gleich. Es liegt für Hegel in der Logik der Sache, dass die Idee in der Natur als ihrem Anderen einen Anhalt findet. Die Natur ist zwar stufenförmig aufgebaut (Steine, Pflanzen, Tiere, Mensch), aber an sich ohne Entwicklung oder Geschichte. Hegel benutzt für den Kreislauf des Naturlebens das Bild des Phönix aus der Asche (vgl. 12.98), der sich ohne wirkliche Entwicklung ewig wiederherstellt. *Die Veränderungen in der Natur, so unendlich mannigfach sie sind, zeigen nur einen Kreislauf, der sich immer wiederholt; in der Natur geschieht nichts Neues unter der Sonne ...* (12.74). Über die Natur hinaus weist der Geist des Menschen, der Entwicklung und Fortschritt kennzeichnet. Der Mensch ist mit einer Amphibie (13.80) vergleichbar, einerseits der irdischen Zerrissenheit verhaftet und dem Gedankenreich der ewigen Ideen hingegeben – *von der einen Seite herübergeworfen zu der anderen* (13.81). Subjektiver, objektiver (Gesellschaft, Staat) und absoluter Geist (Kunst, Religion, Philosophie) bilden die weiteren Entwicklungsstufen sowohl der Selbstfindung des Menschen als auch der Erfüllung der Idee.

[170] Zit. Jaeschke, Walter, Religion, in: Drüe, Hermann u.a., Hegels Enzyklopädie der philosophischen Wissenschaften (1830). Ein Kommentar zum Systemgrundriss, a.a.O., S. 487.

[171] Ebenda, S. 490.

7. Politische Philosophie

Kein anderes philosophisches System hat einen so starken und nachhaltigen Einfluss auf das politische Leben geübt, wie die Metaphysik Hegels.[1]
Ernst Cassirer

In diesem Kapitel werden Hegels Stellung zur Französischen Revolution und Napoleon, seine tagespolitischen Schriften und seine Rechtsphilosophie dargestellt. Hegel kannte noch keine politischen Parteien im modernen Sinn. Wenn er Parteiungen erwähnt – er sagt Faktionen – dann eher in einem pejorativen Sinn als Störelemente (vgl. u.a. 7.452, § 281). In einem einschlägigen Handbuch zur politischen Philosophie[2] lesen wir, Hegel sei anfangs ein Anhänger der Französischen Revolution gewesen, habe sich aber später in konservative Denkbahnen und in eine besonders der politischen Romantik ähnlich scheinende Staatsverklärung begeben.[3] Während Hegel hier als Konservativer gilt, fasst ihn Francis Fukuyama (Ende der Geschichte) als Vertreter des Liberalismus auf. Für Herbert Marcuse und Georg Lukács war Hegel wichtigster Vordenker des Marxismus, während Karl Popper, Ernst Topitsch und Hubert Kiesewetter Hegel in die Nähe des faschistischen, nationalsozialistischen und stalinistischen Totalitarismus rücken. Bei Hegel *... finden sich Ansatzpunkte für liberales, sozialistisches, konservatives, ständisches, religiöses, atheistisches, nationales und internationales Denken ...*[4] Es stellt sich die Frage, ob es eine andere politische Philosophie gibt, die eine derart umfängliche Interpretationsbreite hervorrief, und ob dies für oder eher gegen Hegel spricht.[5]

Hegels politische Grundmotivation fasst der Politologe Kim Dong Ha so zusammen: *Hegels Integrationsdenken liegt die Fragestellung zugrunde, wie eine substantielle Einheit des Gemeinwesens trotz der Widersprüchlichkeiten der ökonomischen Prozesse in der bürgerlichen Gesellschaft erreicht werden könnte.*[6] Wie muss ein Gemeinwesen (Staat) beschaffen sein, *zu dem ein Verhältnis der Vereinigung und der Distanz möglich ist.*[7]

---

1 Cassirer, Ernst, Der Mythus des Staates, Philosophische Grundlagen politischen Verhaltens, Frankfurt/Main 1988, S. 322.

2 Neumann, Franz (Hg.), Handbuch politischer Theorien und Ideologien, Reinbek bei Hamburg, Erweiterte Fassung 1989.

3 Vgl. ebenda, S. 74.

4 Theimer, Walter, Geschichte der politischen Ideen, Bern, München 1955, 3. Auflage, S. 211.

5 Für Carl Schmitt ist es eher ein Gütesiegel, wenn *eine Philosophie selber aktuelles Leben hat, wenn sie lebendige Gegensätze belebt und die kämpfenden Gegner als lebendige Feinde gruppiert.* Schmitt, Carl, Positionen und Begriffe, Berlin 2014, 4. korrigierte Auflage, S. 17, Anm. 7.

6 Dong Ha, Kim, Anerkennung und Integration. Zur Struktur der Sittlichkeit bei Hegel. Mit einem Vorwort von Gerhard Göhler, Würzburg 2011, S. 162.

7 Siep, Ludwig, Anerkennung als Prinzip der praktischen Philosophie, Untersuchungen zu Hegels Jenaer Philosophie des Geistes, Freiburg/München 1979, S. 297.

7.1 Französische Revolution/Napoleon

Hegel begrüßte die erste Phase der Französischen Revolution (Konstitutionelle Monarchie). Die Hinrichtung des Königs (1793) und die Schrecken der Jakobinerherrschaft (1793–94) lehnte er ab. *Ständig hat er die Jakobinerdiktatur als Gespenst vor Augen.*[8] Victor Cousin, ein französischer Philosoph und Freund Hegels, sagte, dass Hegel, *die französische Revolution als den größten Schritt (betrachte), den die Menschheit seit dem Christentum getan hat...*[9] Für Hegel war Frankreich das Land der politischen Praxis und Deutschland das Land der philosophischen Theorie.[10] *In Deutschland ist dies Prinzip* [der Revolution] *als Gedanke, Geist, Begriff, in Frankreich in die Wirklichkeit hinausgestürmt* (20.314). In Frankreich verspürte Hegel einen ansteckenden Freiheitsgeist – *la musique du tocsin de l'énergie libérale* (tocsin = Alarmglocke) –, wie Hegel in einem Brief vom 3. März 1828 an Cousin formuliert.[11] In den „Vorlesungen über die Philosophie der Geschichte" verteidigt er die Revolution vor dem Hintergrund der französischen Verhältnisse: *Der ganze Zustand Frankreichs in der damaligen Zeit ist ein wüstes Aggregat von Privilegien gegen alle Gedanken und Vernunft überhaupt, ... ein Reich des Unrechts ... Der neue Geist wurde tätig; ... Das ganze System des Staats erschien als eine Ungerechtigkeit. Die Veränderung war notwendig gewaltsam, weil die Umgestaltung nicht von der Regierung vorgenommen wurde... Der Gedanke, der Begriff des Rechts machte sich mit einem Male geltend, und dagegen konnte das alte Gerüst des Unrechts keinen Widerstand leisten* (12.528f).

In Frankreich erfolgte die politische Transformation, weil ihr (wie in allen romanischen Ländern) keine Reformation vorausging, wie im Zitat erwähnt, *notwendig* gewaltsam. *Die Abstraktion des Liberalismus hat so von Frankreich aus die romanische Welt durchlaufen, aber diese blieb durch religiöse Knechtschaft an politische Unfreiheit angeschmiedet. Denn es ist ein falsches Prinzip, daß die Fesseln des Rechts und der Freiheit ohne die Befreiung des Gewissens abgestreift werden, daß eine Revolution ohne Reformation sein könne* (12.535). Sergio Dellavalle zitiert aus einer Vorlesungsnachschrift (Griesheim) zur Philosophie der Geschichte, dass ... *die Revolution ... in den romanischen Ländern hervortritt, wo aber Freiheit der evangelischen Kirche ist, da ist Ruhe.*[12] Für die Zukunft Deutschlands erhoffte und erwartete Hegel eine Übernahme der Ergebnisse der Französischen Revolution ohne Blutvergießen, also mittels Reformen, eben weil hier eine Reformation stattfand, die

8 Piontkowski, Andrei Andrejewitsch, Hegels Lehre über Staat und Recht und seine Staatsrechtstheorie, a.a.O., S. 382.

9 D'Hondt, Jacques, Hegel in seiner Zeit, (Berlin, 1818–1831), Berlin 1973, S. 136

10 Vgl. Losurdo, S. 420.

11 Briefe von und an Hegel, hg. v. Johannes Hoffmeister, Hamburg 1969, 3. durchgesehene Auflage, Bd. III, S. 222.

12 Dellavalle, S. 209.

Hegel, wie Joachim Ritter schreibt, als *geschichtliche und geistige Voraussetzung von Freiheit*[13] begriff.

Begrüßenswert an der Französischen Revolution sei, dass sie die Verkrustung der Feudalgesellschaft durchbrach. Hegel rühmt *die erhabene Rührung*, den *Enthusiasmus des Geistes* und den *herrliche(n) Sonnenaufgang* (12.529) der Revolution. *Solange die Sonne am Firmamente steht und die Planeten um sie herumkreisen, war das nicht gesehen worden, daß der Mensch sich auf den Kopf, d. i. auf den Gedanken stellt und die Wirklichkeit nach diesem erbaut* (12.529). Ein Zurück zu feudalen Strukturen könne es nun nicht mehr geben. Gesetze und Institutionen legitimierten sich fortan weder von Gott her, noch aus der Tradition, noch aus ihrer reinen Positivität: *Nichts mehr hält man für geltend was bloß auf Autorität beruht, die Gesetze sollen sich durch den Begriff legitimieren.*[14]

Es sind zwei zusammenhängende Punkte, die Hegel als dauerhaftes Werk der Französischen Revolution positiv hervorhebt: 1. Die Erklärung der Menschenrechte (Abschaffung der Sklaverei) und 2. die Abschaffung der Privilegien und der Hindernisse *die die Gesellschaft des Ancien Régime dem freien Unternehmertum in den Weg gestellt hatte.*[15] Gegen was richtete sich die Revolution? In Frankreich gab es vor der Revolution ... *die blindeste Herrschaft der Minister und ihrer Dirnen, Weiber, Kammerdiener, so dass ein ungeheures Heer von kleinen Tyrannen und Müßiggängern es für ein göttliches Recht ansahen, die Einnahme des Staates und den Schweiß des Volkes zu plündern. Die Schamlosigkeit, Unrechtlichkeit ging ins Unglaubliche, die Sitten waren nur entsprechend der Verworfenheit der Einrichtungen. Wir sehen Rechtlosigkeit der Individuen in Ansehung des Rechtlichen und Politischen, ebenso Rechtlosigkeit in Ansehung des Gewissens, Gedankens* (20.296).

Doch schon bald zeichnete sich ab, dass die an sich berechtigte Revolution auf einem falschen Freiheitsbegriff fußte, wie auch Albert Camus schreibt: *Hegel glaubte zu erkennen, dass der Terror im voraus in den abstrakten jacobinischen Prinzipien enthalten war. Seiner Meinung nach musste eine absolute und abstrakte Freiheit zum Terror führen; die Herrschaft des abstrakten Rechts fällt mit derjenigen der Unterdrückung zusammen.*[16]

Merksatz

Die abstrakten Freiheitsideale der Jakobiner führten zur Schreckensherrschaft ...[17]

So kommt es zu jener Passage in den *Vorlesungen über die Philosophie der Geschichte*, die die innere Logik, die zur Jakobinerherrschaft führte, beschreibt:

13 Ritter, Joachim, Metaphysik und Politik, Frankfurt/Main 1977, S. 311.

14 Mitschrift der Hegel-Vorlesung über Rechtsphilosophie Winter 1830–31 zit. Losurdo, S. 362.

15 Kervégan, S. 303.

16 Camus, Albert, Der Mensch in der Revolte, Hamburg 1953, S. 109.

17 Vieweg, Klaus, Das Denken der Freiheit a.a.O., S. 362.

Es herrschen nun die abstrakten Prinzipien der Freiheit und – wie sie im subjektiven Willen ist – der Tugend. Die Tugend hat jetzt zu regieren gegen die Vielen, welche mit ihrer Verdorbenheit und mit ihren alten Interessen oder auch durch die Exzesse der Freiheit und Leidenschaften der Tugend untreu sind. Die Tugend ist hier ein einfaches Prinzip und unterscheidet nur solche, die in der Gesinnung sind, und solche, die es nicht sind. Die Gesinnung aber kann nur von der Gesinnung erkannt und beurteilt werden. Es herrscht somit der Verdacht; die Tugend aber, sobald sie verdächtig wird ist, schon verurteilt. Der Verdacht erhielt eine fürchterliche Gewalt und brachte den Monarchen aufs Schaffot … Es herrschen jetzt die Tugend und der Schrecken … (12.532f).

Die Politik der Revolutionäre kannte kein in sich gegliedertes Ganzes, … *aller Unterschied der Talente, der Autorität* (7.52, § 5 Z) sollten aufgehoben werden zugunsten von Freiheit, Gleichheit, Tugend …; *denn der Fanatismus will ein Abstraktes, keine Gliederung; wo sich Unterschiede hervortun, findet er dieses seiner Unbestimmtheit zuwider und hebt sie auf. Deswegen hat auch das Volk in der Revolution die Institutionen, die es selbst gemacht hatte, wieder zerstört, weil jede Institution dem abstrakten Selbstbewußtsein der Gleichheit zuwider ist* (7.52, § 5 Z). Wie wichtig für Hegel *Institutionen* sind, stellt die ehemalige Richterin des Bundesverfassungsgerichts Gertrude Lübbe-Wolf heraus: *Hegel zu studieren, schärft das Bewusstsein für die anspruchsvollen institutionellen Voraussetzungen allen Fortschritts zum Besseren und schützt vor naivem Moralismus.*[18]

Das genannte Manko machte sich als *Furie des Verschwindens* (3.436) in der Jakobinerherrschaft negativ bemerkbar. Es kommt zur *Zertrümmerung aller bestehenden gesellschaftlichen Ordnung* (7.50, §5 A) und *Vernichtung jeder sich wieder hervortun wollenden Organisation* (7.50, §5 A). Ein Aspekt der „Furie des Verschwindens" ist der schnelle Wechsel der Revolutionsführer, wie sie Stefan Zweig in seinem berühmten *Joseph Fouché* schildert: *Mirabeaus Leichnam, gestern noch im Pantheon, heute schmählich daraus entfernt …; La Fayette, vor wenigen Wochen noch im Triumph als Vater des Vaterlandes gefeiert, heute schon Verräter.*[19] Es ist nur ein kleiner Schritt vom „Hosianna" zum „Crucifigo", wozu Danton kurz vor seiner Hinrichtung das Wort prägte: „Die Revolution entlässt ihre Kinder!"

Nach Hegel fehlte der Revolution die historische Tiefe bzw. es fehlte dem französischen Volk an Reife. *Denn nach seiner* [Hegels] *Überzeugung kann eine politische Erhebung, die nicht von einer allgemeinen Erhebung der Gemüter vorbereitet und begleitet ist, nur dem eigenwilligen Werk einer neuen herrschenden Gruppe Bahn brechen.*[20] Umwälzen allein genügt nicht. Robespierres Bemühen über den Kult des

[18] Lübbe-Wolf, Gertrude, Warum Hegel lesen in: philosophie Magazin, Thema Hegel, Sonderausgabe Nr. 24, Berlin 2023, S. 12.

[19] Zweig, Stefan, Joseph Fouché, Bildnis eines politischen Menschen, Erstdruck Insel Leipzig 1919, Berliner Ausgabe 2015, S. 16.

[20] Schmidt, Hans, Verheißung und Schrecken der Freiheit, Von der Krise des antik-abendländischen Weltverständnisses dargestellt im Blick auf Hegels Erfahrung der Geschichte, Stuttgart, Berlin, 1964, S. 167.

Höchsten Wesens (Culte de l'Être suprême), die affektive Komponente für den Zusammenhalt des Ganzen (Staates) ins Spiel zu bringen, schlug fehl, weil dieser Kult nicht der Sittlichkeit (Tradition) der Franzosen entsprang: *Die wahrhafte Religion und wahrhafte Religiosität geht nur aus der Sittlichkeit hervor ... außerhalb des sittlichen Geistes ist es daher vergebens, wahrhafte Religion und Religiösität zu suchen* (10.354f, § 552).

In der *Phänomenologie* wird das Kapitel über die Französische Revolution unter dem Titel: *Die absolute Freiheit und der Schrecken* behandelt. Das heißt, die Jakobinerherrschaft war keine „Ausgleitung, dérapage“[21], sondern „logische“ Folge eines falschen „negativen“ Freiheitsbegriffs.

Zur Gewalt gediehen, haben diese Abstraktionen [Naturrecht, Gesellschaftsvertrag] *deswegen wohl einerseits das, seit wir vom Menschengeschlechte wissen, erste ungeheure Schauspiel hervorgebracht, die Verfassung eines großen wirklichen Staates mit Umsturz alles Bestehenden und Gegebenen nun ganz von vorne und vom Gedanken anzufangen und ihr bloß das vermeinte Vernünftige zur Basis geben zu wollen; andererseits, weil es nur ideenlose Abstraktionen sind, haben sie den Versuch zur fürchterlichsten und grellsten Begebenheit gemacht* (7.400f, § 258 A).

Hegel lehnte also die Jakobinerherrschaft ab. In einem Brief an Schelling (1794) schreibt er: *Dass Carrier guillotiniert ist, werdet Ihr wissen. ... Dieser Prozess ist sehr wichtig und hat die ganze Schändlichkeit der Robespierroten enthült.*[22] Der Jakobiner Jean-Baptiste Carrier ließ 1793 in Nantes Tausende Regimegegner hinrichten. Als ihm nach Robespierres Sturz im Dezember 1794 in Paris der Prozess gemacht wurde, kamen seine Schandtaten ans Licht. Mit dem Ausdruck Robespierroten spielt Hegel wohl auf die phrygische rote Mütze als Kennzeichen der Jakobiner an.[23] Im folgendem Zitat zeigt allerdings Hegel Verständnis für einige wirtschaftspolitischen Maßnahmen der Jakobiner. Es geht um die Beschränkung des Eigentumsrechtes, damit kein zu großer Unterschied zwischen Arm und Reich besteht, was bekanntlich auch einer Forderung Rousseaus entspricht, der im *Contract social* ausführt, dass Demokratie nur dann funktioniert, wenn die Vermögen der Bürger nicht allzu ungleich verteilt sind. Hegel holt weit aus, was wohl zeigen dürfte, wie wichtig ihm dieser Punkt war:

In mancher freien Republik des Altertums ist schon durch die Verfassung des Staats das strenge Eigentumsrecht, die Sorge aller unserer Obrigkeiten, der Stolz unserer Staaten, beeinträchtigt worden. ... In Athen wurden die reichen Bürger gewöhnlich eines Teils ihres Vermögens beraubt ... Wie sehr der unverhältnismäßige Reichtum einiger Bürger auch der freiesten Form der Verfassung gefährlich und die Freiheit selbst zu zerstören

21 Furet, François/ Richet, Denis, Die Französische Revolution, München 1981, Nachdruck, S. 160.
22 Georg Wilhelm Friedrich Hegel, Weltgeist zwischen Jena und Berlin, a.a.O., S. 15.
23 vgl. Losurdo, Domenico, Hegel und das deutsche Erbe, a.a.O., S. 147.

imstande sei, zeigt die Geschichte in dem Beispiel eines Perikles zu Athen, der Patrizier in Rom, deren Untergang der drohende Einfluß der Gracchen und anderer durch Vorschläge der agrarischen Gesetze vergeblich zu hemmen suchte, der Medicis zu Florenz – und es wäre eine wichtige Untersuchung, wieviel von dem strengen Eigentumsrecht der dauerhaften Form einer Republik aufgeopfert werden müßte. Man hat dem System des Sansculottismus in Frankreich vielleicht Unrecht getan, wenn man die Quelle der durch dasselbe beabsichtigten größeren Gleichheit des Eigentums allein in der Raubgier suchte (1.439).

In den *Vorlesungen über die Philosophie der Geschichte* wird über Robespierre gesagt: *Von Robespierre wurde das Prinzip der Tugend als das Höchste aufgestellt, und man kann sagen, es sei diesem Menschen mit der Tugend Ernst gewesen* (12.533). Dann aber heißt es gleich weiter, dass unter ihm *die Tugend und der Schrecken* (12.533) herrschten. Insgesamt versucht Hegel die Jakobinerherrschaft in den Gesamtverlauf der Geschichte als fortschrittliches Element zu integrieren, wie aus folgenden Zeilen der *Phänomenologie des Geistes* hervorgeht. Hier schreibt Hegel, dass der Terror (als Angst vor dem Tod) nicht unnütz gewesen sei: *Diese, welche die Furcht ihres absoluten Herrn, des Todes, empfunden, lassen sich die Negation und die Unterschiede wieder gefallen, ordnen sich unter die Massen und kehren zu einem geteilten und beschränkten Werke, aber dadurch zu ihrer substantiellen Wirklichkeit zurück* (3.438). Mit anderen Worten: Erst nach dem Schrecken der Jakobinerherrschaft war es dem über die Strenge schlagenden freiheitlichen Selbstbewusstsein möglich, sich wieder in geordneten (substanziellen) Bahnen zu bewegen (Direktorium, Konsulat, Kaiserzeit).

Eine Rückkehr in die Vergangenheit ist für Hegel jedenfalls nicht möglich: *Wäre die bloße Willkür des Fürsten Gesetz und er wollte Sklaverei einführen, so hätten wir das Bewusstsein, dass dies nicht ginge. Jeder weiß, er kann kein Sklave sein. Schläfrig sein, leben, Beamte sein – das ist nicht unser wesentliches Sein, wohl aber: kein Sklave zu sein. Das hat die Bedeutung eines Naturseins erhalten* (18.121).[24] ... *was vergangen ist, (wird) vergeblich vermißt und zurückgewünscht* (4.373). Von daher erhellt sich Hegels Satz, dass nur das wirklich ist, was vernünftig ist. Schläfrig sein, Beamter sein ist akzidentiell, kann momentan sein und wieder verändert werden durch körperliche Ertüchtigung, Ermahnung usw. Aber die Abschaffung der Sklaverei ist nach Hegel für das moderne Bewusstsein nicht mehr rückgängig zu machen, gehört zur Wirklichkeit, ist kein Schein.[25]

---

24 Vergleiche hierzu auch Joachim Ritter, Hegel und die Französische Revolution, Frankfurt/Main 2015, 4. Auflage, S. 36.

25 Es sei in diesem Zusammenhang nicht unerwähnt, dass einige liberale Denker keine so strikten Gegner der Sklaverei waren wie Hegel. So lesen wir bei John Locke, dass es etwas völlig Normales sei, wenn Farmer in Amerika Sklaven kauften (Treatises I, § 130), wobei noch hinzuzufügen wäre, dass Locke selbst Kapitalanlagen im Sklavenhandel tätigte. Hegel ist hier eindeutiger: ... *der Sklave (hat) ein absolutes Recht ..., sich frei zu machen...* (7.144, § 66 Z).

In Napoleon sah Hegel als Stifter des Code Napoleon und der bürgerlichen Freiheiten eine welthistorische Persönlichkeit. Napoleons Devise – *dem Talente offene Bahn und jeder trägt einen Marschallstab im Tornister* – ist die Blaupause für Hegels Forderung nach freier Berufswahl und Förderung nach Talent und Leistung im Berufs- und Beamtenwesen. In einem Brief vom 7. Mai 1809 beglückwünscht er Niethammer zur Befreiung von den Feinden, womit er die von Napoleon aus Bayern vertriebenen Österreicher meint.[26] Als im März 1814 die Alliierten Napoleon bei Fère Champenoise entscheidend schlugen, wollte es Hegel zunächst nicht glauben.[27] Und nach Napoleons Sturz fragte er skeptisch: *Die ungeheuerste Reaktion, die wir gesehen, gegen Bonaparte, hat sie denn im Wesen, im Guten und Bösen, so gar viel geändert ...?*[28] In einem weiteren Brief an Niethammer vom 29. April 1814 beklagt er sich über die nun beginnende Phase der Restauration: *Die ganze Masse des Mittelmäßigen mit seiner absoluten bleiernen Schwerkraft drückt ohne Rast und Versöhnung so lange bleiern fort, bis es das Höhere herunter, auf gleichem Niveau oder unter sich hat.*[29]

Exkurs: Code Napoleon – Code Civil

... mit dem Code Civil vom März 1804 (schuf Napoleon) ein Gesetzbuch, das wesentliche Prinzipien der Revolution festschrieb – Gleichheit vor dem Gesetz, Vertragsfreiheit, Trennung von Staat und Kirche. Mit der starken Betonung des Eigentums kam das Werk den Interessen des aufstrebenden Bürgertums entgegen; zugleich schützte es die Bauern vor einer Rückkehr zu den alten Feudalverhältnissen. Seine große Wirkung über Frankreich hinaus erklärt sich allerdings auch durch die klare, leicht verständliche Sprache. Der Schriftsteller Stendhal soll täglich, bevor er mit dem Schreiben begann, im Code gelesen haben ‚pour prendre le ton' (um den Ton zu treffen).[30]

Als weiteres Plus bei Napoleon steht, dass er Geschworenengerichte eingeführt hat, die Bauern befreit, die Juden zu gleichberechtigten Staatsbürgern erhoben, den Soldaten gegen das preußische Spießrutenlaufen eine menschenwürdige

[26] Georg Wilhelm Friedrich Hegel, Weltgeist zwischen Jena und Berlin, a.a.O., S. 124. Selbst der Bayernkönig Ludwig I rief damals: *Vive l'Empereur!* Vgl. Greipl Egon Johannes, Napoleon und Bayern, Kann man über die Bewertung des Jahres 1809 streiten? In: Verhandlungen des historischen Vereins für Oberpfalz und Regensburg, 149. Bd., Regensburg 2009, S. 190.

[27] Vgl. Merker, Nicolao, Hegel – Ideologe welcher Bourgeoisie? In: Buhr, Manfred, Oiserman, Todor Iljitsch (Hg.) Vom Mute des Erkennens, Berlin 1981, S. 9.

[28] Ebenda S. 176 (Brief an Niethammer vom 5. Juli 1816).

[29] Briefe von und an Hegel, hg. v. Johannes Hoffmeister a.a.O., Bd. II, S. 28.

[30] Ullrich, Volker, Napoleon, Reinbek bei Hamburg 2004, S. 64.

Behandlung angedeihen hat lassen, eine vernünftige Verwaltung aufgebaut und die eigene Industrie und die Gewerbefreiheit gefördert hat.[31]

Wenn auch Hegel Napoleon als *Weltseele*[32] bezeichnet, bedeutet das keine unkritische Verehrung des Imperators. Napoleons rücksichtlose Politik in den von ihm besetzten Ländern (z. B. deren wirtschaftliche Ausbeutung) rief den für Hegel legitimen Widerstand der Völker hervor. So sei es ein schwerwiegender Fehler Napoleons gewesen, dem spanischen Volk eine ihm fremde Verfassung einfach oktroyieren zu wollen. Besonders belastend wurde empfunden, dass die von Napoleon besiegten Staaten Soldaten für seine weiteren Kriege stellen mussten.[33] In einem Brief vom 15. Oktober 1810 an Van Ghert kritisiert Hegel die Hochschulpolitik Napoleons, die in den Universitäten rein das Nützliche sehe. Die französischen Institute seien *nach äußerer Nützlichkeit und nach Staatszwecken hin gerichtet ...*[34] Ein weiterer Kritikpunkt betrifft die mangelnde Pressefreiheit in den von Napoleon besetzten Ländern. Als Redakteur in Bamberg kam Hegel in Kontakt mit der Zensur der von Napoleon abhängigen bayrischen Regierung. In einem Brief an Niethammer vom 22. Januar 1808 verspottet er die Pressefreiheit unter Napoleon als Fressfreiheit, also dass die Redakteure nur das schreiben dürfen, was der Regierung nutzt und ihnen ihren Gehalt sichert.[35]

Wenn Hegel Napoleon – *der große Staatsrechtslehrer sitzt in Paris*[36] – letztlich positiv gegenüberstand, so nicht zuletzt deswegen, weil er Deutschland und andere Staaten gleichsam dazu nötigte, sich neu zu formieren und von der Französischen Revolution zu lernen, wie das auch in Preußen später unter den Stein/Hardenbergischen Reformen geschah. Napoleon hat die Deutschen wachgerüttelt, damit ein reformiertes Deutschland auf einer höheren Stufe die Nachfolge Frankreichs als fortschrittlichstes Land Europas antreten könne. So sah es jedenfalls Hegel in der *Phänomenologie,* in der er nach eigener Aussage auf die nach der Französischen Revolution *neue Gestalt des moralischen Geistes* in Deutschland verweist.[37] In der *Phänomenologie* lesen wir: *Die absolute Freiheit (geht) aus ihrer sich selbst zerstörenden Wirklichkeit in ein anderes Land des selbstbewussten Geistes über* (3.441).

Die europäischen Nationen – so Hegel – wurden durch Napoleon ... *endlich gezwungen, ihre Trägheit gegen die Wirklichkeit aufzugeben, in diese herauszutreten und* [so] *vielleicht, indem die Innerlichkeit sich in der Äußerlichkeit bewahrt, ihre* [französischen] *Lehrer* [zu] *übertreffen.*[38] Das heißt, Deutschland soll die freiheitlichen Impulse Frankreichs aufnehmen und auf höherer Stufe vereinen, so dass sich

---

31 Vgl. Kleßmann, Eckart, Deutschland unter Napoleon in Augenzeugenberichten, München 1976, S. 17.

32 Brief an Niethammer vom 13. Oktober 1806.

33 Aretin, S. 126.

34 Briefe von und an Hegel, hg. v. Johannes Hoffmeister a.a.O., Bd. I, S. 329.

35 Ebenda, S. 209.

36 Ebenda, S. 185, Brief an Niethammer, 29. August 1807.

37 Ebenda, Bd. II, S. 29, Brief an Niethammer, 29. April 1814.

38 Ebenda, Bd. I, S. 138, Brief an Zellmann, 23. Jan. 1807.

Politik (Frankreich) und Philosophie (Deutschland) versöhnen. Diejenigen, die nach Napoleons Sturz wieder die alten Zeiten zurückwünschen, verspottet Hegel: *Sie hoffen die guten alten Zeiten wieder zurück; dann kann man, drückte sich einer aus, doch wieder einem um 16 Batzen eine Ohrfeige geben (denn soviel kostete dies unter der vorigen Regierung) – und empfangen, denkt der andere hinzu.*[39]

7.2 Verfassung Deutschlands

Die wohl im Wesentlichen zwischen dem Frieden von Lunéville (1801) – der Rhein wurde zur deutschen Grenze erklärt – und dem Reichsdeputationshauptschluss (1803), also kurz vor der Auflösung des Hl. Röm. Reiches dt. Nation entstandene Schrift „Kritik der Verfassung Deutschlands" eröffnet Hegel mit dem lapidaren Satz: *Deutschland ist kein Staat mehr* (1.461). In einem Entwurf zu der Schrift schreibt Hegel, dass ... *das deutsche Staatsgebäude ... nichts anderes (heißt) als die Summe der Rechte, die dem Staate entzogen sind ...* (1.456). Es war die Machtlosigkeit und Parzellierung Deutschlands, die Hegel kritisierte. Hegel *wandte sich ... gegen die feudale Zersplitterung Deutschlands und gab dem Verlangen des deutschen Bürgertums nach einem zentralisierten Staat Ausdruck.*[40]

In einem eindrucksvollen Bild vergleicht Hegel die Lage des von Frankreich besiegten Deutschlands mit *herabgefallenen Früchte(n), (die) noch ihrem Baume angehört zu haben daran erkannt werden, daß* [sie] *unter seiner Krone liegen; aber* [weder] *die Stelle unter ihm noch sein Schatten, der sie berührt, retten sie nicht vor Fäulnis und der Macht der Elemente, denen sie jetzt gehören* (1.461f). Das altehrwürdige Heilige Römische Reich Deutscher Nation fault vor sich hin, weil es kein Staat mehr ist. Was einmal wirklich und richtig war – die mittelalterliche Reichsverfassung – erstarrt, wenn es den Zeitpunkt der Veränderung verpasst; wird gleichsam unwirklich, wirkt auf das lebendige Leben wie ein Pfropf. Hegel benutzt in einem späteren Brief das Bild von *Kinderschuhen*, über die der *Menschengeist* hinauswächst. In Frankreich habe man sich durch die Revolution von überlebten Einrichtungen befreit: *Die französische Nation ist durch's Bad ihrer Revolution ... von vielen Einrichtungen befreit worden, über die der Menschengeist als über Kinderschuhe hinaus war und die darum auf ihr, wie noch auf den andern, als geistlose Fesseln lasteten ... dies gibt ihr die große Kraft, die sie gegen andere beweist.*[41] Schon vorher sei es im Dreißigjährigen Krieg ... *Richelieus Verdienst* gewesen *die Großen ... dem Ministerium ... unterworfen ...* (1.549), sprich: die Macht der Territorialfürsten zugunsten des Staates gebrochen zu haben. Das sei in Deutschland ausgeblieben.

---

[39] Ebenda, Bd. II, S. 27, Brief an Niethammer vom 29. April 1814.

[40] Gropp, Rugard Otto (Hg.), Georg Wilhelm Friedrich Hegel. Ausgewählte Texte zusammengestellt und eingeleitet von R.O. Gropp, Berlin 1964, S. 11.

[41] Brief an Zellmann, 23. Jan. 1807, Briefe von und an Hegel, Bd. 1, S 138.

Für Hegel erweist sich ein Staat wesentlich darin, dass er zur Verteidigung bereit ist und eine Finanzhoheit besitzt. Beides sei in Deutschland nicht gegeben, aber prinzipiell möglich, sofern Deutschland wieder ein Staat werde, was auch auf der Grundlage des Reichssystems geschehen könnte, mit der Veränderung, dass die Städtebank des Reichstags eine gewählte Volksvertretung sein sollte (Vgl. 1.578).[42] Dass es auf dem deutschen Reichsgebiet unterschiedliche Sprachen, Völker, Religionen, Kulturen, Gesetze gab, sei für die Errichtung eines modernen Staates jedenfalls kein Hindernis. In seinen rund 20 Jahre späteren *Vorlesungen über die Philosophie der Geschichte* wird Hegel sein Urteil, dass ein Wiedererstarken des Reichs möglich ist, vor dem Hintergrund der geschichtlichen Entwicklung revidieren: *Die Lüge eines Reichs ist vollends verschwunden. Es ist in souveräne Staaten auseinandergefallen* (12.539).

Nach dem Westfälischen Frieden 1648 war Deutschland zerstückelt; die Schweiz und die Niederlande vom Reich unabhängig geworden. *Die rund 300 deutschen Territorialfürsten erhalten volle Landeshoheit mit Bündnisrecht, nur nicht gegen Kaiser und Reich. Daneben verbleiben rund 1400 reichsunmittelbare Herrschaftsgebiete. Das Kaisertum war von nun an nur noch ein Schatten seiner selbst.*[43]Aus Kleists „Michael Kohlhaas“ wissen wir um die Folgen: Der Pferdehändler Michael Kohlhaas muss an der Grenze von Brandenburg nach Sachsen einem Junker seine Pferde als Pfand lassen, weil er keinen Passierschein besitzt. Als er sie bei seiner Rückkehr von Dresden in einem abgemagerten Zustand zurückbekommt, beginnt sein Rachefeldzug um Entschädigung.

Im Unterschied zu anderen Staaten Europas hat – so Hegel – der den Germanen eigene Freiheitstrieb (Stichwort: Teutsche Libertät) zur Dezentralisierung geführt und im Übergang zur Neuzeit eine Staatswerdung verhindert. *Die Hartnäckigkeit des deutschen Charakters hat sich nicht bis dahin überwinden lassen, dass die einzelnen Teile ihre Besonderheiten der Gesellschaft aufgeopfert, sich alle in ein Allgemeines vereinigt und die Freiheit in gemeinschaftlicher freier Unterwürfigkeit unter eine oberste Staatsgewalt gefunden hätten* (1.465f). Hegel wandelt den Spruch *Fiat Justitia pereat mundus* um in *Fiat Justitia pereat germania* (1.470) *(es soll Gerechtigkeit geschehen, und geht die Welt bzw. Deutschland darüber zugrunde)* und fasst in einem weiteren Sinnbild den selbstzerstörerischen Egoismus der Reichstände zusammen: *Das Streben der Reichsstände bietet das Schauspiel einer Menge dar, die sich auf einen gefrorenen Strom stürzt, von dessen Eise jeder soviel als möglich für sich loszureißen strebt, uneingedenk, dass je mehr er sich bereichert, desto mehr er seinen und aller Untergang beschleunigt* (1.603f). Die Quittung erfolgte im Krieg gegen das revolutionäre Frankreich: *So hat in dem Kriege mit der französischen Republik Deutschland an sich die Erfahrung gemacht, wie es kein Staat mehr ist, ...*

---

42 Vgl. auch Aretin, Karl Otmar Freiherr von, Vom Deutschen Reich zum Deutschen Bund, Göttingen 1980, S. S. 68.

43 Hellberg, Rolf, Kleine deutsche Geschichte, Von den Anfängen bis zur Gegenwart, Tübingen 1997, S. 71.

mit der Folge des Verlustes ... *einiger der schönsten deutschen Länder, einiger Millionen seiner Bewohner, eine Schuldenlast auf der südlichen Hälfte stärker als auf der nördlichen, welche das Elend des Kriegs noch weit hinein in den Frieden verlängert ...* (1.462).

Einen weiteren Grund für den Zerfall des Reiches sieht Hegel im Wahlkaisertum. In Hegels *Rechtsphilosophie* heißt es, dass *das Wahlreich ... die schlechteste der Institutionen ist* (7.453, § 281 A). In Deutschland wählten die Kurfürsten den Kaiser, was dazu führte, dass die *kaiserliche Macht zum leeren Schatten herabsank* (12.449): Stichwort „Wahlkapitulation".[44] Deutschland zerfiel in *viele größere und kleinere Herzogtümer, Grafschaften, Bistümer und Herrschaften* (12.449). In Berlin dozierte Hegel in der Vorlesung über die Philosophie der Geschichte (übrigens vor zahlreichen polnischen Studenten): *Weil Deutschland ein Wahlreich war, deswegen ist es nicht ein Staat geworden, und aus demselben Grunde ist Polen aus der Reihe der selbständigen Staaten verschwunden* (12.508). Die *„deutsche Freiheit"* ist – Hegel ist hier übrigens einer Meinung mit dem französischen Historiker Alain Bainville, der sie indes aus französischer Staaträson begrüßte[45] – nichts anderes als eine konstitutionelle Anarchie. *Voltaire hat seine* [des dt. Reiches] *Verfassung ... eine Anarchie genannt ...* (1.452).

Weiter sei es die Reformation gewesen, die Deutschland zerrissen habe. *Die Religion ... hat wohl am meisten beigetragen, die Staatsverbindung zu zerreißen und dies Zerreißen gesetzlich zu machen* (1.520). Deutschland hat also jenen Schritt nicht gemacht, den Frankreich unter Richelieu im 17. Jahrhundert und etwas später Ludwig XIV. getan haben: Entmachtung des Adels zum Hofadel, Entmachtung der Hugenotten (die nach dem Edikt von Nantes de facto die Stellung eines Staats im Staat einnahmen), Zentralisierung der Verwaltung, Aufbau einer einheitlichen Bürokratie, Außenpolitik im Sinne einer strikten Befolgung der Staatsräson. Am Rande bemerkt hat dies zwar zu einem Machtverlust Deutschlands geführt, aber wie Carl. J. Burckhardt ausführt, in Frankreich einen Riss zwischen Bevölkerung und dem Adel verursacht, den wir in Deutschland so stark nicht sahen. *Die Versklavung des französischen Adels im Hofleben, die durch Richelieu begonnen wurde, hatte zum Ergebnis, dass diese Klasse ihren alten volkstümlichen Charakter verlor.*[46]

In seiner Schrift weist Hegel darauf hin, dass es nicht nur die Zersplitterung Deutschlands war, die den Schritt zur Zentralisation wie in Frankreich erschwerte bzw. verhinderte, sondern auch dass sich im Laufe des 17. und 18. Jahrhunderts in Deutschland zwei größere Staaten herausbildeten, die sich gegenseitig paralysierten: Preußen und Österreich. *Nicht das Prinzip der Lehensverfassung ist es, was die Möglichkeit, dass Deutschland ein Staat sei, abgeschnitten hat, sondern die unver-*

44 Eine Schilderung der Wahlkapitulation findet sich bei Johann Wolfgang von Goethe, Aus meinem Leben, Dichtung und Wahrheit 1. Teil 5. Buch, Teil 3 anlässlich der Wahl von Joseph II. zum römischen König.

45 Bainville, Alain, Geschichte zweier Völker, Hamburg 1937.

46 Burkhardt, Carl, J, Richelieu, Der Aufstieg zur Macht, München 1966, S. 216.

hältnismäßige Vergrößerung einzelner Stände hat das Prinzip der Lehnsverfassung selbst und den Bestand Deutschlands als Staat vernichtet (1.524f). Deutschland wurde infolge der Ermangelung eines einheitlichen Staates zur leichten Beute des Auslands. Man hatte zwar ein deutsches Volk und eine deutsche Nation, aber man hatte keinen gemeinsamen Staat. Es handelte sich um einen Zustand, ... *worin die Nation, ohne ein Staat zu sein, ein Volk ausmachte ... Zum Ganzen gehörte er* [der einzelne Deutsche] *durch Sitte, Religion, einen unsichtbaren lebendigen Geist und einige wenige große Interessen* (1.466).

Hegel erwartete zunächst eher von Österreich (nicht von Preußen, das im Friedensschluss von Basel 1795 das linke Rheinufer preisgab), dass ein „Theseus"[47] ein Machtwort – *brandige Glieder können nicht mit Lavendelwasser geheilt werden* (1.555) – spricht und die gewünschte staatliche Einheit, wenn nötig mit Gewalt, herstellt. *Der gemeine Haufen des deutschen Volks nebst ihren Landständen ... müsste durch die Gewalt eines Eroberers in eine Masse versammelt, sie müssten gezwungen werden, sich zu Deutschland gehörig zu betrachten* (1.580). Später – im Jahr 1807 – scheint Hegel diese Rolle Napoleon zugedacht zu haben, wenn er in einem Brief an Niethammer schreibt: *Der große Staatsrechtslehrer sitzt in Paris ... Napoleon wird das alles zu organisieren haben.*[48] Klaus von Beyme bezeichnet Hegel trotz diesem Bekenntnis zu Napoleon als *durchaus deutsch(en) Patriot(en)*[49]. Denn für Hegel sei es weniger wichtig gewesen, wer letztendlich aus Deutschland einen Staat machen würde – Napoleon oder Franz II. – Hauptsache es käme dazu! Reine Einsicht über den Begriff reiche jedenfalls in diesem Punkt nicht, da *der Begriff ... etwas so Misstrauisches gegen sich ... mit(führt), dass er durch die Gewalt gerechtfertigt werden muss, dann unterwirft sich ihm der Mensch* (1.581). Dass Hegel in Bezug auf die Herstellung der deutschen Einheit nicht völlig falsch lag, beweist die Tatsache, dass sie Bismarck rund 60 Jahre später bekanntlich mit *Blut und Eisen* schuf, so dass im Nachhinein Hegels These ... *wie eine förmliche Vorauskonstruktion und Vorausdarstellung ... deutscher Dinge ...* erscheint.[50]

---

[47] Einige Autoren vermuten allerdings, dass Hegel dabei an Napoleon dachte, vgl. Piontkowski, Andrei Andrejewitsch, Hegels Lehre über Staat und Recht und seine Staatsrechttheorie, Berlin 1960, S. 14.

[48] Briefe von und an Hegel, hg. v. Johannes Hoffmeister a.a.O., Bd. I, S. 185, Brief an Niethammer, 29. August 1807.

[49] Beyme, Klaus von, Geschichte der politischen Theorien in Deutschland 1300–2000, Wiesbaden 2009, S. 222.

[50] Köstlin, Karl, Hegel in philosophischer, politischer und nationaler Beziehung für das deutsche Volk dargestellt, Tübingen 1870, S. 174.

Exkurs: Hegel, Bismarck, Hitler

Während Hermann Heller,[51] Friedrich Meinecke,[52] Christoph Steding[53] und Hubert Kiesewetter[54] aus freilich unterschiedlichen Blickwinkeln Bismarck und Hegel in einer Linie sehen, weist Domenico Losurdo[55] diesbezüglich auf große Unterschiede hin. So habe Bismarck im Gegensatz zu Hegel eine durchweg negative Einstellung zu Frankreich gehabt. Von Ludwig XVI. über die Revolution bis hin zu Napoleon habe es Frankreich – so Bismarck – auf Expansion abgesehen. Während Bismarck Preußen wegen seiner Könige, Kriege und Machtentfaltung verehrte, habe Hegel in Preußen vor allem das aufklärerische Element geschätzt. Und schließlich nehme Bismarck zum Beamtentum eine kritische Haltung ein, während Hegel in den staatlichen Institutionen ganz auf die Kompetenz des Berufsbeamtentums setzt. Kiesewetter und Meinecke ziehen die Linie sogar von Hegel über Bismarck zu Hitler weiter: *Der deutsche Machtstaatsgedanke, dessen Geschichte mit Hegel begann, sollte in Hitler eine ärgste und verhängnisvollste Steigerung und Ausbeutung erfahren.*[56]Anders wiederum lautet das berühmte Wort von Carl Schmitt: *An diesem Tage (30. Januar 1933) ist ..., so kann man sagen, ‚Hegel gestorben'.*[57] Denn Hitler setzte nicht auf den Staat, sondern auf Rasse und Volk. Für den Nationalsozialismus, war der Staat nur Mittel zum Zweck zur Steigerung (Züchtung) von Volk und Rasse – den „Ariern" –, nicht vernünftiger Zweck an sich wie bei Hegel. *Wo Staat ist, da ist keine Sklaverei – hatte Hegel gesagt.*[58] Rassetheorien (Gobinau, Chamberlain) und Sozialdarwinismus, in denen aus dem Tierreich auf die politische Welt geschlossen wird, waren Hegel nicht nur fremd, sondern er begriff es als das absolut Böse, wenn Mensch und Politik sozusagen im Tierreich steckenbleiben.

Im Zusammenhang mit der fehlenden Staatsmacht geht Hegel lobend auf Machiavelli ein. Doch man sollte Hegel mit dem berühmten italienischen Staatsphilosophen nicht allzu sehr in Verbindung bringen, schließlich finden wir bei Ma-

---

51 Vgl. Heller, Hermann, Hegel und der nationale Machtstaatsgedanke in Deutschland, Leipzig 1921, S.196

52 Meinecke, Friedrich, Weltbürgertum und Nationalstaat, Studien zur Genesis des deutschen Nationalstaates, München und Berlin 1911. 2. Auflage, S. 19.

53 Steding, Christoph, Das Reich und die Krankheit der europäischen Kultur, Hamburg 1942, 3. Auflage

54 Kiesewetter, Hubert, Von Hegel zu Hitler: die poltische Verwirklichung einer totalitären Machtstaatstheorie in Deutschland (1815–1845), Hamburg 1974.

55 Losurdo, S. 450ff.

56 Meinecke, Friedrich, Die deutsche Katastrophe, Wiesbaden-Zürich 1946, S. 28.

57 Schmitt, Carl, Staat, Bewegung, Volk, Hamburg 1933, S. 32.

58 Losurdo, S. 492.

chiavelli keine Erörterungen darüber, was zu einem lebendigen Gemeinwesen gehört. Machiavelli ging es um die Macht des Fürsten, nicht um das Staatsvolk selbst. Hingegen gründet Hegels ... *Macchiavellismus, den die vollendete Verfassungsschrift vertreten wird, ... in ... (der) metaphysischen Überzeugung von dem Sinn in aller Geschichte ...*[59], was etwas völlig anderes ist.

7.3 Schrift über die Württemberger Ständeversammlung

1817 erschien in den „Heidelberger Jahrbüchern" anonym die von Hegel verfasste Schrift „Verhandlungen in der Versammlung der Landstände des Königreichs Württemberg im Jahr 1815 und 1816", auch als „Landständeschrift" bekannt. Der württembergische König Friedrich I. hatte als erster deutscher Fürst nach der Bestimmung der Wiener Kongressakte seinem Land eine Verfassung ausarbeiten lassen und sie 1817 den Landständen zur Annahme vorgelegt, damit sie die ihm von Napoleon verliehene Krone akzeptierten. Württemberg hatte nämlich nach den Napoleonischen Kriegen mehr als das Doppelte seines ursprünglichen Territoriums dazu gewonnen.[60] Diese Verfassung glich dem Modell, *das Ludwig XVIII*[61] *den Franzosen ‚aufoktroyiert' hatte.*[62] Die Landstände lehnten jedoch den Entwurf ab und verlangten im Gegenteil, dass die alte Verfassung – das „gute alte Recht" – auch in den von Napoleon Württemberg neu zugeschlagenen Landesteilen eingeführt wird, worauf ein Verfassungsstreit entbrannte. *In diesem Streit ergreift Hegel nahezu uneingeschränkt die Partei des Königs.*[63] Für Hegel ging es dabei wesentlich um die Frage, wie *dem Volke eine Einwirkung in dieselbe* [Staatsverfassung] *und ein öffentliches Leben eingeräumt wird ...* (4.463f).

Den Kern der alten württembergischen Verfassung sah Hegel im Verhältnis zwischen dem Fürst und den Ständen, das letztlich ein privatrechtliches gewesen sei. Das heißt, Fürst und Stände rangen sich gegenseitig vertragliche Regelungen ab. Wenn es zum Streit kam, wurde der Kaiser als Instanz angerufen. Da es aber nun keinen Kaiser mehr gebe, müsse die Verfassung des Landes auf eine andere Grundlage gestellt werden. *Das ... alte Recht war ... unauflöslich mit dem Bestehen des Heiligen Römischen Reiches Deutscher Nation verbunden, das nicht mehr bestand und vom Kaiser Franz 1806 auch ausdrücklich für erloschen erklärt wurde.*[64] Es gehe – so Hegel – nun nicht mehr um das Verhältnis zwischen Fürst und Aristokratie, sondern um die Relation von Fürst und Volk, die nicht privatrechtlich, also per

59 Steinbüchel, S. 341.

60 Vgl. Gulyga, Arseni, Hegel, a.a.O., S. 139.

61 Bourbonenkönig der nach Napoleons Sturz 1814 als Haupt der Restauration nach Frankreich zurückkehrte und am 4. Juni 1814 die *Charte constitutionnelle* verkündete.

62 Kervégan, S. 276f.

63 Jaeschke, Walter, Hegel, Handbuch a.a.O, S. 237.

64 Irrlitz, Gerd, Einleitung zu: Georg Wilhelm Friedrich Hegel, Politische Schriften, hg. v. Gerd Irrlitz, Berlin 1970, S. XLII.

Vertrag, geregelt werden könne, da ... *der Zusammenhang von Fürst und Untertan, von Regierung und Volk eine ursprüngliche substantielle Einheit zur Grundlage ihrer Verhältnisse hat* (4.505). Hegel lobt an der Verfassungsurkunde, dass in ihr u.a. folgende Rechte verwirklicht werden sollten: *Mitwirkung des Volkes an der Gesetzgebung; das Recht der Steuerbewilligung, ... persönliche Freiheit ... das Auswanderungsrecht ...*[65]

Die Landesstände hätten nicht verstanden, dass mit der Französischen Revolution eine neue Zeit angebrochen ist, in der Gesetze nicht danach beurteilt würden, ob sie altehrwürdig waren bzw. vorher galten, sondern, ob sie dem Kriterium der Vernünftigkeit entsprechen. *Man musste den Beginn der Französischen Revolution als den Kampf betrachten, den das vernünftige Staatsrecht mit der Masse des positiven Rechts und der Privilegien, wodurch jenes unterdrückt worden war, einging; in den Verhandlungen der württembergischen Landstände sehen wir denselben Kampf dieser Prinzipien, nur dass die Stellen verwechselt sind* (4.506f). Denn jetzt stehen die Landstände auf der Seite der Reaktion, während sie in Frankreich auf der fortschrittlichen Seite waren. Hegel kommt zu dem Schluss, dass die württembergischen Landstände ganze 25 Jahre verschlafen hätten.

Gelobt wird an der vom König vorgeschlagenen Verfassungen, dass *eine deutsche Regierung und ein deutsches Volk in der geistigen Arbeit* eine Verfassung erarbeitet hätten (4.464). Württemberg sollte hiermit zu einem Staat errichtet werden. Gelobt wird auch, dass dies ein König von sich aus initiiert. *Es kann kein größeres weltliches Schauspiel geben ...* (4.468). Gesichert werden in der Verfassung die persönliche Freiheit und das Eigentum: *unendliche Wichtigkeit und Liberalität der Rechte* (4.471). Die diesbezüglichen Gesetze der Regierung müssten von den Ständen nun genehmigt werden. Hegel kritisiert allerdings die *demokratischen Abstraktionen* (4.472): a) dass Staatsdiener, Beamte, Ärzte nicht gewählt werden dürfen und b) dass das Wahlrecht an das Mindestalter von 25 Jahren und an ein Vermögen von 200 Gulden geknüpft ist. Es geht dabei Hegel aber nicht um ein allgemeines Wahlrechts auf Landesebene, da dies in größeren Flächenstaaten wegen der geringen Bedeutung der Einzelstimme nur zur Frustration und politischen Abstinenz führen würde (vgl. 4.483f).

Zu a) Gerade Beamte hätten einen Sinn für das Allgemeine und würden, wenn es um Staatsbelange (*Sinn des Staates,* 4.475) gehe, mehr Einsicht zeigen, da sie sozusagen aus Gewohnheit Privatinteressen zurückstellen könnten. *Der Sinn des Staates erwirbt sich aber vornehmlich in der habituellen Beschäftigung mit den allgemeinen Angelegenheiten ...* (4.475f). Nur der Pöbel – so Hegel – denke, dass das, was im Interesse eines Staates geschehe, gegen das eigene sei. Dieser Punkt unterscheide den Bürger vom Pöbel, wobei Hegel den Staatsbürger – *citoyen* – im Auge hat (4.477). Zu b) führt Hegel aus: *Diese letztere Art von Bedingung der Fähigkeit zu wählen ist den deutschen Institutionen fremd gewesen ...* (4.481) und erst seit

[65] Rosenkranz, Hegels Leben, S. 311 vgl. auch Buhl. Ludwig H., Hegels Lehre vom Staat und seine Philosophie der Geschichte in ihren Hauptresultaten, Berlin 1837, S. 25.

neuerer Zeit in der Diskussion. Gegen das, wie Hegel meint, abstrakte „französische“ demokratische Prinzip von Zahlen (Alter, Vermögensquantum) setzt Hegel das organische Staatsprinzip: *Ein lebendiger Zusammenhang ist nur in einem gegliederten Ganzen, dessen Teile selbst besondere untergeordnete Kreise bilden. Um aber ein solches zu erhalten, müssen endlich die französischen Abstraktionen von bloßer Anzahl und Vermögensquantum verlassen, wenigstens nicht mehr zur Hauptbestimmung gemacht und vornehin als die einzigen Bedingungen einer der wichtigsten politischen Funktionen* [Wahlrecht] *gestellt werden. Solche atomistischen Prinzipien sind wie in der Wissenschaft so im Politischen das Tötende für allen vernünftigen Begriff, Gliederung und Lebendigkeit* (4.483).

Besser sei es, wenn die Berechtigung zur Stimmabgabe und die Wählbarkeit, also aktive und passive Wahlberechtigung, an eine *habituelle(n) Beschäftigung mit den allgemeinen Angelegenheiten* (4.476), gesellschaftliche Funktion, Reputation und ein Amt, eine Ehre oder sonst einen gesellschaftlichen Verdienst und Leistung geknüpft sei. ... *wenn die Berechtigung zum Stimmgeben bei den Wahlen und die Wählbarkeit selbst mit den anderen Institutionen des Staats zusammenhängt, so üben diese Umstände schon von selbst ihren Einfluss aus; und wenn dieser hier gesetzlich angeordnet und z. B. für die Fähigkeit, Mitglied eines Städtemagistrats, Gerichts, Vorstand und Mitglied einer Korporation, Zunft und dergleichen zu sein, ein gewisses Alter, Grundvermögen usf. gefordert wird, so steht dies bei weitem mehr im Verhältnis, als wenn solche trockenen, doch nur äußerlichen Bedingungen dem hohen Interesse der ständischen Mitgliedschaft so schroff gegenübergestellt werden* (4.484f). Stets gilt es zu berücksichtigen, dass Hegel von der freien Berufswahl unter Abschaffung der Zunft- und Adelsprivilegien ausgeht; von einer ... *offene(n), mobile(n) Gesellschaft, eine(r) Gesellschaft der carrière ouverte aux talents, in der Unterschiede Fähigkeiten zum Ausdruck bringen und nicht ererbte Privilegien.*[66]

Merksatz

Hegel versteht unter Partizipation und demokratischer Willensbildung weniger das allgemeine Wahlrecht, sondern die aktive Mitarbeit und Mitbestimmung in den Gemeinden und Korporationen, die den integralen Bestandteil des Parlaments bilden.[67]

Hegels Schrift wurde vom Württemberger König positiv aufgenommen und im Land publiziert. Größerer Erfolg war ihr nicht beschieden. Folgt man jedoch Georg Lasson, so half sie immerhin den Boden mitzubereiten, der dann dem späte-

[66] Avineri, Shlomo, Hegels Theorie des modernen Staates, Frankfurt/Main 1976, S. 187f.

[67] Dass er nicht generell gegen Wahlen oder das Volk war, zeigt folgende Bemerkung: *Bisher sahen wir bei der Nachahmung des Französischen immer nur die Hälfte aufnehmen und die andere Hälfte weglassen, diese andere Hälfte, welche das edelste, die Freiheit des Volkes, Teilnahme desselben an Wahlen* ... Briefe von und an Hegel, Bd.1, S. 197.

ren König Wilhelm I. dazu verhalf, dass die von ihm vorgelegte Verfassung schließlich im Jahre 1819 angenommen wurde.[68]

7.4 Über die englische Reformbill

Kurz vor seinem Tod erschien von April bis Mai 1831 in der Berliner „Allgemeinen Preußischen Staatszeitung" eine Artikelreihe von Hegel *über die englische Reformbill. Sie umfasste vier Teile, wobei der vierte wegen Hegels scharfer Kritik an England in einem Privatdruck publiziert werden musste, da der König außenpolitische Probleme vermeiden wollte. Die englische Bill,* die zum Ziel hatte, die demokratische Basis über eine Reform des Wahlrechtes zu erweitern, wurde von dem Whig-Premierminister Lord Grey eingebracht und im Jahre 1832 erst nach Hegels Tod vom Parlament verabschiedet. Das Gesetz beseitigte die sogenannten Rotten Boroughs und führte dazu, dass – bei einem immer noch eingeschränkten allgemeinen Wahlrecht – die Bevölkerung adäquater repräsentiert wurde. Hegel äußert in der Schrift erneut seine Skepsis gegenüber der Demokratie, die der Zeitgeist wesentlich positiver bewerte als dies die Alten (Platon, Aristoteles), die ja in einer Demokratie gelebt hatten, aufgrund ihrer Erfahrung getan hätten (vgl. 11.84). Dass bei einer Erweiterung des Wahlrechts die Steuern gesenkt würden, bezweifelt Hegel, denn schließlich sei in Frankreich das Gegenteil der Fall gewesen. Jedenfalls sei es bemerkenswert, dass in England keine Macht vorhanden sei, die ... *bei dem enormen Reichtum der Privatpersonen ernstliche Anstalten ... zu einer erklecklichen Verminderung der ungeheuren Staatsschuld (macht)....* (11.93).

England sei als in der Demokratie zwar am weitesten fortgeschritten, doch *in etlichen Punkten ... politisch rückständiger als die meisten deutschen Staaten.*[69] So sei der kirchliche Zehnte in Preußen schon vor hundert Jahren und in Frankreich mit der Französischen Revolution abgeschafft worden. In England aber gehe der Pfarrer morgens durchs Dorf und nehme sich jedes zehnte Ei, Huhn usw. Was das Jagdrecht betrifft, weist Hegel auf die drakonischen Strafen hin, die in England den Wilderer erwarteten.

Was bedeutet die formelle Erweiterung der Demokratie über das Wahlrecht? Dazu argumentiert Hegel wie schon in der Ständeschrift, dass ein größeres Wahlrecht die Stimme des Einzelnen entwertet. Hinzu komme, dass die Gutsbesitzer die Stimmberechtigten zu Partys einladen (Pudding und Alkohol!), um sich die Stimmen zu sichern. Nicht nur Wählerstimmen, auch Parlamentssitze seien in England käuflich. Im englischen Parlament herrsche der Schacher und das Geld: *Es konnte bisher auf dem Wege des gewöhnlichen Handels mit Parlamentssitzen mit Sicherheit dafür gesorgt werden, daß Bankdirektoren, ingleichen Direktoren der Ostin-*

68 Vgl. Lasson, Georg, Hegels Schriften zur Politik und Rechtsphilosophie, Leipzig 1913, S. XXVI.
69 Ahrweiler, S. 175.

dischen Kompagnie sich im Parlament befanden, wie die großen Plantagenbesitzer auf den westindischen Inseln und andere Kaufleute, die solche große Handelszweige beherrschen, sich gleichfalls mit solchen Stellen versehen, um ihre und ihrer Assoziation Interessen wahrzunehmen, die allerdings zugleich für das Gesamtinteresse Englands so wichtig sind (11.106).

Insgesamt kommt es in dieser Schrift zu einigen drastisch abwertenden Formulierungen über England: So spricht Hegel im Zusammenhang des englischen Parlamentarismus und den Parlamentariern vom *Pomp und Lärm der formellen Freiheit, im Parlament und in sonstigen Versammlungen aller Klassen und Stände die Staatsangelegenheiten zu bereden und in jenem darüber zu beschließen ...* (11.104f). Vor allem die Behandlung der Iren stößt auf Hegels scharfe Kritik: *Selbst die Türken haben den ihnen unterworfenen Christen, Armeniern, Juden meist ihre Kirchen gelassen; indem sie ihnen auch verboten, dieselben, wenn sie verfielen, zu reparieren, lassen sie doch die Erlaubnis dazu erkaufen; aber die Engländer haben der von ihnen besiegten katholischen Bevölkerung alle Kirchen weggenommen* (11.97f).

Zum Schluss seiner Schrift befürchtet Hegel, dass sich in England immer mehr ein formelles Verständnis von Freiheit und Gleichheit auch im Parlament durchsetzen und es deshalb zu Gleichmacherei, Klassenkampf, ja, zu Revolutionen kommen könnte. Bisher – so Hegel – sei England auf dem richtigen politischen Weg gewesen, habe – im Unterschied zu Frankreich – Subsidiarität gelebt und gesunden Menschenverstand bewiesen. *Die Mitglieder des englischen Parlaments vom bisherigen Systeme und die Engländer überhaupt sind mehr von praktischem Staatssinne und haben eine Vorstellung von dem, was Regierung und Regieren ist, – wobei in dem Charakter ihrer Verfassung zugleich liegt, daß die Regierung in die besonderen Kreise des gesellschaftlichen Lebens, in die Administration der Grafschaften, Städte usf., in Kirchen- und Schulwesen, auch in andere gemeinsame Angelegenheiten wie Straßenbau so gut wie gar nicht eingreift* (11.128). Doch, wie gesagt, sei dies durch die Reformbill gefährdet.

7.5 Rechtsphilosophie

Für Hegel gilt grundsätzlich, dass das Recht nicht aus der Natur, sondern aus dem Geist entspringt. *Das Geistige ist der Boden des Rechts.*[70] Er versucht, in seiner Rechtsphilosophie ein gegliedertes institutionelles Staatsganzes zu entwerfen, das der Geschichte und gleichzeitig den Grundsätzen der Vernunft verpflichtet bleibt. *Das Besondere und ... stark bestimmende Zug der Rechtsphilosophie liegt darin, dass sie normative Fragen – wie etwa „Was ist das Gerechte?", „Was ist das Gute" oder „Was*

[70] Hegel, Georg Wilhelm Friedrich, Die Philosophie des Rechts, Vorlesungen von 1821/22, hg. v. Hansgeorg Hoppe, Frankfurt/Main 2005, S. 41, § 4.

ist das Richtige? – mit der Frage nach dem historisch Gegebenen verbindet.[71] Es galt sowohl die *revolutionäre Verneinung der Vergangenheit und die restaurative Verneinung der Gegenwart*[72] zu vermeiden. Die Freiheit wurde nicht von den französischen Revolutionären erfunden. Ihre Wurzeln reichen bis in die christlich-antike Welt zurück und die von der Romantik angeprangerte *Entfremdung* und *Entzauberung der Welt* hat nur ihre Berechtigung, sofern sie nicht verabsolutiert wird und übersehen wird, dass auch in der Entfremdung (bürgerliche Gesellschaft) Vernunft waltet, da Entfremdung, Konkurrenz und Egoismus notwendige Antriebe sind, auf die der moderne Staat nicht verzichten kann. Nicht nur das Allgemeine, auch das Besondere soll bei Hegel zu seinem Recht kommen.

Exkurs: Marx und Hegel zu Entäußerung/Entfremdung

Für Hegel ist die Entäußerung/Entfremdung/Vergegenständlichung notwendig, damit sich der Geist bzw. der Mensch erkennt. Marx hingegen unterscheidet zwischen einer gelungenen und entfremdeten Vergegenständlichung. Erstere mag für den mittelalterlichen Handwerker zutreffen, der sich in seiner Arbeit vergegenständlicht. Im Kapitalismus entfremdet sich laut Marx jedoch die Arbeit vom Arbeiter, sowohl was das Arbeitsprodukt als auch was die Art der Arbeitstätigkeit anbelangt. Das Produkt der Arbeit gehört dem Produktionsmittelbesitzer und die Tätigkeit wird – denken wir an die Fließbandarbeit – zunehmend geisttötend und stupider. Hegel hat nichts dagegen einzuwenden, wenn Arbeitskraft für eine bestimmte Zeit verkauft wird. *Von meinen besonderen, körperlichen und geistigen Geschicklichkeiten und Möglichkeiten der Tätigkeit kann ich einzelne Produktionen und einen in der Zeit beschränkten Gebrauch von einem anderen veräußern, weil sie nach dieser Beschränkung ein äußerliches Verhältnis zu meiner Totalität und Allgemeinheit erhalten. Durch die Veräußerung meiner ganzen durch die Arbeit konkreten Zeit und der Totalität meiner Produktion würde ich das Substantielle derselben, meine allgemeine Tätigkeit und Wirklichkeit, meine Persönlichkeit zum Eigentum eines anderen machen* (7.144f, § 67 Z). Das heißt, gegen Lohnarbeit ist nichts einzuwenden. Sklaverei hingegen ist nach Hegel nicht erlaubt. Marx behauptet zwar nicht, dass der moderne Arbeiter ein Sklave ist. Er glaubt aber mit dem ökonomischen Gesetz des Mehrwertes die materielle Ausbeutung/Entfremdung des Proletariats aufgedeckt zu haben. Hinter der Fassade des Liberalismus – so Marx – wirke in Wahrheit ein Ausbeutungsmechanismus.

[71] Menke, Christoph, „Wir müssen Individualität und Gemeinschaft miteinander verbinden" in: philosophie Magazin, Thema Hegel, Sonderausgabe Nr. 24, Berlin 2023, S. 80.

[72] Ritter, Joachim, Hegel und die Französische Revolution, Frankfurt/Main 2015, 4. Auflage, S. 44.

In der Vorrede zur *Rechtsphilosophie* findet sich der berühmte Satz: *Was vernünftig ist, das ist wirklich; und was wirklich ist, das ist vernünftig* (7.24). Was nur Meinung, äußerliche Zufälligkeit, vorübergehender Schein ist, ist nicht wirklich. Hegel selbst hat zu seinem Satz mehrmals Stellung genommen.[73] Daraus geht hervor, dass er zwischen zufälliger Existenz bzw. Realität und vernünftiger Wirklichkeit unterscheidet. Die Wirklichkeit ist das, was sich als Wesen offenbart und manifestiert. In einer Nachschrift der Vorlesung über die *Philosophie des Rechts* heißt es: *Was vernünftig ist, wird wirklich, und das Wirkliche wird vernünftig.*[74] Die Vernunft als Grund der Welt bedeutet nicht, dass alles, was existiert, vernünftig ist, sondern dass *die Idee sich zwar in der Welt verwirklicht, aber nicht in ihr aufgeht.*[75] Um es an einem Beispiel zu zeigen. Die feudalabsolutistischen politischen Verhältnisse und die Kleinstaaterei in Deutschland waren zur Zeit Hegels zwar immer noch vorherrschend, aber gegenüber den Erfordernissen einen neuen Zeit unwirklich geworden und im Absterben begriffen. Kurz: Die Welt ist nicht einfach Vernunft, wohl aber Vernunft in ihrer Entwicklung.[76] Dass Hegel mit seinem Satz keine Akkommodation bzw. „Frieden mit der Wirklichkeit" anstrebte, geht aus folgendem Zitat aus dem Vorwort zur „Rechtsphilosophie" hervor.

So wie die Vernunft sich nicht mit der Annäherung ... begnügt, ebenso wenig begnügt sie sich mit der kalten Verzweiflung, die zugibt, dass es in dieser Zeitlichkeit wohl schlecht oder höchstens mittelmäßig zugehe, aber eben in ihr nichts Besseres zu haben sei und darum Frieden mit der Wirklichkeit zu halten sei ... (7.27). Mit anderen Worten: Die Vernunft macht keine halben Sachen. Was morsch und überlebt ist, muss ihr weichen.

Am Beginn der „Rechtsphilosophie" steht die Erörterung des Willens. ... *Willensfreiheit ist die Grundlage des Rechts.*[77] Dazu schreibt Bernhard Dinkel: *Die Rechtsphilosophie ... bestimmt ... systematisch diesen Ausgang vom Willen als Anerkennung der Geistigkeit des Menschen gegenüber der empirischen Festlegung auf naturhafte Fertigkeit und gegenüber der rationalistischen Festlegung auf eine ungeschichtliche abstrakte Menschennatur ...*[78] Die Rechtsphilosophie beginnt da, wo in der *Enzyklopädie* der subjektive Geist endet – beim freien Willen bzw. freien Geist – und leitet ein in die Sphäre des objektiven Geistes. Diese Herleitung des Rechts aus dem subjektiven Geist entspricht ganz der Hegelschen Forderung, nichts Voraussetzungsloses (Unmittelbares) anzuerkennen, sondern den Anfang der Rechtsphi-

---

[73] Vgl. die ausführliche Sammlung und Erläuterung der entsprechenden Zitate im Anhang bei Hermann Klenner (Hg.), G.W. F. Hegel. Grundlinien ... a.a.O., S. 399ff.

[74] Henrich, Dieter (Hg.), Hegel Philosophie des Rechts die Vorlesung von 1819/20 in einer Nachschrift, Frankfurt am Main, 1983, S. 28.

[75] Falkenheim, Hugo, Hegel in Aster, Ernst von (Hg.) Große Denker, Bd. 2, Leipzig 1911, S. 190.

[76] Vgl. Küng S. 277 ... *die Welt ist nicht einfach Gott, wohl aber Gott in seiner Entwicklung.*

[77] Schnädelbach, Herbert, Hegels praktische Philosophie, a.a.O., S. 179.

[78] Dinkel. S. 484f.

losophie im gesamten System seiner Philosophie zu verorten. Das gilt auch für den inneren Zusammenhalt der Rechtsphilosophie selbst: ... *das Eigentum, der Vertrag, oder die Schuld (sind) für sich Abstraktionen, ... und ... stehen im Zusammenhang eines Ganzen, des Rechts ...*[79]

So stehen im Zentrum der Hegelschen Rechtsphilosophie die Freiheit und der Wille – *Wille, der nicht frei ist, ist kein Wille*[80] –, beides unmittelbar zusammen gedacht. Hegels Wille ist durchdachter Wille, bildet also keinen Gegensatz zum Denken, denn ... *ohne Denken (kann) kein Wille sein* ... (10.288, § 468 Z). In § 258 A der Rechtsphilosophie werden Denken und Wille geradezu identifiziert. Hegel spricht hier vom *Denken selbst ... nämlich de(m) Willen* (7.400). An anderer Stelle heißt es ... *der Wille ist eine besondere Weise des Denkens: das Denken als sich übersetzend ins Dasein, als Trieb, sich Dasein zu geben* (7.47, § 4 Z). Der Wille habe die beiden Momente einerseits als Ich *in seiner Identität mit sich ... zu bleiben* (7.54, § 7), dass er aber andererseits auch *bestimmt sei* (7.55, § 7 A). Einfacher gesagt: Man kann sowohl nein als auch ja sagen. *Das im Entschluss Gewählte ... kann der Wille ebenso wieder aufheben* (7.68, § 16). *Die Freiheit liegt also weder in der Unbestimmtheit, noch in der Bestimmtheit, sondern sie ist beides* (7.57, § 7 Z).

Zusammengefasst kommt Hegel zu der Bestimmung: *Der Boden des Rechts ist überhaupt das Geistige, und seine nähere Stelle und Ausganspunkt der Wille, welcher frei ist* ... (7.46, § 4). Michael Quante interpretiert den Satz folgendermaßen: *Der ‚Boden' des Rechts ist die Fähigkeit rationaler Subjekte, ihre eigenen Ansprüche artikulieren, mit Gründen einfordern und gegen Kritik mit Argumenten verteidigen zu können.*[81]

Im Aufbau der Rechtsphilosophie vom abstrakten Recht über Moralität und Sittlichkeit (wiederum unterteilt in Familie, bürgerliche Gesellschaft, Staat) bis zum Weltgeist geht es als roter Faden stets um das Recht. *In der Tat gibt es bei Hegel ein Recht des abstrakten Rechts ebenso wie der Moralität und der Sittlichkeit, das im höchsten Recht des ‚Weltgeistes' ... kulminiert ...*[82] Die Großgliederung: Abstraktes Recht, Moralität und Sittlichkeit lässt sich auch als *Wollen, Denken und Schaffen* lesen.[83] Das abstrakte Recht steht unter dem Primat des freien Willens, die Moralität ist die Sphäre des subjektiven Nachdenkens (Gewissens), während sich die Sphäre der Sittlichkeit als die der Praxis und konkreten Wirklichkeit (Schaffen) erweist.

---

79 Busse, Martin, Das Thema der Rechtsphilosophie Hegels, zit. Schirmer, Jakob, Die Göttinger Hegel-Schule, a.a.O., S. 87.

80 Hegel, Georg Wilhelm Friedrich, Die Philosophie des Rechts, Vorlesungen von 1821/22, hg. v. Hansgeorg Hoppe, Frankfurt/Main 2005, S. 42, § 4.

81 Quante, Michael, Hegel in Zitaten, in: philosophie Magazin, Thema Hegel, Sonderausgabe,Nr. 24, Berlin 2023, S. 94.

82 Schnädelbach, Herbert, Hegels praktische Philosophie, a.a.O., S. 196.

83 Julius Binder. Das System der Rechtsphilosophie Hegels, zit Schirmer Jakob, Die Göttinger Hegel-Schule, a.a.O., S. 91.

7.5.1 Das abstrakte Recht

Der erste Teil der *Grundlinien* handelt vom abstrakten Recht, wie es etwa im *Allgemeinen Preußischen Landrecht* (1774) und dem *Code Napoleon* (1804) dargelegt ist und seinen Vorläufer im antiken römischen Recht hat. *Es ist abstrakt, d. h. es definiert formale Rechtsfiguren wie Eigentum, Tausch, Vertrag usf.; damit zeichnet es bloß in leerer Allgemeinheit vor, wozu Personen befugt sind, und überlässt ihnen die materiale Ausfüllung.*[84] Im Zentrum dieses ersten Teils der „Rechtsphilosophie" stehen Begriffe wie Person, Eigentum, Vertrag, Tausch, Unrecht, Verbrechen, Strafe. Im Grunde genommen spiegelt dieser Teil das wider, was in den modernen Vertragstheorien (Hobbes, Locke, Rousseau) entwickelt wurde und was der Politikwissenschaftler C. B. Macpherson in seinem gleichnamigen Buch *Die politische Theorie des Besitzindividualismus*[85] genannt hat. In Hegels Worten: *Die Person muss sich eine äußere Sphäre ihrer Freiheit geben ...* (7.102, § 41). *Erst im Eigentume ist die Person als Vernunft* (7.102, § 41 Z). Kurzum: Die Freiheit des Individuums bewährt sich im Besitz. Zunächst besitzt es seinen Körper und dann verfügt es über sein Eigentum. Ohne Privatbesitz keine Freiheit. *... die Abschaffung des Privateigentums wäre ... ein Verstoß gegen die ‚Natur der Freiheit des Geistes und des Rechts' (§46 A).*[86] Forderungen nach Gleichheit der Besitz- und Einkommensverhältnisse werden von Hegel abgelehnt. *Ausdrücklich wird die Einmischung von allen nicht durch Recht gesetzten Fragen des Eigentums abgewehrt, wie die ‚bisweilen gemachte Forderung der Gleichheit in der Austeilung des Erdbodens oder gar des weiteren vorhandenen Vermögens' oder ‚dass alle Menschen ihr Auskommen für ihre Bedürfnisse haben sollen'. Selbst die Frage, ‚was und wieviel ich besitze', gehöre als eine ‚rechtliche Zufälligkeit' in eine ‚andere Sphäre' (§49).*[87]

Der Unterschied zur liberalen politischen Philosophie besteht bei Hegel darin, dass das „abstrakte Recht" nur ein Moment bzw. Systemteil bildet. Denn wenn es um die Bewahrung des größeren Ganzen geht, kann der Staat laut Hegel z. B. die Privatfreiheit einschränkende Maßnahmen ergreifen. *Aber die Bestimmungen, die das Privateigentum betreffen, können höheren Sphären des Rechts, einem Gemeinwesen, dem Staate, untergeordnet werden ... Jedoch können solche Ausnahmen nicht im Zufall, in Privatwillkür, Privatnutzen, sondern nur in dem vernünftigen Organismus des Staats begründet sein* (7.108, § 46).

Kant und Rousseau sind Hegel zufolge Vertreter des abstrakten Rechts. Kant schreibt in der Einleitung der Metaphysik der Sitten: ... *handle äußerlich so, dass der freie Gebrauch deiner Willkür mit der Freiheit von jedermann nach einem allgemei-*

84 Schnädelbach, Herbert, Hegels praktische Philosophie, a.a.O., S. 214.

85 Macpherson, Crawford Brough, Die politische Theorie des Besitzindividualismus, Frankfurt/Main 1973.

86 Schnädelbach, Herbert, Hegels praktische Philosophie, a.a.O., S. 206.

87 Ritter, Joachim, Metaphysik und Politik Studien zu Aristoteles und Hegel, Frankfurt/Main 1977, S. 257.

nen Gesetze zusammen bestehen könne ... [88]Auch nach Rousseau gründet das Recht nicht in der *Vernunft* oder dem *wahren Geist*, sondern im Privatwillen mit der Folge, dass ... *das Vernünftige freilich nur als beschränkend für diese Freiheit* (7.81, §29 A) aufgefasst wird. Hegel kritisiert an dieser Herleitung des Rechts, dass sie während der Französischen Revolution ... *Erscheinungen hervorgebracht hat, deren Fürchterlichkeit nur an der Seichtigkeit der Gedanken, auf die sich gründeten, eine Parallele hat* (7.81, § 29 A). Doch Hegels Kritik bezieht sich nur auf die Verabsolutierung des abstrakten Rechts, wenn es also nicht durch die Systemteile der Moralität und Sittlichkeit ergänzt wird.

Es wäre deshalb falsch, wollte man seine Ausführungen über das „abstrakte Recht" als minder wichtig ansehen. Denn in diesem Systemteil geht es ihm vor allem darum, die Errungenschaft der Französischen Revolution als Abschaffung der Privilegien bestimmter Stände und die Gleichheit der Person vor dem Recht darzulegen.[89] Vor dem Recht sind alle Menschen gleich. *Der Mensch ist an sich vernünftig; darin liegt die Möglichkeit der Gleichheit des Rechtes aller Menschen, – die Nichtigkeit einer starren Unterscheidung in berechtigte und rechtlose Menschengattungen* (10.57f, § 393 Z). Dass Hegel das Recht keineswegs gegenüber der Sittlichkeit abwerten will, verdeutlicht auch das folgende Zitat: *Das Recht ist etwas Heiliges überhaupt* ... (7.83, § 30). Es könnte in die Irre führen, wenn Hegel von der *abstrakten* oder *formellen* Seite des Rechts spricht. *Doch der ständige Verweis auf diese Abstraktheit beinhaltet keine Geringschätzung des Rechts.*[90] Hegel wertet das abstrakte Recht also keineswegs ab, sondern behauptet lediglich, dass es durch die anderen Systemteile der „Rechtsphilosophie" zu ergänzen sei.

Der Ursprung des Eigentums liegt nach Hegel in der Besitzergreifung von Sachen durch Menschen. Sachen seien Dinge und die Gegenstände der Natur, worunter auch Tiere zählen, aber niemals Menschen (Verbot der Sklaverei). Dass man über die Natur frei verfügen kann, war zu Hegels Zeit weitgehend unumstritten. Erst in jüngerer Zeit gibt es eine Diskussion darüber, dass nicht nur Tiere Rechte haben, sondern sogar auch Pflanzen und Landschaften ein Recht darauf haben könnten, bewahrt zu werden. Genannt sei die Theorie des französischen Soziologen Bruno Latour, der von einem *Parlament der Dinge* spricht und in seinem Buch *Kampf um Gaia* politisch-parlamentarische Modelle vorstellt, wo Menschen im Namen von Dingen sprechen[91], d. h. deren „Rechte" vertreten.

Zurück zu Hegel: Eigentum wird Besitz erst, wenn der Anspruch rechtlich kodiert ist, also gesellschaftlich anerkannt wird. Daraus folgt der Vertrag, Eigentum zu veräußern. Das Vertragsrecht schränkt Hegel auf Sachen ein. Die Ehe ist für Hegel kein Vertrag, lediglich mit der Auflösung der Ehe ergäben sich vertrag-

---

88 Kant, Immanuel, Die Metaphysik der Sitten, Werkausgabe, Bd. VIII, Hg. v. Wilhelm Weischedel, Frankfurt/Main 1968, S. 338.

89 Vgl. Kervégan, S. 70.

90 Ebenda, S. 63.

91 Latour, Bruno, Kampf um Gaia, Frankfurt/Main 2017, S. 431ff. vgl. auch Greif, Hajo, Wer spricht im Parlament der Dinge? Paderborn 2005.

liche Probleme wie Versorgungsansprüche etc. Entrüstet zeigt sich Hegel über Kants *Schändlichkeit* (7.157 § 75 A) der Ehedefinition. Zur Erinnerung: Kant spricht von der Ehe als einer Verbindung *zweier Personen verschiedenen Geschlechts zum lebenslänglichen wechselnden Besitz ihrer Geschlechtseigenschaften.*[92]

Da nur über Sachen frei verfügt werden könne, schließt Hegel die Selbsttötung aus. Ebenso lehnt er die Konstruktion des Gesellschaftsvertrages ab: ... *der Staat beruht ... nicht auf Vertrag, der Willkür voraussetzt. Es ist falsch, wenn man sagt, es sei in der Willkür aller, einen Staat zu gründen: es ist vielmehr für jeden absolut notwendig, daß er im Staate sei* (7.159, § 75 Z). Insgesamt beschreibt das abstrakte Recht die Dimension eines *äußeren Not- und Verstandesstaates* (7.340, § 183), der auf Rechten basiert, in welchem es aber nicht zu der von Hegel geforderten Versöhnung von Individuum und Gesellschaft kommt. Was für den politischen Liberalismus schon der wünschenswerte Endzustand ist – Freiheit, Privateigentum, Recht –, ist für Hegel notwenige Stufe in der Entfaltung des Rechts. Einem Staat, wie er von Hegel in der Rechtsphilosophie als Versöhnung von Individual- und Allgemeinwillen entwickelt wird, begegnen liberale Kritiker wie Rudolf Haym[93], Karl Popper und Ernst Topisch mit dem größten Misstrauen, da er ihrer Meinung nach mit seiner Machtfülle die Freiheit des Einzelnen unterdrücken würde.

Exkurs: Hegel und die Menschenrechte

Der Mensch ist an sich vernünftig; darin liegt die Möglichkeit der Gleichheit des Rechtes aller Menschen ... (10.57, § 393 Z). Von den die Sklaverei ausschließenden ewigen Menschenrechten spricht Hegel in der Enzyklopädie (10.224, §433 Z) und in der Rechtsphilosophie heißt es deutlich, *dass der Mensch an und für sich nicht zur Sklaverei bestimmt sei* (7.123 § 57 A). Wenn Hegel sich auch stets gegen das abstrakte Sollen richtet, so scheint es für ihn zwei Ausnahmen präskriptiver Überlegungen zu geben: die Sklaverei und das Privateigentum.[94] Hegels rechtsphilosophischer Imperativ lautet deshalb: ... *sei eine Person und respektiere die anderen als Personen* (7.95, § 36). Eine Kodifizierung der Menschenrechte in einer geschriebenen Verfassung hält Hegel hingegen eben so wenig für nötig wie die Kodifizierung der Verfassung selbst.

Ein vieldiskutierter Aspekt der Rechtsphilosophie ist die Straftheorie. Das Unrecht oder das Böse versteht Hegel als bewusste Abspaltung des Einzelnen vom Ganzen

[92] Metaphysik der Sitten § 24 u. ff zit. Schnädelbach, Herbert, Hegels praktische Philosophie, a.a.O., S. 91.

[93] Haym rügt die seiner Meinung nach inferiore Bedeutung der Moralität in Hegels System und dadurch ... *die Missachtung, welche ... das Individuelle erfährt.* Haym, Rudolf, Hegel und seine Zeit, Berlin 1857, S. 375.

[94] Kervégan, S. 105.

bzw. der übergriffigen Durchsetzung von Sonderinteressen gegen das Ganze. Aus diesem Begriff leitet Hegel seine Strafrechtstheorie her. Die Strafe ist in Hegels idealistischer Sicht keine äußerliche Folge des Verbrechens, sondern *offenbart dessen innerstes Wesen.*[95] Hegel schreibt: *Die Eumeniden* [Rachegöttinnen] *schlafen, aber das Verbrechen weckt sie, und so ist es die eigene Tat, die sich geltend macht* (7.196, § 101 Z). Der Verbrecher hat nicht nur einen anderen geschädigt, sondern am meisten sich selbst. *Der Verbrecher meinte es mit fremdem Leben zu tun zu haben; aber er hat nur sein eigenes Leben zerstört; denn Leben ist vom Leben nicht verschieden, weil das Leben in der einigen Gottheit ist; und in seinem Übermut hat er zwar zerstört, aber nur die Freundlichkeit des Lebens: er hat es in einen Feind verkehrt* (1.343). Der frevelhafte Abfall vom Ganzen muss gesühnt werden. Die Strafe selbst resultiert aus diesem frevelhaften Abfall von einem überindividuellen lebendigen Ganzen und ist dessen Wiedergutmachung. In dem Moment, in welchem der Verbrecher sich vom Ganzen abwende, antizipiere er schon seine gerechte Strafe. *Schuld und Strafe sind innerlich verknüpft.*[96] Man könnte sagen „schicksalhaft verknüpft“: *Wird ... im Verbrechen nicht ein Gesetz übertreten, sondern das einige Leben verletzt, so tritt es selbst als rächende Macht, als Schicksal, gegen die Verbrecher auf.*[97] In Hegels Worten aus der „Phänomenologie“: ... *weil wir leiden, anerkennen wir, dass wir gefehlt* (3.348).

Hegels Strafrechtstheorie geht also von der vollen Verantwortlichkeit des Täters als sittlich freies Wesen für seine Taten aus. Betrachte man einen Täter nicht voll verantwortlich, sei es mit der Strafe so bestellt, ... *als wenn man gegen einen Hund den Stock erhebt, und der Mensch wird nicht nach seiner Ehre und Freiheit, sondern wie ein Hund behandelt* (7.190, 99 Z). Hegels Strafrechtstheorie unterscheidet sich somit von anderen Strafrechtstheorien, wonach die Strafe den Sinn der Abschreckung, der Vergeltung oder der Wiedereingliederung des Täters in die Gesellschaft hat. Am ehesten ist seine Theorie noch mit der Theorie der Vergeltung zu vergleichen, aber es geht Hegel nicht um ein schlichtes Auge um Auge, Zahn um Zahn, sondern darum, dass der Sinn der Strafe nicht darin liegt, einen Täter zu erziehen oder zu dressieren, wie man Tiere dressiert. Hegel sieht vielmehr im Verbrecher den Menschen, dessen freier Wille es war, ein Verbrechen zu begehen, und folglich bestraft werden muss. Der Verbrecher hat gleichsam ein Recht auf die Bestrafung. Indem man ihm die entsprechende Strafe zuführt, ehrt man ihn als Mensch, was Hegel so ausdrückt: *Dass die Strafe ... als sein eigenes Recht enthaltend angesehen wird, darin wird der Verbrecher als Vernünftiges geehrt* (7.191, § 100 A). Der Verbrecher wusste, was er tat, und er nahm bewusst die Strafe in Kauf, die ihn erwartete, und er kann nur durch die Strafe mit dem Gesetz wieder versöhnt werden. *Dass dem Verbrecher also Gerechtigkeit widerfährt, darin geschieht ihm seine Ehre.*[98]

95 Larenz, Karl, Vom Wesen der Strafe, Zeitschrift für deutsche Kulturphilosophie 1936, Bd. 2 H. 1, S. 43.

96 Steinbüchel, S. 290.

97 Görland, Ingtraut, Die Kantkritik des jungen Hegel, Frankfurt/Main 1966, S. 9.

98 Hegel, Georg Wilhelm Friedrich, Die Philosophie des Rechts, Vorlesungen von 1821/22, hg. v. Hansgeorg Hoppe, Frankfurt/Main 2005, S. 95, § 100.

Ossip K. Flechtheim über Hegels Strafrechtstheorie

Die Strafe ist das Recht des Verbrechers, denn sie ist die höchste Erscheinungsform des Rechts. Sie ehrt ihn als ‚Vernünftiges', denn sie ist die stärkste Offenbarung der Vernunft. Sie behandelt ihn als Freien, denn sie ist der Sieg der Freiheit. Sie ist ... *ein ‚wahrhafter Segen' für den Schuldigen, den er erflehen muss.*[99]

Hegel ist sich natürlich im Klaren darüber, dass es der einzelne Delinquent meist anders sieht und wünscht, dass er straflos bleibt. Doch das sei nur empirische Oberfläche, in seinem tiefen Inneren (Gewissen) verlange auch er die gerechte Bestrafung.

Es kann der Fall sein, daß man sich seines allgemeinen Willens nicht bewußt ist. Der Mensch kann glauben, es gehe etwas vollkommen gegen seinen Willen, ob es gleich doch sein Wille ist. Der Verbrecher, der bestraft wird, kann allerdings wünschen, daß die Strafe von ihm abgewendet werde; aber der allgemeine Wille bringt es mit sich, daß das Verbrechen bestraft wird. Es muß also angenommen werden, daß es im absoluten Willen des Verbrechers selbst liegt, daß er bestraft werde. Insofern er bestraft wird, ist die Forderung vorhanden, daß er auch einsehe, er werde gerecht bestraft, und wenn er es einsieht, kann er zwar wünschen, daß er von der Strafe als einem äußerlichen Leiden befreit sei, aber insofern er zugibt, daß er gerecht bestraft werde, stimmt sein allgemeiner Wille der Strafe bei (4.225).

Gegen den Aufklärer und Gegner der Todesstrafe Cesare Beccaria ist Hegel bei Mord für die Todesstrafe, da der Verlust des Leben eine Totalität darstelle, die durch keine andere Strafe (Gefängnis- oder Geldstrafe) gesühnt werden könne. *Wenn nun bei der Vergeltung nicht auf spezifische Gleichheit gegangen werden kann, so ist dies doch anders beim Morde, worauf notwendig die Todesstrafe steht. Denn da das Leben der ganze Umfang des Daseins ist, so kann die Strafe nicht in einem Werte, den es dafür nicht gibt, sondern wiederum nur in der Entziehung des Lebens bestehen* (7.196, §101 Z). Gleichwohl befürwortet Hegel, dass zu seiner Zeit – also zu Beginn der 19. Jahrhunderts – diese Höchststrafe immer seltener angewandt wurde (7.192, §100 Z). Öffentliche Hinrichtungen lehnte Hegel ab. Sie bewiesen nur, wie wenig *Zutrauen ... Gesetzgeber und Richter in das sittliche Gefühl ihres Volkes setzen ...*[100], also Beleg für die Positivität und Entfremdung einer Gesellschaft seien. *Unter den Griechen weiß ich nicht, dass öffentliche Hinrichtungen gewesen wären.*[101]

---

99 Flechtheim, Ossip K., Hegels Strafrechtstheorie, Um ein Nachwort erweiterter Nachdruck der 1936 in Brünn erschienenen ersten Auflage, Berlin 1975, 2. Auflage, S. 98.

100 Hegel zit. Rosenkranz, Karl, Hegels Leben, a.a.O., S. 528.

101 Ebenda.

Marx fand, dass Hegel mit seiner Strafrechtstheorie *ein übersinnliches Mäntelchen über die Gesetze der bürgerlichen Gesellschaft geworfen und damit die sozialen Ursachen für Rechtsbrüche verschleiert habe.*[102] Es ist aber aufschlussreich zu sehen, dass Marx Hegels Strafrechttheorie nur innerhalb der „Ausbeutergesellschaft" kritisiert, ihre Berechtigung für die „herrschaftsfreie", „menschliche" Zukunftsgesellschaft in der Schrift „Die heilige Familie" jedoch durchaus anerkennt: *Unter menschlichen Verhältnissen dagegen wird die Strafe wirklich nichts anderes sein als das Urteil des Fehlenden über sich selbst.*[103]

7.5.2 Die Moralität

Im Kapitel über das *abstrakte Recht* ging es um die „nackte" Rechtsperson. Im Kapitel über die Moral haben wir es nun mit dem konkreten Individuum und seiner Gesinnung mithin der Subjektivierung des Rechts zu tun. ... *das Gesetz handelt nicht, es ist nur der wirkliche Mensch, der handelt* (7.275, § 140 A). In der Sphäre der Moral geht es nicht um Person und Sache, sondern um Subjekt und Handlung, um Vorsatz, Verantwortung, Schuld, Absicht, Wohl, das Gute und das Gewissen. Das Recht in der Moral ist das Recht der freien Subjektivität. Und Moralität bedeute somit *für die Freiheit ein(en) höhere(n) Boden* (7.204 § 106). Dieser „höhere Boden" darf aber auch nicht zur Selbstüberschätzung der Moral führen, *indem sie den Staat vor ihr Forum meint ziehen zu dürfen.*[104] Schon in seinen Frühschriften spricht Hegel vom Unterschied zwischen Moralität und Volksgeist. *Die Moralität einzelner Menschen zu bilden, ist Sache einer Privatreligion, der Eltern, eigener Anstrengung und der Umstände; den Geist des Volks zu bilden, ist zum Teil auch Sache der Volksreligion, zum Teil der politischen Verhältnisse* (1.42).

Hegels Begriff der Moralität beinhaltet keinen ewigen Kampf gegen die Sinnlichkeit, ist keine Tugendmoral, sondern bedeutet: *Angemessenheit, Vereinigung mit dem Gesetz des Lebens* (1.300). Im folgenden Zitat kommt Hegels Kritik an Kants Rigorismus zum Tragen: *Gesinnung hebt die Positivität, Objektivität der Gebote auf; Liebe die Schranken der Gesinnung, Religion die Schranken der Liebe* (1.302). Jede Tugend hat ihren spezifischen Wirkungskreis, verabsolutiert man die Tugend, kommt es zur Kollision der Tugenden: *Sowie sich die Mannigfaltigkeit der menschlichen Verhältnisse mehrt, wächst auch die Menge der Tugenden, damit die Menge der notwendigen Kollisionen und die Unmöglichkeit, sie zu erfüllen* (1.360).[105] Hier hilft

---

102 Marx, Karl, Die Todesstrafe, Exzerpte, in: Marx/Engels, Gesammelte Schriften 1852–1862, hg. v. N. Rjasanoff, Stuttgart 1920, S. 81 hier zit. n. Piontkowski, Andrei Andrejewitsch, Hegels Lehre über Staat ... a.a.O., S. 152.

103 Marx, Karl, Die heilige Familie, MEW 2, S. 190.

104 Litt, S. 137.

105 Vgl. hierzu das berühmte Beispiel für eine Pflichtkollision, das Jean-Paul Sartre gibt: Ein junger Mann muss sich zur Zeit der deutschen Besatzung entscheiden bei seiner alleinstehenden Mutter zu bleiben und ihr zu helfen, oder nach England zu gehen, um sich in die Freien Französischen

der aristotelische Begriff der *Phronesis* als ein durch Erfahrung erworbenes Vermögen, moralische Regeln in konkreten Situationen anzuwenden.[106]

Das Problem der Moralität ist, dass ihr Ort ... *nach Hegel immer nur ein subjektiv Allgemeines und deswegen gerade nicht allgemein verbindlich (ist).*[107] Die Subjektivität des Willens kann man auch *Selbstbestimmung* nennen. Das heißt, das Subjekt strebt nach Selbstbestimmung im Sinne der Selbstentfaltung. Es geht Hegel nicht um eine Pflichtenlehre, sondern um Selbstbestimmung im Sinn der teleologischen Selbstentfaltung. Diese kann gelingen oder auch nicht. Im Falle des Gelingens, findet das Subjekt seinen Platz in der Gesellschaft, gerade indem es seine Anlagen und Talente auslebt. Hegels Moralitätslehre steht mit der Glückseligkeit nicht auf ständigem Kriegsfuß. Im Gegenteil: *Wenn die äußeren Umstände, in denen der Mensch mit anderen steht, so beschaffen sind, dass er seine Bestimmung erfüllt, so ist das sein Glück* (4.230). *Glücklich ist derjenige, welcher sein Dasein seinem besonderen Charakter, Wollen und Willkür angemessen hat und so in seinem Dasein sich selbst genießt* (12.40f). Allerdings lesen wir auch ... *in nicht oberflächlichen Gemütern ... (knüpft sich) an alle Empfindung des Glücks ... auch eine Empfindung der Wehmut (an).*[108]

Zur Moralität gehören Fragen wie Verantwortlichkeit und Schuld. Kann bei Ödipus – er tötete im Kampf einen Mann, ohne zu wissen, dass es sich um seinen leiblichen Vater König Laios handelte – von Schuld gesprochen werden? Inwieweit kann eine Tat dem Täter zugerechnet werden? Welche Motive hatte der Täter? Was konnte er gewusst haben, was nicht? Wir unterscheiden zwischen den Umständen einer Tat bzw. dem, was der Täter von den Umständen gewusst hat (vgl. 7.217, §117), und dem, das der Täter hätte wissen müssen, bzw. das Wissen, das man sinnvollerweise von ihm verlangen kann. Eigentlich handelt es sich hier um Rechtsfragen, aber Hegel diskutiert sie im Kapitel über die Moralität, da es hier vorrangig um das Innenleben des Handelnden geht, das bei Gerichtsverfahren ja insofern eine Rolle spielt, als nach der inneren Einstellung und Motivation des Angeklagten gefragt wird. Allerdings stellt Hegel schon in der „Philosophischen Propädeutik" in Nürnberg klar: *Die Umstände oder Beweggründe haben nur so viel Herrschaft über den Menschen, als er selbst ihnen einräumt* (4.223). Jeder hat die Wahl zwischen Gut und Böse. Ja, das Böse entspringt geradezu dieser Wahlmöglichkeit. Kleinkinder und Tiere können nicht „böse" sein. *Das einzelne Subjekt als solches hat ... schlechthin die Schuld des Bösen.* (7.262, § 139 A) Man kann seine Verantwortung für seine Taten nicht abgeben.

In Bezug auf das Gewissen nimmt Hegel eine ambivalente Haltung ein. Einerseits ist ihm das Gewissen das höchste, ja ein *Heiligtum* (7.256, §137 A). Anderer-

---

Streitkräfte einzureihen. „Ist der Existenzialismus ein Humanismus?" in Drei Essays, Frankfurt/M, Berlin, Wien 1977, S. 17.

[106] Vgl. hierzu Ruffing, Reiner, Agnes Heller, Pluralität und Moral, Opladen 1992, S. 80ff.

[107] Schnädelbach, Herbert, Hegels praktische Philosophie, a.a.O., S. 223.

[108] Hegel an seine Braut, Nürnberg Sommer 1811, in Georg Wilhelm Friedrich Hegel, Weltgeist zwischen Jena und Berlin a.a.O., S. 148.

Abbildung 7. Sands Attentat auf Kotzebue

seits birgt die Berufung auf das Gewissen die Gefahr, dass man es sich mit der Gewissensprüfung zu leicht macht. Man denke an die Ermordung des Schriftstellers und Konsuls August von Kotzebue durch den Burschenschaftler Karl Ludwig Sand im Jahr 1819 in Mannheim. Sand machte sich ein „gutes Gewissen", indem er sich in die Tradition des Tyrannenmordes hochstilisierte. Das Gewissen ist letztlich eine subjektive Instanz, der es unter Umständen an Allgemeingültigkeit fehlt. Deswegen ordnet es Hegel der Staatsvernunft unter. *Das Gewissen ist daher diesem Urteil unterworfen, ob es wahrhaft ist oder nicht, und seine Berufung nur auf sein Selbst ist unmittelbar dem entgegen, was es sein will, die Regel einer vernünftigen, an und für sich gültigen allgemeinen Handlungsweise. Der Staat kann deswegen das Gewissen in seiner eigentümlichen Form, d.i. als subjektives Wissen nicht anerkennen, sowenig als in der Wissenschaft die subjektive Meinung, die Versicherung und Berufung auf eine subjektive Meinung, eine Gültigkeit hat* (7.255, § 137 A). *Fiat justitia, pereat mundus* sind für Hegel nur *leere Worte*. Was sollte eine Gerechtigkeit ohne Welt darstellen. In diesem Zusammenhang kritisiert Hegel erneut Kants auf Widerspruchsfreiheit aufgebaute Moral des Kategorischen Imperativs. ... *Eigentum an und für sich widerspricht sich nicht ... Nichteigentum, Herrenlosigkeit der Dinge oder*

Gütergemeinschaft widerspricht sich gerade ebensowenig (3.317). Man müsse schon inhaltlich nachweisen, ... *daß Eigentum und Menschenleben sein und respektiert werden soll* (7.253, § 135 A). Hegel argumentiert also, dass Freiheit inhaltlich Leben und Eigentum voraussetzt. Ohne diese inhaltliche Voraussetzung erstarre der Kategorische Imperativ zur leeren Tautologie.

Wie mehrfach erwähnt, optiert Hegel gegen die „schöne Seele" und für die tätige Anteilnahme am gesellschaftlichen Leben. Es überrascht daher, wenn er im Moralitätskapitel der Rechtsphilosophie auf die Möglichkeit hinweist, dass die politischen Verhältnisse derart korrumpiert sind, dass sie *den besseren inneren Willen nicht befriedigen* (7.259, § 138 A), und man unmöglich mitmachen kann. Hegel zitiert das Beispiel des Sokrates (7.259, § 138 A): *Sokrates stand in der Zeit des Verderbens der atheniensischen Demokratie auf: er verflüchtigte das Daseiende und floh in sich zurück, um dort das Rechte und Gute zu suchen. Auch in unserer Zeit findet es mehr oder weniger statt, daß die Ehrfurcht vor dem Bestehenden nicht mehr vorhanden ist und daß der Mensch das Geltende als seinen Willen, als das von ihm Anerkannte haben will* (7.260, § 138 Z).

Das Böse definiert Hegel anders als Kant. Kant sah die Möglichkeit des Bösen, ja sogar des radikal Bösen als *faulen Fleck* unserer Natur, zuvorderst darin gegeben, dass man sich bei der Motivation, gut zu handeln, etwas vormacht. *Diese Unredlichkeit, sich selbst blauen Dunst vorzumachen ... liegt in dem radikalen Bösen der menschlichen Natur, welches ... den faulen Fleck unserer Gattung ausmacht.*[109] Mit anderen Worten: Bei Kant ergibt sich das radikal Böse aus dem tiefen Hang des Menschen, sich über sich selbst und seine innersten Motive zu täuschen, sich nicht gewissenhaft genug Rechenschaft darüber abzulegen, ob man rein aus der moralischen Pflicht handelt oder nicht etwa doch aus Eigennutz.

Hegel scheint solchen zermürbenden Gewissenprüfungen und Grübeleien wenig Bedeutung beizulegen. Denn im Einzelnen lässt sich schwer entscheiden, ob jemand etwas Gutes aus eigennützigen Motiven oder aus der reinen Pflicht tut. So legt Hegel den Schwerpunkt nicht wie Kant auf die Gesinnung, sondern wie Schiller auf die Neigung, Gutes zu tun, und auf die gute Handlung.[110] Für Hegel ist es also wichtig, was jemand *tut*, und ob es etwas Gutes ist. *Was das Subjekt ist, ist die Reihe seiner Handlungen* (7.233, § 124). Das ist Hegels Antwort auf Kants Überbetonung des „guten Willens": Für Hegel sind *Die Lorbeeren des bloßen Wollens ... trockne Blätter, die niemals gegrünt haben* (7.236, § 124 Z). Böse – so Hegel – sei es, sich selbst als Individuum über die Maßen aufzuspreizen, vom Ganzen abzutrennen; sozusagen sich selbst prinzipiell in den Mittelpunkt der Welt zu stellen: *Wenn der Mensch nach der Natur nur ist, ist er böse* (17.253). Kleinkinder und Tiere hingegen können nicht böse sein. Die Möglichkeit böse zu handeln,

---

[109] Kant, Immanuel, Die Religion innerhalb der Grenzen der bloßen Vernunft, in: Werkausgabe, Bd. VIII, hg. v. Weischedel, Wilhelm, Frankfurt am Main, 1979, S. 687.

[110] Vgl. Steinbüchel, S. 283. Hegel setzt in einem seiner Texte der Jugendschriften (Der Geist des Christentums und sein Schicksal) Gesinnung mit Geneigtheit gleich. Jesus habe dem Gesetzeszwang die *Gesinnung, d. h. die Geneigtheit so zu handeln* ... (1.301) entgegengesetzt.

kann nie ausgeschaltet werden, ja sie sollte es auch nicht: *Ich bin ein Teil von jener Kraft, Die stets das Böse will und stets das Gute schafft.* (Mephisto) Sie gehört zum Menschsein und seiner Verantwortung dazu.

In Punkto Moralität sei abschließend erwähnt, dass die Gedanken frei sind. Ein Staat, der die Menschen bis in die Gesinnung formt und verfolgt, wird zum Polizei- oder Terrorstaat der Jakobiner. Demgegenüber stellt Hegel klar: ... *der Geist der Gesinnung ist ein zu ätherisches Wesen, als dass er sich in gebietenden Buchstaben und Formeln oder in gebotenen Empfindungen und Gemütszuständen festhalten ließe* (1.182); ... *dem Recht kommt es ... nicht auf die Gesinnung an...* (4.228). *Die Staatsgesetze können sich ... auf die Gesinnung nicht erstrecken wollen, denn im Moralischen bin ich für mich selbst und die Gewalt hat hier keinen Sinn* (7.181, § 94 Z). Aber nicht nur Übergriffigkeit des Staates sondern auch *kein Mensch hat gegen den andern das Recht, sich an die Stelle der Tugend zu setzen, und, als ihre Person vorstellend, Forderungen an Andere zu machen. Jeder kann einem solchen antworten: die Tugend hat das Recht, dies an mich zu fordern, aber nicht Du.*[111]

7.5.3 Die Sittlichkeit

Die Sittlichkeit ist die Aufhebung von Recht und Moralität. ... *dem Recht fehlt das Moment der besonderen Subjektivität, der Moralität mangelt es an Objektivität.*[112] So ist die Sittlichkeit eine höhere Stufe als die Stufe der Moralität. Sie befreit das Individuum ... *von der Gedrücktheit, in der es als subjektive Besonderheit in den moralischen Reflexionen des Sollens und Mögens ist, teils von der unbestimmten Subjektivität, die nicht zum Dasein und der objektiven Bestimmtheit des Handelns kommt und in sich und als eine Unwirklichkeit bleibt* (7.298, § 149). Die objektive Sittlichkeit als Berufung auf Sitten und Gebräuche, Gewohnheit und Traditionelles entlastet vom *Leiden an Unbestimmtheit,* wie das gleichnamige Buch von Axel Honneth heißt.[113] *Hegels Begriff für das, was den traditionellen Gemeinschaften eigen war und den modernen Gemeinschaften nun fehlt, lautet ‚Sittlichkeit'.*[114] Hegels Begriff der Sittlichkeit bezeichnet sowohl die subjektive Einsicht und Bereitschaft (Selbstbestimmung) sich an sittlichen Normen zu orientieren als auch die *soziale und geschichtliche Wirklichkeit, in der sich solche Verbindlichkeiten (in Institutionen und Lebensformen) realisieren.*[115] Es ist wichtig zu betonen, dass auf der Seite des Subjekt die sittlichen Normen nicht einfach in *Glaube und Zutrauen* (7.295, § 147) als tradiert übernommen werden, sondern *eine Einsicht durch Gründe* (7.296, § 157 A) hinzukommt:

---

111 Hegel zit. Rosenkranz, Karl, Hegels Leben, a.a.O., S. 525.

112 Vieweg, Klaus, Das Denken der Freiheit, a.a.O., S. 226.

113 Honneth, Axel, Leiden an Unbestimmtheit, Eine Reaktivierung der Hegelschen *Rechtsphilosophie*, Stuttgart 2001.

114 Brandom, S. 731.

115 Prechtl, Peter, Burkhard, Franz-Peter (Hg.), Metzler Philosophie Lexikon: Begriffe und Definitionen, Stuttgart 1996, S. 479.

Die adäquate Erkenntnis derselben aber gehört dem Begriff an (Ebd.). Man kann Nein sagen: *Ein eigentliches Schicksal hat nur das Selbstbewusstsein, weil es frei, in der Einzelheit seines Ich daher schlechthin an und für sich ist und seiner objektiven Allgemeinheit sich gegenüberstellen und sich gegen sie entfremden kann* (6.421).

Die Sittlichkeit ist so die Synthese von abstraktem Recht und Moralität. Das heißt aber auch, dass die Moralität auch in der Sittlichkeit eine wichtige Rolle spielt. Man kann es vielleicht so sagen: Sittlichkeit ist der Mutterboden der Moral; Moralität läutert die Sitten. Gesellschaft und Individuum kommen ohne bestimmte sittliche Erwartungshaltungen und deren Eingewöhnung nicht aus. Wir erwarten, dass Versprechen gehalten werden, dass derjenige, der etwas sagt, auch daran glaubt, was er sagt, im Allgemeinen nicht Mord und Totschlag herrschen, wenn sich Menschen begegnen usw.[116] Die Sittlichkeit in der Antike ist nur Brauch und Gewohnheit; moderne Sittlichkeit – durch das Prinzip christlicher Innerlichkeit vermittelt – ist reflektierte Sittlichkeit. *Hieraus folgt, daß, was wir früher bei den Griechen als Form der Sittlichkeit betrachteten, nicht mehr in derselben Bestimmung in der christlichen Welt seinen Standpunkt hat, denn jene Sittlichkeit ist die unreflektierte Gewohnheit; das christliche Prinzip ist aber die für sich stehende Innerlichkeit, der Boden, auf dem das Wahrhafte aufwächst. Eine unreflektierte Sittlichkeit kann nunmehr gegen das Prinzip der subjektiven Freiheit nicht stattfinden* (12.404). Wie wichtig Hegel diesen Punkt nimmt, zeigt sein Diktum: ... *die Sittlichkeit des Einzelnen ist ein Pulsschlag des ganzen Systems und selbst das ganze System* (2.504).

Recht und Moral lassen sich erst vor dem Hintergrund einer konkreten – historisch – vorhandenen Sittlichkeit verstehen. Wie wichtig eingeübte Sittlichkeit ist, mag ein Beispiel aus der Literatur verdeutlichen. Faust hat sich von allem losgesagt, alle Theorien, Wahrheiten, menschlichen Verhaltensweisen als Lug und Trug erkannt. Er steht voller Verzweiflung in der ersten Szene der Tragödie vor dem Selbstmord, als – es ist die Nacht vor Ostern – ein Chorgesang von der Auferstehung erklingt. Faust, längst kein Christ mehr – *Die Botschaft hör ich wohl, allein mir fehlt der Glaube* – nimmt dennoch von seinem Selbstmordversuch Abstand, weil ihn der Gesang an die gelebte Gemeinschaft seiner Jugend erinnert: *Dies Lied verkündete der Jugend muntre Spiele / Der Frühlingsfeier freies Glück; / Erinnrung hält mich nun mit kindlichem Gefühle / Vom letzten, ernsten Schritt zurück.*

Gesetze, Gebräuche, gemeinsame Festtage, Feiern, Institutionen, dies alles gehört zur Sittlichkeit. Sittlichkeit ist der Grundbegriff der praktischen Philosophie Hegels. *In ganz banalen Praktiken – ich erwidere einen Gruß –, halte einen Vertrag ein oder liebe mein Kind – praktizieren wir das Gute. Der Begriff der Sittlichkeit soll uns sagen, wie so etwas wie das Gute, die Gerechtigkeit oder das Richtige in unseren Lebenszusammenhängen und damit in uns selbst da ist. Es ist die innere Natur beziehungsweise die zweite Natur der Menschen.*[117] Bei der Sittlichkeit handelt es sich nicht mehr

[116] Vgl. Miranda, S. 143.

[117] Menke, Christoph, „Wir müssen Individualität und Gemeinschaft miteinander verbinden" in: philosophie Magazin, Thema Hegel, Sonderausgabe Nr. 24, Berlin 2023, S. 82.

um eine Sphäre der abstrakten, sondern nunmehr der substanziellen Freiheit. Besser eine historisch konkretisierte Form der Sittlichkeit – Gebräuche, Gewohnheiten, anerkannte Gepflogenheiten – zweifellos mit Mängeln behaftet –, als dass man das Feld der Moral völlig den subjektiven Urteilen der Einzelnen überließe. Besser ein Staat mit Mängeln als gar kein Staat. *Jeder Staat, man mag ihn auch nach den Grundsätzen, die man hat, für schlecht erklären, man mag diese oder jene Mangelhaftigkeit daran erkennen, hat immer, wenn er namentlich zu den ausgebildeten unserer Zeit gehört, die wesentlichen Momente seiner Existenz in sich* (7.403f, § 258 A).

Unter Sittlichkeit versteht Hegel *das auf die Ordnung des Ganzen orientierte Handeln im Gegensatz zur Moralität, die das ethische Verhalten des Einzelnen bezeichnet.*[118] Sie ist das lebendige Band, welches das Individuum als eingespielte zweite Natur (Gewohnheit) mit der Gemeinschaft verbindet. Gebote wie *das der Wahrhaftigkeit, des Einhaltens gegebener Versprechens, der Hilfeleistung in Notfällen und Verbote wie das des Stehlens, Betrügens oder Tötens ... alle das sind ... sittliche Pflichten. Im Alltag dient als Begründung ... oft einfach der Hinweis: ‚Das tut man‘, bzw. ‚Das tut man nicht‘.*[119] Die Welt der Sittlichkeit ist mit Habermas' Lebenswelt zu vergleichen, also einer Welt des alltäglichen Verhaltens *im Modus einer lebensweltlichen Selbstverständlichkeit.*[120] Die sittlichen Verhaltensweisen, Gebräuche und Sitten gelten durch Internalisierung und Erziehung, sie bilden eine gelebte Welt und unterliegen einem historischen Wandel. *Die Freiheit als Idealität des Unmittelbaren und Natürlichen ist nicht als ein Unmittelbares und Natürliches, sondern muss vielmehr erworben und erst gewonnen werden, und zwar durch eine unendliche Vermittlung der Zucht des Wissens und Wollens* (12.58). Dass sich die Sitten historisch verändern, liegt auf der Hand. Wenn es z. B. Ende des 19. Jahrhundert noch Ehrenhändel wie das Duell gab (siehe Fontanes „Effi Briest"), so ist die Ächtung des Duells ein Beispiel dafür, wie sich Sittlichkeit zum Positiven weiterentwickelt.

Leider erfahren wir bei Hegel nicht, worin sich Verhaltensweisen im Hinblick auf ihre Sittlichkeit unterscheiden, denn es gibt Gepflogenheiten und Konventionen, die sittlich irrelevant sind oder schlechte Sitten sind. Auch wird nicht klar, worin sich die Sittlichkeit verschiedener Völker unterscheidet. Ein weiteres Problem, das Hegel zu wenig beleuchtet, formuliert Christoph Horn so: *Bis zu welchem Punkt sind bestehende Verhältnisse als Ausdruck traditioneller Sittlichkeit hinzunehmen, und ab wann werden sie kritikbedürftig?*[121]

Die Sittlichkeit unterteilt Hegel in die Sphären der Familie, der bürgerlichen Gesellschaft und des Staates.

---

118 Delf, Hanna, Georg-Lauer Jutta, Hackenesch Christa, Lemcke, Mechthild, Jungendlexikon Philosophie Geschichte, Begriff und Probleme. Reinbek bei Hamburg 1988, S. 246.

119 Kutschera, Franz von, Grundlagen der Ethik Berlin New York 1999, S. 127.

120 Habermas Jürgen, Theorie des kommunikativen Handelns, Bd. 2, Zur Kritik der funktionalistischen Vernunft, Frankfurt/Main 1981, S. 189.

121 Horn, Christoph, Einführung in die Politische Philosophie, Darmstadt 2003, S. 31.

7.5.3.1 Familie

Nach Karl Köslin hält kein anderer namhafter Philosoph Ehe und Familie so hoch wie Hegel.

Nichts in seinem ganzen Systeme hat Hegel mit so großem Eifer und Nachdruck behandelt, wie die Familie; durch nichts hat er sich ein größeres Verdienst um die praktische Philosophie erworben, als dadurch, dass er die unendliche Bedeutung ... entdeckt und begreiflich gemacht hat, welche die Institution der Familie dafür hat, dass das Leben geistige Gestalt gewinne, sofern in ihr der Mensch Sinn für etwas Höheres als für sein eigenes Ich, den Sinn für ein Ganzes oder Allgemeines ... empfängt.[122]

In Bezug auf die Familie steht Hegel in klarem Kontrast zu Marx, der in der 4. Feuerbachthese, die ... *irdische Familie ... theoretisch und praktisch vernichtet*[123] ... sehen will.

Bei der Familie – Hegel bezieht sich auf die bürgerliche Kleinfamilie, nicht die traditionelle Großfamilie – handelt es sich um die Sittlichkeit in ihrer unmittelbaren natürlichen Gestalt unter dem Signum von Liebe und Zutrauen. *Gegenüber dem ‚menschlichen Gesetz' des Staates ist Hegel die Familie überhaupt das ‚göttliche Gesetz'* ...[124] Die Ehe sei wesentlich ein sittliches Verhältnis, kein Vertrag (vgl. 7.313, § 163 A). Durch die Ehe werde die Einzelheit der Persönlichkeit aufgehoben, die Familie sei eine Person (Ebd.). Das *Sittliche der Ehe besteht ... in der Liebe, dem Zutrauen und der Gemeinschaft der ganzen individuellen Existenz* (Ebd.). Schon die Ehe – auch ohne Kind – begründet für Hegel die Familie. Die Institution der Ehe bildet den Kern der Familie und *Die Pietät der Familie ist von dem Staate aufs höchste zu respektieren ...* (12.60).

Der Sinn der Liebesehe ist allerdings das Kind. Im Kind wird diese Liebe „objektiv".[125] In den Worten Goethes: *Liebe, menschlich zu beglücken, / Nähert sie ein edles Zwei, / Doch zu göttlichem Entzücken / Bildet sie eine köstlich Drei.* (Goethe, Faust II) Das Kind soll nach Hegel in der Familie zur eigenständigen Persönlichkeit erzogen werden, die in der bürgerlichen Gesellschaft bestehen kann. Zur Selbstständigkeit dränge der innere Trieb des Kindes selbst. Es wolle gar nicht im Spielstadium bleiben, sondern erwachsen werden. ... *vorlautes Wesen und Naseweisheit* (7.327, §174 Z) entstünden, wenn man in der Erziehung zu lasch sei und aus falscher Rücksicht zu viel auf die Launen des Kindes eingehe. „Kinder an die Macht" entspräche nicht Hegels Erziehungskonzept. Auch nicht die Karikatur,

---

122 *Köstlin, Karl, Hegel in philosophischer, politischer und nationaler Beziehung für das deutsche Volk dargestellt, Tübingen 1870, S. 73.*

123 Marx Karl, MEW, Bd. 3, S. 6.

124 Giese, Gerhardt, Hegels Staatsidee und der Begriff der Staatserziehung, Halle/Saale 1926, S. 67.

125 Vgl. Blasche, Siegfried, Natürliche Sittlichkeit und bürgerliche Gesellschaft. Hegels Konstruktion der Familie als sittliche Intimität im entsittlichten Leben in: Riedel, Manfred (Hg.), Materialien zu Hegels Rechtsphilosophie, Bd. 2, Frankfurt am Main 2015, 2. Auflage, S. 320.

wie sie Ludwig Tieck *Denkwürdige Geschichtschronik der Schildbürger (Caput III)* schildert: *die Kinder hielten sich für die Vornehmsten und sprachen über Alles mit.*

Wesentlich ist, dass sich das Kind in der Familie geborgen fühlt und Zutrauen zu seinen Eltern hat. *Als Kind muß der Mensch im Kreise der Liebe und des Zutrauens bei den Eltern gewesen sein, und das Vernünftige muß als seine eigenste Subjektivität in ihm erscheinen* (7.329, §175 Z). Eine zusammenfassende Erläuterung des hohen Ranges, den Hegel Ehe und Familie einräumt, findet sich bei Steffen Schmidt:

> *Auch hier* [in Ehe und Familie] *ist das Zusammengehen der Menschen also nicht als leidige Einschränkung, sondern als Bereicherung, Erfüllung und Ausdruck der Freiheit gesehen. Hegel lehnt mit dieser Akzentuierung gleich mehrere Positionen ab: die Ehe wird weder auf sexuelle Triebe reduziert (wie in manchen naturrechtlichen Abhandlungen), noch ist sie nur ein Vertrag, der jederzeit kündbar wäre (kontraktualistische Vorstellung, auch bei Kant). Auch die empfindsame Vorstellung (Ehe beruhe auf Verliebtsein[126]) weist Hegel implizit zurück, denn nicht die unzuverlässige Laune, ein temporärer Zustand, das bloße Mögen, sondern die sittliche Kraft der Liebe und der Entschluss zur lebenslangen Bindung (auch das öffentliche Bekenntnis) machen für Hegel die Ehe aus ... Die Ehe ist eine Institution, und die Eheleute wissen das ...*[127]

Schmidt weist zudem darauf hin, dass Hegel – anders als Fichte – den Kindern Rechte zugesteht, nämlich auf Ausbildung, Zuwendung, Erziehung. Für Hegel sind Kinder „an sich Freie".[128]

7.5.3.2 Bürgerliche Gesellschaft

Sie *sind genötigt Vorteil zu bringen, um Vorteil zu erhalten.*
Goethe, Dichtung und Wahrheit

Die bürgerliche Gesellschaft nennt Hegel auch „System der Bedürfnisse". Hierin gehört der Mensch als „homo oeconomicus", als der Mensch der Bedürfnisse und als Arbeitswesen. In ihr finden wir *Die Eigensucht der Interessen als Gemeinsames*[129]

---

126 Hegel kritisierte am 1799 veröffentlichten Roman von Friedrich Schlegel „Lucinde" die romantische Vorstellung, dass gegenüber der Liebe die Eheschließung eine bloße Förmlichkeit sei. Vgl. Giese, Gerhardt, Hegels Staatsidee und der Begriff der Staatserziehung, Halle/Saale 1926, S. 61. Es bleibt aber unklar, inwieweit sich Entsprechendes in Schlegels „Lucinde" findet. *Liest man die ‚Lucinde' nach, so findet man die Thematik, die Hegel in den Vordergrund rückt, dort kaum angesprochen ...* Otto Pöggeler in: Hegel in Berlin, a.a.O., S. 115.

127 Schmidt, Steffen, Hegels „System der Sittlichkeit", Berlin 2007, S. 175.

128 Ebenda, S. 176 *Die Kinder sind an sich Freie, ... sie gehören daher weder anderen, noch den Eltern als Sachen an,* Rph. § 175 (7.327).

129 Heidegger, Martin, Seminare Hegel – Schelling in: Gesamtausgabe, Bd. 86, Manuskripte, Protokolle und Mitschriften zu Seminaren von 1927 bis 1957, Trawny, Peter (Hg.), Frankfurt/Main 2011, S. 59.

vor. Ihre Mitglieder verhalten sich zueinander wie selbstständige Personen, ... *indem nur das Band des gegenseitigen Bedürfnisses sie umschlingt* (7.91, § 33 Z). Es geht in ihr vorrangig um Zwecke der Bedürfnisbefriedigung. *In der bürgerlichen Gesellschaft ist jeder sich Zweck, alles andere ist ihm nichts. Aber ohne Beziehung auf andere kann er den Umfang seiner Zwecke nicht erreichen; diese andern sind daher Mittel zum Zweck des Besonderen* (7.339f, §182 A). In der modernen arbeitsteiligen Gesellschaft werden die Bedürfnisse vor allem vermittels des Geldes, das verdient werden muss, befriedigt. Während die Familie für Intimität und Geborgenheit steht, erscheint die Konkurrenzwelt der bürgerlichen Gesellschaft als ... *Kampfplatz des individuellen Privatinteresses aller gegen alle* (7.458, § 289 A) und als *System der Atomistik* (Enz. 10.523, § 523) zunächst wie ein Gegenprogramm zur Familie und man fragt sich, wie Hegel sie unter der Überschrift „Sittlichkeit" überhaupt fassen kann, denn er schreibt über die bürgerliche Gesellschaft, sie sei ... *in ihre Extreme verlorene Sittlichkeit* (7.340, § 184), in der ... *jeder sich Zweck (ist), alles andere ist ihm nichts* (7.339, § 182 A). Doch gerade infolge der arbeitsteiligen Verfassung der bürgerlichen Gesellschaft *schlägt die subjektive Selbstsucht in den Beitrag zur Befriedigung der Bedürfnisse aller anderen um...* (7.353, § 199).

Auch in der Konkurrenzwelt ist sittliche Haltung gefragt, wie ein Kapitel aus Honoré de Balzacs Roman „Verlorene Illusionen" verdeutlicht. Der verarmte Schriftsteller Lucien hat kein Geld, um die Beerdigung seiner Geliebten Carolie zu bezahlen. Nur wenn er zehn lustige Gassenhauer verfasst, wird er von einem Buchhändler entlohnt. Er sieht sich deshalb gezwungen, in einem armseligen Zimmer neben der Leiche des Mädchens lustige Trinklieder zu verfassen, was ihm schier übermenschliche Selbstbeherrschung[130] abverlangt: ... *er zwang schließlich seinen Geist in den Dienst der Notwendigkeit ... Was war das für eine Nacht, in der der unglückliche junge Mensch neben dem Priester, der für Carolie betete, beim Schein von Wachskerzen Lieder für Straßensänger verfasste.*[131] Dazu passt Hegels Satz, dass der Mensch in der bürgerlichen Gesellschaft lernt, wie ... *die Unmittelbarkeit und Einzelheit, in die der Geist versenkt ist, weggearbeitet werde...* (7.344, § 187 A).

Zahlreiche Autoren betonen, dass Hegel der Verdienst zukomme, *(d)ie begriffliche Unterscheidung zwischen bürgerlicher Gesellschaft und Staat, zwischen dem Gesellschaftlichen und dem Politischen*[132] gefasst zu haben. Vor Kervégan vertraten u.a. Johann Caspar Bluntschli, Adolf Lasson und sein Sohn Georg Lasson diese Meinung.[133] Der Begriff „bürgerliche Gesellschaft" selbst stammt jedoch nicht von Hegel. *Hobbes, Locke, Ferguson sprechen von der ‚civil society', ohne diesen Begriff scharf zu begrenzen.*[134] Dies war die Leistung Hegels: *Während die rechtsphilosophi-*

[130] Vgl. Goethe, *Die Hauptsache ist, dass man lerne sich selbst zu beherrschen.* Gespräche mit Eckermann, 21. März 1830.

[131] Balzac, Honoré de, Verlorene Illusionen, Frankfurt/Main und Leipzig 2015, 8. Auflage, S. 556

[132] Kervégan, S. 150.

[133] Vgl. Vogel, Paul, Hegels Gesellschaftsbegriff und seine geschichtliche Fortbildung durch Lorenz von Stein, Marx Engels und Lassalle, Berlin 1925, S. 98.

[134] Ebenda S. 7.

sche Tradition von Aristoteles bis zu Kant den Staat als bürgerliche Gesellschaft bezeichnete, ... unterscheidet Hegel die politische Sphäre des Staates von dem nunmehr ‚bürgerlich' gewordenen Bereich der Gesellschaft.[135] Wenn auch Hegel „bürgerliche Gesellschaft" und „Staat" begrifflich unterscheidet, so heißt das nicht, dass beide voneinander unabhängig wären: *Weder existiert der geschichtliche Staat unabhängig von der Gesellschaft, noch vermag die Gesellschaft ohne den Staat, jenseits also eines politischen ‚status', zu bestehen.*[136]

Reinhard Koselleck zur Genese der bürgerlichen Gesellschaft

Indem der Staat die ständischen Bindungen der alten Societas löste und eine allgemeine Befreiung seiner Untertanen durch Arbeit, Handel und Produktionssteigerung anstrebte, setzte er eine neue bürgerliche Gesellschaft aus sich heraus, die, ohne politisch beteiligt zu sein, vom Staat getrennt blieb.[137]

Während in der Familie und im Staat die Gemeinschaft (Allgemeinheit) über der Besonderheit steht, dominiert in der bürgerlichen Gesellschaft das besondere Interesse, sich seinen Lebensunterhalt zu verdienen, seine beruflichen Ambitionen zu verwirklichen usw. In der bürgerlichen Gesellschaft herrscht Konkurrenzkampf. Insofern ist die bürgerliche Gesellschaft, wie erwähnt, die Negation der Sittlichkeit der Familie. Doch in Wirklichkeit ist sie in der modernen Welt das Zwischenglied zwischen der Familie und dem Staat, in welchem das abstrakte Recht verwirklicht ist. Es gibt, wie oben an dem Beispiel von Balzac gezeigt, gute Gründe, auch die bürgerliche Gesellschaft als zur Sittlichkeit gehörig anzuerkennen.

Erstens wird die Selbstsucht insofern beschränkt, als in der bürgerlichen Gesellschaft die Menschen voneinander abhängig sind. *Das Sittliche kommt zum Durchbruch mittels der Abhängigkeit.*[138] *Indem die Arbeitsteilung die Abhängigkeit und Gegenseitigkeit der Arbeit vollendet, bewirkt sie, dass die subjektive Selbstsucht in den Beitrag zur Befriedigung der Bedürfnisse aller anderen umschlägt.*[139] Die britische Nationalökonomie lehrt, dass das Zusammenwirken der Einzelinteressen zum Wohl des Ganzen beiträgt: Adam Smiths „invisible hand". Zweitens braucht es, um in der bürgerlichen Gesellschaft zu bestehen Sekundärtugenden wie Fleiß, Disziplin, Zuverlässigkeit. Hegel spricht hier von *Rechtschaffenheit und Standesehre* (7.359, § 207). Gearbeitet zu haben, am Abend „rechtschaffen müde zu sein",

---

135 Riedel, Manfred, System und Geschichte Studien zum historischen Standort von Hegels Philosophie, Frankfurt/Main 1973, 1. Auflage, S. 120.

136 Henkel, Michael, Hegels Konzept der bürgerlichen Gesellschaft, in Pauly, Walter (Hg.) Der Staat – eine Hieroglyphe der Vernunft a.a.O., S. 96.

137 Koselleck, Reinhard, Preußen zwischen Reform und Revolution, München 1989, S. 388.

138 Vogel, S. 11.

139 Ebenda, S. 24.

mit seinem Verdienst sorgsam umzugehen, kommt einem Ethos gleich, wie ihn Max Weber für den Protestantismus beschrieben hat und den der Lutheraner Hegel teilt. Übrigens fassen Hegel (und Goethe) unter solcher Rechtschaffenheit auch den Patriotismus und die Vaterlandsliebe. Hegel schreibt: *Unter Patriotismus wird häufig nur die Aufgelegtheit zu außerordentlichen Aufopferungen und Handlungen verstanden. Wesentlich aber ist er die Gesinnung, welche in dem gewöhnlichen Zustande und Lebensverhältnisse das Gemeinwesen für die substantielle Grundlage und Zweck zu wissen gewohnt ist* (7.413, §268 A). Mit anderen Worten: Wer pflichtbewusst seinem Beruf nachgeht und mit Verantwortung seine Lebensverhältnisse gestaltet, ist ein Patriot.[140] Drittens stehen sich in der bürgerlichen Gesellschaft die Bürger in gegenseitigen symmetrischen Anerkennungsverhältnissen gegenüber. Man schließt auf gleicher Augenhöhe Verträge, toleriert und respektiert einander, sofern man sich im Rahmen des Rechts bewegt.

Zur weiteren Kennzeichnung der bürgerlichen Gesellschaft zählen ihre Einteilung in Berufsstände (Berufsgruppen) sowie die Arbeitsteilung und Steigerung der Produktivität, die die moderne Ökonomie auszeichnet und zu einer Belebung und Diversifikation der Bedürfnisse führt. Nach Hegel gliedert sich die bürgerliche Gesellschaft *nach dem Begriffe als der substantielle oder unmittelbarer, der reflektierende oder formelle und dann als der allgemeine Stand* (7.355, §202), also grob gesagt in Bauern, Arbeiter/Bürger und Beamte/Staatsangestellte. Es handelt sich im Wesentlichen um eine berufsständische Einteilung nach unterschiedlichen gesellschaftlichen Aufgaben. Marxistische Theoretiker wie Andrei Piontkowski erkennen in Hegels Lehre von den Ständen erste Ansätze der Marxschen These, wonach das Sein das Bewusstsein bestimmt.[141] Denn den Bauernstand, den Hegel hier jedoch nicht nach Gutsbesitzern und einfachen Bauern differenziert, zeichne – so Hegel – ein bodenständisches Bewusstsein aus; er sei nicht so freiheitsliebend wie der Gewerbestand. Letzter wird zwar in den Stand der Handarbeitern, Fabrikanten und den Handelsstand unterschieden, aber auch hier fehlt zum Beispiel die Unterscheidung zwischen Fabrikant und Fabrikarbeiter. Wichtig ist für Hegel, dass man sich mit seinem Stand identifiziert, man sozusagen stolz ist ein Landarbeiter, Handwerker usw. zu sein und eine Standesehre entwickelt.

Marx vorwegnehmend herrscht aus Hegels Sicht in der bürgerlichen Gesellschaft die Dialektik, dass auf der einen Seite der Reichtum und der andern die Armut wächst. Diese Kluft hat nicht zuletzt Auswirkungen auf die Sittlichkeit: *Die*

---

[140] Goethe sieht es ähnlich: *Weil aber im Frieden der Patriotismus eigentlich nur darin besteht, daß jeder vor seiner Türe kehre, seines Amts warte, auch seine Lektion lerne, damit es wohl im Hause stehe …* „Dichtung und Wahrheit“ Dritter Teil Buch12, In den Gesprächen mit Eckermann lesen wir: *Und was heißt denn: sein Vaterland lieben, und was heißt denn: patriotisch wirken? Wenn ein Dichter lebenslänglich bemüht war, schädliche Vorurteile zu bekämpfen, engherzige Ansichten zu beseitigen, den Geist seines Volkes aufzuklären, dessen Geschmack zu reinigen und dessen Gesinnungs- und Denkweise zu veredeln, was soll er denn da Besseres tun?* (Gespräch vom März 1832).

[141] Vgl. Piontkowski, Andrei, Andrejewitsch, Hegels Lehre über Staat und Recht und seine Staatsrechttheorie, Berlin 1960, S. 292.

bürgerliche Gesellschaft bietet in diesen [ihren] *Gegensätzen und ihrer Verwicklung das Schauspiel ebenso der Ausschweifung, des Elends und des beiden gemeinschaftlichen physischen und sittlichen Verderbens dar.* (7.341,§ 185) Sich alleine überlassen, geriete die bürgerliche Gesellschaft aus den Fugen, weshalb sie auf den Staat angewiesen ist. *Hegel zufolge respektiert der Staat die Marktordnung, lässt sie in bestimmten Grenzen gewähren, muss sie jedoch vor ihren immanenten Selbstdestruktionskräften bewahren. Seine Aufgabe als sozialer Staat besteht darin, sie vernünftig einzurichten und zu regulieren.*[142]

Der Staat überragt in Hegels System die Familie und die bürgerliche Gesellschaft – ja, ermöglicht sie erst. Durch Sozialstaatlichkeit vermag er die Folgen ökonomischer Krisen abzufedern. *Die allgemeine Macht übernimmt die Stelle der Familie bei den Armen, ebensosehr in Rücksicht ihres unmittelbaren Mangels als der Gesinnung der Arbeitsscheu, Bösartigkeit und der weiteren Laster, die aus solcher Lage und dem Gefühl des Unrechts entspringen* (7.388, § 241). Ganz sei das Problem der Armut zum Beispiel in Folge von Arbeitslosigkeit allerdings nicht zu lösen. Denn wenn der Staat die Subsistenz auch ohne Arbeitsleistung sichern würde, hätte dies einen Verlust an Arbeitsmotivation zur Folge, und würde er zu Arbeitsbeschaffungsmaßnahmen übergehen, befeuerte dies jene *Überproduktionskrise,* die zur Arbeitslosigkeit führte. Dennoch – schreibt Hegel – hat ... *jeder Mensch von ihr* [der bürgerlichen Gesellschaft] *das Recht ..., die Subsistenz zu verlangen ...* Hegel fügt jedoch dem Prinzip „Fördern" das Prinzip „Fordern" hinzu: *Weil die bürgerliche Gesellschaft schuldig ist, die Individuen zu ernähren, hat sie auch das Recht, dieselben anzuhalten, für ihre Subsistenz zu sorgen* (7.387, § 240 Z).

Schließlich erwähnt Hegel das Mittel der Kolonisation als Folge ungelöster *ökonomischer* Probleme. Insgesamt – so Hegel – strebt die Industriegesellschaft *in der Sucht des Erwerbs* aufs Meers hinaus: *Wie für das Prinzip des Familienlebens die Erde, fester Grund und Boden, Bedingung ist, so ist für die Industrie das nach außen sie belebende natürliche Element das Meer (7.391, § 247).* Carl Schmitt zitiert in seinem Werk „Der Nomos der Erde" diesen Satz.[143] Hegel habe als einziger Philosoph das Arcanum (Geheimnis) des „neuen Nomos der Erde" *als Schritt zur maritimen Existenz*[144] erfasst. Über die Engländer schreibt Hegel: *Sie suchen die Völker zu zivilisieren, und dabei haben sie ihren Vorteil.*[145] Aber auch für die Kolonien entstünden Vorteile. Längerfristig würden sie sich vom Mutterland emanzipieren und es könnten für beide Seiten nützliche Wirtschaftsbeziehungen entstehen. Als Beispiel führt Hegel Amerika an: *Von der Entwicklung in Amerika hat die Zukunft viel zu erleben.*[146] Es fällt auf, dass sich Hegel mit den negativen Effekten der Kolonisation gar nicht erst beschäftigt. *Dass sich aus dieser Kolonialpolitik wie aus dem*

---

142 Vieweg, Klaus, Der Philosoph der Freiheit, a.a.O., S. 504.

143 *Schmitt, Carl, Der Nomos der Erde, Berlin 1974, 2. Auflage, S. 20.*

144 Ebenda, S. 19f.

145 Hegel, Georg Wilhelm Friedrich, Die Philosophie des Rechts, Vorlesungen von 1821/22, hg. v. Hansgeorg Hoppe, Frankfurt/Main 2005, S. 225, § 247.

146 Ebenda S. 226, § 248.

Welthandel unendlich viele Reibungen ergeben ... lässt Hegel in diesem Zusammenhang ganz unberücksichtigt ...[147]

Eine wichtige Einrichtung zur Stabilisierung der bürgerlichen Gesellschaft stellt das Wirken der Polizei als *sichernde Macht des Allgemeinen* (7.382, § 231) dar. Unter Polizei versteht Hegel nicht nur die Schutzfunktion im engeren Sinne, sondern wie zu seiner Zeit üblich ein Verwaltungshandeln, das in einem Gemeinwesen zu einer gesunden Infrastruktur beiträgt: Maßnahmen wie Unterstützung der Armen oder auch Erziehungsaufgaben, die heute etwa unter die Sozial- oder Wirtschaftspolitik fallen würden. Das Handeln der Polizei in diesem umfassenden Sinn sorge dafür, dass den Individuen die allgemeinen Strukturen zur Verfügung gestellt werden, ... *die zur Erreichung der individuellen Zwecke* vonnöten sind: ... *Straßenbeleuchtung, Brückenbau, Taxation der täglichen Bedürfnisse ... Gesundheit ...* (7.385, § 236 Z). Auch die Durchsetzung und Beaufsichtigung der öffentlichen Erziehung begreift Hegel als polizeiliche Aufgabe (Vgl. § 239). In Bezug auf die Grenze zwischen den Rechten der Eltern und der bürgerlichen Gesellschaft räumt Hegel ein, dass die Grenze *sehr schwer zu finden ist* (7.387, § 239 Z). Die Gesellschaft habe das Recht ... *die Eltern zu zwingen, ihre Kinder in die Schule zu schicken, ihnen die Pocken impfen zu lassen usw.* (7.387, § 239 Z), worüber es damals bis heute heftige Debatten gibt.

Der Hegelsche Ansatz darf nicht mit dem Utilitarismus von Jeremy Bentham und James Mill verwechselt werden, dem es um das größtmögliche Glück der größtmöglichen Zahl geht. Hegel benutzt auch nirgends die Formel: „Gemeinnutz geht vor Eigennutz." Es geht beim Eingriff des Staates in erster Linie nicht um größeren Nutzen oder Wohlstand, sondern um die Bewahrung der Sittlichkeit, die im Falle einer Pauperisierung bedroht ist. Denn es ... *entsteht im Pöbel das Böse, dass er die Ehre nicht hat, seine Subsistenz durch seine Arbeit zu finden* (7.390, § 244 Z). Auf der Seite des Reichtums weckt Wohlstand nur noch größere Begehrlichkeiten. *Es gibt auch reichen Pöbel. Denn der Reichtum ist eine Macht, und diese Macht des Reichtums findet leicht, dass sie auch die Macht ist über das Recht ...*[148] Fast wie Schopenhauer schreibt Hegel: *Das was die Engländer comfortable nennen, ist etwas durchaus Unerschöpfliches und ins Unendliche Fortgehendes, denn jede Bequemlichkeit zeigt wieder ihre Unbequemlichkeit, und diese Erfindungen nehmen kein Ende* (7.349, § 191 Z). In § 185 Zusatz wird die Notwendigkeit des Staates zur Zügelung der bürgerlichen Gesellschaft angeführt. *Die Besonderheit für sich ist das Ausschweifende und Maßlose ... und die Verworrenheit dieses Zustandes kann zu seiner Harmonie nur durch den ihn gewältigenden Staat kommen* (7.342f, §185 Z). Das größte Wohl ist für Hegel, gleichberechtigt am gemeinschaftlichen Leben teilnehmen zu können (Partizipation).

---

[147] Vogel, *S. 57.*

[148] Hoppe, Hansgeorg (Hg.), Hegel, Georg Wilhelm Friedrich, Die Philosophie des Rechts, Vorlesungen von 1821/22, Frankfurt/Main 2005, § 244 S. 222.

Bei aller Kritik am unersättlichen Streben nach Reichtum war Hegel stets ein Gegner asketischer Lebensideale, seien sie mönchischer oder philosophischer Provenienz.[149] So schreibt er über den Kyniker Diogenes – aus dem zweiten Band der Philosophiegeschichte von Wilhelm Gottlieb Tennemann zitierend – kritisch-ironisch: *Es gehörte zu dem Kynismus eine einfache Garderobe: ‚Ein dicker Prügel vom wilden Ölbaum, ein lumpiger verdoppelter Mantel ohne Unterkleid, der auch Bett bei Nacht war, ein Bettelsack für die nötigen Lebensmittel und ein Becher zum Wasserschöpfen', – gleichsam das Kostüm, wodurch diese Kyniker sich signalisierten* (18.556). Hegel geht so weit zu sagen, dass das asketische Gebaren der Kyniker an Unsittlichkeit grenzt und stellt der abstrakten Freiheit des Kynikers das Bild der konkreten sittlichen Freiheit gegenüber. *Die konkrete Freiheit besteht darin, sich zwar gleichgültig gegen die Bedürfnisse zu verhalten, aber sie nicht zu vermeiden, sondern in diesem Genusse selbst frei zu sein und in Sittlichkeit* (18.555).

Schließlich bildet die Korporation – sie unterscheidet sich von den sich an Privilegien orientierenden alten geschlossenen Zünften – den wesentlichen Baustein im Übergang zur vollendeten Sittlichkeit des Staates. Die Korporationen – nach der Familie *die zweite ... sittliche Wurzel des Staates* (7.396, § 255) – sind Berufsgenossenschaften des Gewerbes, die dem Einzelnen als eine Art zweite Familie dienen, nachdem das Individuum von der Familie getrennt als *Sohn der bürgerlichen Gesellschaft* (7.386, § 238) neu geboren wurde. Die Korporation kümmert sich zum Beispiel um elternlose Kinder oder in Armut geratene Mitglieder, ohne allerdings den Sozialstaat zu ersetzen. In Frankreich sei man daran gegangen, unter dem Siegel der *natürlichen Freiheit*[150] die Korporationen (hier: Zünfte) aufzuheben. In Hegels politischer Philosophie sind jedoch die Korporationen von großer Bedeutung. *Der Staat muss sich die Erhaltung der Korporation zur Pflicht machen.*[151] Gegen das zentralistische Frankreich betont Hegel, ... *dass in den Gemeinden die eigentliche Stärke der Staaten liegt* (7.460, § 290 Z). Die Korporationen ebenso wie die Kommunen (zweiter Grundtyp des Korporativen[152]), deren beider Aufgabe *die Einwurzelung des Besonderen in das Allgemeine ist* (7.458, § 289 A), bilden das Gegengewicht zur Atomisierungstendenz der bürgerlichen Gesellschaft.[153] Sie dienen dazu, ... *die Eigensucht der einzelnen in patriotische Gesinnung zu überführen.*[154] Sie, die Berufsgenossenschaften und Gemeinden, fangen den Einzelnen auf, falls er in Not gerät, beraten ihn, appellieren an sein Ehrgefühl und die Hei-

149 Georg Lukács schreibt: *Der Asket ist ein unvollkommener Mensch,* Goethe und seine Zeit a.a.O., S. 179.

150 Hoppe, Hansgeorg (Hg.), Hegel, Georg Wilhelm Friedrich, Die Philosophie des Rechts, Vorlesungen von 1821/22, Frankfurt/Main 2005 S. 231, § 254.

151 Ebenda.

152 Vgl. Vieweg, Klaus, Der Philosoph der Freiheit, a.a.O., S. 514.

153 Im Allgemeinen Preußischen Landrecht werden die Korporationen und Gemeinden positiv erwähnt, vgl. Vieweg, Das Denken der Freiheit, a.a.O., S. 338.

154 Euchner, Walter, Freiheit, Eigentum und Herrschaft bei Hegel, in: ders., Egoismus und Gemeinwohl, Frankfurt a. Main 1973, S. 157.

matverbundenheit (Gemeinde, Kommunen), wirken sozial ausgleichend, bilden eine eigene Berufsethik und Standesehre aus und bereiten den Bürger so für ein sittliches Verständnis der allgemeinen Belange des Staats vor. In einer Mitschrift der Vorlesungen zur Philosophie des Rechts heißt es: *Die Korporation macht das sittliche Moment in der bürgerlichen Gesellschaft aus ... Luxus zu zeigen, das hat er nicht nötig, wenn er Meister ist.*[155]

Merksatz

Heiligkeit der Ehe und Standesehre sind gewissermaßen die Kristallisationspunkte bürgerlicher Sittlichkeit.[156]

Neben den Berufsgenossenschaften legt Hegel, wie erwähnt, sehr viel Wert auf die Selbstverwaltung der Gemeinden. Man dürfe – so Hegel – sagen, ... *dass in den Gemeinden die eigentliche Stärke der Staaten liegt. Hier trifft die Regierung auf berechtigte Interessen, die von ihr respektiert werden müssen ...* (7.460, § 290 Z). Es sei ein Fehler – wie in Frankreich – alles von einer politischen Zentrale her zu bestimmen und leiten zu wollen.

Exkurs: Korporation/Korporatismus

Korporation/Korporatismus wird heute in der politischen Theorie überwiegend pejorativ beurteilt. Eine „neutralere“ Betrachtung liefert Wolfgang Streeck unter dem Stichwort „Korporatismus“ im „Handbuch der Politischen Philosophie und Sozialphilosophie“: *Korporatismus als institutionelle Struktur bezieht sich auf eine Form der Einordnung organisierter Interessen in die Verfassung moderner Nationalstaaten. Ein politisches System trägt in dem Maße korporatistische Züge, wie in ihm die funktionale Repräsentation sozialer Gruppen neben die territoriale Repräsentation der Bürger durch allgemeine Wahlen und ein frei gewähltes Parlament tritt.*[157]

[155] Hegel, Georg Wilhelm Friedrich, Die Philosophie des Rechts, Vorlesungen von 1821/22, hg. v. Hansgeorg Hoppe, Frankfurt/Main 2005, S. 230, § 253.

[156] Schnädelbach, Herbert, Hegels praktische Philosophie, a.a.O., S. 365.

[157] Handbuch der Politischen Philosophie und Sozialphilosophie, hg. v. Gosepath, Stefan, Hinsch, Wilfried, Rössler, Beate, Bd. 1, Berlin, 2008, S. 655.

7.5.3.3 Staat

Der Staat muß als ein großes architektonisches Gebäude, als eine Hieroglyphe der Vernunft, die sich in der Wirklichkeit darstellt, betrachtet werden.
Hegel (7.449, § 279 Z)

Im Staat kommt *die Freiheit zu ihrem höchsten Recht* (7.399, § 258). Den Staat leitet Hegel nicht aus dem *Sozialitätstrieb* oder der *göttlichen Autorität* (7.400, § 258 A), auch nicht aus dem allgemeinen Willen (Rousseau) oder aus dem Streben nach Glückseligkeit (Aristoteles)[158], sondern aus der objektiven Vernunft ab. ... *es ist der Gang Gottes in der Welt, dass der Staat ist* ...(7.403, §258 Z), was aber nicht bedeutet, dass der Staat sich in alle Belange einmischen darf. In einem Brief an Schelling (30.August 1795) beklagt Hegel ... *das Bejammernswürdige eines solchen Zustandes, wo der Staat in die heilige Tiefe der Moralität hinabsteigen und diese richten will, bejammernswürdig ist er, auch wenn der Staat es gut meinte* ...[159] Das „Innerliche" ist dem Staat entzogen. So finden *sich in älteren Gesetzgebungen viel Vorschriften über Treue und Redlichkeit, die der Natur der Gesetze unangemessen sind, weil sie ganz in das Innerliche fallen* (7.366, § 213 Z).

Die Kritik Hegels richtet sich ... sowohl gegen die überkommenen Strategien der Legitimierung auf religiös-traditionale Instanzen als auch gegen die Unzulänglichkeit der neuzeitlich-aufklärerischen Positionen, die alles Spekulative verbannen und vertilgen und auf den Verstand verkürzen (Vertrag, Selbsterhaltung, Schutzbedürfnis, Sozialität, Kommunikation).[160]

Hegels Staat ist nach innen wie ein architektonisches Gebäude in Teilbereiche (Stände, Korporationen, Institutionen) gegliedert. Hegel spricht vom ... *Organismus des Staats ... dieser Organismus ist die politische Verfassung* (7.414, § 269). Der Staat ist wie ein Körper, der verschiedene aufeinander bezogene Glieder hat, und z. B. der Kopf ohne den Magen und umgekehrt nicht lebensfähig wäre. Nach außen hin – zu anderen Staaten – ist er wie eine Individualität, eine Persönlichkeit, die Verträge schließt: *Das Verhältnis von Staaten ist das von Selbständigkeiten, die zwischen sich stipulieren, aber zugleich über diesen Stipulationen stehen* (7.498, § 330 Z). Das heißt: Staaten schließen Verträge, es gibt aber über den Staaten keine Macht, die über eventuelle Vertragsbrüche und entsprechende Sanktionen entscheidet. Wenn Hegel in Zusammenhang mit dem Staat von einem Organismus spricht, ... *darf man nicht außer Acht lassen, dass der politische Gebrauch des Begriffs*

158 Vgl. Binkelmann, Christoph, Hegel in der Tradition des politischen Denkens, in Pauly, Walter (Hg.), Der Staat – eine Hieroglyphe der Vernunft a.a.O. S. 34.

159 Georg Wilhelm Friedrich Hegel, Weltgeist zwischen Jena und Berlin, a.a.O., s. 23f.

160 Vieweg, Klaus, Das Denken der Freiheit, a.a.O., S. 348f.

‚Organismus' zu Hegels Zeit eng mit dem Begriff der Organisation verbunden war,[161] also nicht mit dem organischen Staatsbegriff der Romantik zu identifizieren ist.

Als Angehöriger des Staates ist der Bürger „nach seinen Pflichten Untertan". *Das Individuum nach seinen Pflichten Untertan findet als Bürger in ihrer Erfüllung den Schutz seiner Person und Eigentums, die Berücksichtigung seines besonderen Wohls und die Befriedigung seines substantiellen Wesens, das Bewusstsein und das Selbstgefühl, Mitglied dieses Ganzen zu sein ...* (7.409, §261 Z). Ungebildeten Menschen sei nicht bewusst, wie viel sie dem Staat zu verdanken haben. *Geht jemand zur Nachtzeit sicher auf der Straße, so fällt es ihm nicht ein, dass dieses anders sein könne, denn diese Gewohnheit der Sicherheit ist zur andern Natur geworden, und man denkt nicht gerade nach, wie dies erst die Wirkung besonderer Institutionen sei. Durch die Gewalt, meint die Vorstellung oft, hänge der Staat zusammen; aber das Haltende ist allein das Grundgefühl der Ordnung, das alle haben* (7.414, § 268 Z).

Die bürgerliche Gesellschaft macht nur die ... *Erscheinungswelt des Sittlichen* (7.338, § 181) aus, der Staat hingegen *ist die Wirklichkeit der sittlichen Idee* (7.398, § 257). „Idee" ist für Hegel Einheit von Begriff und Existenz, das Dasein entspricht hier *dem Begriff als solchem* (4.29). Die Sittlichkeit der bürgerlichen Gesellschaft ist zu stark von außen geleitet. Es ist im Wesentlichen der wirtschaftliche Zwang, der veranlasst, die Interessen der anderen mit zu berücksichtigen. *Man will nicht gemeinsam leben, sondern je einzeln und für sich überleben.*[162] Der Staat hingegen als *Wirklichkeit der sittlichen Idee* verkörpert eine höhere Form der Sittlichkeit, wonach das Individuum im Einklang von Neigung und Einsicht in ... *freier sittlicher Entschließung sich für das Allgemeine*[163] betätigt. Ohne Staat bilde die Bevölkerung eine amorphe Masse. *Allen Wert, den der Mensch hat, alle geistige Wirklichkeit hat er allein durch den Staat.*[164] Da die bürgerliche Gesellschaft infolge innerer Widersprüche krisenanfällig ist (Arbeitslosigkeit, Armut), kommt dem Staat die Aufgabe zu, die *gefährlichen Zuckungen und die Dauer des Zwischenraumes, in welchem sich die Kollisionen auf dem Wege bewusstloser Notwendigkeit ausgleichen sollen, abzukürzen und zu mildern* (7.385, § 236 Z).

Hegel beschreibt in § 260 der Rechtsphilosophie den modernen Staat als freiheitlichen: *Das Prinzip der modernen Staaten hat diese ungeheure Stärke und Tiefe, das Prinzip der Subjektivität sich zum selbständigen Extreme der persönlichen Besonderheit vollenden zu lassen und zugleich es in die substantielle Einheit zurückzuführen und so in ihm selbst diese zu erhalten.* (7.407, § 260). *Das Wesen des neuen Staates ist, dass das Allgemeine verbunden sei mit der vollen Freiheit der Besonderheit und dem*

---

[161] Petersen, Thomas, Staat als poltischer Organismus, Hegels Verständnis der institutionellen Struktur des modernen Staates, in: Pauly, Walter (Hg.), Der Staat – eine Hieroglyphe der Vernunft Staat und Gesellschaft bei Georg Wilhelm Friedrich Hegel, Baden-Baden 2009, S. 138.

[162] Dinkel, S. 182.

[163] Vogel, S. 46.

[164] Die Vernunft in der Geschichte in: Lasson, Georg (Hg.). Georg Wilhelm Hegel, Sämtliche Werke, Bd. VIII: Vorlesungen über die Philosophie der Weltgeschichte Erster Halbband, Leipzig 1920, S. 90.

Wohlergehen der Individuen (7.407, § 260 Z). Das ist der Unterschied zur Polis bzw. Platons Staatskonzeption und zum Etatismus. Denn in Hegels Staatskonzeption ist die Freiheit, das Recht auf Eigentum, auf freie Berufswahl und Entfaltung des Individuums anerkannt und gewährleistet. *Das Allgemeine muss also betätigt sein, aber die Subjektivität auf der anderen Seite ganz und lebendig entwickelt werden. Nur dadurch, dass beide Moment in ihrer Stärke bestehen, ist der Staat als ein gegliederter und wahrhaft organisierter anzusehen* (7.407, § 260 Z). In Bezug auf Platon hält Hegel negativ fest: *Im Platonische Staat gilt die subjektive Freiheit noch nichts, indem die Obrigkeit noch den Individuen die Geschäfte zuweist ... Die subjektive Freiheit, die berücksichtigt werden muss, fordert aber die freie Wahl der Individuen* (7.410, § 262 Z).

Merksatz

Ein guter Staat lässt die Subjektivität zur größtmöglichen Entfaltung kommen, ohne das Allgemeine (Substanz, Vernunft, Gerechtigkeit) zu gefährden. Dazu gehört Staatskunst, die auch irren kann: *Ich kann irren, aber die Gesetze, Regenten auch ...* (7.248, § 132 A). *Das besondere Interesse soll wahrhaft nicht beiseite gesetzt oder gar unterdrückt, sondern mit dem Allgemeinen in Übereinstimmung gesetzt werden, wodurch es selbst und das Allgemeine erhalten wird.* (7.409, § 261A)

Hegels Apotheose des Staates bedeutet nicht, dass – etwa wie in der mittelalterlichen politischen Theorie – ein Fürst oder eine Regierung sich unmittelbar als von Gott autorisiert verstehen darf. Solche Legitimationsversuche bezeichnet Hegel als *gedanken- und vernunftlose Vorstellung* (4.504), schließlich hat Gott ... *alles, auch das Schlechteste gemacht* (7.453, § 281 Z). Hegels Staat ist auch keine Apotheose eines bestimmten bestehenden Staates, z. B. des Preußischen, sondern er ist Vernunftstaat; auf der Höhe der Zeit vernünftig und das heißt verfassungsmäßig gegliedert, strukturiert und nur als solcher Ausdruck göttlichen Willens und der geschichtlichen Vorsehung und somit der Vernunft. Solcherart ist er die *Verwirklichung der Freiheit* (7.403, § 258 Z) als Synthese der substanziellen (Familie) und subjektiven (Bürgerliche Gesellschaft) Form der Sittlichkeit. Hegel begreift, wie erwähnt, den Staat als Individuum, das sich von anderen Staaten nach außen unterscheidet und ein – im Sinne der Idee – organisches Ganzes darstellt. Gegen den Liberalismus behauptet er die Vorrangstellung des Allgemeinen im Staat. Gegen die romantisch-konservative Staatstheorie, die im Staat vorrangig die Tradition hervorhebt, insistiert Hegel auf der Fortschrittsidee, dass sich der Staat vor der Freiheit und der Vernunft zu legitimieren hat.

Am empirisch vorliegenden Staat lässt sich viel kritisieren, doch: *Der Staat ist kein Kunstwerk, er steht in der Welt, somit in der Sphäre der Willkür, des Zufalls und des Irrtums; übles Benehmen kann ihn nach vielen Seiten defigurieren. Aber der häßlichste Mensch, der Verbrecher, ein Kranker und Krüppel ist immer noch ein lebender Mensch; das Affirmative, das Leben, besteht trotz des Mangels, und um dieses Affirmative ist es hier zu tun* (7.404 § 258 Z). Der Staat ist also wesentlich Idee, die Gesamtheit des sittlichen Beziehungsgeflechtes eines Volkes, sein innerer Puls. *Darauf kommt es dann an, in dem Scheine des Zeitlichen und Vorübergehenden die Substanz, die immanent, und das Ewige, das gegenwärtig ist, zu erkennen* (7.25). Das schließt die Existenz „schlechter" Staaten nicht aus: *Ein schlechter Staat ist ein solcher, der bloß existiert; ein kranker Körper existiert auch, aber er hat keine wahrhafte Realität. Eine Hand, die abhauen ist, sieht auch noch aus wie eine Hand und existiert, doch ohne wirklich zu sein ... Ein schlechter Staat ... ist nur weltlich und endlich ...* (7.429, § 270 Z).

Fasst man Demokratie als Selbstbestimmung des Volkes, war Hegel Demokrat,[165] wie das folgende Zitat aus der *Religionsphilosophie* zeigt. Dort heißt es über die antike Demokratie, dass sie ... *noch nicht die Kraft, Energie des Selbstbewusstseins (hatte), dass sich das Volk selbst bestimmt, entschließt.*[166] Z. B. wurden in der Antike Orakel und nicht die Vernunft befragt. Vom modernen Staat fordert Hegel die Subjektivität, dass sich das Volk selbst bestimmt, z. B in den Gemeinden, Korporationen, Kammern. *In den Gemeinden (liegt) die eigentliche Stärke der Staaten ...* (7.460 § 290 Z). Diese Selbstbestimmung (Selbstverwaltung) nennt Hegel *freie Subjektivität* und er führt aus: *Das Prinzip der neueren Welt überhaupt ist Freiheit der Subjektivität, dass alle wesentlichen Seiten, die in der geistigen Totalität vorhanden sind, zu ihrem Rechte kommend sich entwickeln* (7.439, § 273 Z).

Demgegenüber verblasse die Frage nach der Staatsform. *Von diesem Standpunkt ausgehend, kann man kaum die müßige Frage aufwerfen, welche Form, die Monarchie oder die Demokratie, die bessere sei. Man darf nur sagen, die Formen aller Staatsverfassungen sind einseitige, die das Prinzip der freien Subjektivität nicht in sich zu ertragen vermögen und einer ausgebildeten Vernunft nicht zu entsprechen wissen* (7.439f, § 273 Z). Hegel identifiziert den Staat in diesem Sinne geradezu mit der Sittlichkeit: *Der Staat an und für sich ist das sittliche Ganze* (7.403, §258 Z). Entscheidend ist, dass der moderne Staat nicht repressiv alles von oben nach unten hin reguliert, sondern auf Freiheit Vernunft und Einsicht setzt, wie auch J. P. Miranda erläutert: *Eine Regierung, die systematisch das Fortschreiten des Menschen auf Gerechtigkeit und Freiheit hin verhindert, ist automatisch illegitim.*[167] Der moderne Staat basiert nach Hegels Idee nicht auf Gewalt, auch nicht bloß auf Gewohnheit und Brauch: *Was jetzt gelten soll, gilt nicht mehr durch Gewalt, wenig durch Gewohnheit und Sitte, wohl aber durch Einsicht und Gründe* (7.483, § 316 Z). Wichtiger als die strikte Gewaltenteilung im Staat sind für Hegel Zutrauen und Patriotismus[168]. Denn ohne ein

---

[165] Identifiziert man die Demokratie mit dem allgemeinen Wahlrecht war Hegel kein Demokrat, da er die politische Mitbestimmung nicht an freie Wahlen, sondern an die Mitwirkung in den Korporationen und Gemeinden und die freie Berufswahl (Beamtentum nach Eignung) knüpft.

[166] Hegel, Georg Wilhelm Friedrich, Vorlesungen über die Philosophie der Religion, Bd. 2, hg. v. Georg Lasson Hamburg 1966, S. 189.

[167] Miranda, S. 378.

[168] Unter Patriotismus versteht Hegel weniger *außerordentliche(n) Aufopferungen und Handlungen ...*, sondern *die Gesinnung, welche in dem gewöhnlichen Zustande und Lebensverhältnisse das Gemeinwesen für die substantielle Grundlage und Zweck zu wissen gewohnt ist* (7.413, § 268 A).

solches Band kann kein Staat existieren, wie auch Charles Maurice de Talleyrand gegenüber seinem König wusste: *Sire Sie können mit einem Bajonette alles machen, aber sie können nicht darauf sitzen.* Der Staat baut nicht auf Bajonetten, sondern auf dem Selbstbewusstsein seiner Bürger auf.

Hegels *moderner Staat* hebt sich nicht nur gegen die Antike (Platon) und die Romantik, sondern auch gegen eine mögliche Übermacht der Gesellschaft, wie sie in Rousseaus „Contrat sociale" und in dem auf ihm gedanklich fußenden Tugendterror der Französischen Revolution zum Ausdruck kam.[169] Der Mehrheitswille kann zur Diktatur der Mehrheit über die Minderheit führen: *Die siegende Faktion nur heißt Regierung* ... (3.437). Rousseau selbst – so Hegel – habe dieses Problem gesehen: *Hier kommt man sogleich auf die Bestimmung, daß die Minorität der Majorität weichen müsse, die Mehrheit also entscheidet. Aber schon J. J. Rousseau hat bemerkt, daß dann keine Freiheit mehr sei, denn der Wille der Minorität wird nicht mehr geachtet* (12.61).

Der Staat, das ist nicht der König, die Regierung, die Justiz..., sondern das wohlgegliederte Ganze. Den Staat als Organismus verdeutlicht Hegel an der Fabel vom Magen. *Es passt auf sie die Fabel vom Magen und den übrigen Gliedern. Es ist die Natur des Organismus, dass, wenn nicht alle Teile zur Identität übergehen, wenn sich einer als selbstständig setzt, alle zugrunde gehen müssen* (7.415, § 269 Z). Das Bild zielt auf eine Episode aus dem alten Rom. Dort hatten sich die Plebejer auf einen heiligen Berg zurückgezogen und es war die Mission des Menenius Agrippa, sie zu bewegen wieder in die Stadt zurückzukommen. Um dieses Ziel zu erreichen malte er gegenüber den Plebejern aus, was passierte, wenn die Glieder des Körpers das Gefühl hätten, dass der Magen sie übervorteilte und nur das genieße, was sie ihm in saurer Arbeit lieferten. Die Hände müssen die Speise zum Munde führen, die Zähne sie zerkauen, nur damit der Magen in Freuden genießen könnte. Deswegen hätten Hände und Mund beschlossen zu streiken. Doch schon bald mussten Hände und Mund unangenehm spüren, dass ein Magen, der nichts verdaut, auch ihnen schade, indem er sie entkräfte. Mit diesem Beispiel gelang es Agrippa, die Herzen der Plebejer umzustimmen (Vgl. Livius 2, 32–33).

In der *Rechtsphilosophie* unterscheidet Hegel zwischen der fürstlichen Gewalt, der Regierungsgewalt und der gesetzgebenden Gewalt, die sich nicht bekriegen, sondern deren Zusammenarbeit sich *aus der Zuordnung von Kompetenzen an spezifische Institutionen im Rahmen einer organischen Auffassung ... ergibt.*[170] Die richterliche Gewalt hat Hegel schon innerhalb der bürgerlichen Gesellschaft behandelt, im Staat fällt sie unter die Regierungsgewalt.

Fürstliche Gewalt

Es ist für Hegel eine Sache der Logik, dass dem Staat ein Einzelner, ein Individuum, der erbliche Fürst vorstehen muss ... *der Monarch ist Einer, mit der Regierungs-*

[169] Bekanntlich war Robespierre ein glühender Anhänger Rousseaus.

[170] Dellavalle, S. 190.

gewalt treten Einige und mit der gesetzgebenden Gewalt tritt die Vielheit überhaupt ein (7.436, § 273 A). In letzter Instanz laufe es immer auf einen Einzelnen hinaus. *Die Persönlichkeit des Staates ist nur als eine Person, der Monarch, wirklich* (7.445, § 279). Hegel spricht sich wie Benjamin Constant und Madame de Staël[171] für die erbliche Monarchie aus.[172] Schon in seiner *Verfassungsschrift* hatte er das Wahlkönigtum für den Niedergang Deutschlands mit verantwortlich gemacht. Dass eine konstitutionelle Monarchie der Demokratie nicht widersprechen muss, belegen in Europa bis heute Staaten wie Großbritannien, Schweden, Dänemark, Spanien, Belgien, Holland oder Norwegen. Hegels Staat hebt sich aber davon ab, wie Günter Zöller festhält:

> *Hegels monarchischer Staat ist aber keine parlamentarische Monarchie nach englischem Vorbild. Weder ist der Souverän an garantierte Grundrechte der Untertanen gebunden (Magna Carta, Bill of Rights), noch rekrutiert sich die untere Kammer durch allgemeine Wahl direkt aus der Bevölkerung. Vielmehr erfolgt die Volkvertretung durch Delegation (‚Abgeordnete') und ist ständisch organisiert, als politische Vertretung der bürgerlichen Gesellschaft in ihrer Interessenvielfalt und heterogenen Zusammensetzung.*[173]

Hegel strebte eine *freie Monarchie* an: *Die deutschen Fürsten haben den Begriff einer freien Monarchie noch nicht gefasst, noch seine Realisierung versucht ...*[174] Der König umgibt sich mit Beratern und Ministern, sodass er auf der Grundlage von Fachkompetenz regiert und bei Beschlüssen und Gesetzesvorhaben mit seiner Unterschrift nur noch den I-Punkt zu setzen hat und somit weniger Einfluss hat als *fast jeder republikanische Präsident.*[175] Den Beamten kommt bei Hegel höchste Bedeutung zu. Sie verfügen über das entsprechende Fachwissen. Ihre Auswahl erfolgt nach Eignung durch ein Prüfungssystem. Sie sollen unbestechlich und rein der Sache der Allgemeinheit ergeben sein. Natürlich sieht Hegel die Gefahren des Machtmissbrauchs, der Eitelkeit und der Korruption. Er schlägt drei Mittel vor, dem zu begegnen: 1. Strenge Fachaufsicht, 2. Kontrolle durch die Korporationen und Gemeinden und 3. Gute Bezahlung, damit die Beamten sich ausschließlich ihren dienstlichen Belangen widmen können. Letztlich hängt Hegels Staat entscheidend von der Qualität der Beamten ab. Sie sollen ohne Hass agieren, sodass bei ihnen *Milde des Benehmens Sitte werde* (7.464, § 296).

---

[171] Vgl. D'Hondt, Jacques, Hegel in seiner Zeit, (Berlin, 1818–1831), Berlin 1973, S. 84.

[172] Dass es gute Gründe für eine erbliche Monarchie gibt, lesen wir bei Carl Schmitt mit Verweis auf Max Weber: *Durch die Erbmonarchie ist der höchste Platz im Staate der politischen Konkurrenz entzogen; dem innerpoltischen Kampf wird dadurch seine schlimmste Spitze genommen; infolgedessen mildert und rationalisiert sich der Streit, denn das Machtstreben der Politiker ist begrenzt, weil die höchste Stelle im Staate ein für allemal besetzt ist. ‚Diese ... Funktion ... eines nach festen Regeln berufenen Königs ... ist vielleicht rein politisch betrachtet, die praktisch wichtigste' (Max Weber).* Schmitt, Carl, Verfassungslehre, München und Leipzig 1928, Unveränderter Nachdruck, Berlin 1954, S. 286f.

[173] Zöller, Günter, Hegels Philosophie, Eine Einführung, München 2020, S. 88.

[174] Briefe von und an Hegel, Bd. 1, S. 185.

[175] Ahrweiler, S. 153.

Die Sicherung des Staats und der Regierten gegen den Mißbrauch der Gewalt von seiten der Behörden und ihrer Beamten liegt einerseits unmittelbar in ihrer Hierarchie und Verantwortlichkeit, andererseits in der Berechtigung der Gemeinden, Korporationen, als wodurch die Einmischung subjektiver Willkür in die den Beamten anvertraute Gewalt für sich gehemmt und die in das einzelne Benehmen nicht reichende Kontrolle von oben von unten ergänzt wird (7.463, § 295).

Wenn Hegel derart auf das Beamtentum und die Institutionen eines wohl geordneten Staates setzt, dann sollte man bedenken, dass er diese Auffassung vor dem Hintergrund des preußischen Staatsapparats vertrat. Jacques D'Hondt schreibt über die preußische Beamtenschaft, dass sie ... *damals praktisch die einzige politische Kraft (ist), die den Feudalherrn Widerstand leistet. Ihre Angehörigen arbeiten an der Erneuerung des Landes und geraten deshalb in Konflikt mit den Sonderrechten, den veralteten Reglements, den mittelalterlichen Sitten. Zudem stammen sie aus der Bourgeoisie oder aus der Bourgeoisie nahestehenden ‚erleuchteten' Adelskreisen.*[176] Sogar Marx lobte diesbezüglich das *anderwärts nie vorkommende redliche Beamtenbewusstsein.*[177]

Hegel kennt keine Volkssouveränität, da ihm der Begriff des Volks zu *verworren* und als *wüste Vorstellung* (7.447, § 279) erscheint. Hegel spricht von der *Souveränität des Staats* (7.442, §278). Der Fürst ist Repräsentant des Staates, aber nicht im Sinn von „L' état c'est moi", sondern als letzte Instanz der Entscheidungsfindung. *Die Souveränität ... existiert nur als die ihrer selbst gewisse Subjektivität und als die abstrakte, insofern grundlose Selbstbestimmung des Willens, in welcher das Letzte der Entscheidung liegt* (7.444, § 279). Ein Mehrheitswille verfügt nicht über „selbst gewisse Subjektivität". Franz Rosenzweig fasst zusammen: *Der Monarch ist nicht souverän – das ist nur der Staat ...*[178] Ein wichtiger Punkt ist das Begnadigungsrecht des Fürsten, ... *das Geschehene ungeschehen zu machen und im Vergeben und Vergessen das Verbrechen zu vernichten* (7.454, § 282*)*. Die Formulierung lässt an die *Phänomenologie des Geistes* denken: *Die Wunden des Geistes heilen, ohne dass Narben bleiben* (3.492).

Beim Widerstandsrecht (Empörung) unterscheidet Hegel, ob es gegen einen *wohlorganisierten Staat* oder gegen einen Usurpator geht. *Wenn in einer im Kriege eroberten Provinz ein Aufstand geschieht, so ist dies etwas anderes als eine Empörung in einem wohlorganisierten Staat* (7.454, § 281 Z). Damit legitimiert Hegel die Befreiungskriege gegen Napoleon. Ein Widerstandsrecht in einem *wohlorgansierten Staat* lehnt er hingegen ab.[179] Kriegsdienstverweigerung aus religiösen Motiven

---

[176] D'Hondt, Jacques, Hegel in seiner Zeit, Berlin 1973, S. 48

[177] Marx, Karl, Engels, Friedrich, Deutsche Ideologie, MEW 3, 178.

[178] Rosenzweig, Franz, Hegel und der Staat, 2. Bd., Weltepochen (1806–1831), München und Berlin 1920, S. 144

[179] *Von den Philosophen des Deutschen Idealismus hat allein Fichte ein Widerstandsrecht vertreten, jedenfalls in seinen Jenaer Schriften.* Siep, Ludwig, Formen des Widerstandsrechts bei Kant, Fichte, Hegel und den Frühkonstitutionalisten, S. 12; http://www.hegelpd.it/hegel/wp-content/uploads/2019/04/

(z. B. bei den Quäkern) empfiehlt Hegel zu tolerieren, wenn die Verweigerer *durch Tausch ... andere Leistungen ... erfüllen* (7.421, § 270 A). Sokrates als welthistorischer Persönlichkeit gesteht Hegel ein Widerstandsrecht gegen den Athener Staat zu, denn er hatte *mit Bewusstsein das höhere Prinzip des Geistes erkannt und ausgesprochen* (18.514). Allerdings waren auch die Athener im Recht, ihn zu verurteilen, denn Sokrates war seiner Zeit zu weit voraus, der griechische Weltgeist *konnte noch nicht das Prinzip der subjektiven Reflexion ertragen* (18.514).

Hegel optiert in seiner Staatskonzeption für die Konstitutionelle Monarchie. Die klassische strikte Gewaltenteilung lehnt er mit dem Argument ab, dass sich die Gewalten gegeneinander bekriegen könnten. *Wo so ein Kunststück ersonnen wird, da ist das Ende immer dies, dass eine Gewalt die andere umstürzt.*[180] *So hat in der französischen Revolution bald die gesetzgebende Gewalt die sogenannte exekutive, bald die exekutive die gesetzgebende Gewalt verschlungen* (7.435, §272 Z). Hegels *Theorie der Gewaltenteilung* ist eine *Novität für die politische Theorie. ... Hegel hat die Einheit in der Teilung, die ‚Trinität' der Gewalten, eine Gewaltenverschränkung im Sinn.*[181]

Zur Regierungsgewalt: Die Regierungsgewalt – *Diesen Namen gibt Hegel der Verwaltung*[182] – führt die fürstlichen Entscheidungen aus. Unter sie fällt sowohl die richterliche als auch die polizeiliche Gewalt. Die Verwaltung besteht aus gut ausgebildeten – ohne Ansehen der Geburt – ausgewählten Fachbeamten, die sowohl die Verwaltungsvorschriften und Gesetze ausarbeiten und dem Monarchen zur Unterschrift vorlegen als auch darüber wachen, dass sie durchgeführt werden. Die Staatsbeamten machen nach Hegel den Hauptteil des *Mittelstandes* aus, der *das rechtliche Bewusstsein der Masse eines Volkes* (7.464, § 297) verkörpert. In Russland hingegen kenne man nur Regierende und Leibeigne, aber eben keinen eigentlichen Mittelstand, weshalb der russische Staat *auf keiner hohen Stufe* (7.465, § 297 Z) stehe. Deswegen sei die Ausbildung von Beamten und die Etablierung einer unabhängigen *Beamtenwelt ... ein Hauptinteresse des Staates* (7.465, § 297 Z).

Zur Gesetzgebenden Gewalt: Das Parlament *entscheidet* nicht etwa über die Gesetzesvorlagen, sondern debattiert lediglich darüber. Einzig bei der Steuergesetzgebung (auch bei Abgaben) ist die Zustimmung des Parlaments nötig. Hegel geht es stets darum, dass in politischen Fragen der Sachverstand entscheidet und dieser sei bei den Regierungsbehörden, sprich innerhalb der Fachbeamten, am höchsten. Die Rolle der übrigen Stände bei der Gesetzgebung liege im Beratenden.[183]Als Parlament sieht Hegel ähnlich dem britischen Oberhaus und

---

Siep-Formen-des-Widerstandsrechts-bei-Kant-Fichte-Hegel-und-den-Frühkonstitutionalisten-1.pdf

[180] Hegel, Georg Friedrich Wilhelm, Philosophie des Rechts, Die Vorlesungen von 1819/20 in einer Nachschrift, hg. v. Dieter Henrich, Frankfurt/Main 1983, S. 234.

[181] Vieweg, Klaus, Der Philosoph der Freiheit, a.a.O., S. 526f.

[182] Rosenzweig, Franz, Hegel und der Staat, 2. Bd., a.a.O., S. 147.

[183] *Die Abgeordneten der Stände ergänzen teilweise die Kenntnisse der höheren Beamten in den Fällen, wenn es sich um spezifische Fragen handelt* .... Piontkowski, Andrei Andrejewitsch, Hegels Lehre ... a.a.O., S. 379.

Unterhaus ein Zweikammersystem vor. Die erste Kammer repräsentiert die Grundbesitzer, die zweite stellen die Gesandten aus den Korporationen und Gemeinden als Repräsentanten der Gewerbetreibenden. Sie fungieren als die Verbindung zwischen dem Bourgeois und dem Citoyen – der bürgerlichen Gesellschaft und dem Staat, was ein imperatives Mandat ausschließt. So vertritt die erste Kammer das Land und die zweite Kammer die kapitalistische industrielle und kommerzielle Welt. Die beiden Kammern fasst Hegel nicht als Interessenvertretung von unten nach oben auf. *Beide Kammern kommen ... in Hegels Staatsmodell ohne direkte politische Mitwirkung der Bevölkerung zustande,*[184] sondern umgekehrt sollen sie – so Kervégan – *den Standpunkt des Staates in die Gesellschaft hineintragen.*[185]

Die Verhandlungen in den beiden Kammern sollen öffentlich geführt werden, damit ein interessiertes Publikum sich über die politischen Probleme einen Überblick verschaffen und in seiner politischen Urteilskraft wachsen kann. Über die öffentliche Meinung äußert sich Hegel ambivalent, dass sie nämlich *verdient ... ebenso geachtet als verachtet zu werden* (7.485, § 318), da sie einerseits harmlos, anderseits aber auch *schlechte und gehässige Nemesis* (7.489, § 319 A) sei. Gleiches ließe sich über die Presse sagen. *Verletzung der Ehre ... Verleumdung, Schmähung, Verächtlichmachung der Regierung, ihrer Behörden und Beamten, der Person des Fürsten insbesondere, Verhöhnung der Gesetze, Aufforderung zum Aufruhr usf. (sind) Verbrechen, Vergehen mit den mannigfaltigsten Abstufungen* (7.488 § 319 A). Es ist nicht so, dass Hegel die öffentliche Meinung nicht anerkannt hätte. In der Jenaer Realphilosophie von 1806 behauptet er gar, dass von der gebildeten öffentlichen Meinung als *Schatz der Maximen des Bewusstseins* alle *Veränderungen aus(gehen).*[186] In § 154 der Wannemannmitschrift heißt es, dass die öffentliche Meinung eine *Aufsicht und ein gewichtiges Urteil* über die Angelegenheiten der Ständeversammlung haben soll.[187]

Hegel, für den *Das Zeitungslesen des Morgens ... eine Art von realistischem Morgensegen* (2.547) war, war sich allerdings – wie übrigens auch Goethe – darüber bewusst, dass eine unlautere Presse verunglimpfende Kampagnen führen kann, wie in Frankreich gegen Marie Antoinette, die in Pariser Blättern als *unsere geile Königin (notre lubrique reine)* verunglimpft wurde.[188] Goethe äußerte im Gespräch mit Eckermann über das Attentat an Kotzebue: *Kotzebue wurde lange gehaßt, aber damit der Dolch des Studenten sich an ihn wagen konnte, mußten ihn gewisse Journale erst verächtlich machen* (Gespräch vom 15. Februar 1831). Es waren wohl solche

[184] Emundts, Dina, Horstmann, Rolf-Peter, G.W.F. Hegel a.a.O., S. 105.

[185] Kervégan, S. 284.

[186] Göhler, Gerhard (Hg.), Jenaer Realphilosophie a.a.O., S. 277, Anm. 3.

[187] Becker, C., u. a (Hg.), Georg Wilhelm Friedrich Hegel, Vorlesungen über Naturrecht und Staatswissenschaft (Nachgeschrieben von P. Wannemann), hg. v. C. Becker u.a., Hamburg 1983, S. 237.

[188] Schama, Simon, Der zaudernde Citoyen, Rückschritt und Fortschritt in der Französischen Revolution, München 1989, S. 227.

Auswüchse und Gefahren, die Goethe vom *Unfug der Pressefreiheit* (Gespräch vom 27. März 1831) sprechen ließ.[189]

Hegel setzte sich für das Recht der Bürger auf Religionsfreiheit ein. Was das Verhältnis von Staat und Religion betrifft, so sei zu unterscheiden zwischen der Gewissensfreiheit, in die sich der Staat nicht einzumischen habe, und der Institution der Religion. Wenn es hier zu Kollisionen komme, habe der Staat den Vorrang. Die diesbezüglichen Überlegungen Hegels sollten ihren Schatten bis hin zum Kulturkampf unter Bismarck werfen. Für Hegel hat der Staat die Aufgabe *der Gemeinde für ihren religiösen Zweck allen Vorschub zu tun und Schutz zu gewähren* (7.420, § 270 A), ohne sich in die Inhalte der Religion einzulassen. Falls es jedoch zu einem Konflikt zwischen dem Staat und der *Prätention einer Kirche* (7.427, § 270 A) kommen sollte, stellt Hegel das höhere Recht des Staates heraus, seine Ansicht, *was als objektive Wahrheit gelten soll, geltend zu machen* ... (7.427f, § 270 A). *Die Religion als solche darf* ... *nicht das Regierende sein* (7.431, § 270 Z). Dennoch kann Hegel in folgendem Sinn von einer Einheit von Staat und Kirche sprechen. *Es ist die philosophische Einsicht, welche erkennt, dass Kirche und Staat nicht im Gegensatze des Inhalts der Wahrheit und Vernünftigkeit, aber im Unterschied der Form stehen* (7.425, § 270 A).

Exkurs: Hegel über Toleranz

In Bezug auf die Toleranz lobt Hegel Staatsmänner wie Richelieu und Friedrich II. Über Richelieu lesen wir in der *Verfassungsschrift*: *Bei Vertilgung des Staats der Hugenotten ließ er ihnen Gewissensfreiheit, Kirchen, Gottesdienst, bürgerliche und politische Rechte, gleich mit den Katholiken. Durch seine Konsequenz als Staatsmann fand und übte er die Toleranz aus, was mehr als Jahrhunderte später als das Produkt der gebildeteren Menschheit und als das glänzendste Verdienst der Philosophie und der Milderung der Sitten geltend gemacht wurde...* (1.550). Über Friedrich II. heißt es: *Er führte ein, was Bedürfnis war, religiöse Toleranz, Gesetzgebung, Verbesserung der Gerechtigkeitspflege, Sparsamkeit mit der Staatskasse* (20.298). Ein Staat, so geht aus § 270 der Rechtsphilosophie in einer Anmerkung hervor, könne umso toleranter sein, je stärker er ist und sich *auf die Macht der Sitten und der inneren Vernünftigkeit seiner Institutionen verlassen* (7.421) könne. In Bezug auf die Juden argumentiert Hegel, dass durch eine Stärkung ihres *Selbstgefühl(s) als rechtliche Personen in der bürgerlichen Gesellschaft zu gelten* (7.421), die *verlangte Ausgleichung der Denkungsart und Gesinnung zustande kommt* (7.421). Er setzte sich also für die Verleihung der bürgerlichen Rechte für Juden ein. Das *erhobene Geschrei* dagegen über-

[189] Vgl. auch Goethes Äußerung in „Dichtung und Wahrheit" Teil 3, Buch 12: „es töricht zu glauben, dass das Publikum der *wahre Gerichtshof* sei."

sehe, *dass sie zuallererst Menschen sind und dass dies nicht nur eine flache, abstrakte Qualität ist* (7.421). Ansonsten behandelt Hegel das Thema der Toleranz eher stiefmütterlich, ja am Beispiel Rom weist er auf mögliche negative Folgen hin: *Die Römer erobern Großgriechenland, Ägypten usw., sie plündern die Tempel; wir sehen so ganze Schiffsladungen von Göttern nach Rom geschleppt. Rom wurde so die Versammlung aller Religionen, der griechischen, persischen, ägyptischen, christlichen, des Mithradienstes. In Rom ist diese Toleranz; alle Religionen kommen da zusammen und werden vermischt. Nach allen Religionen greifen sie, und der Gesamtzustand macht so eine Verwirrung aus, in der jede Art von Kultus durcheinandergeht und die Gestalt, die der Kunst angehört, verlorengeht* (17.172f). Toleranz kann auch zum Relativismus führen, in dem *lautstarke Ideologien*[190] die Oberhand gewinnen. *Am Ende darf jede Dummheit nach dem abstrakten Freiheitsprinzip gleiches Recht beanspruchen.*[191]

Im letzten Teil der Rechtsphilosophie geht Hegel auf das Verhältnis der Staaten untereinander sowie auf weltgeschichtliche Aspekte ein. Staaten stehen sich als *vollkommen selbständige Totalitäten* (7.497, § 330 Z) gegenüber. Man muss ... *eine partikuläre Nation sein ... um einen eigentümlichen und unterschiedenen Staat darzustellen.*[192] Einen Weltstaat oder eine Weltrepublik lehnt Hegel ab, wie schon aus seinem *Naturrechtsaufsatz* hervorgeht: Die absolute Gestalt der Sittlichkeit ... *kann nicht zur Gestaltlosigkeit des Kosmopolitismus fliehen, noch zu der Leerheit ... eines Völkerstaats und der Weltrepublik, als welche Abstraktionen und Formalitäten ... sind ...* (2.529f).[193] Dennoch sehen sich nach Theodor Litt auch bei Hegel die einzelnen Staaten in ein *umfassenderes Leben einbezogen.*[194] Sie sind in die Weltgeschichte eingeordnet, in den Geist der Welt (Weltgeist), der den Fortschritt im Bewusstsein der Freiheit verkörpert, einem Sog, dem sich die Staaten längerfristig nicht entziehen können.

Zwischen Staaten gibt es Abmachungen, Verträge, auch ein Völkerrecht, dem es allerdings an Verbindlichkeit fehlt,[195] weshalb es im äußersten Fall zu Kriegen

---

[190] Dinkel, S. 494.

[191] Ebenda, S. 493.

[192] Hegel, G. W. F., Vorlesungen über die Philosophie der Weltgeschichte, hg. v. Georg Lasson, Hamburg 1968, S. 861.

[193] Ähnlich argumentiert Adam Müller als Vertreter der politischen Romantik in seiner Schrift: „Die Elemente der Staatskunst" (1809): *Die Torheit aller Begriffe vom ewigen Frieden, denen man einen Thron über allen diesen Staaten hat erbauen, die man durch einen Universalmonarchen oder permanenten Völkerkongress hat repräsentieren lassen wollen, braucht nicht erst bewiesen zu werden, ihre Unausführbarkeit leuchtet ein, und ... auch das Unglück der Welt und der Stillstand der bürgerlichen Gesellschaft, welche der Ausführung auf dem Fuße folgen würde.* Zit n. Kiesewetter, Hubert, Von Hegel zu Hitler, Hamburg 1974, S. 395f, Anm. 171.

[194] Litt, S. 122.

[195] *Das Recht bleibt hier ein bloßes Sollen, und die Verträge, die die Staaten schließen, werden gehalten, solange es ein jeder für gut befindet.* Buhl. Ludwig H., Hegels Lehre vom Staat und seine Philosophie der Geschichte in ihren Hauptresultaten, Berlin 1837, S. 29.

kommen kann. Hegel erachtet deshalb ein stehendes Heer und im Kriegsfall eine allgemeine Wehrpflicht für notwendig (7.494 § 326). Ein Krieg solle so geführt werden, dass *in ihm die Möglichkeit des Friedens erhalten* (7.502, § 338) bleibt. Das bedeute u.a. dass *die Gesandten respektiert, und überhaupt, dass er nicht gegen Institutionen und das friedliche Familien- und Privatleben, nicht gegen Privatpersonen geführt werde* (7.502, § 338). Einen gerechten Krieg kennt Hegel nicht, insofern es *ein an sich Unbestimmbares (bleibt)* (7.500, § 334), in welchem Fall ein Staat seine Ehre verletzt fühlt, ja manch ein stärker werdender Staat *zur Reizbarkeit geneigt ist* und nur darauf wartet, *sich einen Stoff der Tätigkeit nach außen zu suchen und zu schaffen* (7.500, § 334).

Die Wirkungsgeschichte der Rechtsphilosophie kurz skizziert, teilt sich in die Rechtshegelianer und Linkshegelianer. Die ersteren interpretierten Hegels Satz über die Wirklichkeit der Vernunft so, dass die politische Wirklichkeit des preußischen Staates schon vernünftig und deswegen keine Veränderung notwendig sei. Die Linkshegelianer hingegen forderten eine Angleichung der ihrerseits als unvernünftig erachteten Wirklichkeit an die Vernunft durch soziale und politische Reformen; wenn nötig auch durch Revolution.

Merksatz

Die Hegelsche Position hat ... konservative wie auch staatskritische Positionen auf den Plan gerufen, die so genannte Hegelianische Rechte wie Hegelianische Linke, wobei sich erstere stärker auf den Begriff der Wirklichkeit, letztere eher auf den der Vernunft berief.[196]

In der weiteren Wirkungsgeschichte ging es um das Verhältnis von Individuum und Staat. Aus liberaler Sicht hatte Hegel die Todsünde begangen, den Staat höher einzuschätzen als das Individuum. Stilbildend war Rudolf Haym, „Hegel und seine Zeit“ aus dem Jahre 1857. Hegel wird hier als Ideologe der *preußischen Restauration*[197] und wegen seiner angeblich *wissenschaftlich formulierte(n) Rechtfertigung des Karlsbader Polizeisystems und der Demagogenverfolgung*[198] kritisiert. Nach dem Zweiten Weltkrieg stießen liberale Philosophen wie Karl Popper, Ernst Topitsch und Hubert Kiesewetter in ein ähnliches Horn und sahen in Hegel einen Vordenker des Totalitarismus des 20. Jahrhunderts. Demgegenüber betont Ernst Fraenkel in seinem Werk „Der Doppelstaat“ aus dem Jahre 1941, dass sich zwischen der Rassentheorie und Blut- und Bodenlehre des Nationalsozialismus und Hegel *auch nicht die entferntesten Zusammenhänge feststellen* lassen.[199] Mit Walter

[196] Vietta, Silvio. Europäische Kulturgeschichte, Eine Einführung, München 2005, S. 402.
[197] Haym, Rudolf, Hegel und seine Zeit, a. a. O., S. 359.
[198] Ebenda, S. 364.
[199] Fraenkel, Ernst, Der Doppelstaat, Hamburg 2001, Bearbeitete Neuausgabe S. 177.

Euchner lässt sich bis heute sagen: *Der eigentliche Zankapfel ... in den deutschen Sozialwissenschaften heißt Hegel.*[200]

Zu Beginn des 20. Jahrhunderts war es zu einer Renaissance des Hegelianismus in Deutschland gekommen. Hegel wurde als ein Denker des deutschen Sonderweges aufgefasst, der die Überbetonung des Individuums im Liberalismus kritisiert und herausgearbeitet habe, wie abhängig das Wohl des Einzelnen von einer geordneten Gemeinschaft (Nationalstaat) sei. Anfangs der 30er Jahre bildete sich die Göttinger Hegel-Schule mit den Hauptvertretern Julius Binder, Karl Larenz, Martin Busse und Gerhard Dulckeit als Zentrum des Neuhegelianismus. *Sie agierten im geistigen Klima der Ablehnung der Weimarer Republik und propagierten nach der ‚Machtergreifung' die aufkommende Herrschaft des Nationalsozialismus zunächst als eine Art Synthesis aus dem untergangenen Kaiserreich und der überwundenen Weimarer Republik. Relativ rasch verebbte dieser Impetus.*[201]

Die bis heute einflussreiche neomarxistische Hegelinterpretation (Lukács, Korsch, Marcuse) kritisiert die liberale Konkurrenzgesellschaft als entfremdet und schätzt vor allem an Hegel, dass er die Dialektik der bürgerlichen Gesellschaft aufgedeckt habe: Reichtum auf der einen, Armut auf der anderen Seite. An Hegel kritisiert wurde, dass er die Aussöhnung dieser Widersprüche im Staat sah und nicht in der Umgestaltung der Gesellschaft durch Klassenkampf und Revolution. Nationalsozialistische Philosophen wie Alfred Rosenberg lehnten Hegels Philosophie ab, weil sein Begriff des Volkgeistes zu wenig die völkische, rassenmäßige Komponente betone und *blutfremde Machtlehre*[202] sei. Dadurch verbleibe Hegels Philosophie gleichsam im luftleeren Raum des Idealismus. Nach Carl Schmitt war, wie schon erwähnt, Hegel mit dem 30. Januar 1933 „gestorben".[203]

In der zweiten Hälfte des letzten Jahrhunderts wurde Hegel von Autoren des Kommunitarismus wie Charles Taylor, die eine Verbindung von Individualismus und Kollektivismus anstrebten[204], neu entdeckt. Da jedoch ihr Ausgangspunkt für die Staatsbegründung letztlich das Individuum bleibt, sei es fraglich – so Jean-Christophe Merle –, ob ihre Berufung auf Hegel zu Recht besteht.[205] Was Hegels Wirkung auf die Rechtsphilosophie im engeren Sinne betrifft, kommt Hermann Klenner zur folgenden ernüchternden Feststellung: *Ob Kelsen (Reine Rechtslehre, 1960), Hart (The Concept of Law, 1961), Rawls (A Theory Justice, 1972) oder Dwor-*

---

200 Euchner, Walter, Freiheit, Eigentum und Herrschaft bei Hegel, in: Egoismus und Gemeinwohl, Studie zur Geschichte der bürgerlichen Philosophie, Frankfurt a. Main 1973, S. 132.

201 Schirmer, Jakob, Die Göttinger Hegel-Schule a.a.O., Klappentext.

202 Rosenberg, Alfred, Der Mythus des 20. Jahrhunderts, München 1934, 33.-34. Auflage, S. 525.

203 Schmitt, Carl, Staat, Bewegung, Volk: Die Dreigliederung der politischen Einheit, Hamburg, 1933, S. 32.

204 Vgl. Ruffing, Reiner, Einführung in die Philosophie der Gegenwart, a.a.O., S. 247.

205 Merle, Jean-Christophe, Hegels ‚freie Gesellschaft' und der heutige Liberalismus, in Pauly, Walter, (Hg.) Der Staat – eine Hieroglyphe der Vernunft, a.a.O., S. 243 ff.

kin (Taking Rights Seriously, 1977), um nur vier unbestrittene outstandings zu nehmen: von Hegel keine Spur.[206]

Zusammenfassung

Am Anfang der Rechtsphilosophie steht der freie Wille als Grundlage allen Rechts. Weiter gliedert Hegel in die Teile abstraktes Recht, Moralität und Sittlichkeit (wiederum unterteilt in Familie, bürgerliche Gesellschaft, Staat). Der Staat garantiert gemäß dem Subsidiaritätsprinzip die Eigenständigkeit der Familie, bürgerlichen Gesellschaft, Gemeinde und Korporationen, behält sich aber im Ernstfall die Prärogative vor. ... *Hegel glaubte, die moderne Sittlichkeit müsse notwendigerweise mit der Schaffung von Räumen einhergehen, die nicht reguliert werden.*[207] Die politische Beteiligung des Einzelnen erfolgt nicht über das allgemeine Wahlrecht, sondern über die Einflussnahme in den beruflichen Organisationen, Innungen, Genossenschaften, Korporationen und Gemeinden. Hegel vertritt ein Zwei-Kammersystem mit formal letzter Entscheidungsbefugnis eines erblichen Fürsten. Öffentlichkeit und auf Fachkenntnissen fußende Sachlichkeit – *Die Regierung ruht in der Beamtenwelt* (12.539) – prägen die von Hegel geforderte Regierungsarbeit. Schließlich erscheint Hegels Staat eingebettet in den allgemeinen Lauf der Weltgeschichte.

[206] Klenner, Hermann, Alternativeinschätzungen Hegelscher Rechtsphilosophie, in: Buhr, Manfred, D'Hondt, Jacques, Klenner, Hermann, Aktuelle Vernunft, Drei Studien zur Philosophie Hegels, Berlin 1985, S. 84.

[207] Menke, Christoph, „Wir müssen Individualität und Gemeinschaft miteinander verbinden" in: philosophie Magazin, Thema Hegel, Sonderausgabe Nr. 24, Berlin 2023, S. 83.

8. Die Vorlesungen

8.1 Geschichtsphilosophie

Die Weltgeschichte, wissen wir, ist also überhaupt die Auslegung des Geistes in der Zeit, wie die Idee als Natur sich im Raume auslegt.
Hegel (12.96f)

Hegels Hauptinteresse galt stets der Geschichte. *Geschichte, so könnte man sagen, ist das große Thema der Hegelschen Philosophie überhaupt.*[1] Die Gegenwart umfasst (Hegel sagt „begreift") in ihrer Tiefe ... *alle in der Geschichte als früher erscheinenden Stufen in sich.*[2] Das heißt, dass sich die Gegenwart nur über die Geschichte verstehen lässt. *Die Momente, die der Geist hinter sich zu haben scheint, hat er auch in seiner gegenwärtigen Tiefe* (12.105). Hegel ist der Auffassung, dass es einen Sinn der Geschichte gibt. *Für Hegel ist ... Geschichte nicht eine Sammlung individueller Begebenheiten, zufälliger Ereignisse, sondern er sieht in dem zeitlichen Geschehen und Differenzierten eine innere Einheit, ein Ewiges, das in Allem gegenwärtig ist.*[3] Dieser Sinn ist ein fortschreitendes Bewusstwerden der Freiheit. Die Weltgeschichte ist keine *schicksalhafte Fügung (kein Fatum)*[4], sondern durch das Subjekt vermittelt. *Die Weltgeschichte ist der Fortschritt im Bewusstsein der Freiheit – ein Fortschritt, den wir in seiner Notwendigkeit zu erkennen haben* (12.32). *Wer die Welt vernünftig ansieht, den sieht sie auch vernünftig an, beides ist in Wechselbestimmung* (12.23).

Merksatz

Es geht vernünftig zu. Mit diesem Glauben an den Weltgeist müssen wir an die Geschichte ... gehen (18.38).

Die Geschichte fasst Hegel wie die Philosophiegeschichte als ein sinnhaftes Ganzes, dessen Triebkraft die Vernunft ist. *Es ist eine Idee im Ganzen und in allen ihren Gliedern, wie in einem lebendigen Individuum ein Leben, ein Puls durch alle Glieder schlägt* (18.47). Weltgeschichte und Philosophiegeschichte sind das Resultat der menschlichen Arbeit. *Der Besitz an selbstbewusster Vernünftigkeit, welcher uns, der jetzigen Welt, angehört, ist nicht unmittelbar entstanden, und nur aus dem Boden der*

---

1 Küng, S. 470.

2 Lasson, Georg (Hg.), Georg Wilhelm Hegel, Sämtliche Werke, Bd. VIII, Vorlesungen über die Philosophie der Weltgeschichte, Erster Halbband, Leipzig 1920, S. 165.

3 Löwenstein, Julius, Hegels Staatsidee, Heidelberg 1927, S. 23.

4 Schmidt, Steffen, Weltgeschichte als Weltgericht in Hegel Geschichtskonzeption, in: Pauly, Walter (Hg.), Der Staat – eine Hieroglyphe der Vernunft, Baden-Baden 2009, S. 205.

Gegenwart geworden; sondern ist dies wesentlich in ihm, eine Erbschaft und näher das Resultat der Arbeit, und zwar der Arbeit aller vorhergegangenen Generationen des Menschengeschlechts zu sein (18.21). Revolutionen in der Geschichte gehen nicht wie Phönix aus der Asche hervor, sondern haben einen Vorlauf: *Das ist das Programm der Hegelschen Geschichtsauffassung: ‚Revolution' und ‚Verdrängung' einer Kultur durch eine andere ist nichts Gewaltsames, den geschichtlichen Gang Unterbrechendes, sondern eine aus dem Gesamtgeist der Zeit und seiner Änderung zu verstehende Veränderung im gesellschaftlich-geschichtlichen Leben der Völker.*[5]

Zwar ist die Geschichte die ... *Schlachtbank ..., auf welcher das Glück der Völker, die Weisheit der Staaten ... und die Tugend der Individuen zum Opfer gebracht worden ...* (12.35), doch Hegel vertraut auf den Fortschritt – nicht verstanden als Utilitarismus oder Eudämonismus, sondern als Fortschritt im Geist der Freiheit. Die Weltgeschichte sei das Weltgericht (10.347, § 548). Hegels Fortschrittsbegriff hat nichts mit subjektivem Optimismus oder Pessimismus zu tun, ... *die als solche zufällige ‚Standpunkte', subjektivistische Meinungen, tendenziöse Auffassungen einer interessierten Menschenseele ...*[6] sind. Das bedeutet auch, dass sich Hegel gegen eine moralische Bewertung geschichtlicher Ereignisse und Taten richtet. So spricht er abfällig ... *vom moralischen Pragmatiker, der ebenso fort kompilierend erzählt,* [aber] *von Zeit zu Zeit mit erbaulichen christlichen Reflexionen aufwacht aus dieser dröselnden Erzählerei und den Begebenheiten und Individuen mit moralischem Einhauen in die Flanke fällt ... (12.556).*

Die Erkenntnis des notwendigen Sinns der Geschichte bzw. einer Epoche der Geschichte kann jedoch erst im Nachhinein erfolgen – nicht in der Hitze der Gegenwart von politischen Kämpfen. Die Eule der Minerva (Göttin der Weisheit) beginnt – so Hegel – *erst mit der einbrechenden Dämmerung ihren Flug* (7.28). *Eine Interpretation des Geschehens ist immer nur möglich, wenn die Ereignisse vorüber sind.*[7] Den Geschichtsverlauf kennzeichnet die folgende Dialektik. Zwar machen die Menschen die Geschichte, aber doch so, dass ... *noch etwas anderes überhaupt herauskomme, als sie bezwecken und erreichen, als sie unmittelbar wissen und wollen; sie vollbringen ihr Interesse, aber es wird noch ein Ferneres damit zustande gebracht* (12.42f). Dies ist Hegels berühmte „List der Vernunft", die sich auf die „Ferne" – auf längere Zeit – hin durchsetzt.

Exkurs: List der Vernunft

Bekannt ist Hegels „List der Vernunft", wonach sich der Weltgeist der Leidenschaften großer Individuen bedient – *nichts Großes in der Welt ohne Leidenschaft* (12.38) –, um hinter ihrem Rücken die historische Entwicklung zu einer

[5] Steinbüchel, S. 172f.

[6] Iljin, Iwan, Die Philosophie Hegels ... a.a.O., S. 279.

[7] Barberowski, Jörg, Der Sinn der Geschichte, München 2005, S. 58.

höheren Stufe voranzutreiben. Cäsar strebte die Alleinherrschaft in Rom an, wurde zum *individuelle(n) Gewalthaber im Staate* (12.45). Doch zugleich handelte er im Sinne der welthistorischen Bestimmung Roms im Vergleich zur griechischen Polis das Privatrecht gestärkt zu haben. *Dies sind die großen Menschen in der Geschichte, deren eigene partikuläre Zwecke das Substantielle enthalten, welches Wille des Weltgeistes ist* (12.45). Wenngleich sie nicht wie Hegel den großen Sinn der Geschichte überschauen konnten, so ergriffen diese welthistorischen Individuen doch *was not und was an der Zeit ist ... ihre Handlungen, ihre Reden sind das Beste der Zeit* (12.46). Kurzum: Alexander, Cäsar und Napoleon fungierten als *Geschäftsführer des Weltgeistes* (12.46). *Es ist das Besondere, das sich aneinander abkämpft und wovon ein Teil zugrunde gerichtet wird. Nicht die allgemeine Idee ist es, welche sich in Gegensatz und Kampf, welche sich in Gefahr begibt; sie hält sich unangegriffen und unbeschädigt im Hintergrund.*[8] *Das ist die List der Vernunft zu nennen, daß sie die Leidenschaften für sich wirken läßt, wobei das, durch was sie sich in Existenz setzt, einbüßt und Schaden leidet* (12.49). „List" hat bei Hegel umfängliche Bedeutung. So „überlistet" der Mensch mittels Technik die Natur, indem er die Naturkräfte für sich arbeiten lässt und selbst sozusagen als Zuschauer im Hintergrund bleibt.[9] Für Hegel wird nur der *von Grund aus Meister, (der bewirkt), dass das Andere in seinem Tun sich selbst verkehrt.*[10] Auch auf die sprichwörtliche List der Frauen geht Hegel ein. *Durch die List ist der Willen zum Weiblichen geworden – der hinausgehende Trieb ist als List theoretisches Zusehen, – das nicht-wissende Treiben zum Wissen.*[11] Während der männliche Trieb direkt auf die Dinge ziele, arbeite das „Weib" indirekt mittels Reizen. Sie übernehme gleichsam den theoretischen Teil in der Beziehung und schaue zu, wie sich die Dinge – möglichst in ihrem Sinn – entwickeln.[12]

Berühmt ist Hegels These vom Ende der Geschichte. *Die Weltgeschichte geht von Osten nach Westen, denn Europa ist schlechthin das Ende der Weltgeschichte* (12.134, 12.116). Lediglich einen Ausblick eröffnet Hegel auf Amerika als Land der Zukunft: *Amerika ist somit das Land der Zukunft, in welchem sich in vor uns liegenden Zeiten ... die weltgeschichtliche Wichtigkeit offenbaren soll* (12.114). Francis Fukuyama hat sie als Siegeszug der liberalen Demokratien in einer globalisierten Welt gedeutet. *Hegel glaubte an ein Ende der Geschichte ... er (wollte) damit offensichtlich nicht be-*

8 Auch hier passt Hegels *Die Wunden des Geistes heilen, ohne dass Narben bleiben* (3.492).

9 Vgl. Hegel, Georg Wilhelm Friedrich, Jenaer Realphilosophie in, Göhler, Gerhard (Hg.), Frühe politische Systeme, a.a.O., S. 219f.

10 Ebenda, S. 221.

11 Ebenda.

12 Vgl. Kuster, Friederike, „Durch die List ist der Willen zum Weiblichen geworden." Bemerkungen zu einer Stelle aus Hegels Jenaer Systementwürfen, in Cahiers d'Études Germaniques (Online), 68/2015).

haupten, dass der liberale Staat überall auf der Erde gesiegt habe. Der Sieg war damals noch nicht einmal in dieser kleinen Ecke Deutschlands sicher. Er wollte vielmehr sagen, dass die Prinzipien der Freiheit und der Gleichheit, die dem modernen liberalen Staat zugrunde liegen, in den fortschrittlichen Ländern entdeckt und durchgesetzt waren und dass es keine alternativen Prinzipien oder Formen der politischen Organisation gebe, die dem Liberalismus überlegen seien.[13] Doch diese Interpretation geht zu weit. Jürgen Habermas widerspricht der ... *Neigung, den politischen Denker Hegel ins juste Milieu westlicher Demokratien einzupassen, ihn ehrenhalber zum Liberalen zu ernennen.*[14] Hegels Verhältnis zum Liberalismus bringt Jacques D'Hondt auf den folgenden Punkt: *Wenn er politischen Fortschritt und Ausdehnung des Liberalismus nicht zusammenwarf, so schloss er doch nicht jeden liberalen Beitrag aus seiner Lehre aus.*[15]

Hegel verstand unter dem Ende der Geschichte nicht den Sieg einer politischen Ideologie – des Liberalismus –, sondern, dass nach der Französischen Revolution die grundlegenden Parameter des modernen Staates (Familie, bürgerliche Gesellschaft, Staat, Grundrechte, Meinungsfreiheit, Religionsfreiheit, Privateigentum) herausgearbeitet waren und dass es jetzt darauf ankomme, sie in die richtige Balance zu setzen und mit Leben zu füllen. Für Jürgen Habermas beginnt daher mit Hegel der philosophische Diskurs der Moderne mit der Grundfrage: *Wie lässt sich im Rahmen einer wirtschaftlich mobilisierten, beschleunigt komplexer werdenden Gesellschaft die prekäre Balance zwischen fortschreitender Individuierung und Entfremdung einerseits, den Solidaritäten der vertrauten Herkunftswelten andererseits so weit aufrechterhalten, dass das soziale Band nicht reißt?*[16] Für Klaus Vieweg bedeutet Hegels „Ende der Geschichte", *die Bestimmung von Freiheit immer wieder neu zu fassen und neue Formen ihrer Konstitution auf dem Schauplatz der Welt zu finden.*[17] „Ende" bedeutet in diesem Zusammenhang: Höheres als Vernunft und Freiheit kann weder gefunden noch angestrebt werden.

Auf dem Weg der geschichtlichen Entfaltung der Freiheit unterscheidet Hegel vier welthistorische Reiche: das orientalische, griechische, römische und germanische. *Die Orientalen wissen es noch nicht, dass der Geist oder der Mensch als solcher an sich frei ist; weil sie es nicht wissen, sind sie es nicht; sie wissen nur, dass Einer frei ist ... Dieser eine ist ... nur ein Despot, nicht ein freier Mann. – In den Griechen ist erst das Bewusstsein der Freiheit aufgegangen, und darum sind sie frei gewesen; aber sie, wie auch die Römer, wussten nur, dass einige frei sind, nicht der Mensch als solcher* (12.31). Erst im christlichen Europa und besonders seit der Reformation und der Französischen Revolution gerät ins Bewusstsein, dass alle Menschen frei sind. ... *wir aber wissen, dass alle Menschen an sich ... frei* (12.32) sind. Wenn Hegel diesen Leitfaden

[13] Fukuyama, Francis, Das Ende der Geschichte, München 1992, S. 104.

[14] Habermas, Jürgen, Zu Hegels Politischen Schriften, in: Theorie und Praxis, Frankfurt/Main 1978, S. 169.

[15] D'Hondt, Jacques, Hegel in seiner Zeit (Berlin, 1818–1831), Berlin 1973, S. 80.

[16] Habermas, Jürgen, Auch eine Geschichte der Philosophie, 2. Bd., Berlin 2020, 4. Auflage, S. 474.

[17] Vieweg, Klaus, Der Philosoph der Freiheit, a.a.O., S. 611.

anlegt, bedeutet dies, dass auf der Wegstrecke zu mehr Freiheit nicht alle Geschichtsepochen und Völker, Kulturkreise gleiche Berücksichtigung erfahren.

Geschichte – so Hegel – gibt es nur, wenn Staaten vorhanden sind. *Die Verbreitung der Sprache und die Ausbildung der Völkerschaften liegt jenseits der Geschichte* (12.142) – ist Vorgeschichte. Afrika hat für Hegel keine Geschichte; es sei ... *das Kinderland, das jenseits des Tages der selbstbewussten Geschichte in die schwarze Farbe der Nacht gehüllt ist* (12.120). Die Geschichte beginne erst im alten Orient mit dem chinesischen Staat. China sei ihr Kindesalter. *Mit China und den Mongolen, dem Reiche der theokratischen Herrschaft, beginnt die Geschichte* (12.143). China sei ein patriarchalischer Staat mit dem Kaiser als gottähnlichem Herrscher; ein Beamtenstaat, der die Subjektivität nicht kenne und deswegen unverändert die Jahrtausende überlebt habe. Die zweite Station im Orient ist Indien, das in sich zwar differenzierter sei und die ... *vollendete Maschinerie, wie sie in China besteht ...* (12.144), auflöse; jedoch wegen dem ständigen Rekurs auf das Nichts (Buddhismus) substanzlos wie in einem ... *Taumel* von einem Extrem ins andere schweife und deshalb ... *einem geregelten verständigen Bewusstsein ... als Verrücktheit erscheinen muss* (12.144).

Mehr Licht verkörpere das persische Reich, in dem *die Vorstellung, die der Geist von sich selbst hat ... eine ganz natürliche, das Licht* (12.145) sei. Zarathustra lehrt den Dualismus vom Reich des Lichtes gegen den Abgrund der Finsternis. Im persischen Reich sei im Vergleich zum chinesischen die Besonderheit ausgeprägter: *Wir finden in dieser Völkerzahl schweifende Nomaden, dann sehen wir in Babylonien und Syrien Handel und Gewerbe ausgebildet* (12.145f). Gerade durch die Ausbildung dieser Besonderheiten bedeute das persische Reich ... *einen wirklichen Übergang in der Weltgeschichte* (12.146). Zu diesen Besonderheiten zähle auch das Judentum. Das Licht ist in der jüdischen Religion *Jehova, das reine Eine ... der Geist* (12.241), was nach Hegel einem großen Fortschritt in der Menschheitsgeschichte gleichkommt: *Dadurch geschieht der Bruch zwischen dem Osten und dem Westen ... Die Natur, die im Orient das Erste und die Grundlage ist, wird jetzt herabgedrückt zum Geschöpf, und der Geist ist nun das Erste* (12.241). Auch Ägypten behandelt Hegel im Kapitel über das persische Weltreich. Am Erstaunlichsten sei die Sphinx, halb Tier halb Mensch. Sie zeige auf, wie sich der Geist aus der Tiergestalt geradezu sinnbildhaft herausarbeite. Dass die Ägypter in ihrem Kultus vornehmlich Tiere verehrt haben, hebt sie nach Hegel geradezu hervor: ... *Völker, welche die Sonne und die Gestirne verehrt haben,* seien nicht höher zu achten, *denn die Ägypter haben in der Tierwelt das Innere und Unbegreifliche angeschaut* (12.261). Thomas Nagels – den Physikalismus im Leib-Seele-Problem widerlegendes – berühmtes Argument, dass es unmöglich ist, sich in eine Fledermaus hineinzuversetzen,[18] nimmt Hegel vorweg: *Die Tiere sind in der Tat das Unbegreifliche, es kann sich ein Mensch nicht in eine Hundsnatur, soviel er sonst Ähnlichkeit mit ihr haben möchte, hineinphantasieren oder vorstellen, sie bleibt ihm ein schlechthin Fremdartiges* (12.261).

---

[18] Vgl. Ruffing Reiner, Einführung in die Philosophie der Gegenwart, a.a.O., S. 274.

Ägypten bildet das Scharnier von der orientalischen Welt zur höheren Stufe des griechischen Weltgeistes. Die Ägypter hätten mittels der berühmten Inschrift der Göttin Neith zu Sais: ... *niemand hat meine Hülle gelüftet* (12.271), die Erkenntnis des Geistes als Auftrag erteilt. Der griechische Gott Apoll sei der Lösung des Rätsels mit dem Ausspruch *Mensch, erkenne dich selbst,* d. h. nach Hegel, dass sich der Mensch als Geistwesen erkennen soll, einen gewaltigen Schritt näher gekommen (Vgl. 12.272).

‚Mensch erkenne dich selbst'. In diesem Spruche ist nicht etwa die Selbsterkenntnis der Partikularitäten seiner Schwächen und Fehler gemeint; es ist nicht der partikuläre Mensch, der seine Besonderheiten erkennen soll, sondern der Mensch überhaupt soll sich selbst erkennen (12.272). *Es ist dies nicht Erkenntnis der eigenen Partikularität des Menschen, sondern „Erkenne Dich" ist das Gesetz des Geistes* (18.502). Es hat ... *die Bedeutung der Erkenntnis des Wahrhaften des Menschen, wie die des Wahrhaften an und für sich, – des Wesens selbst als Geistes.* (10.9, § 377)

Mit *Bei den Griechen fühlen wir uns sogleich heimatlich, denn wir sind auf dem Boden des Geistes* ... (12.275) beginnt Hegel das Kapitel über die griechische Welt. Sie sei das Jugendalter der Weltgeschichte. Der griechische Staat sei nicht mehr patriarchalisch, sondern demokratisch. Hegel geht auf Athen und Sparta ein. *In Athen war eine lebendige Freiheit vorhanden und eine lebendige Gleichheit der Sitte und der geistigen Bildung und wenn die Ungleichheit des Vermögens nicht ausbleiben konnte, so ging dieselbe nicht zum Extreme über* (12.318). In Sparta hingegen habe eine *abstrakte Tugend* (12.319) geherrscht und der spartanische Staat verkörpere eine *geistlose Gleichheit* (12.320). Hervorzuheben sei, dass der griechische Vollbürger – Frauen, Metöken, Sklaven besaßen keine Mitspracherechte – sein ganzes Dasein mit dem Staat identifizierte. Es war aber in erster Linie nur eine partikulare Polis, für die er lebte; eine zwar schöne aber auch begrenzte Einheit. Der Weltgeist musste weiterschreiten.[19]

Zwar verteidigten die Griechen Europa im 5. Jahrhundert vor Chr. vor der persischen Eroberung, aber danach zerfiel ihr Zusammenhalt im Peloponnesischen Krieg (431–404 v. Chr.). Bei aller Bewunderung für die griechische Sittlichkeit und Geistigkeit fehlte ihnen laut Hegel *die Unendlichkeit des Selbstbewusstseins* (12.323), worauf sie Sokrates – er *hat das Subjekt gegen Vaterland und Sitte* (12.329) gesetzt – aufmerksam gemacht habe. An der Sokratischen Aufforderung zur Selbstprüfung sei die griechische Welt zerbrochen. Das antike Griechentum konnte das ... *Prinzip der subjektiven Reflexion (noch nicht) ertragen* (18.514). Sie wussten und konnten noch nicht vom philosophischen Gedanken wissen, wie ihn Emil Staiger in seinem Buch über Hegel, Schelling und Hölderlin schön formuliert, dass nämlich ... *die Fühlbarkeit des Ganzen in eben dem Verhältnis wachse, in welchem die*

[19] Vgl., Charles Taylor: *Die schöne Einheit des griechischen Staates ist dem Untergang geweiht, weil sie begrenzt und parochial ist.* Taylor, Charles, Hegel, a.a.O., S. 519.

Trennung in den Teilen fortschreite, dass dann erst, wenn der Mensch aus Gottes lichter Ruhe verstoßen sei, das reine Gefühl des Höchsten erblühe?[20]

Die nächste Stufe der Weltgeschichte – ihr Mannesalter – repräsentiert Rom. Rom steht für die *politische Allgemeinheit ... und die abstrakte Einheit des Individuums* (12.340) bei gleichzeitiger Zerrissenheit des sittlichen Lebens. Nun wird, was die griechische Einheit aufsprengte, nämliche *die subjektive Innerlichkeit,* zum *Boden, auf welchem eine neue Seite der Weltgeschichte ausgeht* (12.340). Allerdings geht die Entwicklung in die Richtung *der Reinigung der Innerlichkeit zur abstrakten Persönlichkeit, welche im Privateigentum sich die Realität gibt und die spröden Personen können dann nur durch despotische Gewalt zusammengehalten werden* (12.342). Rom kommt, obgleich eine höhere Stufe des Weltgeist repräsentierend, bei Hegel nicht gut weg. *Der römische Staat beruht ... auf dem Momente der Gewaltsamkeit* (12.342). Die Entwicklung Roms teilt Hegel in drei Phasen: 1. Herausbildung des Gegensatzes (Individuum, Staat), 2. die blühende Phase Roms, Griff nach der Weltherrschaft bis zum 2. Punischen Krieg, 3. Phase des Niedergangs unter dem Einfluss der christlichen Religion und dem Einfall der germanischen Völker. Herausgegriffen sei hier Hegels Bemerkung zu Catos *Ceterum censeo Carthaginem esse delendam – Im Übrigen bin ich der Meinung, dass Karthago zerstört werden muss.* Cato sei mit seiner *reinen Selbstsucht* und dem Triumph des Willens ein echter Römer gewesen (vgl. 12.374).

Drastisch schildert Hegel, wie nach dem Zerfall der griechischen Polis und der altrömischen Republik der Staat erstarrte, weil es ihm nicht gelang, ein organisches Ganzes zu bilden. *Wie wenn der physische Körper verwest, jeder Punkt ein eigenes Leben für sich gewinnt, welches aber nur das elende Leben der Würmer ist, so hat sich hier der Staatsorganismus in die Atome der Privatpersonen aufgelöst* (12.384). Über allem thronte abgehoben der Kaiser. *Wie der Herr die Rolle des substanz – d.h. des welt- und werklosen Oberen nicht durchzuhalten vermag, hat ... das berühmte Kapitel der ‚Phänomenologie des Geistes' gezeigt.*[21] Durch Luxus und Sittenverderbnis sei das Römische Reich ausgehöhlt worden. Man fragt sich, wieso überhaupt Rom eine höhere Stufe des Weltgeistes darstellen konnte. Doch es ist genau jene auf die Spitze getriebene Entfremdung und Zerrissenheit, jenes Negative, das in Hegels Dialektik immer wieder ins Positive umschlägt. Denn in Rom wurde eine *Sehnsucht nach einer Befriedigung (hervorgetrieben), die nur im Geiste innerlich erreicht werden kann ... und den Boden für eine höhere geistige Welt bereitet* (12.386). Es war schließlich das Christentum, das, *Als die Zeit erfüllet war* (12.386), diesen höheren Geist hervorbrachte. Als vorbereitend für die christliche Innerlichkeit erachtet Hegel die Davidschen Psalme: *wo der Durst der Seele nach Gott, der tiefste Schmerz derselben über ihre Fehler, das Verlangen nach Gerechtigkeit und Frömmigkeit den Inhalt ausmachen ..., wenn er* [David] *singt: Herr schaffe mir ein reines Herz, einen neuen gewissen Geist* (12.388f).

---

20 Staiger, S. 112.

21 Dinkel, S. 189.

Nach dem Fall Roms bildeten die germanischen Völker den Humus für die Aufnahme des christlichen Prinzips. *Die Bestimmung der germanischen Völker ist, Träger des christlichen Prinzips abzugeben* (12.413).[22] Unter dem christlichen Prinzip versteht Hegel vorrangig die *Identität des Subjekts und Gottes* (12.391), also die Menschwerdung Gottes, die Trinität, die Versöhnung von Gott und Welt. *Diese Einheit darf nicht flach aufgefasst werden, als ob Gott nur Mensch und der Mensch ebenso Gott sei, sondern der Mensch ist nur insofern Gott, als er die Natürlichkeit und Endlichkeit seines Geistes aufhebt und sich zu Gott erhebt* (12.392). Die christliche Religion ist für Hegel ... *die Religion der absoluten Freiheit, und nur für den Christen gilt der Mensch als solcher, in seiner Unendlichkeit und Allgemeinheit* (Enz. 8.321, §163 Z). Den europäischen Geist, wie er sich in der Neuzeit entwickelt hat, charakterisiert Hegel folgendermaßen: 1. Die Welt (das Diesseits) ist als das Andere Gottes Ausdruck einer an sich erkennbaren Vernunft (Naturgesetze). 2. Die Welt gilt als Bewährung der menschlichen Vernunft. *Das Geschäft der Geschichte ist nur, dass die Religion als menschliche Vernunft erscheine, dass das religiöse Prinzip, das dem Herzen der Menschen inwohnt, auch als weltliche Freiheit hervorgebracht werde* (12.405).

Wenn Hegel von der *germanischen Welt* spricht, so meint er mit den Germanen diejenigen, die *in das römische Imperium eindrangen und die neuen Nationen Westeuropas gründeten. In diesem Wort ‚germanisch' oder ‚deutsch' steckt kein Chauvinismus. Montesquieu und andere erkannten ebenfalls, dass die modernen europäischen Gemeinwesen aus diesen barbarischen Königreichen hervorgingen.*[23] Was die Völkerwanderung betrifft, so beschreibt Hegel nach Charles Taylor, ... *dass die frühen Germanen sich in lockerer Ordnung unter Führern versammelten, die wie Agamemnon, nur primus inter pares waren. So waren sie also dazu geschaffen, eine Zivilisation zu errichten, die auf der Freiheit des Individuums gründen würde.*[24] In einem langen Prozess kam es zu einer Verschmelzung dieser ursprünglichen wilden germanischen Kämpferfreiheit mit dem christlichen Prinzip, das diese Freiheit veredelte. Diese germanische Welt sei nun das allerdings durchaus kraftvolle „Greisenalter" der Weltgeschichte: *Das natürliche Greisenalter ist Schwäche, das Greisenalter des Geistes aber ist seine vollkommene Reife, in welcher er zurückgeht zur Einheit, aber als Geist* (12.140).

---

22 In seinen Jugendschriften heißt es über die Rolle des Christentums in der germanischen Welt noch wesentlich kritischer: *Das Christentum hat Walhalla entvölkert, die heiligen Haine umgehauen und die Phantasie des Volks als schändlichen Aberglauben, als ein teuflisches Gift ausgerottet und uns dafür die Phantasie eines Volks gegeben, dessen Klima, dessen Gesetzgebung, dessen Kultur, dessen Interesse uns fremd, dessen Geschichte mit uns in ganz und gar keiner Verbindung ist* (1.197).

23 Taylor, Charles, Hegel, a.a.O., S. 521.

24 Ebenda.

Exkurs: Goethe über die „Freiheit der Germanen"

Die Germanen als Träger der Freiheit war zu Hegels Zeit eine Auffassung, die auch der französische Historiker Guizot vertrat, wie aus dem Gespräch Goethes mit Eckermann vom 6. April 1829 hervorgeht. *Wie Guizot von den Einflüssen redet, welche die Gallier in früher Zeit von fremden Nationen empfangen, ist mir besonders merkwürdig gewesen, was er von den Deutschen sagt. „Die Germanen", sagt er, „brachten uns die Idee der persönlichen Freiheit, welche diesem Volke vor allem eigen war." Ist das nicht sehr artig und hat er nicht vollkommen recht, und ist nicht diese Idee noch bis auf den heutigen Tag unter uns wirksam? Die Reformation kam aus dieser Quelle wie die Burschenverschwörung auf der Wartburg, Gescheites wie Dummes.*

Näher teilt Hegel die germanische Welt in drei Perioden ein: 1. Die Epoche bis zu Karl dem Großen, 2. die Zeit von Karl dem Großen bis zu Karl V., die vom Verhältnis von Staat und Kirche geprägt sei, und 3. Die Zeit ab Karl V., in der die *Weltlichkeit* zum Bewusstsein komme, *dass auch sie ein Recht habe in der Sittlichkeit, Rechtlichkeit, Rechtschaffenheit und Tätigkeit der Menschen* (12.416).

Im zweiten Kapitel zur Germanischen Welt geht Hegel noch auf den „Mohammedanismus" als *Revolution des Orients* (12.428) ein. Er habe die *Partikularität, mit der der Jehovadienst behaftet war* (12.429), abgestreift: Allah ist nicht nur der Gott eines Volkes. Ein weiteres Merkmal ist die Intellektualität: *kein Bild, keine Vorstellung wird von Allah geduldet* ... (12.430). Gelobt wird, dass die Araber die Künste und die Wissenschaften pflegten, hoben und überall verbreiteten. Das Rittertum habe im Kampf mit den *Sarazenen* Tapferkeit ausbildet. Doch das Kapitel schließt mit einer Unterschätzung der welthistorischen Bedeutung des Islam. Er sei ... *von dem Boden der Weltgeschichte verschwunden und in orientalische Gemächlichkeit und Ruhe zurückgetreten* (12.434).

Karl dem Großen komme das Verdienst zu, einen Staat geschaffen zu haben. Das Frankenreich zur Zeit Karls des Großen bezeichnet Hegel als das ... *erste sich Zusammennehmen des Christentums zu einer staatlichen Bildung, die aus sich selbst hervorging, während das Römische Reich von dem Christentum verzehrt worden war* (12.440). Die Einheit der fränkischem Monarchie zerfiel, die Staatsbildung musste wieder von vorne beginnen. Es entstand das mittelalterliche Feudalsystem, in welchem zwar die kaiserliche Gewalt in der *Vorstellung* als etwas *sehr Großes und Hohes ausgegeben* (12.447) wurde, es aber nicht in der Wirklichkeit war (Vgl.12.447). Denn es herrschten die *Territorialherrschaften* (12.447). In Deutschland ... *ließen sich die Fürsten das Recht nicht nehmen, ihr Oberhaupt selbst zu wählen* (12.449). Die Wahlmonarchie führte dazu, dass *die kaiserliche Macht zum leeren Schatten herabsank* (12.449): Stichwort Wahlkapitulation. Deutschland zerfiel in *viele größere und kleinere Herzogtümer, Grafschaften, Bistümer und Herrschaften* (12.449).

Die Kirche machte eine nicht weniger negative Entwicklung. Durch den Ämterkauf und die Verstrickung in weltliche Geschäfte degenerierte sie ... *und die schlechtesten Menschen kamen in Besitz von geistlichen Stellen* (12.450). Dem versuchte Papst Gregor VII. durch Maßnahmen gegen die Simonie entgegenzuwirken. Geistliche Stellen sollten nur noch vom Papst besetzt werden (Investiturstreit). Doch Gregor fand keinen Einhalt. Ihm ging es darüber hinaus um Herrschaft über den Kaiser, ... *da das Göttliche höher stehe als das Weltliche* (12.452). Die mittelalterliche katholische Kirche verwickelte sich in zahlreiche Widersprüche. Hegel nennt als Beispiel die Verehrung der *Hostie, auch insofern sie nicht genossen wird ...* (12.454). Zurecht habe Luther besonders diese Lehre verurteilt. *Der Katholik aber fällt vor der Hostie nieder, und so ist das Äußerliche zu einem Heiligen gemacht* (12.454).

Wie die Kirche *ist der Staat des Mittelalters ... in Widersprüche verwickelt* (12.459). Denn er ist als Feudalstaat zwar auf Ehre und Treue begründet, doch *treu und redlich sind die Fürsten und Vasallen des Kaisers nur gegen ihre Selbstsucht, Eigennutz, Leidenschaft, durchaus untreu aber gegen das Reich und den Kaiser ...* (12.459). Kurz: Der mittelalterliche Staat ist nicht *als ein sittliches Ganzes organisiert* (12.459). Neben Kirche und Staat geht Hegel noch auf das mittelalterliche Städtewesen ein: *Von diesen kleinen Oasen verbreitete sich die bürgerliche Freiheit, in den Städten bildete sich der dritte Stand.*[25]

Ein besonderes Kapitel widmet Hegel den Kreuzzügen. Auch ihnen wohne eine Reihe von Widersprüchen inne. *Noch triefend vom Blute der gemordeten Einwohnerschaft Jerusalems fielen die Christen am Grabe des Erlösers auf ihr Angesicht und richteten inbrünstige Gebete an ihn* (12.471). Man war aus auf sinnliche Dinge (Reliquien) – *Ganze Schiffladungen von Erde wurden aus dem Gelobten Lande nach Europa gebracht* (12.471). Man konnte die Botschaft Christi jedoch nicht gründlicher missverstehen, wenn man das Heil in Gegenständen suchte. Am Grab Christi kam das Erwachen. Es war vergebens das Heil in einem Sinnlichen zu suchen. Nun bewahrheitete sich zum zweiten Mal der Spruch aus dem Evangelium (Lukás 24.5.6): *Was suchet ihr den Lebendigen bei den Toten? Er ist nicht hier, er ist auferstanden* (12.471). Jetzt sei man aber geheilt gewesen. Der Geist des Mittelalters mäßigte und öffnete sich: *Wir sehen in ... der Zeit nach den Kreuzzügen ... Anfänge der Kunst, der Malerei; schon während derselben hatte sich eine eigentümliche Poesie hervorgebracht* (12.477).

Aus dem Mittelalter heraus führten das Aufblühen von Kunst und Wissenschaft, die Entdeckung Amerikas, die Buchdruckkunst und die Erfindung des Schießpulvers. Man dürfe es sich aber nicht so vorstellen, dass zuerst das Schießpulver da war und dann eine neue Periode des Weltgeistes erfolgte, sondern umgekehrt habe die Freiheitsbestrebung des Weltgeistes die Entdeckung des Schießpulvers erfordert. *Die Menschheit bedurfte seiner, und sobald war es da* (12.481). Nun bekam

25 Buhl. Ludwig H., Hegels Lehre vom Staat und seine Philosophie der Geschichte in ihren Hauptresultaten, Berlin 1837, S. 82.

der Krieg einen anderen Charakter. Nicht mehr wird Mann gegen Mann gekämpft, sondern der Soldat steht im Dienste einer Idee – der Staatsraison –, die jetzt immer wichtiger wird. Das Mittelalter kannte keinen richtigen Staat, die Feudalherrschaft zersplitterte die Staatsidee. Erst als die Feudalherrschaft in die Monarchie überging, wie dies in Frankreich nicht zuletzt wegen der dort herrschenden Erbmonarchie (Hausmacht!) geschah, konnte die Macht der einzelnen Feudalherren gebrochen werden. *Die Feudalherrschaft ist eine Polyarchie: es sind lauter Herren und Knechte; in der Monarchie dagegen ist kein Herr und Knecht, denn die Knechtschaft ist durch sie gebrochen, und in ihr gilt das Recht und das Gesetz; aus ihr geht reale Freiheit hervor* (12.478). *Wir sehen jetzt eine Staatenbildung beginnen, während die Feudalherrschaft keine Staaten kennt* (12.479). Kurzum: ...*die Vasallen werden Staatsbeamte* (12.479).

Insgesamt schneidet bei Hegel das Mittelalter schlecht ab. Doch er hebt andererseits hervor, dass das Mittelalter die wichtige Aufgabe hatte, den Menschen zu erziehen und von der Rohheit, der Begierde und dem Unrecht des Naturzustandes zu befreien. *Es ist die Menschheit nicht sowohl aus der Knechtschaft befreit worden, als vielmehr durch die Knechtschaft* (12.487). Der Schrecken der Hölle war nötig, um *den wilden Geist zur Abstumpfung zu bringen und zur Ruhe zu zähmen* (12.487).

Weniger im katholischen Mittelalter, sondern in der Reformation sieht Hegel im Gegensatz zu vielen Romantikern den wichtigsten Beitrag des germanischen Weltgeistes.[26] Luther habe mit der Reformation wieder die unmittelbare Verbindung zwischen dem Menschen und Gott hergestellt. Gegen den Ablass und die katholische Werkgerechtigkeit setzte er den allein selig machenden Glauben. Die Hostie wird entmystifiziert. Christus ist nach Luther im Abendmahl gegenwärtig ... *aber im Glauben, im Geiste* (12.495) und nicht *in äußerlicher Weise* (12.494) (Katholizismus) oder als *bloßes Andenken* (12.495) in der Lehre der reformierten Kirche. Aber wichtiger noch: Luther habe die Christen von der Vormundschaft des Papstes befreit. *Dies ist der wesentliche Inhalt der Reformation; der Mensch ist durch sich selbst bestimmt, frei zu sein* (12.497). An die Stelle der Autorität setzte Luther die Bibel ... *jeder soll sich nun selbst daraus belehren, jeder daraus sein Gewissen bestimmen können* (12.497). Hegel listet drei Hauptmerkmale auf, die den Protestantismus vom Katholizismus unterscheiden: 1. Die Ehe ersetzt das Gelübde der Keuschheit, 2. Das hohe Lob der Armut wird ersetzt durch Fleiß und Arbeit, 3. Gehorsam gilt nicht mehr gegenüber der Kirche, sondern der vernunftgemäßen Gesetzlichkeit des Staates. Der romantischen Vorstellung zu einer Einheit von Staat und Kirche zurückzukehren (vgl. Novalis Schrift über die *Christenheit oder Europa*, 1799) erteilt Hegel eine Absage: Staat und Kirche sind getrennt, der Staat steht letztlich über der Kirche.[27] Die Reformation befreite den Staat von der Vormundschaft der Kirche.[28]

---

[26] Vgl. Kaube, S. 266.

[27] Vgl. Giese, S. 118ff.

[28] Vgl. ebenda, S. 128.

Eine Hauptfrage sei es, wieso sich die Reformation vor allem nur in Deutschland habe durchsetzen können. *Die Reformation ist in Deutschland aufgegangen und auch nur von den rein germanischen Völkern erfasst worden, denn außer Deutschland setzte sie sich auch in Skandinavien und England fest* (12.499f). Hegels Antwort: Es sei die deutsche Innerlichkeit – das Gemüt – dafür zu veranschlagen. Die romanischen Nationen lebten mehr nach außen hin. Stark verkürzt gesagt, meint Hegel, dass sie in die Kirche gehen, um gesehen zu werden oder sich am Prunk und den festlichen Riten zu erfreuen; nach innen blieben sie jedoch weitgehend unverändert. *Eh bien, sagt Napoleon, wir werden wieder in die Messe gehen, und meine Schnurrbärte werden sagen: das ist die Parole* (12.502).

Durch die Reformation wird die Welt bzw. das Weltliche aufgewertet. Es wird gewusst, *dass das Weltliche fähig ist, das Wahre in ihm zu haben. ... Es wird nun gewusst, dass das Sittliche und Rechte im Staate auch das Göttliche und das Gebot Gottes sind und dass es dem Inhalte nach kein Höheres gibt* (12.502f), was unter anderem zur Folge habe, dass die Ehe aufgewertet wird (siehe Luthers Heirat). Die Staatsmacht beginnt sich zu festigen, wozu auch die nunmehr *stehenden Heere* beitragen. Vornehmlich in Frankreich baut Richelieu den absolutistischen Staat auf. Er ist es auch, der für die Zerstückelung und Machtlosigkeit Deutschlands durch den Westfälischen Frieden nach dem Dreißigjährigen Krieg verantwortlich zeichnet. Von seinen Mitbürgern sei Richelieu verachtet worden, während seine Feinde froh gewesen wären, einen wie ihn gehabt zu haben (vgl. 12.518f).

Im letzten Kapitel seiner Geschichtsodyssee geht Hegel auf die Aufklärung und die Französische Revolution ein (vgl. Kapitel 7.1). Am Schluss stellt Hegel noch einmal heraus, dass es ihm bei der Betrachtung der Weltgeschichte nur um die Idee ging, wie sie sich vor dem Hintergrund der Leidenschaften, Kriege, Nöte, Rückschlägen der empirischen Geschichte usw. trotz allem durchsetzt: *Aus dem Überdruss an den Bewegungen der unmittelbaren Leidenschaften in der Wirklichkeit macht sich die Philosophie zur Betrachtung heraus; ihr Interesse ist, den Entwicklungsgang der sich verwirklichenden Idee zu erkennen, und zwar der Idee der Freiheit, welche nur ist als Bewusstsein der Freiheit* (12.540).

8.2 Ästhetik

Diese letzte und größte Ästhetik des Abendlandes ist diejenige Hegels.[29]
Martin Heidegger

In seiner Rede zur Verleihung des Hegel-Preises der Stadt Stuttgart im Jahr 1977 hat Ernst H. Gombrich auf drei wesentliche Aspekte der Hegelschen Ästhetik hingewiesen: Hegel sei erstens von der *göttlichen Würde der Kunst* überzeugt gewesen, er habe 2. die Kunst vor allem als Ausdruck eines Kollektivs bzw. Volkes

[29] GA, Bd. 6.1 Nietzsche, S. 83.

Abbildung 8. Bartolomé Esteban Murillo: Die kleine Obsthändlerin – ein Lieblingsgemälde von Hegel

betrachtet und 3. auf die historische Bedingtheit der Kunst hingewiesen, sodass z. B. *die griechische Kunst trotz aller Vollendung schon den Keim des Verfalls in sich tragen musste.*[30]

Die Kunst ist in Hegels Konzeption wie die anderen Sphären des absoluten Geistes (Religion, Philosophie) Gottesdienst, *Widerschein des Göttlichen* ... und *Teil des andauernden Schöpfungsprozesses.*[31] *Die Aufgabe der Kunst ist es, die Idee – Vernunft Geist und Freiheit – zur Erscheinung zu bringen.*[32] Der Zweck der Kunst ist die sinnliche Darstellung des Absoluten. Mit dieser anspruchsvollen Kunsttheorie sind Design, Kunstgewerbe und Kitsch für Hegel von vorneherein von der philosophischen Betrachtung ausgeschlossen.

Berühmt ist Hegels These vom „Ende der Kunst", die man allerdings bei Hegel in dieser Formulierung so nicht findet. Eva Geulen präzisiert, es heiße nur, *dass etwas ‚vergangen', ‚verloren', ‚vorüber' sei; dass die Kunst über sich selbst hinausgegangen sei* (14.237).[33] Hegel: Die Kunst ist ... *nach der Seite ihrer höchsten Bestimmung für uns ein Vergangenes* (13.25). Natürlich gibt es auch in der Moderne große Kunstwerke, aber sie stellen keine allgemeine Form des Gottesdienstes (absoluter Geist) mehr dar oder wenn sie das doch intendierten – wie etwa Richard Wagners Gesamtkunstwerk oder der Kult um Stefan George – zum Problem werden. Die Kunst hat nun einmal in der Moderne, wie Walter Bröcker Hegel interpretiert, ...

30 Hegel-Preis-Reden 1977 Ernst H. Gombrich, Dieter Henrich, Manfred Rommel, Stuttgart und Zürich 1977, S. 8f.

31 Ebenda, S. 23.

32 Ostritsch, Sebastian, Hegel Der Weltphilosoph Berlin 2020, 2. Auflage, S. 246.

33 Geulen, Eva, Das Ende der Kunst. Lesarten eines Gerüchts, Frankfurt/Main 2016, 2. Auflage, S. 23.

die höchste Bestimmung, die Brücke zu schlagen zwischen Mensch und Gott, Gott und Mensch[34] eingebüßt. Wir beugen, wie Hegel sagt, vor Kunstwerken nicht mehr die Knie. *Man kann wohl hoffen, dass die Kunst immer mehr steigern und sich vollenden werde, aber ihre Form hat aufgehört, das höchste Bedürfnis des Geistes zu sein. Mögen wir die griechischen Götterbilder noch so vortrefflich finden und Gottvater, Christus, Maria noch so würdig und vollendet dargestellt sehen – es hilft nichts, unser Knie beugen wir doch nicht mehr* (13.142).

Das muss – so Slavoj Zizek – kein Nachteil sein. Denn wenn die Kunst nicht mehr *Hauptmedium des Ausdrucks des Geistes*[35] ist, gewinnt sie, *eine gewisse Freiheit ... auf eigenen Füßen zu stehen. Kennzeichnet dies nicht überhaupt den Beginn der modernen Kunst im eigentlichen Sinne?*[36] Ein Künstler der Moderne wie René Magritte scheint Hegel seine These vom *Ende der Kunst* jedenfalls nicht übel genommen zu haben. Sein Gemälde aus dem Jahr 1958 *Les vacances de Hegel* zeigt ein mit Wasser gefülltes Glas auf einem scheinbar schwerelos im Raum befindlichen aufgespannten Regenschirm balancierend. Offenkundig handelt es sich um eine Anspielung auf Hegels Dialektik: ein Gegenstand, der Wasser auffängt, wird mit einem Wasser abstoßenden zusammengestellt, beides gehört zusammen. Wie Slavoj Zizek weist Eva Geulen auf eine mögliche produktive Konsequenz von Hegels These hin: *Zum Beispiel könnte man Hegels These vom Ende der Kunst positiv wenden und sagen: Endlich ist die Kunst nicht mehr in die Fron der Philosophie gesperrt. Sie muss nicht mehr das Allerhöchste repräsentieren und immer die Wahrheit sagen. Vielleicht kann es jetzt um Imagination gehen, um Kreativität, um Ausdrucksformen. Hegel hat die Kunst also auch von einer Last befreit.*[37]

Die Kunst nimmt zwischen objektivem und absolutem Geist eine Zwischenstellung ein, indem sie zwischen Sinnlichem und Geistigem die Mitte hält. Einerseits ist sie in die Materialität des objektiven Geistes verwoben, weist aber dadurch über ihn hinaus, da ihr wahrer Sinn nicht in Nützlichkeitserwägungen liegt, sondern es in ihr um die Selbstvergewisserung des Geistes – um Weltdeutung geht. Einerseits haben wir es in der Kunst mit der unbeschwerten Freiheit des Gedankens zu tun, andererseits – denken wir an die Architektur – auch mit der Schwere der Materie. In der Poesie – sie ... *ist die absolute, wahrhafte Kunst des Geistes und seiner Äußerung als Geist* (14.261) – verflüchtigt sich die Materie immer mehr, weshalb Hegel zufolge die Poesie den Gipfel der letzten Phase der Kunst bildet. Durchgängig sind die Künste und die Künstler in die allgemeine historische Entwicklung eingebettet.

Für Platon war die Kunst ein für Verwirrung und Zersetzung verantwortliches „eidolon" (= nachahmendes Trugbild) und aus dem Staat zu verbannen. Kant definierte das Gefühl des Schönen als „interesseloses Wohlgefallen". Schiller

---

34 Bröcker, Walter, Auseinandersetzungen mit Hegel, Frankfurt/Main 1965, S. 35.

35 Zizek, S. 550..

36 Ebenda.

37 https://www.hu-berlin.de/de/pr/250-jahre-georg-wilhelm-friedrich-hegel/hegel-hat-die-kunst-von-der-pflicht-befreit-stets-die-wahrheit-zu-verkoerpern.

fasste die Schönheit als *Freiheit in der Erscheinung*. Bei Hegel ist das *Schöne bestimmt ... als das sinnliche Scheinen der Idee* (13.151) und somit ein Organ der Wahrheit. In der Natur als das Andere der Idee ist die Idee gleichsam nur verdunkelt und mit Zufälligkeit behaftet, nicht so im Kunstwerk, wo sie sinnlich klar und rein vor unseren Augen erscheint. Alles Zufällige erscheint im Kunstwerk wie ausgetrieben. Die Werke der Kunst stehen für Hegel höher als die der Natur.

Hegel sieht die Wahrheit spendende Aufgabe der Kunst nicht darin, *ein bloß ‚naturalistisches' Abbild der Wirklichkeit zu geben, sondern das Geistige, die Idee oder den Gehalt der Wirklichkeit zu erfassen.*[38] Für Kant, der sich meist auf den Anblick einer schönen Landschaft bezog, wenn er den Begriff des interesselosen Wohlgefallens erläuterte, besaß das Naturschöne im Vergleich zum Kunstschönen einen höheren Stellenwert.

Wenn ein Mann, der Geschmack genug hat, um über Produkte der schönen Kunst mit der größten Richtigkeit und Feinheit zu urteilen, das Zimmer gern verlässt, in welchem jene, die Eitelkeit und allenfalls gesellschaftlichen Freuden unterhaltenden, Schönheiten anzutreffen sind, und sich zum Schönen der Natur wendet, ... so werden wir diese seine Wahl selber mit Hochachtung betrachten ...[39]

Für Hegel ist das Kunstschöne – das von Menschenhand geschaffene Kunstwerk – von weit höherer Dignität. Ja *formell betrachtet*, so Hegel, *ist selbst ein schlechter Einfall, wie er dem Menschen wohl durch den Kopf geht, höher als irgendein Naturprodukt, denn in solchem Einfalle ist immer die Geistigkeit und Freiheit präsent* (13.14). Dazu schreibt Annemarie Gethmann-Siefert: ... *das Kunstschöne (ist) umso höher als das Naturschöne, als der Geist des Menschen höher ist als die Natur.*[40]

Merksatz

Die Werke der Kunst stehen wegen ihrer Geistigkeit für Hegel höher als die der Natur.

Da für Hegel das Schöne *das Scheinen der Idee* ist, heißt dies, dass Schönheit nicht wie bei Kant als Geschmack in das Urteil des Betrachters fällt, sondern von objektiv allgemeiner Natur ist. *Denn das Schöne ist wesentlich das Geistige, das sich sinnlich äußert, sich im sinnlichen Dasein darstellt, aber so, dass das sinnliche Dasein vom Geistigen ganz und gar durchdrungen, dass das Sinnliche nicht für sich ist, sondern nur durchaus Bedeutung hat im Geistigen, durch das Geistige, – nicht sich, sondern das Geistige zeigt. Das ist die wahrhafte Schönheit* (16.337). Diesem Ideal entsprach das

[38] Lexikon der Ästhetik, hg. v. Wolfhart Henckmann und Konrad Lotter, München 1992, S. 156.
[39] Kant, Immanuel, Kritik der Urteilskraft, a. a. O., §42, S. 233.
[40] Gethmann-Siefert, Annemarie, Einführung in die Ästhetik, München 1995, S. 211.

griechische Kunstschaffen. *Ich glaube nicht zu viel zu behaupten, wenn ich sage, dass, wer die Werke der Alten nicht gekannt hat, gelebt hat, ohne die Schönheit zu kennen* (4.318).

Den Künstler sieht Hegel nicht vorrangig unter dem Gesichtspunkt der Genialität, sondern, dass er auf der gemeinsamen Arbeit des Volkes aufbaut: *Er ist gleichsam der, welcher unter Arbeitern sich befindet, die einen steinernen Bogen aufbauen, dessen Gerüst unsichtbar als Idee vorhanden ist. Jeder setzt einen Stein auf. Der Künstler eben so. Es trifft ihn zufällig, der letzte zu sein; indem er den Stein einsetzt, trägt der Bogen sich selbst. Er sieht, da er diesen Stein einsetzt, dass das Ganze Ein Bogen ist, spricht es aus und gilt für den Erfinder.*[41] Der Künstler stellt so die Wahrheit seiner Zeit und seines Volkes dem Volk im Kunstwerk vor. Der Dichter – so Hegel – sei *ein tiefer Geist, der die Substanz durchschaut* (4.50) und Seelisches, was man wohl diffus fühlt, zum adäquaten Ausdruck bringt. Man sage, ... *ich habe die Liebe auch gekannt, aber nichts in ihr von dem gefunden, was der Dichter davon sagt. Darum ist der Dichter ein Seher* (4.50).

Die Kunst verklärt die Realität des subjektiven und objektiven Geistes, in dessen Sphäre keine absolute Versöhnung möglich ist, da Zufall und Arbeit es dem Geiste *sauer* (vgl. 13.215) machen, sich selbst – als frei und vernünftig – zu erkennen, was nach Hegel erst Versöhnung bedeutet. Die Kunst ... *ist der Indische Bakchos, welcher nicht der klare, sich wissende, sondern der begeisterte Geist ist, der in Empfindung und Bild sich einhüllende, worunter das Furchtbare verborgen ist.*[42] In der Kunst, das ist das von Hegel geteilte Erbe Schellings, treffen sich wie aus Geisterhand Notwendigkeit und Freiheit. Alles in einem großen Kunstwerk erscheint aus der freien Schöpferkraft des Künstlers gestaltet und dennoch bis ins Detail von absoluter Notwendigkeit. Dafür fand Hegel das Bild des *tausendäugigen Argus* (13.203). Denn wie in den vielen Augen des Wächters dessen Seele erscheint, kommt in einem Kunstwerk dessen ... *innere Seele und Geistigkeit an allen Punkten* ... (13.203) zu Tage. Schönheit ist für Hegel nicht nur ideale Harmonie (vorrangig eine Frage der Form), sondern korrespondiert mit der Wahrheit auf ihrem jeweiligen historischen Stand. Hegels Ästhetik ist daher Inhaltsästhetik. Seine *Vorlesungen über die Ästhetik* verblüffen ob ihres stupenden historischen Wissens und brillanten Werkinterpretationen. Zurecht schreibt der ansonsten scharfe Hegel-Kritiker Rudolf Heym: ... *die deutsche Nation besitzt in ihr* [Hegels Ästhetik] *eine Ästhetik wie kein anderes Volk.*[43]

Die Geschichte der Kunst teilt nun Hegel in die symbolische, klassische und romantische Periode bzw. Kunstform.

Die symbolische Kunst entstand in den Kulturen des Orients: den *altpersischen, indischen, ägyptischen Gestalten* ... (13.400). Hier wird das Absolute als Naturer-

---

[41] Hegel zit. Rosenkranz, Karl, Georg Wilhelm Friedrich Hegels Leben a.a.O., S. 180, auch Dokumente zu Hegels Entwicklung, hg. v. Johannes Hoffmeister, Stuttgart 1936, S. 336.

[42] Hegel zit. n. Rosenkranz, Karl, Georg Wilhelm Friedrich Hegels Leben, a.a.O., S. 197.

[43] Heym, Rudolf, Hegel und seine Zeit, Vorlesungen über Entstehung und Entwicklung, Wesen und Wert der hegelschen Philosophie, Berlin 1857, S. 443.

Abbildung 9. Die Memnonskolosse

scheinung z. B. als Licht aufgefasst. Kennzeichen dieser Phase, in der die Vernunft sozusagen noch schläft und Ungeheuer gebiert,[44] ist das Maßlose, Monströse; das Erhabene zum Beispiel der ägyptischen Pyramiden, der Memnonskolosse in Theben, des Turmbaus von Babylon oder der hundertarmigen Bildwerke in Indien. *Die Pyramide war der ungeschlachte Versuch gewesen, von sich weg zu deuten auf ein Anderes, das Unbegreiflich blieb.*[45] Wegen ihres Zugs ins Monströse will Hegel diese Phase erst als *Vorkunst* (13.408) anerkennen. Er erklärt sich für Hegel, weil es dieser Kunstform nicht möglich ist, das Unendliche, also das Göttliche, konkret und anschaulich darzustellen. Man deutet es lediglich symbolhaft an, wie z. B. ein Löwe Stärke symbolisiert. Gott und das Unendliche sind in der symbolischen Kunst riesenhaft, über die Maßen erhaben. Als Symbol dieses Symbols – *gleichsam des Symbolischen selber* (13.465) – gilt Hegel die ägyptische Sphinx in ihrer rätselhaften Tier-Mensch-Gestalt. Es ist daher für Hegel kein Zufall, dass der Grieche Ödipus das Rätsel, das ihm die Sphinx stellt, löst: *Wer ist es, der morgens auf vier Beine geht, mittags auf zweien und abends auf dreien?* Ödipus weiß, dass es der Mensch ist – er krabbelt als Kind auf allen vieren, schreitet auf beiden Beinen durchs Leben, um als Greis den Stock zu benutzen. Die Griechen kommen dem Rätsel, das uns das Unendliche stellt, schon ein gutes Stück näher: das Unendliche finden wir nicht in der Natur, sondern im Geist. *Bei den Griechen fühlen wir uns sogleich heimatlich, denn wir sind auf dem Boden des Geistes* (12.275). Zusammenge-

---

[44] Vgl. die entsprechende Zeichnung von Goya, vgl. Beat Wyss, Trauer der Vollendung, München 1985, S. 14.

[45] Wyss, S. 9.

fasst kommt es in der symbolischen Kunstform zu einer unangemessenen sinnlichen Darstellung der Idee. Die Idee ist einerseits zu abstrakt und ihre sinnliche Gestaltung zu monströs-konkret.

In der klassischen Kunst des antiken Griechenlands, die von einer harmonischen Einheit von Form und Inhalt geprägt ist – *Schöneres kann nicht sein und werden* (14.128) – wird das Monströse zurückgenommen in das menschliche Maß, z. B. durch die Darstellung der menschlichen Gestalt. *Hegel meint, dass die Kunst allein in der griechischen Antike die höchste Ausdrucksform des Geistes gewesen sei. Weder vor noch nach der Antike war sie je wieder die adäquate und verbindliche Ausdrucksform des Absoluten.*[46] So drückt die berühmte Laokoon-Gruppe vom Sinn her genau das aus, was sie von der Form her darstellt. Sie enthält damit kein symbolisches Über-sich-Hinausschießen, wobei es sich Hegel nicht nehmen lässt, kritisch auf *eine allzu verfeinerte Zierlichkeit der Bearbeitung* der Skulptur hinzuweisen: *Der Schritt von der Unbefangenheit und Größe der Kunst zur Manier ist hier schon getan* (14.435). Die griechische Kunst sei wie das sittliche Leben in der Polis von Harmonie geprägt. Die Götter wurden vermenschlicht. Die rohe Natur verliert ihre verängstigende Macht; der Mensch wird selbstbewusster, göttlicher. Die Götter treten in Kommunikation mit den Menschen, drücken ihr Wesen aus. *In Poseidon liegt, wie in Pontos und Okeanos, die Macht des erdumströmenden Meeres ..., überhaupt wird er als Städtegründer verehrt, insofern das Meer das Element der Schifffahrt, des Handels und der Verbindung der Menschen ist* (14.70f).

Die griechische Bildhauerkunst zeigt das Geistige vor allem in Menschengestalt. Ist die Architektur – *Das Material dieser ersten Kunst ist das an sich selbst Ungeistige, die schwere und nur nach den Gesetzen der Schwere gestaltbare Materie* (14.258f) – die Domäne der symbolischen Kunst, so ist die griechische Skulptur – zum Beispiel eines Apollo oder einer Aphrodite – ein Ideal, das *wie ein seliger Gott vor uns da(steht)* (13.208). Sie ist Hauptform der griechischen bildenden Kunst. In der Architektur werden die riesigen Rätselgebilde der symbolischen Phase von Formen des *streng Regelmäßigen, Geraden, Rechtwinkligen* ... (14.303) abgelöst. Doch die klassische Kunst war zu schön um wahr zu sein. *Auch das Schöne muss sterben (Schiller, Nänie)* oder in Hegels Worten: ... *der schöne Jüngling* [der Genius Griechenlands] ... *ist von der Erde entflohen* (1.44). Hegel glaubt trotz aller Schönheit eine Trauer im Ausdruck der griechischen Götterfiguren feststellen zu können: ein *Hauch und Duft von Trauer* (14.85). Sie blieben seltsam blutleer; eine Kritik die später Heinrich Heine in Bezug auf die Weimarer Klassik wiederholen wird. Die griechische Kunst ist die vollkommene Kunst bzw. sie wäre vollkommen, wenn ihr nicht etwas fehlte. Gerade ihre *fehlerlose Geistlosigkeit* (14.431) führt sie über in die Phase der romantischen Kunst. Es fehlt den griechischen Götterskulpturen das Subjektive, das Reiche der Innerlichkeit, das Moment auch des Leidens,

---

[46] Geulen, Eva, „Hegel verabschiedet das Schönheitsideal der Kunst“, in philosophie Magazin, Thema Hegel, Sonderausgabe Nr. 24, Berlin 2023, S. 108.

Abbildung 10. Laokoongruppe

des Schmerzes, der Zerrissenheit; kurz, es fehlt den griechischen Göttern- und Heldengestalten an Psyche, an Subjektivität. Die unsterblichen Götter der Griechen kennen das Leiden nicht wirklich.

Erst die durch das Christentum vermittelte romantische Kunst – Hegel datiert sie vom frühen Mittelalter bis in seine Gegenwart – wird der lebendigen Subjektivität gerecht. *Die romantische Kunstform ... hat die Darstellung der ‚selbstbewussten Innerlichkeit' des Geistes zum Gegenstand. In ihr wird die Gefühlswelt des Subjekts am sinnlichen Medium zum Ausdruck gebracht.*[47] In der Leidensgeschichte Jesu findet Hegel die Grundstruktur der Dialektik wieder. *Sterben und Auferstehen bildeten die*

---

[47] Emundts, Dina, Horstmann, Rolf-Peter, G.W.F. Hegel, a.a.O., S. 108.

Stationen jedes dialektischen Dreischritts.[48] Das Christentum entstand aus einem politischen Zustand der äußersten Zerrissenheit im alten Rom. Das Individuum fand nach dem Ende der überschaubaren griechischen Polis in der römischen Politik keinen objektiven Wertmaßstab mehr. Es kam zur Verinnerlichung und im Vergleich zur klassischen Kunst zu einer Entkörperlichung. In der romantischen Kunst sprengt das reiche Sujet der Innerlichkeit die Form. *Im Abendland tritt das plastische Prinzip zurück, das die Antike bestimmt hatte. Neue Gattungen prägten den letzten Kulturraum: die Malerei, die Musik, die Poesie. Sie alle brachten keine greifbaren Gegenstände hervor. Die Malerei tilgte die dritte Dimension, indem sie sich auf die Fläche beschränkte. In der Musik zog sich die Materie zusammen auf einen unsichtbar verschwingenden Punkt. Die Poesie machte sich vernehmbar durch das stofflose Wort, das nur vom Geist begriffen wurde.*[49]

In der romantischen Kunst blühen die Künste der Verinnerlichung: Malerei, Musik und die Poesie. *Seele, Innerlichkeit, Subjektivität machen ... den Kern des Romantischen aus... Sein Grundton sei* [so Hegel] *‚musikalisch‘ und ‚lyrisch‘.*[50] Weiteres Merkmal der romantischen Kunst sei die vielfältige Themenwahl. *Der ganze Kreis des Religiösen, die Vorstellungen von Himmel und Hölle, die Geschichte Christi, der Jünger, Heiligen usf., die äußere Natur, das Menschliche bis zum Vorüberfliehendsten in Situationen und Charakteren, alles und jedes kann hier Platz gewinnen* (15.25), wie das besonders in der *holländische(n) Malerei* (14.226), die Hegel während seiner Reise kennenlernte, zum Ausdruck kommt.

Wenn die klassische Kunst in ihrem Ideal wesentlich nur das Substantielle gestaltet, so wird uns hier die wandelnde Natur in ihren fliehenden Äußerungen, ein Strömen des Wassers, ein Wasserfall, schäumende Meereswogen, ein Stillleben mit dem zufälligen Blitzen der Gläser, Teller usf., die Außengestalt der geistigen Wirklichkeit in den besondersten Situationen, eine Frau, die beim Licht eine Nadel einfädelt, ein Halt von Räubern in zufälliger Bewegung, das Augenblicklichste einer Gebärde, die sich schnell wieder verzieht, das Lachen und Grinsen eines Bauern, worin Ostade, Teniers, Steen Meister sind, gefesselt und zur Anschauung gebracht. Es ist ein Triumph der Kunst über die Vergänglichkeit, in welchem das Substantielle gleichsam betrogen wird um seine Macht über das Zufällige und Flüchtige (14.227).

Nicht alles an der christlich-romantischen Kunst überzeugt Hegel. So sei es problematisch, Gottvater darstellen zu wollen. Zwar sei dies den Gebrüder van Eyck in der Mitteltafel der oberen Bildreihe des Genter Altars (1426/27) im Prinzip gelungen, aber dennoch bleibt ... *für unsere Vorstellung etwas Unbefriedigendes. Denn das, was als Gottvater vorgestellt wird, ein zugleich menschliches Individuum, ist*

[48] Wyss, S. 57.
[49] Ebenda, S. 66.
[50] Zimmermann, Jörg, Das Schöne in Martens, Ekkehart, Schnädelbach, Herbert (Hg.), Philosophie. Ein Grundkurs, Reinbek bei Hamburg 1985, S. 376.

erst Christus, der Sohn. In ihm erst schauen wir dies Moment der Individualität und des Menschseins als ein göttliches Moment (15.46).[51] Auch das Motiv der Muttergottes hielt Hegel geeigneter als die Darstellung Gottvaters, der wegen der genannten Schwierigkeit häufig nur symbolisch als Auge, das alles sieht, gemalt wurde. Demgegenüber deutet die *Gestalt Mariens ... auf die Versöhnung des Menschen mit dem absoluten Geist.*[52]

Hegel entging nicht, dass die mittelalterlichen Darstellungen der Passion ein Problem für die Schönheit der Gemälde oder Fresken darstellten. Denn was sollte an einer Leidensgeschichte schön sein? Deswegen sei die Kunst des christlichen Abendlandes nicht eigentlich schön zu nennen, doch sie habe Charakter. Eigentlich schön war nur das Ideale in der Klassik. Solche Überlegungen gehören in den Themenkreis vom „Ende der Kunst“, ebenso wie die Beobachtung, dass in der abendländischen Kunst immer mehr Figuren aus dem einfachen Volk den Bildraum erobern, die nicht mehr die Ebenmaße der Klassiker verkörpern. *Wo die Idealisierung der Natur durch die Kunst nicht mehr gewährleistet wurde, – etwa in den derben Genrebildern von Jan Steens und Brouwers – lag für Hegel ‚die Frage nahe, ob denn dergleichen Produktionen überhaupt noch Kunstwerke zu nennen seien‘.*[53]

Anerkennend schreibt Hegel über die gotische Kathedrale. *Betritt man das Innere eines mittelalterlichen Domes, so wird man weniger an die Festigkeit und mechanische Zweckmäßigkeit tragender Pfeiler und eines darauf ruhenden Gewölbes als an die Wölbungen eines Waldes erinnert, dessen Baumreihen ihre Zweige zueinander neigen und zusammenschließen* (14.335f). Der gotische Dom zeuge mit seinen in jenseitige Höhen aufstrebenden Säulen und Spitzbögen vom Sieg des Geistes über die Schwere der Materie, was Hegel gefiel.

Ebenso lobt er aber auch den Realitätssinn der niederländischen Malerei: *Der Holländer hat sich zum größten Teil den Boden, darauf er wohnt und lebt, selber gemacht ...; die Bürger der Städte wie die Bauern haben durch Mut, Ausdauer, Tapferkeit die spanische Herrschaft ... abgeworfen und sich mit der politischen ebenso die religiöse Freiheit ... erkämpft. Diese Bürgerlichkeit und Unternehmungslust im Kleinen wie im Großen, im eigenen Lande wie ins weite Meer hinaus, dieser sorgfältige und zugleich reinliche, nette Wohlstand, die Froheit und Übermütigkeit in dem Selbstgefühl, dass sie dies alles ihrer eigenen Tätigkeit verdanken, ist es, was den allgemeinen Inhalt ihrer Bilder ausmacht* (13.222f).

Kritisch werden von Hegel Literaturepochen wie der *Sturm und Drang* oder die *Romantik* im engeren Sinn beurteilt, wo Protagonisten wie Karl Moor in Schillers *Die Räuber* oder der *Prinz von Homburg* in Kleists gleichnamigem Stück sich eigenwillig über Gesetze erheben. Die Helden des *Sturm und Drang* und der *Romantik* seien mit noch unfertigen Heranwachsenden zu vergleichen: *... das Ende solcher Lehrjahre besteht darin, dass sich das Subjekt die Hörner abläuft, mit seinem*

---

[51] Vgl. Wyss, S. 61.
[52] Ebenda, S. 72.
[53] Ebenda, S. 92, Hegel-Zitat (14.223).

Wünschen und Meinen sich in die bestehenden Verhältnisse und die Vernünftigkeit derselben hineinbildet, in die Verkettung der Welt eintritt und in ihr sich einen angemessenen Standpunkt erwirbt. Mag einer auch noch so viel sich mit der Welt herumgezankt haben. umhergeschoben worden sein, zuletzt bekommt er doch sein Mädchen und irgendeine Stellung, heiratet und wird ein Philister so gut wie die anderen auch; die Frau steht der Haushaltung vor, Kinder bleiben nicht aus ... (14.220).

Exkurs: Hegels Kritik an der Romantik

An der Romantik kritisiert Hegel eine ins Kraut schießende Phantasie. Demgegenüber schätzt Hegel die Dramen von Shakespeare, Goethe und Schiller.[54] In seinem im August 1796 in Bern verfasstem Gedicht *Eleusis* an Hölderlin[55] fordert Hegel, *Phantasie* mit *Gestalt* zu *vermählen* (1. 231), um das Unendliche zu erden. Walther Rehm schreibt über Hegels Kritik an der Romantik. *Das romantische Bewusstsein erscheint in Hegels Analyse als Ausdruck eines Welt- und Wirklichkeitsverlustes und damit als zerstörende Substanzeinbuße, als ‚Schwindsucht des Geistes' und ‚selbstbewusste Vereitelung des Objektiven', als Flucht vor der Realität um der Reinheit des Herzens, um der Schönheit der Seele willen. All das zusammen zeitigt das Ergebnis, dass die schönen Seelen in sich verglimmen, in sehnsüchtiger Schwindsucht zerfließen und als gestaltloser, sich in der Luft auflösender Dunst verschwinden. Bei solcher, in die Leere und ins ‚Nichts' mündender Selbstzersetzung, bei der Verhärtung bis zur Wirklichkeitshingabe unfähigen ‚schönen Seele' hat Hegel wahrscheinlich an Novalis und Hölderlin gedacht; dort aber, wo er den Übergang des Gewissens ins Böse und seine heuchlerische Selbstentlarvung bespricht, zielt er wohl auf Tiecks ‚William Lovell'.*[56] Zu Kleist schreibt Hegel: *Der Prinz von Homburg ist der erbärmlichste General; beim Austeilen der Dispositionen zerstreut, schreibt er die Order schlecht auf, treibt in der Nacht vorher krankhaftes Zeug und am Tage in der Schlacht ungeschickte Dinge* (14.202). E.T.A. Hoffmann wird wegen dessen *Humor der Abscheulichkeit und ... Fratzenhaftigkeit der Ironie ...* (13.289) kritisiert. In der Kritik an der überzogenen Subjektivität der Romantik war sich Hegel mit Goethe einig, der in einer berühmten Formulierung das Klassische als das Gesunde und das Romantische als das Kranke erklärte. Friedrich Schlegel und der romantischen Ironie wirft Hegel vor, nur sich selbst zu sehen: *Wer auf solchem Standpunkt göttlicher Genialität steht, blickt dann vornehm auf alle übrigen Menschen nieder...* (13.95). Doch damit wird Hegel der romantischen Ironie wohl doch nicht gerecht. Diese bedeutet die Relativierung des Endlichen vor dem Hintergrund

[54] Vgl. Vieweg, Klaus, Der Philosoph der Freiheit, a.a.O., S. 546.

[55] Hegel schrieb das Gedicht aus Vorfreude des baldigen Wiedersehens Hölderlins in Frankfurt. Es ist nur als Konzept erhalten und ... *vielleicht Hölderlin nie zu Augen gekommen* ... Dinkel, S. 294.

[56] Rehm, Walther, Kierkegaard und der Verführer, München 1949, S. 11.

der Unendlichkeit. Sie ist ein Augenzwinkern, das was uns so wichtig und wirklich erscheint – und Freuds Realitätsprinzip überhaupt – zu hinterfragen. Das gilt sogar in Bezug auf das künstlerische Werk selbst: So heißt es in Brentanos Roman „Godwi" einmal: *‚Dies ist der Teich, in dem ich Seite 266 im 1. Band falle'. Zum Schluss stirbt der Erzähler des Romans, weil er sich beim Dichten ‚zu Tode gelangweilt hat'.*[57] Man kann es allerdings mit der Ironie auch übertreiben, wie Lorenz Bien (geb. 1991) in Bezug auf heutige Zeiterscheinungen schreibt: *Im Internet verlieren sich viele lieber im Fluiden, Uneindeutigen, Doppelbödigen. Auf diese Art sind junge Leute heutzutage ironisch traurig, ironisch wütend oder sogar ironisch politisch.*[58]

Nach den folgenden beiden Hegelschen Definitionen zur Musik sei abschließend noch auf einen umstrittenen Aspekt von Hegels Musikästhetik eingegangen. Hegel definiert Musik folgendermaßen: *Musik ist Geist, Seele, die unmittelbar für sich selbst erklingt und sich in ihrem Selbstvernehmen befriedigt fühlt* (15.198f). *Das Prinzip der Musik macht die subjektive Innerlichkeit aus* (15.214).

Es fällt auf, dass Hegel in seiner „Ästetik" den gleichaltrigen Beethoven mit keinem Wort erwähnt und stattdessen Rossini gegen die deutschen Komponisten verteidigt. *Die Gegner verschreien namentlich Rossinis Musik als einen leeren Ohrenkitzel; lebt man sich aber näher in ihre Melodien hinein, so ist diese Musik im Gegenteil höchst gefühlvoll, geistreich und eindringend für Gemüt und Herz, wenn sie sich auch nicht auf die Art der Charakteristik einläßt, wie sie besonders dem strengen deutschen musikalischen Verstande beliebt* (15.210f). In einem Vortrage in der Universität Jena vom 5. Dezember 2018[59] erläutert Wolfgang Welsch Hegels Option für Rossini vor dem Hintergrund der Hegelschen Musikästhetik.

Für Hegel stehe im Zentrum der Musik der Ton (Der Ton macht die Musik), die Melodie – *das freie Tönen der Seele im Felde der Musik ist erst die Melodie* (15.185). Den Gesang, die menschliche Stimme, hebt Hegel besonders hervor, da sie im Vergleich zu einem Musikinstrument die unmittelbarste Artikulation der Innerlichkeit (Seele) darstelle. Damit erfüllt sie in Hegels Musikästhetik die höchste Aufgabe der Musik, nämlich ... *dem freien Beisichsein der Subjektivität* (15.190) Ausdruck zu verleihen. Da jedoch an anderer Stelle Hegel die Instrumentalmusik als reinste Musik bezeichnet, bleibt es auch für Welsch ein Rätsel, weshalb Hegel Beethoven unerwähnt ließ, zumal ein Musikkenner wie Adorno in seinen Beet-

57 Ankenbrand, Stephan, Kleine deutsche Literaturgeschichte, Meister in Poesie und Prosa, neubearbeitet von Theodor Rohnert, München 1966, a. a. O., S. 60.

58 Bien, Lorenz, Depressive Hedonie, Schnellroda 2022, S. 48.

59 Welsch, Wolfgang, Hegel, Rossini und Beethoven, CD Auditorium Müllheim, vgl. auch Welsch, Wolfgang, Umdenken Miniaturen zu Hegel, Berlin 2022, Kapitel 9 Eine Lanze für Rossini, S. 127–151.

hovenfragmenten schreibt: *Beethovens Musik ist die Hegelsche Philosophie: sie ist zugleich aber wahrer als diese …*[60]

8.3 Religionsphilosophie

Ohne Welt ist Gott nicht Gott.
Hegel (16.192)

Für Hegel ist die Religion als *das Selbstbewusstsein Gottes* (17.187) von größter Wichtigkeit. Alles *was Wert und Achtung für den Menschen hat … findet seinen letzten Mittelpunkt in der Religion …* (16.11). Die Religion ist nicht nur ein Aspekt eines Staates/Volkes, sondern prägt alles Übrige: *Das Volk, das einen schlechten Begriff von Gott hat, hat auch einen schlechten Staat, schlechte Regierung, schlechte Gesetze* (16.237). *Die Vorstellung, welche der Mensch von Gott hat, entspricht der, welche er von sich selbst, von seiner Freiheit hat* (16.83). Für den Menschen ist Gott essentiell, wie Miranda de la Para Hegels Verhältnis zwischen Mensch und Gott treffend zusammenfasst: *Der Mensch braucht Gott, um Mensch zu sein.*[61]

Merksatz

Die Religion ist nicht nur ein Aspekt eines Staates/Volkes, sondern prägt alles Übrige.

Nach Emil Ott sind nicht Kant und Schleiermacher, sondern ist Hegel der *eigentliche(n) Begründer der Religionsphilosophie …*[62] Angelica Nuzzo begreift Hegels Religionsphilosophie *als Vermittlungswissenschaft zwischen dem religiös-subjektiven Bewusstsein und der philosophisch-vernünftigen Behandlung der Religion.*[63] Zwar steht, was die logische Erkenntnis Gottes betrifft, die Philosophie über der Religion, aber die Religion erreicht eine viel größere Anzahl von Menschen. *Die Religion ist für alle Menschen, ist nicht Philosophie, die nicht für alle Menschen ist.*[64] Religion und Philosophie haben denselben Inhalt, nämlich Gott als absolute Wahrheit. *So hat die Religion einen gemeinschaftlichen Inhalt mit der Philosophie, und nur die Formen sind verschieden …* (18.100). Hegel gibt ein Beispiel: *Dass Gott seinen Sohn*

---

[60] Adorno, Theodor W., Beethoven Philosophie der Musik, Frankfurt/Main 2004, 1. Auflage, S. 36.

[61] Miranda, S. 210.

[62] Ott, Emil, Die Religionsphilosophie Hegels, Berlin 1904, S. 1.

[63] Cobben, Paul, (Hg.), Hegel-Lexikon, Darmstadt 2006, S. 74.

[64] Hegel, Georg Wilhelm Friedrich, Vorlesungen über die Philosophie der Religion und Vorlesungen über die Beweise vom Dasein Gottes II: Nachschriften zu den Kollegien über Religionsphilosophie der Sommersemester 1827 und 1831 und Sekundäre Überlieferung. Nachschriften zum Kolleg über die Beweise zum Dasein Gottes des Sommersemesters 1829, Hamburg 2021, S. 19.

erzeugt – [ist] *ein aus der natürlichen Lebendigkeit genommenes Verhältnis –, so werden wir uns in der Philosophie nicht ausdrücken* (18.97), obgleich der Gedanke an sich und *das Substantielle solches Verhältnisses* (18.97) für Hegel auch philosophisch Bestand hat. Die Religion bedient sich in der Darstellung und Erkenntnis Gottes der Vorstellung (Bild, Mythos), die Philosophie des Begriffs. Nach Erik Schmidt war Hegel sowohl Philosoph als auch Theologe.[65]

Hegel selbst hat den theologischen Charakter seiner Philosophie klar ausgesprochen, insofern Gott im Grunde genommen der einzige Gegenstand der Philosophie ist: *Gott zu erkennen durch die Vernunft ist nun allerdings die höchste Aufgabe der Wissenschaft*[66] (8.104, § 36 Z). Die Philosophen sind Gott nahe, sie schreiben seine Befehle auf. *Die Philosophen sind dabei dem Herrn näher, als die sich nähren von den Brosamen des Geistes; sie lesen oder schreiben diese Kabinettsordres gleich im Original: sie sind gehalten, diese mitzuschreiben* (19.489).

Während innerhalb der Gesellschaft Asymmetrien nie ganz aufzuheben sind, ist es, was die Religion betrifft, anders. Hier begegnet das Individuum völlig gleichberechtigt Gott, was Hegel in das schöne Bild über den Einzelnen kleidet: *Seine Natur, sein Stand, versinkt wie ein Traumbild, wie eine ferne, am Saum des Horizontes als Duftwölkchen erscheinende Insel. Er ist dem Fürsten gleich. Es ist das Wissen seiner als des Geistes, er gilt Gott so viel als jeder Andere.*[67] Die Religion ist wie Kunst und Philosophie Ausdruck des Göttlichen. Sie bildet die Mitte zwischen Kunst und Philosophie. Wenn im Kunstwerk das Göttliche als sinnliches Scheinen der Idee ausgedrückt wird, so in der Religion als Vorstellung in Mythen und dem Kultus. Die Religion beinhaltet deshalb sinnliche und diskursive Elemente, während die Kunst vor allem vom Sinnlichen lebt und die Philosophie vom Begriff. Scheint in jeder Religion Göttliches auf, so sind dennoch nicht alle Religionen gleichwertig. *So sehr eine Religion irrt, so hat sie doch Wahrheit, wenn auch auf verkümmerte Weise. In jeder Religion ist göttliche Gegenwart ... Darum aber, weil die Religion ist, ist sie als solche noch nicht gut; man muss nicht in die Schlaffheit verfallen zu sagen, dass es auf den Inhalt nicht ankomme, sondern lediglich auf die Form* (12.242).[68] Auch innerhalb der Religionen gibt es eine historische Entwicklung der Vergegenwärtigung Gottes.

Historisch hebt die Religion als Naturreligion an, zunächst als Zauberei, in der die Naturkräfte verehrt bzw. mittels Zauberei beeinflusst werden sollen – Fetischdienst der Tier- und Ahnenkulte. Im alten China figuriert der Kaiser als Sohn des Himmels und ihm ist auch die Natur unterworfen. Alles ist im „Reich der Mitte“ dem Maß unterworfen, jeder Schritt zeremoniell geregelt, weshalb Hegel die chinesische Religion die *Religion des Maßes* (16.319) nennt. Die indische Religion

---

65 Schmidt, Erik, Hegels System der Theologie, Berlin New York 1974, S. 1.

66 Gemeint ist die Philosophie.

67 Jenaer Realphilosophie II Jenaer Realphilosophie, in G.W.F. Hegel: Frühe politische Systeme, hg. und kommentiert v. Gerhard Göhler, a.a.O., S. 284.

68 Vgl. hierzu Ratzinger, Joseph, Salz der Erde, München 1996, S. 24 *Es gibt unterschiedliche Höhen, und es gibt Religionen, die offensichtlich krank sind, die auch zerstörerisch für den Menschen sein können.*

des Brahmaismus ist nach Hegel pantheistisch und anthropomorph und durch und durch poetisch, weshalb er sie als eine *Religion der Phantasie* (16.331) bezeichnet. Sie sei eine schwächliche Religion: *Gefühle, die in dieser ruhig brütenden Wärme besonders von dem Tone wollüstiger, süßer Lieblichkeit, aber auch schwächlicher Weichheit durchdrungen sind* (16.337). Der Buddhismus und der Lamaismus seien Religionen des *Insichseins* (16.374) und des Nichts, aus denen eine Willenslähmung erfolge: *Es ist diese vollkommene Ausleerung, welche auf alles Bewusstsein, Wollen Leidenschaft, Bedürfnisse Verzicht tut* (16.361). Da im Sein kein Halt zu finden, schweife man in die Extreme aus, zum Einen ins Nichtstun, zum Anderen in *die willkürliche Ausschweifung ... wildeste Betäubung, Orgien der schrecklichsten Art* (16.370). So sei die indische Religion *die traurigste Religion* (16.370). Dem östlichen Nihilismus entgegnet Hegel: *Die Freiheit des Menschen aber besteht gerade darin, nicht im Leeren, sondern im Wollen, Wissen, Handeln bei sich zu sein* (16.361).

Die Übergangsform von den Naturreligionen zur *Religion der Freiheit (Religion der geistigen Individualität)* (16.390) bilden die altpersische Religion des Gegensatzes von dem Guten und Bösen (*Religion des Guten und des Lichts*) (16.395), die syrische *Religion des Schmerzes* (16.406) und die ägyptische *Religion des Rätsels* (16.409). Zur *Religion der geistigen Individualität* (17.9) – *Auf dieser Stufe wird Gott als primär geistiges Wesen aufgefasst, das nicht Natur ist, sondern das über Natur herrscht und sie bestimmt*[69] – gehören die jüdische *Religion der Erhabenheit* (17.50), in der zum ersten Mal die Erschaffung der Welt durch Gott aus dem Nichts gelehrt wurde, die griechische *Religion der Schönheit* (17.96) und die römische *Religion der Zweckmäßigkeit* (17.155).

In der jüdischen Religion ist Gott *gestaltlos: nicht nach äußerlicher sinnlicher Gestalt; bildlos ... er ist nur für den Gedanken* (17.52), was Hegel als großen Fortschritt bezeichnet. Der Gott der Juden ist jedoch ein Gott der Macht, der unermesslichen Erhabenheit gegenüber den Menschen und der Welt. *Dies ist die Erhabenheit, dass die Natur so ganz negiert, unterworfen, vorüberhegend vorgestellt wird* (17.65). Er gibt seinem Volk Gesetze (Zehn Gebote), schließt einen Vertrag mit ihm und straft das Böse: *Es ist da noch keine Freiheit vorhanden, auch nicht die Freiheit zu untersuchen, was göttliches und ewiges Gesetz ist* (17.91).

In Griechenland bewirken wachsende gesellschaftliche Kräfte ein Zurückdrängen der Macht der Elemente. Das Göttliche wurde menschlicher. Die Griechen schufen Götter nach menschlichem Maß. ... *Gott hört auf ein Jenseits zu sein...* (17.98). Die ästhetisch geformten Gestalten der Götter verkörpern die *Religion der Schönheit*. Die Natur hat nun nicht mehr diese Macht über den Menschen. *Zeus* hat ... *durch einen Krieg die Herrschaft der geistigen Götter gegründet und die Naturmacht besiegt ...* (17.103). Der griechische Kult predigt nicht Entsagung, sondern Geistigkeit und Schönheit. *Diese Religion hat überhaupt den Charakter der absoluten Heiterkeit ...* (17.130). Doch die griechische Götterwelt war zu disparat, sie war Polytheismus; jeder Gott war zugleich das Ganze. *Zwar ist Zeus der Gott der Herrschaft und Apollo*

---

69 Emundts, Dina, Horstmann, Rolf-Dieter, G.W.F. Hegel, Eine Einführung, Stuttgart 2002, S. 111.

der Gott des Wissens, aber das besagt nicht, dass Zeus ohne Wissen und Apollo ohne Herrschaft sei ...[70] Das heißt, die Götter ergänzten sich nicht, sondern standen sich gegenüber. Ein zweites Manko: die griechische Religion ist zu sinnlich. *Der Gott erscheint so im Stein, und das Sinnliche gilt noch als angemessen für den Ausdruck des Gottes als Gottes* (17.124). Man kann es vielleicht so sagen. Die Griechen haben die Götter vermenschlicht, es aber versäumt, den Menschen zu vergöttlichen. Das geschieht erst im Christentum durch Jesus: *dieser einzelne, existierende, wirkliche Mensch wird aufgehoben und als Moment, als eine der Personen Gottes in Gott gesetzt* (17.125). Die anderen „Personen" sind Gott Vater und der Hl. Geist.

In Rom wurde die Religion sozusagen privatisiert, die Penaten sind die Hausgötter. Die römischen Götter sind nicht mehr die schönen griechischen Götter. *Sie zeigen sich als geistlose Maschinen, als Verstandesgötter...* (17.166). Es handelt sich bei der römischen Religion um die *Religion der Zweckmäßigkeit* (17.155). Doch was vermochten Hausgötter gegen die Macht des römischen Kaisers, der als gottgleich galt, zu bewirken. *Wir sehen so ... diese allgemeine Macht, die das Herrschen ist, in dieser sind die Individuen aufgeopfert* (17.167). Hegel weist auf gewisse Ähnlichkeiten zu seiner Gegenwart hin: *Die Zeit der römischen Kaiser hat viel Ähnlichkeit mit der unsrigen. Das Subjekt, wie es besteht, ist als unendlich gefasst, aber als abstrakt, schlägt es unmittelbar ins Gegenteil um und ist nur endlich und beschränkt. Die Freiheit ist damit nur eine solche, die ein Jenseits bestehen lässt, ein Sehnen ... und so geistlose Subjektivität ...* (17.192).[71] Gegen die reale kaiserliche Macht kommt das partikulare Individuum nicht an. Es versucht das Beste aus seiner Situation zu machen und folgt seiner *praktischen Selbstichkeit* (17.169), das heißt, es versucht für sich „kluge" Entscheidungen zu treffen, zu denen die Hausgötter mit verhelfen. *Der Inhalt dieser Götter ist eben praktische Nützlichkeit; sie dienen dem gemeinen Nutzen* (17.169). Dazu schreibt Bernhard Dinkel: *Nicht der ganze Mensch handelt mehr, sondern sein berechnendes, taktisches Verstandesvermögen ... Rollenwechsel, Funktionalität, Stellenwert sind entscheidend.*[72]

Im römischen Weltreich herrschen somit der Utilitarismus und eine eigentümliche Toleranz, was die Verehrung der verschiedenen Götter betrifft. *In Rom ist diese Toleranz; alle Religionen kommen da zusammen und werden vermischt. Nach allen Religionen greifen sie, und der Gesamtzustand macht so eine Verwirrung aus, in der jede Art von Kultus durcheinandergeht ...* (17.173). Alles wird aber letztlich der Staatsmacht unterstellt. *Diese Macht ist ein Zweck und dieser Zweck, der menschliche, endliche, ist die Herrschaft der Welt, und die Realisation dieses Zwecks ist Herrschaft der Menschen, der Römer* (17.178). Es ist ein negatives Bild, was Hegel über die Römer zeichnet. Und dennoch ist in dieser Negativität der Keim zum Besseren, nämlich zum Christentum angelegt. *Die römische Welt ist der höchst wichtige Über-*

---

70 Bröcker, Walter, Auseinandersetzungen mit Hegel, Frankfurt/Main 1965, S. 49.

71 Positiv hingegen bewertet Hegel hingegen die römische Republik. *Kato umfasste ganz sein Vaterland, und das Vaterland erfüllte seine ganze Seele.* Nohl, Hermann, Hegels theologische Jugendschriften, Tübingen 1907, S. 356.

72 Dinkel, S. 467.

ganspunkt zur christlichen Religion, das unentbehrliche Mittelglied ... (17.179). Die Menschen im alten Rom haben sich in ihrer Endlichkeit *eingehaust* (17.171). Sie leben ihre Begierden und Lüste aus. Das Ganze hatte den Anschein eines *menschlichen Tierreichs* (17.181). Für den Geist bedeutet solches Treiben den größten Schmerz. Doch gerade die auf die Spitze getriebene abstrakte Macht des Kaisers ruft den dialektischen Umschlag hervor. *Diese abstrakte Macht war es, die ungeheures Unglück und einen allgemeinen Schmerz hervorgebracht hat, einen Schmerz, der die Geburtswehe der Religion der Wahrheit sein sollte* (17.183). *Das Unglück, der Schmerz der Welt war Bedingung, die Vorbereitung der subjektiven Seite auf das Bewusstsein des freien Geistes, als des absolut freien und unendlichen Geistes* (17.188). In diese Bresche sprang, damit *die Zeit erfüllet werde* (17.184) – das Christentum, um das Individuum in seinem Geiste zu stärken.

Die höchste Stufe der Religion stellt für Hegel das Christentum – die *absolute Religion* (17.185) – dar. Vollendet ist diese Religion, weil offenbar wird, was Gott ist: Geist der christlichen Gemeinde, mithin sich offenbarender Gott (vgl. 17.187). Den Hauptpunkt im Christentum sieht Hegel – gegen Kant und den zeitgenössischen Pietismus – nicht in der christlichen Moral, sondern der Dreifaltigkeitslehre. *Die Hauptvorstellung ist die von der Einheit der göttlichen und menschlichen Natur: Gott ist Mensch geworden* (17.203f). Das Göttliche ist trinitarisch und dies wird – abgesehen von *Vorformen der indischen Trimurti und den Theologemen des Gnostizismus aus der Zeit der Alten Kirche*[73] – erst im Christentum gewusst. In diesem Sinn spricht Hegel vom Christentum als der offenbaren oder geoffenbarten Religion, in der sich Gott als der offenbart, der er ist. Gott ist nicht neidisch, wie schon Platon und Aristoteles wussten (Phaidros, 247a, Timaios, 29d-e und Met. I 2, 982b 32–983a 5;[74]), sondern manifestiert sich nach der Logik von der Allgemeinheit, Besonderheit und Einzelheit. (Vgl. hierzu die längeren Kapitel in Hegels Religionsphilosophie mit den Überschriften: Reich des Vaters, Reich des Sohnes, Reich des Geistes 17.218ff.) *Gott ist die Bewegung zum Endlichen und dadurch als Aufhebung desselben zu sich selbst; im Ich, als dem sich als endlich Aufhebenden, kehrt Gott zu sich zurück und ist nur Gott als diese Rückkehr. Ohne Welt ist Gott nicht Gott* (16.192).

Exkurs: Hegel zur Personalität Gottes

Die Philosophie stellt sich Gott nicht als Vater im Himmel vor, sondern *denkt* die Beziehung zwischen Mensch und Gott. Das Absolute hat für Hegel persönlichen und geschichtlichen Charakter.[75] Wenn auch Gott als Person nicht

---

[73] Jaeschke, Walter, Religion in Drüe, Hermann u.a., Hegels Enzyklopädie der philosophischen Wissenschaften (1830), a.a.O., S. 442.

[74] Vgl. Ebenda, S. 428.

[75] Vgl. Jonkers, Peter, Jacobi, Galimathias der spekulativen Vernunft? In: Heidemann, Dietmar H., Krijnen, Christian (Hg.), Hegel und die Geschichte der Philosophie, Darmstadt 2007, S. 214.

versinnbildlicht wird, erkennen wir dennoch in ihm das – notwendige – personale Gegenüber des Menschen. In diesem Zusammenhang spielt das Gebet eine Rolle, das Hegel von der Bitte (Fürbitte) unterschieden wissen will: *Solcher Art* [Fürbitte] *nun ist das Beten nicht; es ist eine Erhebung des Herzens zu dem Absoluten* ... (15.54). Hegel notiert lobend in einer Rezension zu Jacobi, letzterer habe erkannt: *Gott ist Geist, das Absolute ist frei und persönlich.*[76]

Das Problem des Bösen beantwortet Hegel nach einer metaphysischen und moralischen Seite. Metaphysisch ist die Möglichkeit des Bösen durch den Entschluss Gottes bzw. der Idee sich die Natur gegenüberzustellen eröffnet. Gut und Böse sind gleichursprünglich. Das Böse ist und kann nicht aus der Welt geschafft werden. Andererseits soll das Böse auch nicht sein: *Das Übel ist nichts anderes als die Unangemessenheit des Seins zu dem Sollen* (10.292, § 472). Wirklich wird das Böse erst durch den moralischen Willensentscheid endlicher Wesen – den Menschen – sich ihrer Bestimmung zur Teilhabe an der Göttlichkeit dadurch zu entziehen, dass sie ihr selbstsüchtiges Ich über alles andere stellen und in ihrer Natürlichkeit verharren, anstatt an ihrer Bestimmung zu arbeiten, den Geist zu entwickeln und ihn über die Endlichkeit triumphieren zu lassen. *Böse ist für Hegel etwas, das als notwendig gedacht werden muss, das möglich ist und das nicht für sich sein soll ...*[77]

Die christliche Religion zeichnet sich dadurch aus, dass in ihr die äußerste Spitze der Endlichkeit – der Tod – überwunden und durch den Geist besiegt ist. Gott ist Mensch geworden heißt, dass er sogar den qualvollsten aller Tode auf sich nimmt, um ihn zu überwinden (Auferstehung).

Exkurs: Hegel zur Unsterblichkeit der Seele

In diesen Zusammenhang gehört auch die Frage, wie Hegel zur Unsterblichkeit der Seele steht. Hegels Auffassung ähnelt derjenigen von Aristoteles und Spinoza,[78] wonach die Seele des Einzelnen sterblich ist, nicht aber ihre Teilhabe am allgemeinen Geist. Hegels Seelenbegriff, so Walter Jaeschke, *ist geradezu ‚naturalistisch' zu nennen – oder vielleicht angemessener: Sie ist weder eine christliche und noch eine neuplatonische, sondern eine aristotelische Seele. Und sie ist nicht einmal eine spezifisch menschliche Seele. Sie teilt ihre basalen Zustände, ihre Regungen und Erregungen mit den Tieren, zumindest mit den höheren Tieren.*[79] So bezeichnet Hegels „Seele" ... *den theoretischen Fluchtpunkt, in dem*

[76] Nicolin, Nr. 204, S. 143.
[77] Vieweg, Das Denken der Freiheit, a.a.O., S. 213.
[78] Vgl. Kaim, Julius Rudolf, Die Philosophie Spinozas, München 1921, S. 109.
[79] Jaeschke, Walter, Anthropologie und Personalität, in Arndt, Andreas, Zovko, Jure (Hg.), Hegels Anthropologie, Berlin, Boston 2017, S. 8.

Natur und Geist konvergieren.[80] Die Unsterblichkeit der Seele, die Hegel behauptet, heißt nicht ihre Fortexistenz in einer anderen Welt, sondern ihre Teilhabe am unsterblichen Geist, frei nach Faust: *Es kann die Spur von meinen Erdentagen / Nicht in Äonen untergehn.* (Faust II) *Die Sache ist überhaupt diese, dass der Mensch durch das Erkennen unsterblich ist; denn nur denkend ist er keine sterbliche, tierische Seele, ist er die freie reine Seele. Das Erkennen, Denken ist die Wurzel seines Lebens, seiner Unsterblichkeit, als Totalität in sich selbst. Die tierische Seele ist in die Körperlichkeit versenkt, dagegen der Geist ist Totalität in sich selbst* (17.262).

8.4 Philosophiegeschichte

In der Vorrede zu den *Grundlinien der Philosophie des Rechts* stellt Hegel heraus: *Was das Individuum betrifft, so ist ohnehin jedes ein Sohn seiner Zeit; so ist auch die Philosophie ihre Zeit in Gedanken erfaßt (7.26)*. Das heißt, dass die Philosophie in und mit ihren Begriffen ihre Zeit artikuliert. Die Zeit steckt gleichsam in jeder Philosophie. ... *was wir sind, sind wir zugleich geschichtlich* ... (18.21). Doch ebenso fasst Hegel die Philosophiegeschichte ... *nicht [als] eine blinde Sammlung von Einfällen, ein zufälliger Fortgang* (20.461), sondern als ein zwar aus Totalitäten bestehendes, aber von der spekulativen Vernunft überwölbtes Ganzes. Hegel hat als erster in der *Geschichte der Philosophie* keine Sammlung verschiedener Lehren und Standpunkte gesehen. Die verschiedenen philosophischen Systeme bauen Hegel zufolge aufeinander auf, sind *Glieder einer Gesamtphilosophie*[81] höherer Entfaltung der Wahrheit. *An die Stelle der Ansicht eines zufälligen Neben- und Nacheinanders ... setzte er die Auffassung von einer notwendigen Aufeinanderfolge und einem notwendigen Zusammenhang der philosophischen Lehren.*[82]

Die Leistung der großen Philosophen war es, ein wesentliches Moment der Wahrheit herausgearbeitet zu haben, z. B. die Bedeutung der Atome (Demokrit) oder der Idee (Platon), des Subjekts (Descartes, Fichte). Man darf nicht wie in der Naturwissenschaft die Geschichte der Philosophie als Abfolge von Widerlegungen begreifen, so wie etwa die Phlogistontheorie oder die Äthertheorie widerlegt wurden und eine ältere Theorie als falsifiziert und damit im Wesentlichen ad acta gelegt werden konnte. Es ist vielmehr so, dass in der Philosophiegeschichte die Systeme aufeinander aufbauen, nicht im Sinne der Widerlegung, sondern der Ergänzung bzw. Vervollkommnung, insofern eine nachfolgende Theorie den ein-

[80] Sturma, Dieter, Logik der Subjektivität und Natur der Vernunft, Die Seelenkonzeption der klassischen deutschen Philosophie in Jüttemann, Gerd, Sonntag, Michael, Wulf, Christoph (Hg.) Die Seele Ihre Geschichte im Abendland, Weinheim 1991 Sonderausgabe 2000 Köln, S. 251.

[81] Gropp, Rugard Otto, Nachwort zu Georg Wilhelm Friedrich Hegel, Einleitung in die Geschichte der Philosophie, hg. v. Johannes Hoffmeister Berlin 1972, S. 316.

[82] Ebenda, S. 316f

zelnen Momenten der vorhergehenden innerhalb ihres vollkommeneren Spektrums (Systems) ihren Stellenwert zuweist. Unter diesem Gesichtspunkt erscheint die Hegelsche Philosophie als die höchste und auch zukünftig unüberbietbare Philosophie, insofern Hegel mit Vernunft und Freiheit unüberbietbare Prinzipien herausstellt.

Um Hegels Gedanken der *philosophia perennis* – ... *dass zu aller Zeit nur eine Philosophie gewesen ist* (20.461) ... – etwas näher zu erläutern sei folgendes Zitat herangezogen.

Jenes Ausreden und Räsonnement, das sich an die bloße Verschiedenheit festhält und aus Ekel oder Bangigkeit vor (oder) um der Besonderheit willen, in der ein Allgemeines wirklich ist, nicht diese Allgemeinheit ergreifen oder anerkennen will, habe ich anderswo mit dem (pedantischen) Kranken verglichen, dem der Arzt Obst zu essen anrät und dem (man) Kirschen oder Pflaumen oder Trauben vorsetzt, der aber in einer Pedanterie des Verstandes nicht zugreift, weil keine dieser Früchte Obst sei, sondern Kirschen oder Pflaumen oder Trauben (20.472). Die Stelle, auf die Hegel anspielt – *habe ich anderswo* – findet sich (Enz. 8.59, §13 A).

Es gibt eigentlich nur eine Philosophie, die in der Geschichte verschiedene Ausformungen ausbildet. Es gibt *nur eine Philosophie in der Entwicklung*[83], wobei nicht jeder Philosoph gleichermaßen zu wirken vermochte. Die Entwicklung der Philosophie wird zuvorderst durch die *Heroen der denkenden Vernunft* (18.20) voran getrieben.

Abbildung 11. Johann Gottlieb Fichte

[83] Bloch, Ernst, Subjekt-Objekt, a.a.O., S. 357.

Die Logik der Philosophiegeschichte folgt im Großen und Ganzen der in Hegels *Logik* entworfenen Bewegung vom Abstrakten zum Konkreten, bzw. vom Sein (Eleaten) über das Werden (Heraklit)[84] zum Wesen (Platon), weiter zum Begriff (Aristoteles), zur Subjektivität (Hellenistische Schulen), Idee (Neuplatoniker), zum Selbstbewusstsein in der Form des Bewusstseins (Descartes), bis hin zum Selbstbewusstsein als Selbstbewusstsein bei Kant und Fichte. Schelling und Hegel selbst stehen dann für das absolute Wissen.[85] Die Philosophiegeschichte ist also *kein Vorrat von philosophischen Meinungen* (18.28), sondern ein *organisch fortschreitendes Ganzes, ein vernünftiges Gewebe.*[86] Wie die Geschichte hat sie einen Sinn, eine notwendige Entwicklung in der Entfaltung ihrer Begriffe.

Merksatz

Die verschiedenen philosophischen Systeme bauen Hegel zufolge aufeinander auf, sind *Glieder einer Gesamtphilosophie.*

Ein weiteres Merkmal ist, dass erst am Ende einer Epoche die Philosophie aufblüht, indem sie ihre Zeit in Gedanken zusammenfasst. *Wenn die Philosophie ihr Grau in Grau malt, dann ist eine Gestalt des Lebens alt geworden, und mit Grau in Grau läßt sie sich nicht verjüngen, sondern nur erkennen; die Eule der Minerva beginnt erst mit der einbrechenden Dämmerung ihren Flug* (7.28). Das heißt nun nicht, dass die Philosophie politisch unwirksam wäre, denn mit der letztgültigen Zusammenfassung der Epoche stößt sie dem Bewusstsein das Tor zu einer neuen Phase auf. In den *Vorlesungen zur Geschichte der Philosophie* behauptet Hegel: Die Philosophie ist *innere Geburtsstätte des Geistes, der später zu wirklicher Gestaltung hervortreten wird* (18.75). Wie dieses Neue aussehen wird, kann nicht vorausgesagt werden, hier gibt es keinen Automatismus. Allgemein gilt nur, dass mit dem Verständnis der Vergangenheit neue Handlungsmöglichkeiten entstehen. Dazu passt ein Bericht von Karl Ludwig Michelet, der Hegels Minerva-Bild zuversichtlich so weiterinterpretierte, dass die Philosophie aber auch *der Hahnenschlag eines neu anbrechenden Morgens, der eine verjüngte Gestalt der Welt verkünde*[87] sei. Hegel nahm – so Michelet – diese *kühne Behauptung* mit einem *wohlwollenden Schmunzeln* zur Kenntnis.[88] Dazu folgende Briefstelle: *Die theoretische Arbeit, überzeuge ich mich täglich mehr, bringt mehr zustande in der Welt als die praktische; ist erst das Reich der Vorstellung revolutioniert, so hält die Wirklichkeit nicht aus.*[89]

---

84 Historisch geht allerdings Heraklit Parmenides voraus.

85 Vgl. Gropp, Rugard Otto, Nachwort zu Georg Wilhelm Friedrich Hegel, Einleitung in die Geschichte der Philosophie, hg. v. Johannes Hoffmeister Berlin 1972, S. 320.

86 Garaudy, S. 391.

87 Nicolin, Hegel in Berichten seiner Zeitgenossen, a.a,O., S. 331.

88 Ebenda.

89 Brief an Niethammer, 28. Okt. 1808 in Briefe von und an Hegel, a.a.O., Bd. 1, S. 253.

Die Philosophie entstand Hegel zufolge bei den Griechen, die „freie Verfassungen“[90] hatten: *In der Geschichte tritt daher die Philosophie nur da auf, wo und insofern freie Verfassungen sich bilden. Der Geist muß sich trennen von seinem natürlichen Wollen, Versenksein in den Stoff. Die Gestalt, mit der der Weltgeist anfängt, die der Stufe jener Trennung vorausgeht, ist die Stufe der Einheit des Geistes mit der Natur, welche, als unmittelbar, nicht das Wahrhafte ist. Das ist das orientalische Wesen überhaupt. Die Philosophie beginnt in der griechischen Welt* (18.117). Als Professor der Philosophie in Berlin widmete sich Hegel zwar auch der orientalischen Philosophie und Religion mit immer größerer Aufmerksamkeit – er studierte chinesische, indische, persische und ägyptische Quellen – doch diese seien allenfalls Ansätze zur Philosophie im Vergleich zur eigentlichen Philosophie der Griechen gewesen. Mit ihr sei der Geist erst zu Hause, habe seine Heimstätte gefunden. *Da hat der Mensch angefangen, in seiner Heimat sein zu wollen, aus seiner Vernunft, seinem Verstande einzusehen und zu schließen.*[91]

Die griechische Philosophie teilt Hegel, wie gewohnt, in drei Teile. 1. Von Thales bis Aristoteles, 2. Stoa, Epikur, Skeptizismus und 3. *die neuplatonische Philosophie, die die Entwicklung des Gedankens zu einer individuellen, intellektuellen Welt vollendet.*[92] Heidegger interpretiert Hegels Abschnitte über die Griechen anhand der Grundworte des Seins (Parmenides), des Logos (Heraklit), der Idee (Platon) und der Energie (Wirklichkeit) des Aristoteles.[93] Der zweite Teil ist der mittelalterlichen Philosophie gewidmet, die Hegel nicht sonderlich schätzt, weil sie im Dienst der Theologie stand, weshalb er, um über sie *wegzukommen, Siebenmeilenstiefel* (19.493) anlegt. Allerdings hebt er Anselm von Canterbury (Stichwort: ontologischer Gottesbeweis) hervor. Teil drei ist der Neuzeit gewidmet. Er beginnt zwar mit dem Gegensatz von Francis Bacon und Jakob Böhme – Hegel nennt letzteren *philosophus teutonicus* (8.28) –, doch die Neuzeit setzt erst mit Descartes' „cogito ergo sum“ so richtig ein und wird mit Spinoza, Locke, Leibniz, Kant, Fichte und Schelling weitergeführt.

Alle Philosophen stehen, wie erwähnt, in einem universalen Zusammenhang, *so dass die eine Philosophie notwendig die vorhergehende voraussetzt.*[94] Die Geschicht-

[90] *Erst in Gemeinschaften, in denen freie Verfassungen existieren, kann philosophisches Denken zur Entfaltung kommen.* Emundts, Dina, Horstmann, Rolf-Peter, G.W.F. Hegel, Eine Einführung, Stuttgart 2002, S. 112.

[91] Hegel, Vorlesungen, Ausgewählte Manuskripte und Nachschriften, Bd. 6–9 Über die Geschichte der Philosophie, hg. v. Pierre Garniron u. Walter Jaeschke, Hamburg 1987–96, 7, 1f zit. Jaeschke, Walter in: Drüe, Hermann, u. a. Hegels Enzyklopädie der philosophischen Wissenschaften (1830) a.a.O., S. 496.

[92] Jaeschke, Walter, Die Philosophie, in Drüe, Hermann u.a.: Hegels ‚Enzyklopädie der philosophischen Wissenschaften‘, a.a.O., S. 497.

[93] Heidegger, Martin, Hegel und die Griechen, in: Wegmarken, Frankfurt am Main, 3. Auflage 1996, S. 427ff.

[94] Hegel, Vorlesungen, Ausgewählte Manuskripte und Nachschriften, Bd. 6–9, Über die Geschichte der Philosophie, hg. v. Pierre Garniron u. Walter Jaeschkle, Hamburg 1987–96, 9,88 zit. Jaeschke,

lichkeit der Philosophie – *Was wir sind, sind wir zugleich geschichtlich*[95] – verhindere keineswegs ihren Wahrheitscharakter: *Die Wahrheit und der sie erkennende philosophische Geist sind … nach Hegel unvergänglich und ewig … Hegel spinnt hiermit den Faden der philosophia perennis fort.*[96]

Im ersten der griechischen Philosophie gewidmeten Teil hebt Hegel den Vorsokratiker Anaxagoras hervor. Er habe erkannt, dass der Geist die Grundlage und der Schöpfer der Ordnung von allem ist. Allerdings habe er den Geist – Nous – immer noch als etwas Physisches gefasst. Das sei die Grenze des Anaxagoras gewesen. Er habe noch nicht zur reinen Geistigkeit gefunden. *Mit Parmenides* – so Hegel – *hat das eigentliche Philosophieren angefangen; die Erhebung in das Reich des Ideellen ist hierin zu sehen. Ein Mensch macht sich frei von allen Vorstellungen und Meinungen, spricht ihnen alle Wahrheit ab und sagt: Nur die Notwendigkeit, das Sein ist das Wahre. Dieser Anfang ist freilich noch trübe und unbestimmt …* (18.290). Parmenides setze das Sein zwar nicht in die sinnlichen Dinge, doch er habe keinen adäquaten Zugang zur Dialektik gefunden. Hegels Vorbilder in der Ausarbeitung seiner Dialektik waren Heraklit (Alles fließt), Zenon (Paradoxien, für Aristoteles war Zenon der Erfinder der Dialektik[97]) und Platon (Parmenides, Sophistes). Bekannt sind die Zenonschen Paradoxien, wonach der fliegende Pfeil eigentlich stillsteht, weil er in seinem Flug je einen Punkt erreicht – er bewegt sich nicht dort, wo er ist, und auch nicht dort, wo er nicht ist, er bewegt sich deshalb gar nicht – und Achill, der den Vorsprung der Schildkröte nie einholen kann. Doch im Unterschied zu den Genannten entwickeln sich bei Hegel die Begriffe kontradiktorisch aus ihrem Gegensatz heraus zu immer umfassenderen und vollkommeneren. Diesen Aspekt übernimmt Hegel von der Teleologie des Aristoteles.[98] Hegel bleibt also nicht beim negativen bzw. skeptischen Moment der Dialektik stehen, sondern entwickelt eine Dialektik, in der sich die Begriffe prozessual zu immer größerer Vollkommenheit und Wahrheit entwickeln. Denn dass es in der Welt vernünftig zugeht ist, wie nun schon mehrfach erwähnt, Grundaxiom der Hegelschen Philosophie: Der *Mut der Wahrheit, Glauben an die Macht des Geistes ist die erste Bedingung des philosophischen Studiums* (10.404).

Über Heraklit schreibt Hegel: *Hier sehen wir Land; es ist kein Satz des Heraklit, den ich nicht in meine Logik aufgenommen* (18.320), wozu Kurt Schilling-Wollny

---

Walter in: Drüe, Hermann, u. a. Hegels Enzyklopädie der philosophischen Wissenschaften (1830) a.a.O., S. 499.

95 Georg Wilhelm Friedrich Hegels Vorlesungen über die Geschichte der Philosophie, hg. v. Karl Ludwig Michelet, Erster Bd. in Georg Wilhelm Friedrich Hegels Werke, Bd. 13 (Verein von Freunden des Verewigte), Berlin 1833, S. 12 hier zit. nach Düsing, Klaus, Hegel und die Geschichte der Philosophie, Darmstadt 1983, S. 23.

96 Düsing, Klaus, Hegel und die Geschichte der Philosophie, Darmstadt 1983, S. 24.

97 vgl. Düsing, Klaus, Hegel und die klassische griechische Philosophie, in, Heidemann, Dietmar H., Krijnen, Christian (Hg.), Hegel und die Geschichte der Philosophie, Darmstadt 2007, S. 48.

98 Ebenda, S. 62ff.

anmerkt: *Man wird diesen Ausspruch ruhig buchstäblich nehmen können.*[99] Platon ist für Hegel seit seiner Jugendzeit und vor allem seit seiner Freundschaft mit Hölderlin wichtig. Es sind vor allem Platons Ideenlehre des Wahren, Guten und Schönen und die Lehre vom Staat mit den drei Ständen und den Tugenden des Maßes, Mutes und der Vernunft, die Hegel stark abgewandelt für seine eigene Philosophie nutzt. Den stärksten Einfluss auf Hegel hat neben Platons *Sophistes* dessen Dialog *Parmenides*. Denn in ihm wird das Verhältnis von Einheit und Mannigfaltigkeit in all seinen Facetten dialektisch gefasst und diskutiert. Im Gegensatz zu Platon legt Hegel jedoch mehr Gewicht auf die Besonderheit als notwendig für die Rückkehr zum Allgemeinen, während für Platon die Besonderheit nicht zu den wahrhaft seienden Ideen zählt.

Aristoteles, der Platon vom Himmel auf die Erde zurückholte (vgl. seine Armbewegung auf dem berühmten Fresko von Raffael „Die Philosophenschule"), feiert Hegel wie keinen anderen: *Aristoteles ist in die ganze Masse und alle Seiten des realen Universums eingedrungen und hat ihren Reichtum und Zerstreuung dem Begriff unterjocht ...* (19.132). Aristoteles' „Denn das Ganze muss ursprünglicher sein als der Teil" ist für Hegel grundlegend. Aristoteles ist – so Hegel – ... *der würdigste unter den Alten, studiert zu werden* (19.246). Hegel erinnert an Aristoteles *Entelechie* als dem zu verwirklichenden Wesen einer Sache. Es gibt in den Dingen etwas, welches sie über sich hinausgehen bzw. -wachsen lässt. *Alles bloß mögliche Seiende soll wirklich Seiendes werden*[100] oder wie Roger Garaudy anmerkt: *Das Allgemeine oder das Prinzip der Dinge ist kein abstrakter Begriff, sondern eine embryo-ähnliche Realität im Innern des Konkreten.*[101]

Aristoteles bettet den Menschen als „zoon politikon" wesentlich in die Polis ein: *Wer aber nicht in Gemeinschaft leben kann oder in seiner Autarkie ihrer nicht bedarf, der ist kein Teil des Staates, sondern ein wildes Tier oder Gott* (Politik 1253a1). Dazu Hegel: *Aristoteles ... sagt, das Volk ist eher der Natur nach als der Einzelne; denn wenn der Einzelne abgesondert nichts Selbständiges ist, so muss er gleich allen Teilen in einer Einheit mit dem Ganzen sein; wer aber nicht gemeinschaftlich sein kann oder aus Selbstständigkeit nichts bedarf, ist kein Teil des Volks und darum entweder Tier oder Gott* (2.505). Auch habe Aristoteles das Wesen der Natur in ihrer teleologischen Entwicklung erfasst: Aristoteles habe *den wahrhaften Begriff der Natur* (19.177) als *sich selbst hervorbringendes Tun* (ebd.) gefasst. Wir finden Hegel an der Seite von Aristoteles und nicht Platon, wenn es um die Ethik geht. Denn Platon vertritt eine intellektuelle Moral, wonach es demjenigen, der Unrecht begeht, an Klugheit mangele, während Aristoteles und mit ihm Hegel das Einüben in die Sittlichkeit als vorrangige Quelle moralischen Handelns hervorhebt. Aristoteles habe jedoch keinen angemessenen Begriff der Subjektivität entwickelt. Sein ‚unbewegter Be-

---

99 Schilling-Wollny, Kurt, Hegels Wissenschaft von der Wirklichkeit und ihre Quellen, 1. Bd. Begriffliche Vorgeschichte der Hegelschen Methode, München 1929, S. 282.

100 Welsch, Wolfgang, Der Philosoph. Die Gedankenwelt des Aristoteles, München 2012, S. 260.

101 Garaudy, S. 145.

weger' als ‚Denken des Denkens' (Noesis, Noeseos) stoße zwar das zielgerichtete Weltgeschehen an, aber er entwickele sich nicht im Sinne der Dialektik, d.h. durchlaufe nicht das Stadium seiner Andersheit und die Rückkehr zu sich als Selbsterkenntnis.[102]

Es ist der Neuplatonismus (Plotin und Proklos), der für Hegel den Übergang von der Antike zur Subjektivität des Christentums bildet. Der Neuplatonismus (besonders Proklos) sei *Wahrer Wendepunkt, der Übertritt der alten Zeit in die neue, der alten Philosophie in das Christentum.*[103] Hegel geht es weniger um die mystischen Momente (Ekstase, Schau) des Neuplatonismus als um die Entfaltung des Einen, das der Neuplatonismus aber im Unterschied zu Hegel als Herabsteigen (Degradation) schildert, während in Hegels eigener Philosophie das Eine über sein Anderssein auf höherer Stufe zu sich zurückkehrt: Identität der Identität und Nichtidentität (2.96, 5.74). Besonders Proklos hebt Hegel hervor, was Ernst Bloch schreiben lässt: *Hier steht der Neuplatoniker Proklos, mit dem Dreiklang der ersten Entfaltungs-Triade: Beharren, Hervortritt, Rückkehr.*[104]

Über die Philosophie des Mittelalters geht Hegel, wie erwähnt, schnell hinweg. *In diesem scholastischen Treiben treibt das Denken sein Geschäft ganz abgesondert von aller Rücksicht auf Wirklichkeit, von aller Erfahrung; es ist nicht mehr davon die Rede, die Wirklichkeit aufzunehmen und sie durch den Gedanken zu bestimmen* (19.543). Thomas von Aquin wird lediglich gestreift. Hegel kritisiert die Einmischung der mittelalterlichen Kirche in die Politik: *Die Tapfersten, edelsten Kaiser sind in den Bann getan von Päpsten, Kardinälen, Legaten auch Erzbischöfen und Bischöfen, und konnten nichts dagegen tun ...* (19.536).

Am Ende des Mittelalters und als Übergang zur Neuzeit ist in Hegels Philosophiegeschichte dem protestantischen Mystiker Jakob Böhme – von seinem ehemaligen Studenten Peter Gabriel van Ghert hatte Hegel eine Prachtausgabe von dessen gesammelten Werken geschenkt bekommen[105] – ungewöhnlich viel Raum gewidmet. *Ein Hauptgedanke Böhmes ist, daß das Universum ein göttliches Leben und Offenbaren Gottes in allen Dingen ist ...* (20.99). Über Böhmes Begriff der Qual schreibt Hegel: *So die Qual ist diese innere Zerrissenheit ... Davon leitet er ab Quellen, – ein gutes Wortspiel; die Qual, diese Negativität geht fort in Lebendigkeit, Tätigkeit, und so setzt er es auch mit Qualität, woraus er Quallität macht, zusammen* (20.100).

Mit Descartes – so Hegel – hat die Philosophie *eine ganz neu Wendung genommen: mit Descartes beginnt eine neue Epoche der Philosophie ...* (20.126). *René Descartes ist in der Tat der wahrhafte Anfänger der modernen Philosophie, insofern sie das Denken zum Prinzip macht* (20.123). Denn Descartes gibt der durch das Christentum gewonnenen Innerlichkeit den philosophischen Ausdruck, indem er das Selbstbewusstsein zum Ausgangspunkt nimmt. Die Wahrheit muss sich

---

[102] Vgl. Düsing, Klaus, Hegel und die Geschichte der Philosophie, Darmstadt 1983, S. 111f.

[103] Georg Wilhelm Friedrich Hegel, Weltgeist zwischen Jena und Berlin, a.a.O., Brief (Entwurf) Mai 1821 an Creuzer, S. 230.

[104] Bloch, Ernst, Subjekt-Objekt, a.a.O., S. 130.

[105] Vgl. Eiden-Offe, S. 101.

vor dem Ich und dem Denken bewähren: *Nach diesem Prinzip der Innerlichkeit ist nun das Denken, das Denken für sich, die reinste Spitze des Innersten, diese Innerlichkeit ist das, was sich für sich jetzt aufstellt; was anerkennt werden soll; dies kann es nur durch mein freies Denken in mir, nur dadurch kann es bewährt werden* (20.120f). Über Descartes Selbstvergewisserung der Existenz durch das Denken, sein berühmtes „cogito ergo sum", lässt Hegel nichts kommen, denn damit sind Denken und Sein in eins gesetzt, eine philosophische Position, die auch Hegel vertritt und für die in der Antike der Name Parmenides steht. Descartes *ist in der Tat der wahrhafte Anfänger der modernen Philosophie, insofern sie das Denken zum Prinzip macht* im Namen des *Interesse(s) der Freiheit.* (20.123 und 129).

Hegel fasst jedoch im Unterschied zu Descartes die Natur nicht kahl als res extensia, sondern betont: *Die Natur ist an sich ein lebendiges Ganzes* ... (Enz. 9.36, § 251). Für Hegel ist der Dualismus der zwei Substanzen res extensia und res cogitans wie jeder Dualismus = Manichäismus (vgl. 16.318). Im Vergleich zu Descartes ist deshalb Spinozas Substanzmonismus ein Fortschritt innerhalb der Philosophiegeschichte. *Den Dualismus, der im Cartesischen System vorhanden ist, hob Benedikt Spinoza vollends auf, – als ein Jude. Diese tiefe Einheit seiner Philosophie, wie sie in Europa sich ausgesprochen, der Geist, Unendliches und Endliches identisch in Gott, nicht als einem Dritten, ist ein Nachklang des Morgenlandes* (20.157f). *Wenn man anfängt zu philosophieren, so muß man zuerst Spinozist sein* (20.165).

Zwischen Natur und Geist herrscht bei Spinoza kein Abgrund. Natur und Geist, Körper und Geist, Materie und Form sind zwei Seiten derselben Medaille. An Spinoza kritisiert Hegel, dass in der einen Substanz alles untergeht. Bei Spinoza *ist die absolute Substanz nicht als Ausgangspunkt für Unterschiede, Vereinzelung, Individuation gefasst, überhaupt für alle Unterschiede, wie sie erscheinen mögen als Attribute und Modi, als Sein und Denken, Verstand, Einbildungskraft usw. Es geht daher in der Substanz alles nur unter, sie ist unbewegt in sich, und kehrt aus ihr nichts zurück* (4.434).

Demgegenüber hätten der englische Empirismus und der französische Materialismus das Besondere, die Modifikation, kurz das Einzelne aufgewertet. Hegel gesteht dem Empirismus deswegen Berechtigung zu: *Vom Empirismus erging der Zuruf: Lasst das Herumtreiben in leeren Abstraktionen, schaut auf eure Hände, erfasst das Hier des Menschen und der Natur, genießt die Gegenwart...* (8.109, § 38 Z). Doch der Empirismus bleibt beim sinnlich Gegebenen stehen und ... *so ist dies eine Lehre der Unfreiheit, denn die Freiheit besteht gerade darin, dass ich kein absolut Anderes gegen mich habe, sondern abhänge von einem Inhalt, der ich selbst bin* (8.111, § 38 Z). Der Empirismus bleibt bei der Wahrnehmung – der Äußerlichkeit – stehen und findet laut Hegel in keine Metaphysik zurück: ... *das Interesse beschränkt sich auf die Form des Übergehens des Objektiven oder des Gefühls in die Form von Vorstellung* (20.205) und verharrt damit auf der Ebene der Anthropologie bzw. des subjektiven Geistes.

Auch Leibniz und die auf ihm fußende Wolffsche Philosophie werten mittels der Monadenlehre[106] gegenüber Spinoza die Individualität auf. Sie gelangen im

[106] Goethe fasst Leibniz' Monade als Entelechie, Gespräche mit Eckermann 3. März 1830.

Unterschied zum Empirismus zu einer Metaphysik, wonach in Gott alle Widersprüche und Fäden zusammenlaufen: Leibniz' berühmte Theodizee von der besten aller Welten.

Theodizee

Wohl die trefflichste Definition des Begriffs der „Theodizee" hat Kant geliefert: *Unter einer Theodizee versteht man die Verteidigung der höchsten Weisheit des Welturhebers gegen die Anklage, welche die Vernunft aus dem Zweckwidrigen in der Welt gegen jene erhebt.*[107] Auch Hegel vertritt eine Theodizee als Rechtfertigung der Weltgeschichte. *Unsere Betrachtung ist insofern eine Theodizee, eine Rechtfertigung Gottes, welche Leibniz metaphysisch auf seine Weise in noch unbestimmten, abstrakten Kategorien versucht hat, so daß das Übel in der Welt begriffen, der denkende Geist mit dem Bösen versöhnt werden sollte. In der Tat liegt nirgend eine größere Aufforderung zu solcher versöhnenden Erkenntnis als in der Weltgeschichte* (12.28).

Eine neue Stufe innerhalb der Philosophiegeschichte sei jedoch erst mit Kants und Fichtes Transzendentalphilosophie erreicht. Hegel kritisiert zwar die Systeme von Kant und Fichte, dass sie die Natur *misshandeln* (vgl. 2.13), und fordert, dass die Vernunft nicht gegen, sondern in Übereinstimmung mit der Natur gebracht wird. Dennoch habe Kant einen bahnbrechenden Fortschritt dadurch erzielt, als er mittels der Herleitung der „Transzendentalen Einheit der Apperzeption" einen Ansatz schuf, der dazu geeignet war, die Subjekt-Objekt-Spaltung der neuzeitlichen Philosophie seit Descartes zu überwinden. Schon im Erfahrungsprozess verschmelzen sich laut Kant nämlich die subjektiven Strukturen der Vernunft mit dem Erfahrungsmaterial. Neben dieser transzendentalen Einheit der Apperzeption ist es die „Produktive Einbildungskraft", die Hegel in Bezug auf Kant positiv erwähnt. Freilich spielt die *Einbildungskraft* in Kants System eine andere Rolle als bei Hegel. Bei Kant vermittelt die Einbildungskraft zwischen Sinnlichkeit und Verstand, bei Hegel emanzipiert sich der Mensch mittels Einbildungskraft von der unmittelbaren Anschauung weg von der materialen Welt der Anschauung hin zur Freiheit des Geistes.

[107] Kant, Immanuel, Über das Misslingen aller philosophischen Versuche in der Theodizee, in: Weischedel, Wilhelm (Hg.), Immanuel Kant, Werkausgabe, Bd. XI, Frankfurt/Main 1977, 1. Auflage, S. 105.

Exkurs: Hegel und Schelling zu Kants „Kritik der Urteilskraft"

In seiner dritten Kritik – „Kritik der Urteilskraft" – schreibt Kant: *Es ist für Menschen ungereimt, auch nur ... zu hoffen, dass noch dereinst ein Newton aufstehen könnte, der auch nur die Erzeugung eines Grashalmes nach Naturgesetzen, die keine Absicht geordnet hat, begreiflich machen werde* (Kritik der Urteilskraft § 75). Es bleibe uns daher nur übrig, die Natur „als ob" sie zweckmäßig organisiert sei, zu betrachten und aufzufassen. Mit diesem heuristischen „als ob" in einem bloß regulativen Sinn wollten sich Hölderlin Schelling und Hegel nicht zufrieden geben, sondern die objektive Vernunft (Zweckmäßigkeit) in der Natur nachweisen.

Bei allem Verdienst habe Kant den Ertrag seiner genialen Entdeckung (Kopernikanische Wende in der Erkenntnistheorie) dadurch verspielt, dass er *Die Identität des Subjekts und Objekts ... auf zwölf oder vielmehr nur auf neun reine Denktätigkeiten* [den Kategorien einschränkt] ... (2.9). Die ganze Mannigfaltigkeit des übrigen Sinnenmaterials bleibe daher von der idealen Synthese ausgeschlossen und erlange lediglich in der letztlich subjektiven Urteilskraft Sinnhaftigkeit. Fichte überwinde diesen Mangel, indem er Kants „Ding an sich" streiche und in seiner „Wissenschaftslehre" nachweise, wie das erkennende Ich (Subjekt) über Kants reine Anschauungsformen des Raums und der Zeit und den Verstandeskategorien hinaus die ganze Welt vernünftig gestaltet. Außerdem habe Fichte versucht, ... *die Denkbestimmungen in ihrer Notwenigkeit, ihrer Ableitung, ihrer Konstruktion aufzuzeigen* (20.401), was Hegel lobt. Er habe aber den Fehler gemacht, beim Ich und dem Nicht-Ich zu beginnen, also nicht wie Hegel beim reinen Sein. Fichtes intellektuelle Anschauung[108] bezieht sich nicht auf Dinge (kein An-sich), sondern auf das eigene Ich, das sich als handelnd erfährt (Fichtes *Tathandlung*). *Das Ich setzt ursprünglich schlechthin sein eigenes Sein.*[109] Hölderlin bezeichnete Fichte deshalb als den für die *Menschheit kämpfenden Titanen.*[110] Für Fichte war Erkenntnis mit dem klaren moralischen Auftrag verbunden, die Welt vernünftiger zu gestalten. Die Natur sei lediglich Material für das Ich. Dazu schreibt Vittorio Hösle: *Fichte ist die Natur nicht mehr als eine Summe von Empfindungen, die immer auf das Ich bezogen werden.*[111] Dieser letzte Punkt blieb für Hölderlin, Schelling und Hegel unbefriedigend.

Um noch einmal auf Kant zurückzukommen, so hat Hegel dessen Antinomienlehre stets hochgehalten. Sie sei sozusagen der Eintritt in die Philosophie. In

---

108 Fichtes Ich (Selbstbewusstsein) wird *nur durch intellektuelle Anschauung erreicht.* Biedermann, Georg, Die Philosophie von Johann Gottlieb Fichte, a.a.O., S. 25.

109 Fichte, Johann Gottlieb, Grundlagen der gesamten Wissenschaftslehre, Hamburg 1988, S. 18.

110 Hölderlin zit. Althaus, S. 75.

111 Hösle, Vittorio, Hegels System, Der Idealismus der Subjektivität und das Problem der Intersubjektivität, Hamburg 1988, S. 44.

Kants Antinomienlehre stehen sich zwei Thesen gleichwertig gegenüber. Ein Beispiel: *1. Die Welt hat einen Anfang und Ende in der Zeit, und sie ist in einem umschlossenen Raum. 2. Sie hat keinen Anfang und Ende in der Zeit und auch keine Grenzen im Raum. Eines kann sogut als das andere bewiesen werden ...* (20.357). Kant habe die Notwendigkeit dieser Widersprüche ins Verständnis gehoben: *Einer von diesen Gegensätzen ist so notwendig als der andere; und es ist überflüssig, dies hier näher auszuführen. Die Notwendigkeit dieser Widersprüche ist die interessante Seite, die Kant zum Bewußtsein gebracht hat. Man stellt sich nach der gemeinen Metaphysik vor, eins müsse gelten und das andere widerlegt werden; die Notwendigkeit aber, daß solche Widersprüche stattfinden, ist gerade das Interessante* (20.358).

Doch Kant habe die Dialektik als Lehre vom Schein nur für einige wenige Antinomien gefasst. Das hängt damit zusammen, dass für Kant die vom Ding an sich ausgesendeten Signale vom Subjekt in eine bestimmte Form (Raum, Zeit, Kategorien) gebracht werden. Innerhalb dieses Rahmen haben die Phänomene nichts Widersprüchliches. Das heißt, erst wenn es um Fragen geht, die sozusagen außerhalb dieses Rahmens liegen, wie der Frage nach einem Anfang oder Ende der Welt, stellen sich für Kant die Antinomien ein. Für Hegel hingegen kennzeichnet das, was Kant über die Antinomien des Anfangs in der Zeit und der Unendlichkeit des Raumes sagt, jede Erscheinung. In Hegels absolutem Idealismus ist alles, was wir wahrnehmen, sind alle Dinge Erscheinungen der einen absoluten Idee. Als solche Erscheinung der Idee sind sie gemäß Hegels Lehre dialektisch verfasst: Leben gibt es nur über den Tod, Subjekte nur über Objekte, Seele nur über Körper, Gott nur über den Menschen.

Hegel verlegt somit die Rede vom Unendlichen aus der Abstraktion hinein in die endlichen Dinge selbst, die erst aus der Perspektive des Unendlichen ihren wahren Sinn und Gehalt erfahren. Denn in den endlichen Dingen selbst steckt ein Hang, Trieb, Werden, aus sich herauszugehen, sich selbst zu überwinden. *Alles Endliche ist dies, sich selbst aufzuheben* (Enz. 8.172f, §81 A). *Der Geist ist die existierende Wahrheit der Materie, dass die Materie selbst keine Wahrheit hat* (Enz. 10.44 § 389 A). Alles Einzelne ist ein existierender Widerspruch, der es aus sich heraus zum Ganzen hinstreben lässt. In jeder Erscheinung liegt sogleich als die Negation die Quelle ihres Verschwindens.

Am Ende seiner *Philosophiegeschichte* geht Hegel auf Schelling ein. *Das ... einzig bedeutende Hinausgehen über die Fichtesche Philosophie hat endlich Schelling getan* (20.420). Im Unterschied zu Fichte wertet Schelling die Natur als vernunftaffin. ... *Formen des Begriffs, der Vernunft brachte er an die Natur, so im Magnetismus die Form des Schlusses* (20.426). Dies sei die große Leistung Schellings gewesen. Doch Hegel, der sein eigenes System über dasjenige von Schelling stellt, findet wichtige Kritikpunkte, worüber ein Zeitgenosse von Hegel – Karl Friedrich Bachmann – berichtet. *Hegel war noch mein Lehrer hier in Jena ... Er machte mich zuerst auf die Lücken des Schellingschen Systems ... aufmerksam, und leitete mich auf den Gedanken hin, dass die Philosophie nur zur Wissenschaft werden könne durch die strengste Methode, durch die innere Notwendigkeit der Sache selbst in dem gemessenen Fortschreiten von einem Moment zum anderen.*[112] Hegel kritisierte an Schelling *die ruhende unmittelbare Einheit der Gegensätze im Absoluten und die bloß quantitativ gefasste Differenz,* wie es ein weiterer Zeitgenosse Hegels in Jena – Georg Andreas Gabler – aus Hegels Vorlesungen über die Geschichte der Philosophie mitnahm.[113]

Für Schelling gibt es zwischen der Natur und dem Geist (Menschen) keine prinzipiellen Unterschiede, damit – so Wilhelm Metzger – entgehe ihm das Beste: *... gerade für die tiefste Energie alles geistigen Lebens und Strebens hat er den rechten Sinn verloren. ... denn der schöpferische Wille, welcher immer wieder über die Gegebenheiten hinausgreift, um sie nach dem Gesetze der ‚Idee' zu ‚erziehen' und zu ‚verbessern': diese sittliche Lebenskraft bleibt dieser kontemplativ-konservativen Weltanschauung unverständlich.*[114]

Exkurs: Hegels Kritik an der romantischen Naturphilosophie Schellings

Joseph Görres hatte in einer Schrift aus dem Jahre 1803 in abstruser Weise Fichte dem Element des Sauerstoffs, John Locke dem Wasserstoff und Leibniz dem Kohlenstoff zugeordnet. Heinrich Steffens hatte in *Grundzüge der philosophischen Naturwissenschaft* (1806) behauptet, dass der Stickstoff den Südpol repräsentiert.[115] Gegen solche Analogiebildungen in der Naturphilosophie polemisiert Hegel. *Wie es eine dichterische Genieperiode gegeben hat, so scheint gegenwärtig die philosophische Genieperiode zu sein. Etwas Kohlenstoff, Sauerstoff, Stickstoff und Wasserstoff zusammengeknetet und in ein von anderen mit Polarität usw. beschriebenes Papier gesteckt, mit einem hölzernen Zopf der Eitelkeit etc. Raketen in die Luft geschossen, meinen sie, das Empyreum darzustellen. So Görres, Wagner u. a. Die roheste Empirie mit Formalismus von Stoffen und Polen, verbrämt mit vernunftlosen Analogien und besoffenen Gedankenblitzen* (2.542). *In der Tat lässt sich aber dieser jetzige Formalismus in einer halben Stunde beibringen. Sagen Sie z. B. statt, es sei etwas lang, es gehe in die Länge und diese Länge sei der Magnetismus; statt breit, es gehe in die Breite und sei die Elektrizität; statt dick, körperlich, es gehe in die dritte Dimension; statt spitzig, es sei der Pol der Kontraktion; statt der Fisch sei lang, er stehe unter dem Schema des Magnetismus usw. usf. ... Ich sage Ihnen voraus, wie Sie in dem philosophischen Systeme, welches ich vortrage, von diesem Schwall des Formalismus nichts finden werden.*[116]

---

112 Hegel in Berichten seiner Zeitgenossen, S. 80.

113 Ebenda, S. 65.

114 Metzger, Wilhelm, Gesellschaft, Recht und Staat in der Ethik des Deutschen Idealismus, mit einer Einleitung: Prolegomena zu einer Theorie und Geschichte der sozialen Werte, Heidelberg 1917, S. 240.

115 Vgl. beide Beispiele Kaube, S. 185.

116 Hegel zitiert von Karl Rosenkranz aus einer zu Hegels Lebzeiten unveröffentlichten Einleitung zu einer Vorlesung über das gesamte System. Rosenkranz, Karl, Georg Wilhelm Friedrich Hegels Leben, a.a.O., S. 185.

Zum Bruch mit Schelling kam es, nachdem Hegel im Vorwort zur *Phänomenologie des Geistes* Schelling wegen der ins Kraut schießenden Analogiebildungen und seiner Identitätsphilosophie – im Absoluten sei alles gleich *Nacht ..., worin alle Kühe schwarz sind* (3.22) – kritisierte. Hegels Versicherung gegenüber Schelling, dass er nicht eigentlich ihn, sondern dessen Nachahmer und Epigonen meinte, half nicht. Schelling entwickelte sich in der Folge zum scharfen Kritiker Hegels. Kurz vor Hegels Tod kam es im Herbst 1829 in Karlsbad während einer Kur zur zufälligen Begegnung der beiden alten Freunde. Man ging kordial miteinander um und war so weise, keine philosophischen Themen zu berühren.[117]

[117] Vgl., Wiedmann, Franz, Hegel, Reinbek bei Hamburg 1965, S. 108ff.

Literatur

Quellenangaben ohne weitere Namensnennung beziehen sich auf die Theorie-Werkausgabe. Hegel, Georg Wilhelm Friedrich, Werke in zwanzig Bänden. Auf der Grundlage der Werke 1831–45 neu editierte Ausgabe. Redaktion Eva Moldenbauer und Karl Markus Michel, Frankfurt/Main 1969ff. zit. MM Band/Seite, „Z" steht für Zusatz (von Hegel-Schülern aus Hegels Unterlagen hinzugefügt), „A" für Anmerkung, Rph. steht für „Grundlinien der Philosophie des Rechts, „Enz." Steht für Enzyklopädie der philosophischen Wissenschaften".

Weitere Hegel-Ausgaben, Briefe:

Becker, C., u. a (Hg.), Georg Wilhelm Friedrich Hegel, Vorlesungen über Naturrecht und Staatswissenschaft (Nachgeschrieben von P. Wannemann), Hamburg 1983

Düsing, Klaus, Kimmerle, Heinz (Hg.), Georg Wilhelm Friedrich Hegel, Jenaer Systementwürfe I, Hamburg 1986

Ehrenberg, Hans, Link, Herbert, (Hg.), Hegels Erstes System, Heidelberg 1915

Garniron, Pierre u. Jaeschke, Walter (Hg.), Hegel, Vorlesungen, Ausgewählte Manuskripte und Nachschriften, Bd. 6–9, Über die Geschichte der Philosophie, Hamburg 1987–96

Gethmann-Siefer, Annemarie (Hg.), G.W.F. Hegel, Vorlesungen über die Philosophie der Kunst, Hamburg 2003

Gies, Manfred (Hg.), Hegel Naturphilosophie Bd. 1 Die Vorlesungen von 1819/20 In Verbindung mit Karl-Heinz Ilting, Napoli 1980

Giese, Gerhardt, Hegels Staatsidee und der Begriff der Staatserziehung, Halle/Saale 1926

Göhler, Gerhard (Hg.), Georg Wilhelm Friedrich Hegel, Phänomenologie des Geistes, Mit einem Nachwort von Georg Lukács, Texte-Auswahl und Kommentar zur Rezeptionsgeschichte von Gerhard Göhler, Berlin 1973, 2. erweiterte und neu eingerichtete Auflage

Göhler, Gerhard (Hg.), Jenaer Realphilosophie, in G.W.F. Hegel: Frühe politische Systeme. Hg. und kommentiert von Gerhard Göhler, Frankfurt/M – Berlin – Wien 1974

Gropp, Rugard Otto (Hg.), Georg Wilhelm Friedrich Hegel, Ausgewählte Texte, Berlin 1964

Hegel, Georg, Wilhelm, Friedrich, Ästhetik, Bd. 1, Berlin, Weimar 1965, 2. Auflage

Hegel, Karl (Hg.), Briefe von und an Hegel, Leipzig 1887

Henrich, Dieter (Hg.), Hegel, Georg Friedrich Wilhelm, Philosophie des Rechts, Die Vorlesungen von 1819/20 in einer Nachschrift, Frankfurt/Main 1983

Hoffmeister, Johannes (Hg.), Dokumente zu Hegels Entwicklung, Stuttgart 1936
Hoffmeister, Johannes (Hg.), Briefe von und an Hegel, Dritte durchgesehene Auflage, Drei Bände, Hamburg 1969
Hoffmeister, Johannes (Hg.), Hegel, G.W.F., Einleitung in die Geschichte der Philosophie, Berlin 1972
Hoppe, Hansgeorg (Hg.) Hegel, Georg Wilhelm Friedrich, Die Philosophie des Rechts, Vorlesungen von 1821/22, Frankfurt/Main 2005
Horstmann, Rolf-Peter (Hg), Georg Wilhelm Friedrich Hegel, Jenaer Systementwürfe II Logik, Metaphysik, Naturphilosophie, Hamburg 1982
Ilting, Karl-Heinz (Hg.), Georg Wilhelm Friedrich Hegel, Vorlesungen über Rechtsphilosophie, Bd. 4, Philosophie des Rechts, Rechts, nach einer Vorlesungsnachschrift von K.G. von Griesheims (1824), Stuttgart-Bad Cannstatt 1974
Jaeschke, Walter (Hg.), Hegel Vorlesungen. Ausgewählte Nachschriften und Manuskripte/Vorlesungen über die Philosophie der Religion, Bd. 5 Teil 3 Die vollendete Religion Hamburg 1983
Jamme, Christoph, Schneider, Helmut (Hg.), Mythologie der Vernunft, Hegels ‚ältestes Systemprogramm' des deutschen Idealismus, Frankfurt/Main 1984
Lasson, Georg (Hg.), Hegel, Georg, Wilhelm, Friedrich, Phänomenologie des Geistes, Leipzig 1907
Lasson, Georg (Hg.) Georg Wilhelm Hegel, Sämtliche Werke, Bd. VIII Vorlesungen über die Philosophie der Weltgeschichte, Erster Halbband, Leipzig 1920
Klenner, Hermann (Hg.), G.W. F. Hegel, Grundlinien der Philosophie des Rechts oder Naturrecht und Staatswissenschaft im Grundrisse Berlin 1981
Nohl, Hermann, Hegels theologische Jugendschriften, Tübingen 1907
Zinser, Hartmut (Hg.), Georg Wilhelm Friedrich Hegel, Weltgeist zwischen Jena und Berlin, Briefe, Frankfurt/Main, Berlin, Wien 1982

Sekundärliteratur:

Adorno, Theodor W., Drei Studien zu Hegel, Frankfurt/Main 1970, 4. Auflage
Adorno, Philosophische Terminologie, Bd. 2, Frankfurt/Main 1974
Adorno, Theodor, W., Ästhetische Theorie, Frankfurt/Main 1977, 3. Auflage
Adorno, Theodor W., Minima Moralia, Frankfurt/Main 1981
Adorno, Theodor W., Beethoven Philosophie der Musik, Frankfurt/Main 2004, Erste Auflage
Ahrweiler, Georg, Hegels Gesellschaftslehre, Darmstadt und Neuwied 1976
Althaus, Horst, Hegel und die heroischen Jahre der Philosophie München Wien 1992
Ankenbrand, Stephan, Kleine deutsche Literaturgeschichte, Meister in Poesie und Prosa, neubearbeitet von Theodor Rohnert, München 1966

Aretin, Karl Otmar Freiherr von, Vom Deutschen Reich zum Deutschen Bund, Göttingen 1980
Aristoteles, Metaphysik, Reinbek bei Hamburg 1994, Neuausgabe
Arndt, Andreas, Zovko, Jure (Hg.), Hegels Anthropologie, Berlin, Boston 2017
Baberowski, Jörg, Der Sinn der Geschichte, Geschichtstheorien von Hegel bis Foucault, München 2005
Bainville, Alain, Geschichte zweier Völker, Hamburg 1937
Balthasar, Urs von, Apokalypse der deutschen Seele, Studien zu einer Lehre von den letzten Haltungen 1. Der deutsche Idealismus, Freiburg 1998
Balzac, Honoré de, Verlorene Illusionen, Frankfurt/Main und Leipzig 2015, 8. Auflage
Baumann, Peter, Erkenntnistheorie, Stuttgart 2002
Bertaux, Pierre, Friedrich Hölderlin, Frankfurt/Main 1981, 1. Auflage
Betzendörfer, Walter, Hölderlins Studienjahre im Tübinger Stift, Heilbronn 1922
Beyer, Wilhelm Raimund, Zwischen Phänomenologie und Logik, Hegel als Redakteur der Bamberger Zeitung, Köln 1974, Zweite ergänzte und erweiterte Auflage
Beyme, Klaus von, Geschichte der politischen Theorien in Deutschland 1300–2000, Wiesbaden 2009
Biedermann, Georg, Georg, Wilhelm Friedrich Hegel, Köln 1981
Biedermann, Georg, Georg Wilhelm Friedrich Hegel und sein System der Philosophie, Neustadt am Rübenberge 2002
Binder, Julius, Zur Lehre vom Rechtsbegriff, in: Schirmer, Jakob, Die Göttinger Hegel-Schule, Julius Binder, Karl Larenz, Martin Busse, Gerhard Dulckeit und der Neuhegelianismus in den 1930er Jahren, Frankfurt/Main 2016
Blasche, Siegfried, Natürliche Sittlichkeit und bürgerliche Gesellschaft. Hegels Konstruktion der Familie als sittliche Intimität im entsittlichten Leben in: Riedel, Manfred (Hg.), Materialien zu Hegels, Rechtsphilosophie, Bd. 2, Frankfurt/Main 2015, 2. Auflage
Bloch, Ernst, Subjekt – Objekt, Erläuterungen zu Hegel, Frankfurt/Main 1962
Bloch, Ernst, Über Methode und System bei Hegel, Frankfurt/Main 1975, 2. Auflage
Bloch, Ernst, Das Prinzip Hoffnung. Frankfurt/Main 1959, 4. Auflage 1977
Böhmer, Otto. A., Hegel & Hegel oder der Geist des Weines, Tübingen 2011
Brandom, Robert B., Im Geiste des Vertrauens. Eine Lektüre der "Phänomenologie des Geistes", Berlin 2021
Brie, Siegfried, Der Volksgeist bei Hegel und in der Historischen Rechtsschule, Berlin, Leipzig 1909
Bröker, Walter, Auseinandersetzungen mit Hegel, Frankfurt/Main 1965
Bröcker, Walter, Hölderlins Friedensfeier entstehungsgeschichtlich erklärt, Frankfurt/Main 1960
Bülow, Friedrich, Die Entwicklung der Hegelschen Sozialphilosophie, Leipzig 1920

Bülow, Friedrich, (Hg.), G. W. F. Hegel, Recht, Staat, Geschichte Eine Auswahl aus seinen Werken Stuttgart 1955

Büttner, Stefan, Von der ‚Chora' zum ‚Äther', Rezeption und Transformation des platonischen Chorakonzepts in Hegels Jenenser Naturphilosophie, in: Vieweg, Klaus (Hg.) Hegels Jenaer Naturphilosophie München 1998

Buhl. Ludwig H., Hegels Lehre vom Staat und seine Philosophie der Geschichte in ihren Hauptresultaten, Berlin 1837

Buhr, Manfred, Oiserman, Todor Iljitsch (Hg.) Vom Mute des Erkennens. Beiträge zur Philosophie Hegel, Berlin 1981

Buhr, Manfred, D'Hondt, Jacques, Klenner, Hermann, Aktuelle Vernunft, Drei Studien zur Philosophie Hegels, Berlin 1985

Buhr, Manfred, Der Mut der Wahrheit, in: Buhr, Manfred, D'Hondt, Jacques, Klenner, Hermann, Aktuelle Vernunft. Drei Studien zur Philosophie Hegels, Berlin 1985

Burkhardt, Carl, J, Richelieu Der Aufstieg zur Macht, München1966

Busse, Martin, Das Thema der Rechtsphilosophie Hegels, zit. n. Schirmer, Jakob, Die Göttinger Hegel-Schule, Julius Binder, Karl Larenz, Martin Busse, Gerhard Dulckeit und der Neuhegelianismus in den 1930er Jahren, Frankfurt/Main 2016

Camus, Albert, Der Mensch in der Revolte, Reinbek bei Hamburg 1969

Capra, Fritjof, Wendezeit. Bausteine für ein neues Weltbild, Frankfurt/Main 2015

Cassirer, Ernst, Der Mythus des Staates. Philosophische Grundlagen politischen Verhaltens, Frankfurt/Main 1988

Carthill, Al., Die Erbschaft des Liberalismus, Berlin 1926

Chateaubriand, François-René de, Erinnerungen von jenseits des Grabes, hg. und mit einem Nachwort von Sigrid v. Massenbach, mit einem Essay von Pia Jauch, Berlin 2017

Cobben, Paul, (Hg.), Hegel-Lexikon, Darmstadt 2006

Dellavalle, Sergio, Freiheit und Intersubjektivität. Zur historischen Entwicklung von Hegels geschichtsphilosophischen und poltischen Auffassungen, Berlin 1998

Delf, Hanna, Georg-Lauer Jutta, Hackenesch Christa, Lemcke, Mechthild, Jungendlexikon Philosophie Geschichte, Begriff und Probleme, Reinbek bei Hamburg 1988

D'Hondt, Jacques, Verborgene Quellen des Hegelschen Denkens, Berlin 1972

D'Hondt, Jacques, Hegel in seiner Zeit, (Berlin, 1818–1831), Berlin 1973

D'Hondt, Jacques, Der Kammerdiener der Geschichte und die Geschichte des Kammerdieners, in: Buhr, Manfred, D'Hondt, Jacques, Klenner, Hermann, Aktuelle Vernunft, Drei Studien zur Philosophie Hegels, Berlin 1985

Delf, Hanna, Georg-Lauer, Jutta, Hackenesch, Christa, Lemcke, Mechthild (Hg.), Jugendlexikon Philosophie, Geschichte, Begriffe und Probleme der Philosophie, Reinbek bei Hamburg 1988

Dewey, John, Deutsche Philosophie und deutsche Politik, Berlin, Wien 2000

Diderot, Denis, Rameaus Neffe, Aus dem Manuskript übersetzt und mit Anmerkungen begleitet von Johann Wolfgang von Goethe, Stuttgart 1967, 1984
Dietzsch, Steffen, Friedrich Wilhelm Joseph Schelling, Leipzig, Jena, Berlin 1978, 1. Auflage
Dinkel, Bernhard, Der junge Hegel und die Aufhebung des subjektiven Idealismus, 2. verb. Auflage, Bonn 1980
Dong Ha, Kim, Anerkennung und Integration. Zur Struktur der Sittlichkeit bei Hegel. Mit einem Vorwort von Gerhard Göhler, Würzburg 2011
Dorn, Thea, Warum Hegel lesen? in: philosophie Magazin, Thema Hegel, Sonderausgabe Nr. 24, Berlin 2023
Dreyer, Hans, Der Begriff Geist in der deutschen Philosophie, Halle 1907
Drüe, Hermann u.a., Hegels Enzyklopädie der philosophischen Wissenschaften (1830). Ein Kommentar zum Systemgrundriss, Frankfurt/Main 2016, 3. Auflage
Dürck, Johanna, Die Psychologie Hegels, Bern 1927
Düsing, Klaus, Hegel und die Geschichte der Philosophie, Darmstadt 1983
Düsing, Klaus, Hegel und die klassische griechische Philosophie, in: Heidemann, Dietmar H., Krijen (Hg.), Hegel und die Geschichte der Philosophie, Darmstadt 2007
Eiden-Offe, Patrick, Hegels Logik lesen. Ein Selbstversuch, Berlin 2021
Elias, Norbert, Über den Prozess der Zivilisation, Bd. 1, Frankfurt/Main 1997
Emmerich, Wolfgang, Zur Kritik der Volkstumsideologie, Frankfurt/Main 1971, 1. Auflage
Emundts, Dina, Horstmann, Rolf-Dieter, G.W.F. Hegel Eine Einführung, Stuttgart 2002
Engels, Friedrich, Fortschritte der Sozialreform auf dem Kontinent, in: MEW. Bd. 1
Engels, Friedrich, Ludwig Feuerbach und der Ausgang der klassischen deutschen Philosophie in MEW. Bd. 21
Epkenhans, Michael, Geschichte Deutschlands. Von 1648 bis heute, Paderborn 2011
Euchner, Walter, Freiheit, Eigentum und Herrschaft bei Hegel, in: ders., Egoismus und Gemeinwohl, Frankfurt/Main 1973
Falke, Gustav- Hans H., Begriffne Geschichte. Das historische Substrat und die systematische Anordnung der Bewusstseinsgestalten in Hegels Phänomenologie des Geistes, Berlin 1996
Falkenheim, Hugo, Hegel in Aster, Ernst von (Hg.) Große Denker Bd. 2, Leipzig 1911
Fetscher, Iring, Hegels Lehre vom Menschen, Stuttgart, Bad Cannstatt 1970
Fichte, Johann Gottlieb, Grundlagen der gesamten Wissenschaftslehre, Hamburg 1988
Findley, John Niemeyer, Die Phänomenologie des Geistes, Übersetzt von Donald Watts Tuckwiller, Kapitel aus ders.: Hegel. A re-examination. London 1958, hier zitiert nach Göhler, Gerhard (Hg.), Georg Wilhelm Friedrich Hegel, Phänome-

nologie des Geistes, Mit einem Nachwort von Georg Lukács, Texte-Auswahl und Kommentar zur Rezeptionsgeschichte von Gerhard Göhler, Berlin 1973, 2. erweiterte und neu eingerichtete Auflage

Fischer, Kuno, Geschichte der neueren Philosophie, 8. Bd., Hegels Leben, Werke und Lehre, 1. Teil, Heidelberg 1901

Flechtheim, Ossip K., Hegels Strafrechtstheorie, Um ein Nachwort erweiterter Nachdruck der 1936 in Brünn erschienen ersten Auflage, Berlin 1975, 2. Auflage

Flügge, Johannes, Die sittlichen Grundlagen des Denkens bei Hegel, Heidelberg 1968

Förster, Eckart, Die 25 Jahre der Philosophie, Frankfurt/Main 2912, 2. Durchgesehene Auflage

Foucault, Michel, Die Geburt der Klinik. Eine Archäologie des ärztlichen Blicks, Frankfurt/Main 1999, 5. Auflage

Frank, Manfred, Eine Einführung in Schellings Philosophie, Frankfurt/Main 1985, 5. Auflage 2016

Friedell, Egon, Kulturgeschichte Griechenlands München 2002, 10. Auflage

Freud, Sigmund, Die Traumdeutung, Frankfurt/Main 1977

Fulda, Friedrich, Hegels Dialektik und die transzendentale Dialektik Kants, in: Giornale di Metafisica. Genova, 9.1987,S. 286, http://archiv.ub.uni-eidelberg.de/volltextserver/16836/1/

Fulda, Hans Friedrich, Hegels Begriff des absoluten Geistes, in: Objektiver und absoluter Geist nach Hegel: Kunst, Religion und Philosophie, hg. v. Thomas Oehl, Arthur Kok, Leiden 2018

Fukuyama, Francis, Das Ende der Geschichte, München 1992

Furet, François/ Richet, Denis, Die Französische Revolution, München 1981 Nachdruck

Gadamer, Hans-Georg, Wahrheit und Methode, Grundzüge einer philosophischen Hermeneutik, Tübingen 1960/1990, 6. Auflage

Geldsetzer, Lutz, Die Philosophenwelt in Versen vorgestellt, Stuttgart 1995

Gehring, Petra, https://www.openlearnware.de/collection/hegel-denken-17

Gethmann-Siefert, Annemarie, Einführung in Hegels Ästhetik, München 2005

Geulen, Eva, Das Ende der Kunst. Lesarten eines Gerüchts, Frankfurt/Main 2016, 2. Auflage

Geulen, Eva, Hegel hat die Kunst von der Pflicht befreit stets die Wahrheit zu verkörpern, https://www.hu-berlin.de/de/pr/250-jahre-georg-wilhelm-friedrich-hegel/hegel-hat-die-kunst-von-der-pflicht-befreit-stets-die-wahrheit-zu-verkoerpern, 21.7.2020

Geulen, Eva, „Hegel verabschiedet das Schönheitsideal der Kunst“, in philosophie Magazin, Thema Hegel, Sonderausgabe Nr. 24, Berlin 2023

Gex, Maurice, Einführung in die Philosophie, Bern und München 1977

Giese, Gerhardt, Hegels Staatsidee und der Begriff der Staatserziehung, Halle/Saale 1926

Görland, Ingtraut, Die Kantkritik des jungen Hegel, Frankfurt/Main 1966,

Gosepath, Stefan, Hinsch, Wilfried, Rössler, Beate (Hg.) Handbuch der Politischen Philosophie und Sozialphilosophie, Bd. 1, Berlin 2008

Greipl, Egon Johannes, Napoleon und Bayern. Kann man über die Bewertung des Jahres 1809 streiten? In: Verhandlungen des historischen Vereins für Oberpfalz und Regensburg, 149. Bd., Regensburg 2009

Groethuysen, Bernhard, Die Entstehung der bürgerlichen Welt- und Lebensanschauung in Frankreich, Bd. 1: Das Bürgertum und die katholische Weltanschauung, Frankfurt/Main 1978

Groos, Helmut, Der deutsche Idealismus und das Christentum, München 1927

Großmann, Andreas, Jamme Christoph (Hg.), Metaphysik der praktischen Welt, Amsterdam 2000

Großmann, Andreas, Volksgeist – Grund einer praktischen Welt oder metaphysische Spukgestalt, in: Großmann, Andreas, Jamme Christoph (Hg.), Metaphysik der praktischen Welt, Amsterdam 2000

Günther, Gotthard, Grundzüge einer neuen Theorie des Denkens in Hegels Logik, Hamburg 1933

Gulyga, Arseni, Hegel, Leipzig 1980

Gurjewitsch, Aaron J, Das Individuum im europäischen Mittelalter, München 1994

Guzzoni, Ute, Rang, Bernhard, Siep, Ludwig (Hg.), Der Idealismus und seine Gegenwart, Festschrift für Werner Marx, Hamburg 1976

Guzzoni, Ute, Hegels Denken als Vollendung der Metaphysik, Freiburg/München 2005

Habermas, Jürgen, Theorie und Praxis, Frankfurt 1978

Habermas, Jürgen, Zu Hegels Politischen Schriften, in: Theorie und Praxis, Frankfurt/Main 1978

Habermas, Jürgen, Theorie des kommunikativen Handelns, Bd. 2, Zur Kritik der funktionalistischen Vernunft, Frankfurt/Main 1981, 1. Auflage

Habermas, Jürgen, Auch eine Geschichte der Philosophie, Bd. 2, Berlin 2020, 4. Auflage

Hackenesch, Christa „Es kommt darauf an, Hegel zu begreifen, statt ihn immer wieder die Paraphrasieren“, Neuere Literatur zur Philosophie Hegels in: Philosophische Rundschau, Bd. 43 Heft 2 Juni 1996, Tübingen 1996

Hackenesch, Christa, Die Wissenschaft der Logik, in Drüe, Hermann u.a., Hegels Enzyklopädie der philosophischen Wissenschaften (1830), Ein Kommentar zum Systemgrundriss, Frankfurt/Main 2016, 3. Auflage

Haering, Theodor L., Hegel, Sein Wollen und sein Werk, Zwei Bände, Leipzig und Berlin, 1929, 1938

Häusser, Ludwig, Deutsche Geschichte vom Tode Friedrich des Großen bis zur Gründung des deutschen Bundes, 2. Teil, Berlin 1855

Hammacher, Emil, Die Bedeutung der Philosophie Hegels für die Gegenwart, Leipzig 1911

Han, Byung-Chul, Hegel und die Macht. Ein Versuch über die Freundlichkeit, München 2005

Hartig, Irmgard/ Hartig, Paul, Die Französische Revolution, Stuttgart 1981

Hasse, Karl Paul, Hegels Philosophie, Berlin 1917

Haym, Rudolf, Hegel und seine Zeit, Berlin 1857

Heer, Friedrich, Hegel und die Jugend, in Kaltenbrunner, Gerd-Klaus (Hg,) Hegel und die Folgen, Freiburg 1970

Hegel-Preis-Reden 1977, Ernst H. Gombrich, Dieter Henrich, Manfred Rommel, Stuttgart und Zürich 1977

Heidegger, Martin, Holzwege, Frankfurt/Main 1994, 7. Durchgesehene Auflage

Heidegger, Martin, Hegel und die Griechen, in: Wegmarken, Frankfurt/Main 1996, 3., durchgesehene Auflage

Heidegger, Martin, Hegels Phänomenologie des Geistes, Frankfurt/Main, in: Gesamtausgabe, Bd. 32, 3. Auflage 1997

Heidegger, Martin, Seminare Hegel – Schelling in: Gesamtausgabe, Bd. 86, Manuskripte, Protokolle und Mitschriften zu Seminaren von 1927 bis 1957, Trawny, Peter (Hg.), Frankfurt/Main 2011

Heidegger, Martin, Hegel und die Griechen, in: Wegmarken, Frankfurt/Main 1996, 3. Durchgesehene Auflage

Heidemann, Dietmar H. / Krijnen, Christian (Hg.), Hegel und die Geschichte der Philosophie Darmstadt 2007

Heine, Heinrich, Zur Geschichte der Religion und Philosophie in Deutschland, Drittes Buch, in Heines Werke in fünf Bänden, Bd. 5, Berlin und Weimar 1991

Heiss, Robert, Die großen Dialektiker des 19. Jahrhunderts Hegel, Kierkegaard, Marx, Köln Berlin 1963

Heller, Hermann, Hegel und der nationale Machtstaatsgedanke in Deutschland, Leipzig 1921

Hellberg, Rolf, Kleine deutsche Geschichte. Von den Anfängen bis zur Gegenwart, Tübingen 1997

Henkel, Michael, Hegels Konzept der bürgerlichen Gesellschaft, in Pauly, Walter (Hg.), Der Staat – eine Hieroglyphe der Vernunft, Staat und Gesellschaft bei Georg Wilhelm Friedrich Hegel, Baden-Baden 2009

Henrich, Dieter, Hegel im Kontext, Frankfurt/Main 1971

Henrich, Dieter, Vernunft in Verwirklichung, Einleitung in: Georg Wilhelm Friedrich Hegel, Philosophie des Rechts, Die Vorlesungen von 1819/20 in einer Nachschrift, hg. v. Dieter Henrich, Frankfurt/Main, 1983

Hirsch, Emanuel, Die idealistische Philosophie und das Christentum, Gütersloh 1926

Hocevar, Rolf, K., Hegel und der Preußische Staat. Ein Kommentar zur Rechtsphilosophie von 1821, München 1973

Hochkeppel, Willy, Dialektik als Mystik in Kaltenbrunner, Gerd-Klaus (Hg.), Hegel und die Folgen, Freiburg 1970

Hölderlin, Friedrich, Hyperion, Ditzingen 1983

Hölderlin, Friedrich, Sämtliche Werke und Briefe, hg. v. Michael Knaupp, Bd. II, München, Wien 1992
Hoffmeister, Johannes, Hölderlin und Hegel, Tübingen 1931
Honneth, Axel, Kampf um Anerkennung. Zur moralischen Grammatik sozialer Konflikte, Frankfurt/Main 1992
Honneth, Axel, „Was das Bewusstsein antreibt, ist die Erfahrung des Scheiterns" in: philosophie Magazin, Thema Hegel, Sonderausgabe Nr. 24, Berlin 2023
Horkheimer, Max, Adorno, Theodor W., Dialektik der Aufklärung, Frankfurt/Main 1969
Horn, Christoph, Einführung in die Politische Philosophie, Darmstadt 2003
Hösle, Vittorio, Hegels System. Der Idealismus der Subjektivität und das Problem der Intersubjektivität, Hamburg 1988
Horstmann, Rolf-Peter, Wahrheit aus dem Begriff, Frankfurt/Main 1990
Iljin, Iwan, Die Philosophie Hegels als kontemplative Gotteslehre, Bern 1946
Irrlitz, Gerd, Einleitung zu: Georg Wilhelm Friedrich Hegel, Politische Schriften, hg. v. Gerd Irrlitz, Berlin 1970,
Jaeschke, Walter, Religion, in: Drüe, Hermann u.a., Hegels Enzyklopädie der philosophischen Wissenschaften (1830) Ein Kommentar zum Systemgrundriss, Frankfurt/Main 2016, 3. Auflage
Jaeschke, Walter, Hegel. Handbuch Leben-Werk-Schule, Stuttgart 2016, 3. Auflage
Jaeschke, Walter, Anthropologie und Personalität, in Arndt, Andreas, Zovko, Jure (Hg.) Hegels Anthropologie, Berlin, Boston 2017
Jonkers, Peter, Jacobi, Galimathias der spekulativen Vernunft? In: Heidemann, Dietmar H., Krijnen, Christian (Hg.), Hegel und die Geschichte der Philosophie, Darmstadt 2007,
Jung, Erich, Entzweiung und Versöhnung in Hegels Phänomenologie des Geistes, Leipzig 1940
Kaim, Julius Rudolf, Die Philosophie Spinozas, München 1921
Kaiser, Thomas, O. H. „Das Absolute ist der Geist" *Über Hegel. Werkbiographische* Betrachtung, Norderstadt 2021
Kaltenbrunner, Gerd-Klaus (Hg.), Hegel und die Folgen, Freiburg 1970
Kant, Immanuel, Über das Misslingen aller philosophischen Versuche in der Theodizee, in: Weischedel, Wilhelm (Hg.), Immanuel Kant, Werkausgabe, Bd. XI, Frankfurt/Main 1977, 1. Auflage
Kant, Immanuel, Kritik der reinen Vernunft, Bd. 1. In Werkausgabe, Bd. III, herausgegeben von Wilhelm Weischedel, Frankfurt/Main 1977, 3. Auflage
Kant, Immanuel, Die Metaphysik der Sitten, Werkausgabe, Bd. VIII, herausgegeben von Wilhelm Weischedel, Frankfurt/Main, 3. Auflage 1979
Kant, Immanuel, Die Religion innerhalb der Grenzen der bloßen Vernunft, in: Werkausgabe, Bd. VIII, hg. v. Weischedel, Wilhelm, Frankfurt/Main 1979, 3. Auflage
Kaube, Jürgen, Hegels Welt, Berlin 2020
Kervégan, Jean-François, Die verwirklichte Vernunft, Frankfurt/Main 2019

Kiesewetter, Hubert, Von Hegel zu Hitler: die poltische Verwirklichung einer totalitären Machtstaatstheorie in Deutschland (1815–1845), Hamburg 1974

Klenner, Hermann, Alternativeinschätzungen Hegelscher Rechtsphilosophie, in: Buhr, Manfred, D'Hondt, Jacques, Klenner, Hermann, Aktuelle Vernunft, Drei Studien zur Philosophie Hegels, Berlin 1985

Kleßmann, Eckart, Deutschland unter Napoleon in Augenzeugenberichten, München 1976

Korch, Helmut, Hegels Naturphilosophie, in Lange, Erhard (Hg.), Hegel und wir, Berlin 1970

Koschorke, Albrecht, Hegel und Wir, Frankfurt/Main 2015

Köstlin, Karl, Hegel in philosophischer, politischer und nationaler Beziehung für das deutsche Volk dargestellt, Tübingen 1870

Koselleck, Reinhard, Preußen zwischen Reform und Revolution, München 1989

Küng, Hans, Menschwerdung Gottes. Eine Einführung in Hegels theologisches Denken als Prolegomena zu einer künftigen Christologie, München 1989

Kuster, Friederike, „Durch die List ist der Willen zum Weiblichen geworden." Bemerkungen zu einer Stelle aus Hegels Jenaer Systementwürfen, in Cahiers d'Études Germaniques (Online), 68/2015)

Kutschera, Franz von, Grundlagen der Ethik, Berlin New York 1999

Kwade, Anne-Kristina, Grenze. Hegels „Grenz"–Begriff 1804/5 als Keimzelle der Dialektik, Würzburg 2000

Larenz, Karl, Vom Wesen der Strafe, Zeitschrift für deutsche Kulturphilosophie 1936, Bd. 2 H. 1

Lasson, Georg, Hegel Ein Überblick über seine Gedankenwelt in Auszügen aus seinen Werken. Stuttgart o. J

Latour, Bruno, Kampf um Gaia, Frankfurt/Main 2017

Lenin, W. I., Plan der Dialektik (Logik) Hegels, in W.I. Lenin Werke, Bd. 38, Berlin 1965

Lembcke, Oliver, Staat und Verfassung bei Hegel, in, Pauly, Walter (Hg.) Der Staat – eine Hieroglyphe der Vernunft, Baden-Baden 2009

Leisegang, Hans, Hegels Denkform . In „Forschungen und Fortschritte" 1931. XI. 10, hier zit. nach Iljin, Iwan, Die Philosophie Hegels als kontemplative Gotteslehre, Bern 1946

Liebmann, Otto, Kant und die Epigonen, Berlin 1912

Litt, Theodor, Hegel. Versuch einer kritischen Erneuerung, Heidelberg 1953

Löwenstein, Julius, Hegels Staatsidee, Heidelberg 1927

Löwith, Karl, Von Hegel zu Nietzsche Der revolutionäre Bruch im Denken des neunzehnten Jahrhunderts, Stuttgart, Berlin, Köln, Mainz 1950/1964

Losurdo, Domenico, Hegel und das deutsche Erbe, Philosophie und nationale Frage zwischen Revolution und Reaktion, Köln 1989

Lübbe, Hermann, Politische Philosophie in Deutschland. München 1974

Lübbe-Wolf, Gertrude, Warum Hegel lesen, in: philosophie Magazin, Thema Hegel, Sonderausgabe Nr. 24, Berlin 2023

Lukács, Georg, Goethe und seine Zeit, Bern 1947
Lukács, Georg, Der junge Hegel, Berlin 1954
Lyotard, François, Beantwortung der Frage: Was ist postmodern? In: Welsch, Wolfgang (Hg.), Wege aus der Moderne, Schlüsseltexte der Postmoderne-Diskussion, Weinheim 1988
Macpherson, Crawford Brough, Die politische Theorie des Besitzindividualismus, Frankfurt/Main 1973
Marcuse, Herbert, Hegels Ontologie und die Theorie der Geschichtlichkeit, Frankfurt/Main 1968, Zweite unveränderte Auflage
Marcuse Herbert, Vernunft und Revolution, Darmstadt und Neuwied 1954, 2. Auflage
Marsch, Wolf-Dieter, Gegenwart Christi in der Gesellschaft. Eine Studie zu Hegels Dialektik, München 1965
Marx, Karl, Die heilige Familie, MEW 2, Berlin 1968
Marx, Karl, Thesen über Feuerbach, MEW 3, Berlin 1968
Marx, Karl, Kritik der Hegelschen Dialektik und Philosophie überhaupt, in: MEW 40, Berlin 1968
Marx, Karl, Engels, Friedrich, Deutsche Ideologie, in: MEW 3, Berlin 1968
Marx, Karl, Ökonomisch-Philosophischen Manuskripten, MEW 40, Berlin 1968
Marx, Werner, Hegels Phänomenologie des Geistes. Die Bestimmung ihrer Idee in „Vorrede“ und „Einleitung“, Frankfurt/Main 1971
Meinecke, Friedrich, Weltbürgertum und Nationalstaat. Studien zur Genesis des deutschen Nationalstaates, München und Berlin 1911, 2. Auflage
Meinecke, Friedrich, Die deutsche Katastrophe, Wiesbaden-Zürich 1946
Menke, Christoph, Autonomie und Befreiung, Frankfurt/Main 2018
Menke, Christoph, „Wir müssen Individualität und Gemeinschaft miteinander verbinden“ in: philosophie Magazin, Thema Hegel, Sonderausgabe Nr. 24, Berlin 2023
Merle, Jean-Christophe, Hegels „freie Gesellschaft“ und der heutige Liberalismus, in Pauly, Walter, (Hg.) Der Staat – eine Hieroglyphe der Vernunft, Baden-Baden 2009
Merker, Nicolao, Hegel – Ideologe welcher Bourgeoisie? In: Buhr, Manfred, Oiserman, Todor Iljitsch (Hg.), Vom Mute des Erkennens. Beiträge zur Philosophie Hegel, Berlin 1981
Metzger, Wilhelm, Gesellschaft, Recht und Staat in der Ethik des Deutschen Idealismus, mit einer Einleitung: Prolegomena zu einer Theorie und Geschichte der sozialen Werte, Heidelberg 1917
Michelet, Carl, Ludwig, Geschichte der letzten System der Philosophie in Deutschland von Kant bis Hegel, 2. Teil, Berlin 1838
Miranda, José Porfirio, Hegel hatte recht. Der Mythos der empirischen Wissenschaft, Essen 2013
Negt, Oskar (Hg.), Aktualität und Folgen der Philosophie Hegels, Frankfurt/Main 1970

Neumann, Franz (Hg.), Handbuch politischer Theorien und Ideologien, Reinbek bei Hamburg Erweiterte Fassung 1989

Neuser, Wolfgang, Naturphilosophie, in Drüe, Hermann u.a., Hegels Enzyklopädie der philosophischen Wissenschaften (1830) Ein Kommentar zum Systemgrundriss, Frankfurt/Main 2016, 3. Auflage

Nicolin, Günther (Hg.), Hegel in Berichten seiner Zeitgenossen, Hamburg 1970

Nink, Caspar, Kommentar zu Hegels Philosophie des Geistes, Regensburg 1948

Nolte, Ernst, Der Faschismus in seiner Epoche, München 2008, 6. Auflage

Oelmüller, Willi, Die unbefriedigte Aufklärung. Beiträge zu einer Theorie der Moderne von Lessing, Kant und Hegel, Mit einer neuen Einleitung, Frankfurt/Main 1979, Erste Auflage

Ostritsch, Sebastian, Hegel. Der Weltphilosoph Berlin 2020, 2. Auflage

Ott, Emil, Die Religionsphilosophie Hegels, Berlin 1904

Pauly, Walter (Hg.), Der Staat – eine Hieroglyphe der Vernunft Staat und Gesellschaft bei Georg Wilhelm Friedrich Hegel, Baden-Baden 2009

Pöggeler, Otto, Philosophie und Politik bei Heidegger, Freiburg/München 1972

Pöggeler, Otto, Hegels Idee einer Phänomenologie des Geistes, Freiburg, München 1973

Pöggeler, Otto, Sinclair – Hölderlin – Hegel, in: Hegel-Studien, Bd. 8, hg. v. Friedhelm Nicolin und Otto Pöggeler, Hamburg 1973

Pöggeler, Otto, Philosophie im Schatten Hölderlins, in: Der Idealismus und seine Gegenwart, hg. v. Ute Guzzoni, Bernhard Rang und Ludwig Siep, Festschrift für Werner Marx, Hamburg 1976

Pöggeler, Otto (Hg.), Hegel in Berlin, Katalog zur Ausstellung zum 150. Todestag d. Philosophen, Berlin 1981

Popper, Karl R, Die offene Gesellschaft und ihre Feinde, Bd. 2, Hegel, Marx und die Folgen, München 1777

Pott, Hans-Georg, Kurze Geschichte der europäischen Kultur, Paderborn 2005

Prechtl, Peter, Burkhard, Franz-Peter (Hg.), Metzler Philosophie Lexikon: Begriffe und Definitionen, Stuttgart 1996

Prechtl, Peter, Sprachphilosophie, Stuttgart 1999

Quante, Michael, Die Wirklichkeit des Geistes, Frankfurt/Main 2011

Quante, Michael, Hegel in Zitaten, in: philosophie Magazin, Thema Hegel, Sonderausgabe Nr. 24, Berlin 2023

Ratzinger, Joseph, Benedikt XVI., Das Salz der Erde, Christentum und katholische Kirche im 21. Jahrhundert, Ein Gespräch mit Peter Seewald, München 1996

Rehm, Walther, Kierkegaard und der Verführer, München 1949

Riedel, Manfred, System und Geschichte Studien zum historischen Standort von Hegels Philosophie, Frankfurt/Main 1973, 1. Auflage

Riedel, Manfred, Theorie und Praxis im Denken Hegels, Frankfurt, Berlin, Wien 1976

Ritter, Joachim, Metaphysik und Politik Studien zu Aristoteles und Hegel, Frankfurt/Main 1977

Ritter, Joachim, Hegel und die Französische Revolution, Frankfurt/Main 2015, 4. Auflage

Roessler, Constantin, System der Staatslehre, A. Allgemeine Staatslehre, Leipzig 1857

Rosenberg, Alfred, Der Mythus des 20. Jahrhunderts, München 1934, 33.-34. Auflage

Rosenkranz, Karl, Georg Wilhelm Friedrich Hegels Leben, Berlin 1844, Nachdr. Darmstadt 1977

Rosenkranz, Karl, Hegel als deutscher Nationalphilosoph, Leipzig 1870

Rosenzweig, Franz, Hegel und der Staat, 2 Bände, München und Berlin 1920

Rother, Wolfgang, Vorlesungen über Hegels Phänomenologie des Geistes, Zürich 2020

Rousseau, Jean-Jacques, Gesellschaftsvertrag, Stuttgart 1977

Ruda, Frank, Hegels Pöbel, Eine Untersuchung der „Grundlinien der Philosophie des Rechts“, Konstanz 2011

Rüfner, Vinzenz, Grundbegriffe griechischer Wissenschaftslehre, Bamberg 1946

Ruffing, Reiner, Agnes Heller. Pluralität und Moral, Opladen 1992

Ruffing, Reiner, Bleibt der Erde treu! Nietzsches Hymnus auf das Leben, Stuttgart 2008

Ruffing, Reiner, Michel Foucault, Paderborn 2010, Zweite durchgesehene Auflage

Ruffing, Reiner, Einführung in die Philosophie der Gegenwart, Paderborn 2014, 2. durchgesehene Auflage

Sandkühler, Hans-Jörg, Freiheit und Wirklichkeit. Zur Dialektik von Politik und Philosophie bei Schelling, Frankfurt/Main 1968

Sans, Georg, Die Realisierung des Begriffs. Eine Untersuchung zu Hegels Schlußlehre, Berlin 2004

Sartre, Jean-Paul, Ist der Existenzialismus ein Humanismus? In: Drei Essays, Frankfurt/M, Berlin, Wien 1977

Schama, Simon, Der zaudernde Citoyen. Rückschritt und Fortschritt in der Französischen Revolution, München 1989

Schelling, Friedrich, Darlegung des wahren Verhältnisses der Naturphilosophie zu der verbesserten Fichteschen Lehre (1806) in: Schelling, Sämtliche Werke, Bd. 7, Stuttgart und Augsburg 1860

Schelling, Friedrich Wilhelm Joseph von, Das Ich als Prinzip der Philosophie oder über das Unbedingte im menschlichen Wissen (1795) in: Schellings Werke, nach der Originalausgabe in neuer Anordnung, hg. v. Manfred Schröter, Erster Hauptband Jugendschriften 1793 bis 1798, München 1958

Schelling, F.W.J., Über das Wesen der menschlichen Freiheit, Stuttgart 1991

Schelling, Friedrich Wilhelm, Joseph, Zur Geschichte der neueren Philosophie, Münchener Vorlesungen, Berliner Ausgabe 2016, 4. Auflage

Schickel, Joachim, Gespräche mit Carl Schmitt, Berlin 1993

Schilling-Wollny, Kurt, Hegels Wissenschaft von der Wirklichkeit und ihre Quellen 1. Bd. Begriffliche Vorgeschichte der Hegelschen Methode, München 1929

Schmaus, Marion, Die Wunden des Geistes heilen. Zur Autobiographie des melancholischen Geistes oder der ‚Fall Hölderlin' in Hegels Phänomenologie. In: Athenäum. Jahrbuch für Romantik 9 (1999) Paderborn

Schmidt, Erik, Hegels System der Theologie, Berlin New York 1974

Schmidt, Hans, Verheißung und Schrecken der Freiheit, Von der Krise des antikabendländischen Weltverständnisses dargestellt im Blick auf Hegels Erfahrung der Geschichte, Stuttgart, Berlin 1964.

Schmidt, Steffen, Hegels „System der Sittlichkeit", Berlin 2007

Schmidt, Steffen, Weltgeschichte als Weltgereicht in Hegel Geschichtskonzeption, in: Pauly, Walter (Hg.), Der Staat – eine Hieroglyphe der Vernunft, Baden-Baden 2009

Schmitt, Carl, Verfassungslehre, München und Leipzig 1928, Unveränderter Nachdruck, Berlin 1954

Schmitt, Carl, Staat, Bewegung, Volk, Hamburg 1933

Schmitt, Carl, Der Nomos der Erde, Berlin 1974, 2. Auflage

Schmitt, Carl, Positionen und Begriffe, Berlin 2014, Vierte korrigierte Auflage

Schnädelbach, Herbert, Philosophie in Deutschland 1831–1933, Frankfurt/Main 1983

Schnädelbach, Herbert, Hegels praktische Philosophie. Ein Kommentar der Texte in der Reihenfolge ihre Entstehung, Frankfurt/Main 2016, 4. Auflage

Schoeder, Florian, Warum Hegel lesen, in: philosophie Magazin, Thema Hegel, Sonderausgabe Nr. 24, Berlin 2023

Schröder, Jürgen, Einführung in die Philosophie des Geistes, Frankfurt/Main 2004

Schubert, Johannes, Goethe und Hegel, Leipzig 1933

Schwarz, Julius, Hegels philosophische Entwicklung, Frankfurt/Main 1938

Schweppenhäuser, Hermann, Spekulative und negative Dialektik, in: Negt, Oskar (Hg.), Aktualität und Folgen der Philosophie Hegels, Frankfurt/Main 1970

Sell, Annette, Der lebendige Begriff. Leben und Logik bei G.W.G. Hegel, Freiburg/München 2013

Seneca, Vom glückseligen Leben und andere Schriften, Übersetzung nach Ludwig Rumpel, mit Einführung und Anmerkungen hg. v. Peter Jaerisch, Stuttgart 1984

Sieburg, Friedrich, Robespierre, Frankfurt/M, Berlin 1989

Siep, Ludwig, Anerkennung als Prinzip der praktischen Philosophie, Untersuchungen zu Hegels Jenaer Philosophie des Geistes, Freiburg/München 1979

Siep, Ludwig, Formen des Widerstandsrechts bei Kant, Fichte, Hegel und den Frühkonstitutionalisten, http://www.hegelpd.it/hegel/wp-content/uploads/2019/04/Siep-Formen-des-Widerstandsrechts-bei-Kant-Fichte-Hegel-und-den-Frühkonstitutionalisten-1.pdf

Spahn, Christian, Lebendiger Begriff – Begriffenes Leben. Zur Grundlegung der Philosophie des Organischen bei G.W.F. Hegel, Würzburg 2007

Spann, Otmar, Der wahre Staat. Vorlesungen über Abbruch und Neubau des Staates. Graz 1972

Splett, Jörg, Die Trinitätslehre G W. F. Hegels, Freiburg, München 1965
Stahl, Friedrich Julius, Geschichte der Rechtsphilosophie, Heidelberg 1847
Staiger, Emil, Der Geist der Liebe und das Schicksal – Schelling, Hegel und Hölderlin, Frauenfeld/Leipzig 1935
Steding, Christoph, Das Reich und die Krankheit der europäischen Kultur, Hamburg 1942, 3. Auflage
Stegmüller, Wolfgang, Hauptströmungen der Gegenwartsphilosophie, Bd. II, Stuttgart 1987, 8. Auflage
Stekeler-Weithofer, Pirmin, Hegels Phänomenologie des Geistes Ein dialogischer Kommentar, Bd. 1, Gewissheit und Vernunft, Hamburg 2014
Steinbüchel, Theodor, Das Grundproblem der Hegelschen Philosophie, Darstellung und Würdigung, Bonn 1933
Sturma, Dieter, Logik der Subjektivität und Natur der Vernunft. Die Seelenkonzeption der klassischen deutschen Philosophie in Jüttemann, Gerd, Sonntag, Michael, Wulf, Christoph
(Hg) Die Seele Ihre Geschichte im Abendland, Weinheim 1991 Sonderausgabe 2000 Köln
Taylor, Charles, Hegel, Frankfurt/Main 1978
Taylor, Charles, Negative Freiheit Zur Kritik des neuzeitlichen Individualismus, Frankfurt am Main 1988
Theunissen, Michael, Sein und Schein. Die kritische Funktion der Hegelschen Logik, Frankfurt/Main 1994, 2. Auflage
Theimer, Walter, Geschichte der politischen Ideen, Bern, München 1955, 3. Auflage
Thiele, Ulrich, Verfassung, Volksgeist und Religion. Hegels Überlegungen zur Weltgeschichte des Strafrechts, Berlin 2008
Thomas, Kilian, Quellen der Inspiration, Spinoza und die Natur, in: philosophie Magazin, Thema Hegel, Sonderausgabe Nr. 24, Berlin 2023
Tillich, Paul, Der junge Hegel und das Schicksal Deutschlands (1932) in: Tillich, Paul Begegnungen, Gesammelte Werke, Bd. 12, Stuttgart 1971, 1. Auflage
Trendelenburg, Adolf, Logische Untersuchungen, 1. Bd., Leipzig 1870, dritte vermehrte Auflage
Troeltsch, Ernst, Der Historismus und seine Probleme, Gesammelte Schriften, Bd. 3, 1. Hälfte, Tübingen 1922
Ullrich, Volker, Napoleon, Reinbek bei Hamburg 2004
Vieweg, Klaus, Philosophie des Remis. Der junge Hegel und das „Gespenst des Skepticismus“, München 1999
Vieweg, Klaus, Hegel, Der Philosoph der Freiheit, Biographie, München 2019
Vieweg, Klaus, Das Denken der Freiheit. Hegels Grundlinien der Philosophie des Rechts, München 2012
Vogel, Paul, Hegels Gesellschaftsbegriff und seine geschichtliche Fortbildung durch Lorenz von Stein, Marx Engels und Lassalle, Berlin 1925

Volkmann, Uwe, Freiheit in Bindungen, Beobachtungen zur Stellung des Einzelnen in Hegels Staat, in: Pauly, Walter, Der Staat – eine Hieroglyphe der Vernunft, Baden-Baden 2009

Vorländer, Karl, Geschichte der Philosophie, Bd. III, 1. Teilband Die Philosophie in der ersten Hälfte des 19. Jahrhunderts Neubearbeitung von Lutz Geldsetzer, Hamburg 1975

Wandschneider, Dieter, Die Bedeutung Hegels für eine zeitgemäße Naturphilosophie in: Heidemann, Dietmar H./ Krijnen Christian (Hg.), Hegel und die Geschichte der Philosophie, Darmstadt 2007

Welsch, Wolfgang, Unsere postmoderne Moderne, Weinheim 1988, 2. durchgesehene Auflage

Welsch, Wolfgang, Vernunft, Die zeitgenössische Vernunftkritik und das Konzept der transversalen Vernunft, Frankfurt/Main 1996, 2. Auflage

Welsch, Wolfgang, Der Philosoph. Die Gedankenwelt des Aristoteles, München 2012

Welsch, Wolfgang, Hegel, Rossini und Beethoven, Vortrag, Jena 2018, CD Auditorium Müllheim

Welsch, Wolfgang, Umdenken Miniaturen zu Hegel, Berlin 2022

Weischedel, Wilhelm, Die philosophische Hintertreppe, München 1979, 4. Auflage

Wiedmann, Franz, Hegel, Reinbek bei Hamburg 1965

Wildt, Andreas, Hegels Kritik des Jakobinismus, in: Negt, Oskar, Aktualität und Folgen der Philosophie Hegels, Frankfurt/Main 1970

Windelband, Wilhelm, Die Erneuerung des Hegelianismus, Heidelberg 1910

Wyss, Beat, Trauer der Vollendung, München 1985

Zimmermann, Jörg, Das Schöne, in Martens, Ekkehart, Schnädelbach, Herbert (Hg.), Philosophie Ein Grundkurs, Reinbek bei Hamburg 1985

Zizek, Slavoj, Weniger als nichts. Hegel und der Schatten des dialektischen Materialismus, Frankfurt a.M. 2020, 2. Auflage

Zöller, Günter, Philosophie des 19. Jahrhunderts. Von Kant bis Nietzsche, München 2018

Zöller, Günter, Hegels Philosophie, Eine Einführung, München 2020

Zweig, Stefan, Joseph Fouché, Bildnis eines politischen Menschen, Erstdruck Insel Leipzig 1919, Berliner Ausgabe 2015

Register

Abraham 85
Adorno, Theodor W. 7–8, 62, 101, 110–111, 113, 235
Agrippa Menenius Lanatus 203
Alexander der Große 99, 215
Altenstein, Karl vom Stein zum 43, 47
Althaus, Klaus 39
Anaxagoras 246
Aristoteles 7, 27, 48–50, 79, 116, 142, 154, 173, 193, 199, 240–241, 244–247
Arndt, Ernst Moritz 13
Arnim, Achim von 14

Bachmann, Karl Friedrich 252
Bacon, Francis 245
Bainville, Alain 167
Balzac, Honoré de 192–193
Beethoven, Ludwig van 14, 21, 235–236
Berkeley, George 138
Beyme, Carl Friedrich von 13
Beyme, Klaus von 56
Biedermann, Georg 87, 126
Bien, Lorenz 235
Binder, Julius 211
Bismarck, Otto von 168–169, 208
Bloch, Ernst 50, 116, 124, 127, 248
Bluntschli, Johann Caspar 192
Böhme, Jakob 51, 245, 248
Bouterwek, Friedrich, 32
Brandom, Robert 64–65
Brentano, Clemens 14, 235
Bröcker, Walter 225
Bülow, Friedrich 53
Büttner, Stefan 131
Buhr, Manfred 14
Burkhardt, Carl. J. 167
Burkhardt, Christiane Charlotte 37
Busse, Martin 211

Cäsar, Julius 215
Camus, Albert 159
Canterbury, Anselm von 245
Capra, Fritjof 62
Carrier, Jean-Baptiste 161
Cart, J.J. 27–28
Cassirer, Ernst 157
Cato der Ältere 219
Chateaubriand, François-René 103–104
Chamberlain, Houston Stewart 169
Constant, Benjamin 204
Cousin, Victor 45,158

Danton, Georges 160
David (König von Juda) 219
Dellavalle, Sergio 99, 158
Demokrit 242
Dewey, John 67
D´Hondt, Jacques 16, 57, 205, 216
Dilthey, Wilhelm 22
Dinkel, Bernhard 176
Diogenes 83, 137
Duboc, Edouard Casimir Benjamin 126
Dulckeit, Gerhard 211
Dworkin, Ronald 211

Eckermann, Johann Peter 14, 65, 98, 120, 134, 141, 192, 194, 207, 221, 249
Engels, Friedrich 60, 113
Elias, Norbert 51
Epiktet 83
Epikur 245
Euchner, Walter 37, 211
Eyck, Jan van 45, 232

Fallot, Georg Friedrich 22
Ferguson, Adam 192
Fetscher, Iring 50, 123, 140, 141, 146–147
Fichte, Johann Gottlieb 12, 14, 19, 28, 30–34, 43, 58, 67–68, 75, 78, 96, 105, 118, 128, 137–139, 143, 150, 156, 191, 205–206, 232–234, 244–245, 250–253
Findlay, John Niemeyer 83, 86
Flechtheim, Ossip K. 182
Fontane, Theodor 189
Fouché, Joseph 104
Fraenkel, Ernst 210
Frank, Manfred 23
Franz II. (Kaiser) 12, 168, 170
Freud, Sigmund 141–142, 235
Friedrich I. (König, Württemberg) 170
Friedrich II. (König) 14, 208
Friedrich Wilhelm III. (König) 13

Friedrich Wilhelm IV. (König) 47
Fries, Jakob Friedrich 15, 43
Fulda, Hans Friedrich 151
Fukuyama, Francis 157, 215

Gabler, Georg Andreas 253
Gadamer, Hans-Georg 16
Gall, Franz Joseph 90
Garaudy, Roger 96, 116, 123, 247
George, Stefan 225
Gethmann-Siefert, Anne-Marie 114, 227
Geulen, Eva 225
Ghert, Pieter Gabriel van 164, 248
Gneisenau, August Graf Neidhardt von 16
Gobineau, Arthur de 169
Gogel, Johann Noe 25
Görres, Johann Joseph 253
Goethe, Johann Wolfgang von 11–12, 14, 21, 30, 38, 46–47, 51, 65–66, 69, 92, 98, 101, 105, 113, 121, 123, 134, 190–191, 194, 207–208, 221, 234, 249
Gombrich, Ernst H. 64, 224
Goya, Francisco de 229
Gregor VII. (Papst) 222
Grey, Charles Grey, 2nd Earl 173
Grillparzer 44
Groethuysen, Bernard 94
Guizot, François 221
Günther, Gotthard 7

Ha, Kim Dong 157
Habermas, Jürgen 20, 62, 99, 128, 189, 216
Hackenesch, Christa 120
Haering, Theodor 22, 35, 100
Han, Byung-Chul 56
Hardenberg, Karl August von 13, 15, 164
Hart, Herbert Lionel Adolphus 211
Hasse, Karl Paul 18–19
Haydn, Joseph 14
Haym, Rudolf 210
Hegel, Georg Ludwig 21
Hegel, Christiane Luise 21
Hegel, Immanuel 41, 43
Hegel, Karl 40–41
Hegel, Maria Magdalena Louisa 21
Hegel, Ludwig 37
Heidegger, Martin 9, 24, 50, 110–111, 133, 224, 254
Heine, Heinrich 47, 135, 230
Hensel, Wilhelm 21, 23
Heller, Hermann 169
Heraklit 7, 23, 50, 74, 116, 244, 245–246
Herder, Johann Gottfried 14, 50, 60–61, 67, 148
Hitler, Adolf 169
Hobbes, Thomas 34, 81, 147, 178, 192
Hölderlin, Friedrich 18, 21, 23, 25–26, 28–29, 32, 39, 43, 69, 89, 91, 98, 105–106, 110, 126, 129–130, 147, 152–153, 218, 234, 247, 251
Hösle, Vittorio 251
Hoffmann, ETA 14, 234
Homer 37, 76
Honneth, Axel 35, 187
Horn, Christoph 189
Hübscher, Arthur 40
Humboldt, Alexander von 12, 14
Humboldt, Wilhelm von 12, 14, 16, 44

Iljin, Iwan 127

Jacobi, Friedrich Heinrich 13, 48, 79, 105, 241
Jaeschke, Walter 241
Jahn, Friedrich Ludwig 15
Jesus Christus 25–26, 85–86, 88, 20, 154–155, 186, 222, 232, 239

Kant, Immanuel 23, 26, 30–33, 36, 48, 55, 63–65, 68, 73, 76, 85, 92, 96, 104–105, 113, 116, 118, 121, 124–125, 130, 132, 137, 140, 149, 156, 178, 180, 183, 185–186, 191, 193–194, 226–227, 236, 240, 244–245, 250–252
Karl V. (Kaiser) 221
Karl der Große 44–45, 221
Kelsen, Hans 211
Kervégan, Jean-François 151, 192
Kierkegaard, Sören 84
Kiesewetter, Hubert 157
Kleist, Heinrich von 13–14, 166, 233–234
Korch, Helmut 127
Korsch, Karl 211
Koselleck, Reinhard 193
Kotzebue, August von 15, 44, 185, 207
Krug, Wilhelm Traugott 32
Küng, Hans 36, 66, 70
Kuster, Friederike 215

Lacan, Jacques 53
La Fayette, Marie-Joseph-Paul-Yves-Roch-Gilbert du Motier, Marquis de 160
Larenz, Karl 211
Lasson, Adolf 192
Lasson, Georg 24, 113, 172, 192
Latour, Bruno 179

Lavater, Johann Caspar 90, 143
Leibniz, Gottfried Wilhelm 47, 67, 114, 116, 245, 249–250, 253
Leisegang, Hans 53
Liebmann, Otto 130
Link, Herbert 133
Litt, Theodor 117, 209
Livius, Titus 203
Locke, John 162, 245, 253
Losurdo, Domenico 169
Löwith, Karl 42
Luden, Heinrich 15
Ludwig XIV. (König) 167
Ludwig XVI. (König) 169
Ludwig XVIII. (König) 170
Lübbe-Wolf, Gertrude 160
Ludwig I. (König) 14
Lukács, Georg 96, 101, 104, 107, 157, 211
Luther, Martin 21, 41, 45, 120, 194, 222–223, 224

Machiavelli, Niccolò 169–170
Macpherson, Crawford Brough 178
Madame de Staël 204
Magritte, René 226
Mandeville, Bernard 93
Marc Aurel 83
Marcuse, Herbert 63, 157, 211
Marx, Karl 68, 80, 82, 85, 89, 96, 118, 157, 175, 183, 190, 194, 205
Meinecke, Friedrich 169
Meister Eckart 26
Mendelssohn Bartholdy, Felix 44
Mendelssohn, Joseph 44
Mercadante, Saverio 45
Merle, Jean-Christophe 211
Mesmer, Franz Anton 141–142
Metzger, Wilhelm 253
Michelet, Karl Ludwig 68, 116, 244
Mill, James 196
Miranda de la Para, José Porfirio 202, 236
Mirabeau, Jean-Baptiste de 160
Molière, Jean-Baptiste 45
Montesquieu, Charles de 148–149, 220
Mozart, Wolfgang Amadeus 14, 45
Murillo, Bartolomé Esteban 225

Napoleon, Bonaparte 12–16, 38, 40, 104, 157, 163–165, 168–170, 178, 205, 215, 224
Neuser, Wolfgang 133–134
Newton, Isaac 46, 251
Niethammer, Friedrich Immanuel 2, 30, 38, 40–41, 163–165, 168, 244
Nietzsche, Friedrich 9, 105
Nikolaus von Kues 50
Novalis 14, 30, 105–106, 223, 234

Oken, Lorenz 15
Ostade, Adriaen 232

Parmenides 49–50, 116, 123, 244–247, 249
Paul, Jean 14, 43
Paulus, Heinrich Eberhard Gottlob 46
Pfaff, Johann Friedrich 129
Piontkowski, Andrei 194
Platon 7, 32, 50, 63, 71, 116, 123, 154, 156, 173, 201, 203, 226, 240, 242, 244–247
Pöggeler, Otto 28, 73
Popper, Karl Raimund 58, 157, 180, 210
Proklos 50, 248

Raffael 247
Ratzinger, Joseph (Benedicto XVI) 60
Raumer, Friedrich von 19
Rehm, Walther 234
Ricardo, David 36–37
Richelieu, Armand-Jean du Plessis, 1er duc de 165, 167, 208, 224
Riedel, Manfred 52, 137
Robespierre, Maximilien de 34, 148, 160–162, 203
Rohrmoser, Günter 34
Rosenberg, Alfred 211
Rosenkranz, Karl 73, 131, 151, 253
Rossini, Gioachino 45, 235
Rousseau, Jean-Jacques 23, 45, 56, 161, 178–179, 199, 203
Rubens, Peter Paul 45

Sand, Karl Ludwig 15, 44, 185
Say, Jean-Baptiste 36–37
Scharnhorst, Gerhard von 16
Schelling, Friedrich Wilhelm Joseph 14–15, 17, 19, 23, 29–32, 46–47, 55, 66, 69, 79, 112, 123, 128, 130, 137, 146, 152, 155–156, 161, 199, 218, 228, 244, 245, 251, 252–254
Schiller, Friedrich von 14, 30, 38, 92, 186, 226
Schilling-Wollny, Kurt 246
Schinkel, Karl Friedrich 14
Schlegel, Friedrich 14, 191, 234
Schmitt, Carl 169, 195, 211
Schopenhauer, Arthur 9, 35, 196

Schulze, Gottlob Ernst 32
Shakespeare, William 45, 234
Sinclair, Isaac 28
Smith, Adam 36, 94–95, 193
Solger, Karl Wilhelm Ferdinand 44
Sophokles 96, 98
Spahn, Christian 124
Spinoza, Baruch de 42
Spontini, Gaspare 45
Staiger, Emil 218
Steding, Christoph 169
Steen, Jan 232
Steffens, Heinrich 253
Steiger, Karl Friedrich von 24
Stein, Heinrich Friedrich Karl Reichsfreiherr vom und zum 13, 15, 164
Steinbüchel, Theodor 6
Stekeler-Weithofer, Pirmin 76, 82
Stendhal 163
Steuart, James 24

Talleyrand, Charles Maurice de 203
Tauler, Johannes 26
Taylor, Charles 60–61, 211, 220
Teniers, David 232
Tennemann, Wilhelm Gottlieb 197
Tieck, Ludwig 14, 191, 234
Theunissen, Michael 55, 124–125
Tholuck, August 41
Tillich, Paul 23
Topitsch, Ernst 157
Trendlenburg, Adolf 129
Tucher, Marie von 37, 40

Varnhagen, Karl August von Ense 38, 47
Varnhagen, Rachel 14, 43
Vieweg, Klaus 56, 84, 216
Volkmann, Uwe 56
Voltaire 45, 167

Wagner, Johann Jakob 253
Wagner, Richard 225
Weber, Max 36, 65, 194, 204
Wirth, Johann Georg August 42

Zarathustra 217
Zelter, Carl Friedrich 46
Zenon von Elea 49–50, 116, 246
Zizek, Slavoj 52, 101, 123, 226
Zöller, Günter 204
Zweig, Stefan 104